AF234003

LETTRE

A M. DE FALLOUX,

MINISTRE DE L'INSTRUCTION PUBLIQUE ET DES CULTES.

Imprimerie de HENNUYER et C⁰, rue Lemercier, 24. Batignolles.

LETTRE

A M. DE FALLOUX

MINISTRE DE L'INSTRUCTION PUBLIQUE
ET DES CULTES,

CONTENANT

LE RÉCIT D'UNE ODIEUSE PERSÉCUTION

ET

LE JUGEMENT PORTÉ SUR CETTE PERSÉCUTION

PAR LES HOMMES LES PLUS COMPÉTENTS ET LES PLUS CONSIDÉRABLES DE L'EUROPE ;

SUIVIE

D'un grand nombre de Documents

RELATIFS AUX SPOLIATIONS QUI ONT EU LIEU, A DIFFÉRENTES ÉPOQUES,
DANS LES BIBLIOTHÈQUES ET LES ARCHIVES DE LA FRANCE.

PAR G. LIBRI,

MEMBRE DE L'INSTITUT, ETC.

R.F.

PARIS.

PAULIN, ÉDITEUR, RUE DE RICHELIEU, 60.

1849

SOMMAIRE.

—

AVERTISSEMENT.

On ne me taxera pas d'impatience. Il y a aujour-d'hui un an, que le *Moniteur universel*, obéissant aux ordres de mes ennemis personnels, me calomniait officiellement au nom du Gouvernement provisoire de la République française! Cette publication a rencontré le blâme général : ce *Rapport*, à l'aide duquel on avait espéré me perdre, est devenu la risée de l'Europe [1], et pourtant, je n'ai encore vu mettre un terme à aucune des mesures exceptionnelles qui ont été prises contre moi. Tous mes biens saisis et mal protégés [2]; ma bibliothèque, mes travaux scientifiques, ma correspondance la plus intime, tous mes papiers, livrés sans inventaire [3], sans aucune forme protectrice, à mes ennemis devenus maîtres absolus chez moi; mon domicile violé pendant plusieurs mois par une foule d'individus [4] qui ont pénétré dans mon appartement, malgré les réclamations adressées à l'autorité même; l'intimidation [5] exercée sur ceux qu'on savait disposés à prendre ma défense; les journaux français en masse publiant sur mon compte les fables les plus absurdes et refusant d'écouter toute réclamation, d'admettre toute rectification [6]; des experts, plus occupés du soin de répandre leurs calomnies et de publier leurs sentiments haineux contre moi [7], que de terminer le rapport qu'on leur demande depuis un an [8]; mon nom disparaissant irrégulièrement du programme des Cours

[1] Voyez plus loin, pag. 10, 83, etc.
[2] Voyez pag. 23-27.
[3] Voyez page 24.
[4] Voyez pag. 24-26.
[5] Voyez pag. 6, 21.
[6] Voyez pag. 26, 107.
[7] Voyez page 24.
[8] Voyez page 102.

dont je suis chargé[1]; les magistrats les plus intègres, fascinés par les paroles du *Moniteur*, se refusant[2] à recevoir les dépositions des personnes qui demandaient à être entendues dans l'intérêt de la vérité autant que dans celui de mon honneur; moi-même, après avoir dû me soustraire à la menace d'une vengeance populaire, décrété d'arrestation[3] sans avoir jamais été appelé ni entendu, sur la foi de ce *Rapport*, que M. Boucly lui-même, mieux informé, désavouerait aujourd'hui et dont personne ne veut accepter la responsabilité; telles sont, en abrégé, les persécutions que j'ai eu à subir depuis un an.

Aucune instruction régulière n'est encore commencée; le rapport des experts n'est pas même déposé; les témoins que j'ai désignés dans ma *Réponse* au Rapport de M. Boucly, et qui doivent éclairer la justice, n'ont pas été appelés; mes ennemis ont pu faire entendre leur voix, et l'on affecte pourtant de me traiter non comme un accusé, mais comme un coupable[4]. C'est là l'effet de cette publication officielle du *Moniteur*, sur laquelle comptaient avec raison mes ennemis, et qui, l'année dernière, a frappé de stupeur tous les esprits, tant il est difficile de rendre à des imaginations qu'on a fortement ébranlées le calme nécessaire pour bien juger une affaire grave, tant il faut craindre l'intervention passionnée de la politique dans les procédures judiciaires!

En cet état de choses, stimulé par mes amis, qui voient avec quel acharnement on travaille à ma ruine, j'ai dû me décider à occuper encore de moi le public. Ma tâche a été très-simple. Je me suis borné à publier

---

[1] Voyez page 2.
[2] Voyez pag. 34 et 112.
[3] Voyez page 102.
[4] Voyez page 108.

un certain nombre de documents qui font connaître les irrégularités accumulées contre moi. Je n'ai eu que l'embarras du choix dans la masse de pièces du même genre qui étaient à ma disposition. Chacune de mes assertions est appuyée sur un de ces documents. Ceux que je garde, pour m'en servir à l'occasion, ne sont pas les moins curieux. Je serai avare de paroles : pourquoi ajouter des réflexions, lorsque les faits parlent si haut ! Comme en compromettant la fortune publique et privée, en excitant de si graves préoccupations, les événements qui se sont succédé depuis un an, en France, ont pu affaiblir l'intérêt qui s'attache à un des épisodes les plus odieux de la révolution de Février, j'ai voulu montrer aux gens qui traitent cette déplorable affaire avec tant de légèreté, quelle est l'opinion que les hommes les plus considérables de l'Europe ont manifestée dès l'origine au sujet des persécutions qu'on m'avait infligées [1]. Ce ne sera pas ma faute si les faits que je publie aujourd'hui produisent une sensation encore plus fâcheuse et provoquent un blâme plus universel. Ce n'est pas moi qui le premier ai cherché la publicité dans ce débat; ce sont les dictateurs de Février qui m'ont attaqué dans le *Moniteur*, et ils porteront toute la responsabilité de leur procédé. En Angleterre, en Allemagne, en Belgique, en Italie, les juges les plus compétents (et il n'est pas inutile de posséder quelques connaissances bibliographiques pour se former une opinion dans cette affaire) se sont prononcés hautement pour moi. Quels que soient les malheurs qui aient pesé depuis un an sur la France, je ne saurais croire que le sentiment de la légalité, que le sentiment moral se soient tellement affaiblis dans ce grand pays,

[1] Voyez page 14.

qu'il puisse entendre sans émotion les cris de réprobation de l'Europe dans une affaire de cette nature. Au moment où les ouvriers anglais étaient expulsés violemment de France, le *National,* parlant de mon départ, qui fut l'œuvre d'un de ses rédacteurs, disait qu'après tout ce n'était *qu'un Italien de moins* [1]. Réduite à une question de concurrence et de salaire, mon affaire perdrait beaucoup de sa gravité ; mais ces sentiments de jalousie qui fermentent dans quelques cœurs dépravés , ne sauraient être ceux de la majorité du peuple français. Tous les excès ont trouvé des juges sévères dans la postérité, et, j'ose le dire, il n'y a pas de vanité à faire appel aux générations futures, lorsqu'on parle des persécutions exercées contre un homme dont le nom se rattache à l'histoire de l'Institut et à celle des premiers corps enseignants de la France. Dans le siècle dernier, un autre membre de l'Académie des sciences de Paris, le comte Marsigli de Bologne, accablé par la calomnie dans un pays étranger, fut injustement condamné à une peine infamante, et ne put jamais se faire réhabiliter par ses juges : il le fut par l'opinion, et il rentra dans son pays natal pour y vivre tranquille et honoré. La colère, les spoliations, les violences , tout cela est impuissant contre le sentiment de vérité et de justice qui tôt ou tard revient au cœur de ceux-là même qui l'ont le plus oublié. Ils sont bien dignes de pitié, ceux qui achètent une satisfaction passagère de leurs sentiments haineux au prix de la marque éternelle d'infamie [2] qui se grave au front des calomniateurs !

Réduit à repousser des ennemis qui, après avoir échoué dans des attaques ouvertes, ont repris leur

----

[1] Voyez page 7.
[2] C'est le mot de M. Stern en parlant de mes ennemis. Voyez page 127.

œuvre souterraine; forcé de répondre à des bruits d'après lesquels on voudrait me faire croire coupable, parce qu'on aurait, à ce qu'on prétend, trouvé dans ma bibliothèque plusieurs volumes portant l'estampille de quelque bibliothèque publique, j'ai dû montrer par des preuves matérielles que les livres, les manuscrits, les objets de toute nature provenant des établissements publics de la France se sont répandus partout et qu'il s'en trouve dans toutes les collections, dans tous les catalogues de vente, sans qu'on ait jamais songé à s'en formaliser. Comme, d'après les renseignements qui m'ont été fournis de Paris, certaines personnes, oubliant avec quelle facilité le Rapport de M. Boucly avait été renversé de fond en comble, semblent accueillir avec faveur les nouvelles insinuations qui se fixeraient plus spécialement sur des objets ayant appartenu à l'ancienne Bibliothèque royale et à l'Institut, j'ai dû m'occuper particulièrement de ces deux établissements, et démontrer, ce que d'ailleurs tant de personnes savent : 1° que les archives de l'Institut ont été mises au pillage [1]; 2° que tous ou presque tous les manuscrits sur vélin de la Bibliothèque de cet établissement ont été enlevés [2] depuis longtemps, sans que personne se soit jamais inquiété de rechercher ce qu'ils étaient devenus; 3° que les collections de la Bibliothèque nationale ont été dépouillées d'une manière déplorable [3]. Ce sont les commissaires chargés de l'examen de mes collections, qui, par la nature des calomnies qu'ils ont mises en circulation, m'ont forcé de fournir de telles démonstrations. Je regrette d'avoir dû me défendre par de semblables moyens, et il

---

[1] Voyez page 41.
[2] Voyez page 43.
[3] Voyez pag. 45, 55, 69-70, 136.

me serait pénible d'être forcé de répondre à de nouvelles attaques par de nouvelles démonstrations. Les
administrations qui se verraient mises en cause par
ce genre de polémique ne devraient s'en prendre qu'aux
personnes qui, dans le but de me nuire, auraient porté
la discussion sur ce terrain.

Si je devais prêter l'oreille à certaines personnes
qu'on est parvenu à intimider à l'aide de tout ce bruit
soulevé contre moi, l'écrit que je vais mettre au jour serait de nature à susciter de nouveaux orages, et je me
verrais à la veille de voir un soulèvement de magistrats
et de bibliothécaires, irrités par les faits que je vais
porter à la connaissance du public. Je repousse loin
de moi ces craintes, qui sont encore l'œuvre de mes
ennemis. Ni la magistrature française, ni les administrations des diverses bibliothèques ne sont mises
en cause par moi. Le pouvoir judiciaire a dû accepter
en gémissant le concours passionné de certains membres du Gouvernement provisoire, dont la conduite
est aujourd'hui irrévocablement jugée, et qui, violant
à mon égard toutes les règles de l'équité et de la justice, ont rendu, dès le commencement, si difficile, si
pénible, la tâche des magistrats. Quant aux bibliothécaires, ne faisant que reproduire des faits généralement
connus, qui pour la plupart datent de fort loin, et
m'abstenant soigneusement de toute discussion personnelle, je ne saurais exciter le ressentiment que des
gens intéressés à la continuation d'anciens abus. Or,
il me faudrait des preuves bien évidentes, pour que je
pusse croire que, dans l'espoir de cacher des pertes
qui ne sont un secret pour personne, des hommes
haut placés dans la science et parfaitement désinté-
sés dans la question, voulussent prêter les mains aux
attaques dirigées contre moi. Il serait d'ailleurs étrange

que lorsque, sans jamais vouloir admettre aucune rectification, on a pu, depuis un an, répandre contre eux
les calomnies les plus abominables, il ne me fût pas
permis de me défendre en disant simplement la vérité.
Je n'attaque pas, je ne juge pas : je raconte les faits,
et j'espère qu'après avoir lu cet écrit, comme après
avoir lu ma Réponse au *Rapport* de M. Boucly, on sera
convaincu que je ne suis coupable que du crime
énorme d'avoir toujours acheté beaucoup de livres, et
d'avoir travaillé toute ma vie à former une grande
bibliothèque.

En envoyant à M. de Falloux deux cent trois volumes qui proviennent la plupart des plus grands établissements publics de la France, ainsi qu'un nombre
considérable de pièces autographes qui sont sorties
des archives de l'Institut et de différents ministères,
sans en excepter le ministère de l'instruction publique; je lui demande de nommer une Commission qui
serait chargée d'examiner comment une telle masse
d'objets, que j'ai achetés récemment de personnes
connues, et dont les reçus détaillés sont joints à cet
envoi, ont pu sortir des établissements auxquels ils
appartenaient. Ces livres, ces autographes sont accompagnés d'un certain nombre de catalogues imprimés,
dans lesquels se trouvent indiqués, pour la vente, d'autres objets semblables. En lisant ma Lettre à M. de
Falloux, ainsi que les documents que j'ai placés à la
suite, on se persuadera facilement de cette vérité, qu'il
n'y a peut-être pas en France une seule collection publique de livres, de manuscrits, d'autographes, qui
n'ait souffert de très-grandes dilapidations, et que les
collections formées par les personnes les plus irréprochables contiennent des objets provenant des établissements publics. J'ignore si, malgré la masse de *preu-*

ves de fait que je soumets à M. de Falloux, j'obtiendrai qu'une Commission forte et impartiale soit appelée à examiner sérieusement cette affaire ; il serait assez singulier que, tandis que sans aucune preuve, et sous prétexte d'examiner mes collections, on me fait subir depuis un an une spoliation véritable, on ne voulût pas même m'accorder un examen des faits sur lesquels repose en réalité toute la question, et qui touchent aux intérêts les plus graves des sciences et des lettres.

En lisant ce qui va suivre, on verra qu'on veut me faire passer, à Paris, pour un *contumax*, et que des magistrats se sont plaints de la méfiance que, par mon éloignement, je témoignais contre la magistrature française [1]. Quant aux menaces qui m'ont fait quitter la France, on les trouvera exposées [2] dans ma lettre à M. de Falloux. Le secrétaire de la Société astronomique de Londres disait que « j'aurais été fou si j'étais resté dans un pays où le Rapport de M. Boucly avait pu servir de base à une enquête judiciaire. Je laisse à mes lecteurs le soin de juger si j'aurais montré une plus grande dose de sagesse, en rentrant dans un pays où l'enquête judiciaire suivait son cours au milieu des circonstances que je viens d'exposer. C'est uniquement sur ce Rapport de M. Boucly, accueilli de la manière qu'on va voir par toute l'Europe et renié par ceux même qui en ont fourni les éléments, que s'appuient encore, à l'heure qu'il est, toutes les mesures de rigueur prises contre moi. Si j'étais resté en France, non-seulement je serais depuis un an privé de ma liberté, mais de plus j'aurais été réduit au silence ; car les papiers qui ont déjà servi à

---

[1] Voyez page 28.　　　　[3] Voyez page 165.
[2] Voyez page 7.

ma justification m'auraient été enlevés et remis, comme ceux qu'on a saisis, à mes ennemis. La confiance ne s'impose pas, elle se gagne; et sans manquer de respect à la magistrature française, je puis chercher à me garantir de l'effet des funestes préoccupations auxquelles on s'est laissé entraîner, au moment d'une immense commotion politique. Je ne prendrai pas la liberté de dire, comme le faisait l'autre jour M. Pierre Leroux devant l'Assemblée Nationale, que, *quand on ne peut pas frapper un homme politique directement, on le frappe indirectement, déloyalement : on lui fait des accusations de vol et d'escroquerie* [1]. Mais il me sera permis, j'espère, de reproduire quelques remarquables paroles d'un homme qu'on n'a jamais accusé de témoigner une injuste méfiance envers la magistrature française :

« Qui ne sait (disait M. Guizot, à une époque où les
« animosités politiques étaient loin d'avoir ce carac-
« tère passionné qu'elles ont pris depuis), qui ne sait
« la puissance des préoccupations de l'esprit humain ?
« Quand une idée le possède, quand il s'acharne à
« quelque projet, tout s'y rattache, tout en dépend ;
« le plus faible lien, le rapport le plus éloigné, lui of-
« frent l'apparence d'un incontestable et rigoureux
« enchaînement. Voilà le pouvoir judiciaire lancé dans
« un certain ordre de faits qui excitait sa méfiance :
« hommes, actions, paroles, tout ce qu'il y apercevra
« lui sera suspect. A défaut de faits particuliers, les
« soupçons seuls lui serviront de départ, le nom d'un
« individu lui suffira pour qu'il dirige vers lui toutes
« ses pensées. Je ne suppose aucune intention per-
« verse : je décris le cours naturel d'un égarement. »

[1] Voyez le *Journal des Débats* du 22 février 1849.

Rien n'est plus loin de mon esprit, que la pensée de mettre en doute les lumières et l'impartialité de la magistrature française. Qu'on se rappelle ce qui a donné naissance au Rapport de M. Boucly, et l'on verra qu'à la première annonce des calomnies répandues contre moi, j'ai voulu traduire devant les tribunaux les gens qui m'attaquaient dans l'ombre, et que c'est à ces mêmes magistrats, pour lesquels on m'accuse aujourd'hui de ne pas avoir assez de vénération, que j'ai voulu confier le soin de venger mon honneur. Cela se passait avant la révolution de Février, et je n'avais pas à craindre alors de voir un gouvernement révolutionnaire venir se jeter dans un des plateaux de la balance et employer le *Moniteur* pour me diffamer.

Qu'on me permette de le dire, la question est très-simple. Depuis un an, j'ai été officiellement accusé d'avoir dérobé trente mille volumes aux bibliothèques publiques de la France ; depuis un an, ma bibliothèque, mes papiers, tous les éléments d'information, ont été saisis et remis à une Commission qui certes ne manque pas de bonne volonté, et pourtant on n'a pas encore pu produire UN SEUL FAIT POSITIF contre moi. Des insinuations, des bruits, des calomnies, on en a répandu par milliers ; mais les faits, où sont les faits ? Est-ce que le temps aurait manqué pour découvrir les preuves d'un crime qu'on disait si connu, si bien constaté ? Quelles preuves avait-on l'année dernière pour m'accuser de crimes si odieux, puisqu'on ne donne pas encore aujourd'hui l'ombre même d'une preuve ?

On verra plus loin que certains journaux ont reconnu avoir accueilli sans aucun fondement les accusations portées contre moi [1]. N'est-ce pas là une preuve

---

[1] Voyez page 305.

qu'il y avait des gens intéressés à me nuire, colportant sous le manteau les calomnies qui ont fait explosion après la révolution de Février? Aurait-on fait d'ailleurs toute cette fantasmagorie, tout ce fracas, si l'on avait eu des preuves? Est-ce ainsi qu'on cherche la vérité? Les accusations dirigées contre moi n'ont-elles donc pas besoin d'être prouvées? Je ne crains pas de l'affirmer, malgré les preuves que je donne, malgré les documents que je publie, dans quelques années, personne ne voudra croire qu'une affaire de cette gravité ait pu être traitée avec si peu de réflexion.

Au reste, tout annonce que cette persécution va avoir un terme. Les œuvres du Gouvernement provisoire commencent à être jugées comme elles le méritent. L'intimidation exercée à mon détriment ne survivra pas au pouvoir de mes ennemis. Je suis informé que des magistrats intègres, qu'on avait pu prévenir un moment contre moi, ont compris que j'étais devenu la victime des plus mauvaises passions, et que j'avais été calomnié comme tout le monde l'a été en France dans ces derniers temps. Encore un pas, et la vérité se montrera dans tout son éclat; il ne faut pour cela qu'examiner les faits, et opposer aux calomnies anonymes dont je suis poursuivi les déclarations publiques des hommes éminents qui ont pris ma défense.

Malgré tout ce qu'on m'a fait souffrir, j'ai encore trop à cœur le bonheur de la France, pour ne pas désirer vivement que toutes les affaires reprennent dans ce grand pays leur cours régulier. Je serai heureux le jour où je verrai se dissiper ce funeste nuage qui semble obscurcir les esprits en ce qui me concerne. Je ne négligerai rien pour détruire les préventions conçues contre moi, et je saisirai le premier indice d'un changement véritable dans la conduite de l'autorité à

mon égard, pour donner à la justice tous les éclaircissements, toutes les satisfactions qu'elle pourrait désirer. Mais si malheureusement ce bonheur m'était refusé, je me contenterais de raconter les faits à mesure
qu'ils se développeraient, et je léguerais à des temps
plus heureux le soin de venger une grande erreur,
une déplorable injustice. Qu'on n'attende pas de moi
que je m'attache à des questions mesquines et subalternes. On pourra me dépouiller définitivement de
tous mes biens, on pourra rayer mon nom des listes
où il figurait; mais ce n'est pas moi qui risque le plus
gros enjeu. Où je n'aurai laissé que ma fortune, d'autres laisseront quelque chose de plus précieux.

Londres, le 19 mars 1849.

LETTRE DE M. LIBRI

MEMBRE DE L'INSTITUT,

A M. DE FALLOUX,

MINISTRE DE L'INSTRUCTION PUBLIQUE ET DES CULTES,
À PARIS.

Londres, le 25 février 1849.

Monsieur le Ministre,

J'ai déjà eu l'honneur de vous accuser réception de la lettre par laquelle vous me demandiez de me conformer au décret du 12 décembre dernier, relatif au cumul, et de désigner les fonctions que je désirais conserver [1]. Je m'empresse aujourd'hui de vous adresser la réponse détaillée que je vous avais annoncée dans ma première lettre.

Lorsque, le 29 février 1848, je quittai Paris, j'étais professeur au Collège de France et à la Faculté des sciences.

[1] La lettre que m'a fait l'honneur de m'adresser M. le ministre de l'instruction publique et des cultes ne m'est parvenue à Londres que fort retardée. Après avoir accusé réception de cette lettre, j'ai dû m'occuper de rassembler les matériaux et les documents nécessaires à la réponse détaillée que j'avais annoncée au ministre; c'est là la cause du retard de cette réponse. Voici d'abord la lettre de M. de Falloux.

« **MINISTÈRE**
de l'instruction publique et des cultes.

« 1re Division. — 2e Bureau.

« Folio 1738
de l'enregistrement.

«Toutes les lettres et réponses doivent être adressées au ministre.

« Objet.—Exécution du décret du 12 décembre 1848.

« **RÉPUBLIQUE FRANÇAISE.**

« Paris, le 4 janvier 1849.

« Monsieur,

« L'article 5 du décret du 12 décembre 1848, portant rectification du budget de l'exercice de 1848, est ainsi conçu :
« Les savants, les gens de lettres et les artistes ne pourront, à partir du 1er jan-

J'étais en outre un des rédacteurs du *Journal des Savants*
qui se publie sous la direction du gouvernement. Je ne
parle pas de mon titre de membre de l'Institut, car l'Institut échappe à la loi sur le cumul. Les traitements attachés
à ces deux chaires, en y comprenant même la partie éven-
tuelle, ne s'élevaient pas au maximum déterminé par cette
loi. J'ignore si mes collègues du *Journal des Savants*, qui
sont déjà pourvus de deux places, et qui, comme rédacteurs
de ce journal, ne reçoivent aucune rétribution, à moins qu'ils
ne fournissent trois articles par an, sont censés occuper une
troisième place au ministère de la justice [1]. Quoi qu'il en soit,
permettez-moi, Monsieur le Ministre, de vous faire remarquer que la question est tout autre pour moi. Vous voulez bien
m'inviter à faire un choix entre les différentes fonctions que
je remplissais avant la révolution, et vous ignorez, peut-être,
que pour les deux chaires que j'avais obtenues par élection au
Collége de France et à la Sorbonne, mon nom a disparu,
depuis la révolution de Février, du programme des cours.
Cette mesure arbitraire [2] a été prise, sans même que j'en

« vier 1849, occuper plus de deux fonctions ou chaires rétribuées sur les fonds du
« trésor public.

« Le montant des traitements cumulés, tant fixes qu'éventuels, ne pourra pas
« dépasser 12,000 francs.

« N'est pas considéré comme traitement l'indemnité allouée aux membres de
« l'Institut. »

« Comme cette disposition est exécutoire à dater du 1er janvier courant, et que
vous occupez plus de deux fonctions rétribuées sur les fonds du trésor public, je me
crois forcé de vous inviter à me faire connaître, dans le plus bref délai possible,
à laquelle de ces fonctions vous croyez devoir renoncer.

« Recevez, Monsieur, l'assurance de ma considération très-distinguée.

« Le ministre de l'instruction publique et des cultes,

« FALLOUX.

« A M. Libri, professeur à la Faculté des sciences, etc., à la Sorbonne. »

[1] On sait que les conférences des collaborateurs du *Journal des Savants* se
tiennent au ministère de la justice, et que c'est sur le budget de ce ministère que
sont pris les fonds nécessaires à la publication de ce journal.

[2] Voyez plus loin, page 108. — Tous ceux qui connaissent les statuts et les règlements des grands corps enseignants de la France savent que cette mesure
était irrégulière. Si je signale ici une telle irrégularité, ce n'est pas pour réclamer
dans un intérêt mesquin de places et de traitement, c'est uniquement pour montrer
qu'après la révolution de Février le gouvernement provisoire s'est empressé de
me frapper comme on frappe un ennemi.

fusse averti, sous le ministère de M. Carnot [1] ; en sorte que tandis que vous me faites l'honneur de me demander, Monsieur le Ministre, quelles sont les places que je désire garder, je me vois forcé, à mon tour, de vous demander quelles sont celles qu'on ne m'ait pas enlevées.

La démarche que vous avez bien voulu faire auprès de moi annonce, Monsieur le Ministre, que vous avez l'intention d'effacer les traces des déplorables réactions qui ont suivi les journées de février. Elle me donne la confiance que vous voudrez bien accorder toute l'attention qu'elles méritent, aux observations que je vais avoir l'honneur de vous soumettre au sujet d'une question dans laquelle mon honneur est engagé, et qui est intimement liée à la question à propos de laquelle vous avez bien voulu m'interpeller.

Avant tout et afin que ma position soit clairement établie, permettez-moi, Monsieur le Ministre, de rappeler que, arrivé en France à la suite d'une de ces commotions politiques si fréquentes en Italie, je me suis bientôt trouvé en désaccord avec ces hommes qui croyaient que, pour avoir résisté à l'arbitraire exercé au nom d'un prince, je devais aimer le despotisme imposé au nom de la multitude. La violence qu'on prétendit me faire, les attaques dont je devins l'objet me révoltèrent et me jetèrent dans des luttes qui, renfermées d'abord dans l'enceinte de l'Institut, se répandirent au dehors et prirent bientôt un caractère politique. Attaqué systématiquement par tous les journaux de l'opposition qui me voyaient avec peine combattre contre un des leurs, à l'Institut, pour l'indépendance des sciences que je croyais menacée, je fus soutenu par les journaux

[1] On sait que M. Carnot est fils de ce général Carnot, qui, poursuivi par des accusations contre lesquelles il protesta vainement, fut, dans un temps de réaction politique, chassé par ordonnance de l'Institut.

conservateurs chez lesquels j'ai toujours trouvé beaucoup plus de tolérance, de véritable libéralisme que dans ces feuilles qui s'attribuent le monopole des idées libérales et qui prétendent imposer leur volonté à l'aide de l'intimidation et de la calomnie. Ces attaques, l'inimitié constante qui me poursuivait, sont généralement connues[1], et chacun peut se rappeler avec quel redoublement de colère furent accueillis les nombreux articles du *Journal des Débats* dans lesquels, tout en exhortant les princes italiens à entrer franchement dans la voie des réformes, je conseillais aux libéraux de l'Italie de rester dans la légalité et de s'interdire tout appel à la violence.

Qu'on se figure un étranger arrivé soudainement à une haute position et se mêlant avec ardeur à toutes les luttes; combattant pour l'Université lorsqu'elle était attaquée; résistant à M. Arago à l'Institut; bravant l'impopularité pour avertir l'Italie des maux dont il la voyait menacée; professant tout haut l'admiration et l'attachement les plus vifs pour M. Guizot; luttant toujours de pied ferme sans faire aucune concession à ses adversaires, et l'on comprendra toutes les jalousies, toutes les haines qui ont dû s'accumuler contre moi, jusqu'au moment où mes ennemis, à la suite d'une immense commotion populaire, ont pu m'injurier et me calomnier sans danger.

J'ai déjà raconté ailleurs comment certaines colères s'exhalèrent d'abord dans des lettres et dans des dénonciations anonymes, et comment, dès que j'appris que de telles dénonciations existaient[2], je demandai à faire comparaître les calomniateurs devant les tribunaux. Ce fut dans ces circon-

---

[1] Bien qu'on ait pu dire et faire croire en France de si étranges choses sur mon compte, je ne pense pas qu'il ait été possible à mes ennemis de couvrir d'oubli des luttes qui se sont passées à la face du soleil, ou des animosités que personne ne se donnait la peine de dissimuler, et dont tous les journaux de l'Europe ont parlé. (Voyez plus loin, pag. 8, 9, 125, 128, etc.)

[2] Lisez plus loin, pag. 302.

stances qu'éclata la révolution de Février. Cette révolution remit le pouvoir entre les mains des hommes du *National*, journal qui n'a jamais cessé de me poursuivre, et porta au gouvernement provisoire M. Arago, dont l'animosité contre moi est connue de l'Europe entière. Les effets de cette révolution ne tardèrent pas à se rendre sensibles pour moi, et à m'obliger à quitter la France. Or, puisque mes ennemis, dans leur mauvaise foi, ont voulu prendre acte de mon éloignement pour me couvrir de leurs calomnies et des apparences d'une odieuse culpabilité, je dois déclarer que mon éloignement n'a pas été volontaire. Si j'ai quitté la France, c'est parce que le 28 février 1848, pendant que j'assistais à la séance de l'Académie des sciences, j'ai reçu par écrit l'injonction formelle de m'éloigner, sous peine d'être l'objet d'une vengeance populaire. L'auteur de cette injonction, l'écho de cette menace, est M. Terrien, l'un des rédacteurs du *National* [1], qui, étant chargé, en cette qualité, de rendre

[1] Dans l'*Avertissement* de ma *Réponse à M. Boucly*, j'ai déjà dit que ce billet de M. Terrien était resté à Paris, et qu'il avait dû être saisi. S'il n'a pas été enlevé ou détruit par quelqu'un de ces visiteurs inconnus qui ont si fréquemment violé mon domicile, et dont il sera question plus loin (pag. 25-26) ce billet doit se trouver entre les mains des magistrats. Voici comment je m'exprimais dans ma *Réponse*, relativement à ce billet : « Dans un second paragraphe se lisaient ces paroles que je crois me rappeler textuellement, et dont certainement je me « rappelle le sens : « *Épargnez au peuple français un de ces actes de vindicte* « *populaire qui répugnent au caractère de notre nation. Ne venez plus à l'In-* « *stitut; disparaissez!* » Ce billet a été communiqué par moi à différentes personnes qui toutes me pressèrent de quitter la France à l'instant (voyez plus loin, à la page 102), et qui sont prêtes à déposer de ce fait devant la justice, comme le prouve la lettre suivante :

<table>
<tr><td>

« *Al Signor G. Libri, membro dell' Instituto di Francia,*

« *Amico pregiatissimo,*

« Secondo il desiderio vostro mi sono accertato che parecchie persone rispettabilissime, delle quali dirò i nomi un' altra volta, conobbero molti fatti importanti per la vostra difesa; e fra gli altri i due fatti seguenti, dei quali esse sono disposte a deporre innanzi alla Giustizia, ove bisognasse :

« 1° Il giorno 28 febrajo 1848, mentre eravate alla seduta dell' Accademia delle scienze, aver voi ricevuto un biglietto del Signor Terrien, redattore del *National*, nel quale vi si annunciava

</td><td>

A M. G. Libri, membre de l'Institut de France.

« Très-honorable ami,

« D'après votre désir, je me suis assuré que plusieurs personnes très-respectables, dont je vous ferai connaître les noms une autre fois, ont eu connaissance de beaucoup de faits importants pour votre défense : entre autres des deux faits suivants, dont elles sont disposées, si c'est nécessaire, à déposer devant la justice :

« 1° Que le 28 février 1848, pendant que vous assistiez à la séance de l'Académie des sciences, vous avez reçu un billet de M. Terrien, rédacteur du *Na-*

</td></tr>
</table>

compte des séances de l'Académie, m'avait souvent attaqué. Qu'on se rappelle dans quel état se trouvait Paris le 28 février 1848 ; qu'on songe au rôle que jouait alors le *National*, et l'on verra si cet avertissement pouvait ne pas être pris au sérieux. Ce billet m'a été remis par M. Terrien lui-même, qui avait signé ainsi : *Terrien, rédacteur du National*. On m'a depuis assuré que M. Terrien, me croyant réellement exposé à une vengeance populaire, avait voulu me donner un conseil utile sous une forme irrésistible et qui n'admît aucune hésitation [1]. Voilà pourquoi je n'avais pas nommé d'abord l'auteur du billet. Cette réserve n'a pas

sovrastarvi il pericolo imminente di una *vengeance populaire* se non partivate immediatamente di Francia.

« 2° I membri dell' *Ecole des chartes* incaricati di esaminare le vostre collezioni di libri e di manoscritti avere in diverse occasioni mostrato grandissimo odio contro di voi e aver parlato minaccevolmente contro persone disposte a testimoniare in favor vostro. Uno di essi, il signor Lalanne, ha detto *en pleine rue* à M. Merlin, sotto bibliothecario al ministero dell' interno, queste proprie parole : *l'Ecole des Charles ne sera contente que lorsqu'elle aura fait pendre M. Libri.*

« Continuate ad onorarmi dei vostri comandi ogni qual volta mi stimate capace di servirvi, e credetemi sempre,

« Vostro amico devotissimo,

« G. Piccmioni. »

Parigi, 20 gennajo 1849.

tional, dans lequel on vous annonçait que vous étiez menacé du danger imminent d'une *vengeance populaire* si vous ne quittiez pas immédiatement la France.

« 2° Que les membres de l'*Ecole des Chartes* chargés d'examiner vos collections de livres et de manuscrits, ont manifesté en différentes occasions une très-grande haine contre vous, et qu'ils ont proféré des menaces contre des personnes disposées à porter témoignage en votre faveur. L'un d'eux, M. Lalanne, a dit en *pleine rue*, à M. Merlin, sous-bibliothécaire au ministère de l'intérieur, ces propres paroles : *l'Ecole des Chartes ne sera contente que lorsqu'elle aura fait pendre M. Libri.*

« Continuez de vous adresser à moi toutes les fois que vous me croirez capable de vous servir, et croyez-moi toujours

« Votre ami très-dévoué,

« G. Piccmioni.

« Paris, 20 janvier 1849. »

[1] Il n'y a que deux hypothèses possibles. Ou, comme l'annonçait M. Terrien d'une façon si péremptoire, j'étais menacé réellement de devenir la victime d'une vengeance populaire, ou bien l'on voulait, à l'aide de cette menace, flatter de vieilles haines en me forçant à quitter l'Institut et la France. Quoi qu'il en soit, le billet de M. Terrien était conçu dans des termes qui ne laissaient lieu à aucune hésitation, et tous ceux auxquels je le communiquai jugèrent que je devais m'éloigner sur-le-champ. J'admettrai, puisqu'on me l'assure, que M. Terrien n'a été mû que par le dessein de me soustraire au danger dont il me savait menacé. A ce titre l'avertissement impérieux qu'il m'a donné a droit à ma reconnaissance. L'expression de ce sentiment serait plus vive de ma part si, quelques jours après le 28 février, M. Terrien, qui ne pouvait pas avoir oublié les motifs de mon départ, ne m'avait pas attaqué lui-même dans *le National*, et s'il avait empêché que la démarche qu'il avait faite auprès de moi ne fût indignement travestie dans les journaux. Voici d'abord comment, dans un article signé de son initiale

été appréciée par le *National* qui, malgré les égards dus aux accusés, a cherché à me porter même, dans les derniers

(T. et D., Terrien et Dumont), M. Terrien, rendant compte, d'accord avec son collaborateur M. Dumont, de la séance de l'Académie des sciences du 20 mars, parlait de mon absence :

« Il n'y avait, en effet, rien de changé à l'Académie des sciences de Paris. Il
« n'y avait qu'*un Italien de moins*. Cet homme, deux fois réfugié, a été chercher
« par delà la Manche un nouveau foyer et de nouvelles bibliothèques. Que nos
« amis de l'autre côté de l'eau le tiennent bien ; c'est tout ce que nous leur sou-
« haitons. Quant à l'absent qui les visite, son nom, Dieu merci ! ne paraîtra
« plus dans nos colonnes. » (*Le National* du 22 mars 1848).

Voici maintenant comment on osait dénaturer dans *le Droit*, dans *le Constitutionnel* et dans d'autres journaux, l'histoire du billet que M. Terrien m'avait
remis.

« On nous communique, relativement à ce personnage (M. Libri), un fait qui
« n'aurait que quelques jours de date, et que nous avons tout lieu de croire exact.
« On raconte qu'à une des dernières assemblées de l'Académie des sciences, M. Li-
« bri se serait présenté dans le sein de l'Académie. Son arrivée aurait produit
« sur ses collègues, déjà réunis, une impression pénible. Un membre aurait aus-
« sitôt pris une feuille de papier et y aurait écrit à peu près ce qui suit : « On a
« droit de s'étonner que M. Libri ait le courage de venir siéger dans une réunion
« d'hommes honorables. » Le papier aurait circulé de main en main et serait enfin
« arrivé dans celles de M. Libri, couvert des signatures de tous les assistants.
« Celui-ci se serait immédiatement levé et aurait fui honteusement. » (*Le Droit*
du 25 mars 1848).

C'est depuis peu seulement que j'ai eu connaissance de ces divers articles
qu'il faut peser mûrement pour bien apprécier la démarche de M. Terrien. Au
reste, il paraît que M. Terrien n'a pas été libre de suivre ses propres im-
pulsions. Voici, en effet, ce que je lis dans deux lettres de M. Paulin, ancien
gérant du *National*, fort bien instruit de tous les détails de cette affaire, et qui,
après avoir lu le billet original de M. Terrien, m'avait donné le conseil de
partir immédiatement. Si je transcris ici ces deux passages, c'est que, comme
on va le voir, M. Paulin ayant fait connaître, avec une loyauté et un courage bien
rares et bien dignes d'éloges, son opinion aux personnes intéressées, il ne peut
y avoir aucun inconvénient à rendre publique cette opinion.

« Paris, le 28 mai 1848.

« .... M. Albert Terrien, dont je connais les bons sentiments, et qui, j'en suis
« sûr, se croira engagé d'honneur à faire quelque chose. »

« Paris, le 1ᵉʳ juin 1848.

« .... Je viens d'avoir une longue conversation avec M. Terrien qui fera quel-
« que chose au *National*, mais qui a affaire à des gens qui croient que tout
« est bon contre un adversaire politique. J'ai traité cette maxime de jésuite
« comme elle le méritait, et si ma conversation est rapportée au *National*, je
« pense qu'elle le fera réfléchir. M. Arago a dit à quelqu'un que votre défense
« contenait la plus grosse injure que vous lui eussiez jamais faite, en supposant
« qu'il aurait pu profiter contre vous de cette circonstance. J'ai répondu que
« s'il n'avait rien fait, ce que je crois, il était à ma connaissance personnelle
« que les siens avaient agi, et que les journaux encore, à l'heure qu'il est, ne
« se défendaient de prendre votre cause que par la supposition qu'on lui était
« agréable en laissant subsister la prévention. Tout cela m'indigne. »

Voilà, pour le dire en passant, une autre cause de l'hostilité des journaux : le
désir d'être agréable à M. Arago, qui, à cette époque, était membre du gouvernement provisoire de la République française. C'est là une attention bien délicate !
Il est inutile d'ajouter que, malgré ses *bons sentiments*, M. Terrien n'a jamais
fait ce *quelque chose* qu'attendait de lui M. Paulin, et que le *National*, dans les colonnes duquel mon nom, *Dieu merci*, ne devait plus paraître, n'a cessé de publier des articles contre moi (voyez plus loin, pag. 177.). Le dernier de ceux qui
sont arrivés à ma connaissance, est du 30 novembre. Comme le disait avec
raison l'*Illustration* du 2 décembre 1848, le *National* a eu le *tort de faire son
affaire personnelle de l'affaire contre M. Libri* (voyez plus loin, pag. 179). Quant à
la *grosse injure* que M. Arago affirmait que je lui avais faite ; dans ma *Réponse*

temps, des coups perfides. Sans m'arrêter actuellement devant aucune considération, je déclare hautement que je ne suis pas un contumax comme on a pu le faire croire, mais un proscrit. Si j'insiste sur ce point, ce n'est pas seulement dans l'intérêt de ma défense, c'est aussi dans l'intérêt de la dignité de l'Institut, qui verra s'il lui convient que des rédacteurs de journaux, qui sont appelés à assister aux séances de certaines Académies, puissent, à un jour déterminé et dans des moments de trouble et de révolution, donner de tels *avertissements*, de tels *conseils* aux académiciens dont ils seraient les ennemis.

Il serait superflu, je pense, de remettre sous vos yeux, Monsieur le Ministre, ce ramas de calomnies dont je suis poursuivi depuis la révolution de Février. Ce qu'il faut constater, c'est que dès l'origine, la persécution dont je me vois l'objet a pris un caractère politique [1].

C'est là un fait qui se trouve proclamé par les savants les plus distingués, par les hommes les plus haut placés,

au *Rapport de M. Boucly*, à laquelle il faisait allusion par le propos que cite M. Paulin, je n'ai dit qu'un mot fort simple, et ce mot le voici :

« Cette révolution, ce coup de main, ayant porté au pouvoir M. Arago,
« contre lequel je n'avais cessé de lutter depuis douze ans à l'Institut et dans
« les journaux, je me sentis gravement menacé, et j'annonçai à mes amis les
« plus intimes que probablement je serais forcé de m'éloigner de France. Ils
« le comprirent comme moi, et m'encouragèrent dans cette détermination. A
« l'inimitié de M. Arago, motif déjà fort suffisant en lui-même, s'ajoutait l'ani-
« madversion qu'avait suscitée contre moi mon constant attachement à M. Gui-
« zot, et le concours que j'avais donné à sa politique dans le *Journal des Dé-*
« *bats*, relativement aux affaires d'Italie, etc. »

Il était difficile, ce me semble, de s'exprimer avec plus de modération. Je sais beaucoup de choses que je ne dis pas, chacun comprendra les motifs de ma réserve..., et si j'ai fait une si grosse injure à M. Arago, en parlant si simplement de son animosité contre moi, que faut-il penser de l'injure que lui ont faite M. Encke, M. De Morgan et vingt autres savants. ainsi que les journaux de l'Allemagne et de l'Angleterre en masse, en lui attribuant une si large part dans la persécution dont je suis l'objet ? (Voyez plus loin, pag. 125, 141, 146, 161, 166, 168.

[1] Comme ce caractère politique est nié par mes ennemis, et que certaines personnes semblent avoir oublié comment les choses se sont passées dès le commencement, je crois devoir reproduire l'opinion de quelques hommes haut placés, de quelques journaux très-connus et qui font autorité. Pour ne pas dépasser les limites d'une simple note, je suis forcé de choisir et de me borner; mais partout où elle a pu se manifester librement, l'opinion a été unanime à cet égard, et une telle unanimité n'est acquise qu'à l'évidence. Ainsi, dans un écrit dont il sera encore question plus loin (page 122), M. Encke, secrétaire perpétuel de l'Académie royale des sciences de Berlin, constatait ainsi qu'il suit le caractère politique de la persécution à laquelle je suis en butte : « A cause « de la ressemblance de nos propres affaires avec celles de la France (dit

et que la presse entière de l'Angleterre, de l'Allemagne et
de l'Italie a confirmé. Malgré tous les détours qu'on a em-

« M. Encke), il vaut bien la peine d'avoir devant les yeux un exemple de
« l'excès des attaques violentes produites par les luttes des partis politiques;
« car quiconque lira avec impartialité le *Rapport* (de M. Boucly), pourra à
« peine comprendre comment, en l'absence de M. Libri, il a pu être publié dans
« le *Moniteur*. Ensuite, si l'on compare la réfutation à l'accusation, on n'hési-
« tera pas à tenir M. Libri pour complétement justifié. »
Presque à la même époque, M. Lehmann, célèbre écrivain de Berlin, exprima la même pensée en ces termes (voyez plus loin, pag. 141).
    « On savait que M. Libri était au nombre de ses partisans (de la monarchie
« de Juillet), non-seulement par ses relations amicales avec M. Guizot, mais en-
« core par ses rapports avec le *Journal des Débats*, dont il était un des rédac-
« teurs les plus assidus et les plus remarquables. Il était, du reste, dans les plus
« mauvais termes avec certains membres de l'opposition, qui étaient devenus
« les hommes les plus influents du gouvernement, et spécialement avec M. Arago.
« Il avait attaqué ce dernier de la manière la plus vive, non-seulement dans les
« journaux et les revues, mais encore très-souvent dans les séances de l'Institut.
« On ne fut donc pas très-surpris, quand le gouvernement provisoire fit publier
« une pièce trouvée dans les archives du ministère Guizot, et qui attaquait la
« probité de M. Libri. Dans la guerre que se font les partis politiques, tout
« n'est-il pas permis? Mais ce qui causa la plus grande surprise, c'est quand
« on sut que les accusations dirigées contre le célèbre savant n'étaient appuyées
« que sur des dénonciations anonymes et des bruits vagues. On pensait que la
« science eût cependant mérité plus de respect dans un de ses représentants,
« que M. Arago n'en avait mis dans ses attaques contre M. Libri. »
Les autres savants du continent qui ont parlé de cette affaire, M. de Reiffenberg,
M. Ch. Witte, M. Stern, M. Brandes, M. Hoffmann, ont exprimé, en d'autres termes,
la même pensée (voyez plus loin, pag. 127-158). En Angleterre, où le sentiment de
la légalité et de la justice est si heureusement gravé dans tous les cœurs, cette
intervention de la politique dans une affaire judiciaire a été signalée et blâmée
avec plus de force encore. Voici d'abord dans quels termes graves et significatifs s'exprimait, dans l'*Athenæum* (voyez plus loin, page 160) M. De Morgan,
professeur à l'Université de Londres, et secrétaire de la Société royale astronomique :
    « Nous commencerons par déclarer que, selon nous, M. Libri a mis ses accusa-
« teurs en demeure de se défendre eux-mêmes d'une grave accusation : rien moins
« que d'avoir saisi avec empressement des conjectures qui ne devraient jamais
« compter pour quoi que ce soit dans une procédure judiciaire, et cela dans le
« but de ruiner l'honneur d'un adversaire politique..... Nous nous adressons ici
« au gouvernement provisoire, qui s'est emparé de ce *memorandum* confiden-
« tiel pour le convertir en un document public et accrédité. Ce n'est pas M. Bou-
« cly, chuchotant (*whispering*) aux oreilles du garde des sceaux les motifs qu'il
« avait eus pour commencer ses investigations, que nous considérons dans cette
« affaire; mais MM. Arago et Lamartine proclamant, à la face de l'Europe, la
« condamnation de leur adversaire politique. »
Il n'est pas possible de reproduire ici les opinions uniformes et motivées de
vingt autres journaux anglais de toutes les couleurs politiques, le *Sunday
Times*, le *Guardian*, l'*Era*, la *Literary Gazette*, le *Journal de la Cour*, (the
Court Journal), *le Courrier de l'Europe*, etc., qui ont tous parlé dans le même
sens. Cependant, pour faire mieux ressortir le caractère politique de la persécution dirigée contre moi, il est bon de rappeler qu'en me frappant, mes ennemis déclaraient vouloir frapper en masse tous les hommes qui avaient soutenu sincèrement le gouvernement de Juillet, et principalement M. Guizot,
qu'on osait accuser d'avoir couvert de sa protection, dans un intérêt politique,
les *vols* qui m'étaient imputés et qu'il aurait connus. On trouvera plus loin
(page 190) des extraits du *Times* et du *Morning Chronicle* qui prouvent la réalité de cette intention. Ici je me bornerai à reproduire quelques passages tirés
de deux journaux anglais très-connus, qui mettent en évidence le caractère de

ployés pour donner le change à l'opinion publique et faire
croire qu'il n'y avait rien de personnel dans cette affaire, le

la persécution dirigée contre moi. Tout mauvais cas est niable, et l'on conçoit
que mes ennemis, aujourd'hui, s'efforcent de faire croire que la politique n'a
joué aucun rôle dans mon affaire. C'est précisément pour cela que je crois devoir rappeler au public comment les choses se sont passées réellement et quel
est le jugement qu'a porté l'Europe sur ces manœuvres :

« Le 19 mars dernier (dit l'*Examiner* du 10 juin 1848), on a publié dans le
« *Moniteur* un rapport adressé, le 4 février précédent, par M. Boucly, à
« M. Hébert, qui était alors garde des sceaux, relativement aux accusations
« qu'on disait avoir dirigées contre M. Libri à propos de livres rares et de ma-
« nuscrits appartenant aux bibliothèques publiques de la France, et dont il se
« serait emparé déloyalement. La promptitude avec laquelle ce document par-
« tial, vague et manquant de logique, avait été donné au public dans le journal
« officiel du nouveau gouvernement, prouvait à tout le monde, excepté aux bi-
« bliomanes, qu'on voulait plutôt, par cette publication, imprimer une tache sur
« le caractère de M. Guizot (qu'on représentait comme ayant continué à frater-
« niser avec M. Libri, après que ce dernier avait été l'objet de graves soupçons),
« qu'à porter atteinte au caractère de M. Libri lui-même. Il est vrai que les
« jalousies et la malignité qu'on rencontre parmi les collecteurs de livres, qui sont
« en rivalité, surpassent celles que Byron dit ne se rencontrer que dans les
« coulisses de l'Opéra ; il est vrai aussi que, dans la politique de la France, les
« querelles hargneuses et personnelles des amateurs de bouquins se sont pro-
« duites plus d'une fois sur un plus grand théâtre. Il était donc, à la rigueur,
« possible que quelque envieux confrère se fût prévalu de sa position au *Moni-*
« *teur* pour convertir une puissante révolution en une machine propre à écraser
« un rival en science ou en bibliographie. Aussi la généralité du public n'aurait
« pas donné une grande attention à cette affaire, si l'on n'avait pas essayé d'in-
« sinuer à ce propos une accusation de connivence ou de complicité contre
« M. Guizot. C'est à cette circonstance que l'affaire doit son principal intérêt.

« M. Libri a publié, depuis peu de jours, sa réponse, et il est de la plus stricte
« justice de déclarer qu'il démontre que la tentative faite pour salir son carac-
« tère dans *le Moniteur* , a été un acte méprisable, illibéral et cruel. Le rapport
« de l'ex-procureur du roi est un document qui doit sembler inexplicable même
« aux juristes anglais, et encore plus aux Anglais qui ne sont pas familiari-
« sés avec les cavillations du Palais... Il y a quelque chose de révoltant dans
« cette investigation inquisitoriale, appuyée sur des accusations anonymes qu'on a
« toujours cachées à M. Libri. C'est un mélange de l'inquisition de Madrid et
« de la gueule du lion de Venise. Le dégoût excité par une telle conduite re-
« double lorsqu'on voit, etc..... La conduite de ceux qui ont fait paraître le
« rapport dans *le Moniteur* est méprisable, cruelle, et lâche par-dessus le marché.
« Nous n'avons pas hésité à condamner la conduite politique de M. Guizot ; mais
« son caractère privé reste irréprochable. La boue qu'on a voulu jeter sur lui
« en essayant de le représenter comme protégeant un écrivain qui soutenait son
« administration, bien qu'il fût informé du crime de cet individu, restera atta-
« chée aux mains qui ont voulu la lancer. On peut beaucoup supporter dans l'exas-
« pération des luttes politiques, mais on ne doit pas tolérer que, dans la vue
« de porter atteinte à son protecteur, un innocent soit diffamé sur la foi de
« commérages et de fausses et anonymes accusations. »

Terminons cette note, déjà si longue, par la citation de quelques passages
tirés du *Daily News*, du 30 mai 1848.

« Nos lecteurs se rappellent un article qui parut dans *le Moniteur* de Paris,
« du 19 mars, accusant M. Libri d'avoir formé une collection de livres rares et
« de curieux manuscrits en mettant au pillage plusieurs bibliothèques de la
« France. Bien que M. Libri fût l'objet immédiat de l'attaque, l'intention de
« l'article était manifestement d'atteindre derrière lui M. Guizot, car l'ex-
« ministre était représenté comme gardant M. Libri dans une position confiden-
« tielle, bien que connaissant les accusations... Dans le procédé de M. Boucly,
« il y a quelque chose de parfaitement digne de l'inquisition de Venise, avec sa

caractère politique des poursuites auxquelles je suis en butte n'a été mis en doute par aucun homme impartial et de bonne foi. Je viens de dire de quelle manière j'avais été amené à quitter Paris. L'insertion au *Moniteur universel* du rapport confidentiel de M. Boucly, dans lequel ce magistrat déclarait ne m'avoir jamais ni appelé ni entendu [1], est un acte odieux et sans précédent, qui a fait assez clairement comprendre à tous que le gouvernement provisoire de la République française entendait intervenir directement et activement contre moi ; qu'avant de recueillir aucune preuve, qu'avant même que la justice fût régulièrement saisie de cette affaire, il voulait se hâter de frapper un grand coup, et, sans autre forme de procès, me présenter tout d'abord comme coupable aux yeux du monde entier. Cette publication inqualifiable était un appel à toutes les mauvaises passions, à la délation, à la calomnie, et ne pouvait manquer de trouver de l'écho dans ce moment d'effervescence générale. N'était-ce donc pas là un acte tout politique bien calculé pour intimider mes amis et prêter main-forte à mes ennemis ? Aussi cet acte a-t-il été flétri par les honnêtes gens de tous les pays [2], et si les événements graves qui se sont accomplis

« gueule de lion, aux jours les plus florissants de cette odieuse institution...
« La publication d'une telle masse de scandale, sans qu'on prit aucun soin pour re-
« chercher si ce scandale avait aucun fondement, est une responsabilité pour le
« gouvernement provisoire et pour quelques-uns de ses subordonnés. Comme ayant
« pour objet d'écraser M. Libri, cette publication est un procédé rempli de mal-
« veillance et de bassesse. Nous avons des motifs de penser que M. Libri est loin
« d'être populaire en France, et il peut y avoir des raisons pour cela ; mais il
« n'y a pas d'excuse possible pour la publication de telles calomnies contre lui.
« Destinée à décrier M. Guizot, qu'on représente comme le patron et le protec-
« teur de M. Libri, cette publication prend le caractère des plus détestables et
« des plus méprisables exploits du règne de la Terreur. Nous n'avons pas hésité à
« exprimer sans réserve notre blâme sur la politique de M. Guizot ; mais le
« caractère privé de M. Guizot est pur et élevé, et il n'y pas un homme d'hon-
« neur qui ait pu participer à une telle attaque, faite contre lui dans la personne
« de M. Libri. »

[1] Voyez plus loin, pag. 28, 82, 95, 115, 279-280.

[2] On a pu déjà voir incidemment dans une note précédente (pag. 8 et suiv.), quel est le jugement qu'ont porté sur cette publication des hommes d'une grande autorité, des journaux qui jouissent d'une grande influence. On ne finirait pas, si on voulait reproduire tous les blâmes formulés contre cet acte du gouvernement provisoire. Voyez encore, à cet égard, les pièces ou les extraits que je donne aux

depuis un an en France, si les préoccupations que tant d'intérêts compromis, que tant de sinistres prévisions ont fait surgir dans les esprits, avaient pu faire oublier l'origine et le caractère de la proscription lancée contre moi, il suffirait de consulter l'impression générale produite par cette affaire dans les pays où elle était considérée avec calme et sans prévention, pour ne plus pouvoir conserver aucun doute à cet égard. Il faut reconnaître, avec les organes les plus répandus de la presse anglaise [1], que jamais, à aucune des époques de l'histoire de France, il n'y a eu d'intervention plus flagrante et plus odieuse de la politique et de l'esprit de parti dans une affaire judiciaire.

Si vous voulez bien, Monsieur le Ministre, suivre l'historique, que je tracerai le plus rapidement possible, de tous

pag. 127 et suiv. Quoique si sévèrement jugée partout, une telle publication n'a pourtant été nulle part l'objet d'un blâme pareil à celui qu'implicitement elle a reçu en France. En effet, le Comité de législation a, l'année dernière, présenté à l'Assemblée nationale un projet de loi pénale dont les dispositions s'appliquent exactement à ce cas. Voici le premier article de cette loi :

« 1° Il est interdit aux journaux et écrits périodiques de publier les actes
« d'accusation et aucun des actes de procédure criminelle avant qu'ils aient été
« lus en audience publique, sous peine d'une amende de 100 à 2,000 fr. En cas
« de récidive commise dans l'année, l'amende pourra être portée au double, et
« le coupable sera, en outre, condamné à un emprisonnement de quinze jours
« au moins et de six mois au plus. » (Voyez le *Journal des Débats* du 16 septembre 1846.)

Le Comité de législation a oublié de considérer le cas dans lequel, par une publication dans le journal officiel, le gouvernement lui-même s'exposerait à l'amende et à l'emprisonnement.

Quant à la manière dont la publication du rapport de M. Boucly a eu lieu, j'ai entre les mains des documents d'après lesquels on peut déterminer exactement la part de responsabilité qui revient à différentes personnes pour cette publication. Je reprendrai peut-être ce point une autre fois ; pour le moment, je me bornerai à faire une seule observation : plusieurs journaux ayant annoncé que le rapport de M. Boucly était sorti du ministère des affaires étrangères pour être porté au *Moniteur*, M. de Lamartine, alors ministre des affaires étrangères, ne voulut pas s'associer à une telle indignité ; il fit insérer au *Moniteur* la note suivante :

« C'est par erreur que quelques journaux ont annoncé qu'un document judi-
« ciaire relatif à M. Libri aurait été tiré des archives du ministère des affaires
« étrangères ; aucun document n'est sorti de ce ministère pour être livré à la
« publicité. »

Ce démenti donné avec cette noble spontanéité, si familière à M. de Lamartine, motiva des explications de la part de ceux qui, probablement, se sentaient atteints. Il résulte de ces explications qu'on lira plus loin (pag. 178 et 185), que la pièce avait été *dérobée*, en tout bien, tout honneur, au ministère des affaires étrangères avant d'être publiée. J'accepte l'explication. Reste la publication dans *le Moniteur*, qui n'a pu avoir lieu que par le fait de certains membres du gouvernement provisoire.

[1] Voyez ci-dessus, pag. 10-11.

ces faits, vous verrez que le caractère politique dont ils sont empreints dès l'origine ne s'est jamais démenti. Renchérissant sur les calomnies insérées au *Moniteur*, la plupart des journaux français appartenant aux différentes nuances d'un même parti se sont appliqués, pendant plusieurs semaines, à enfanter les fables les plus absurdes sur mon compte, et, au mépris de l'équité et des lois, tous sans exception se sont refusés à insérer la réponse sommaire mais catégorique que j'adressai immédiatement aux feuilles qui m'avaient attaqué [1]. Quelques-uns furent retenus par l'intérêt de leur propre conservation ; mais le plus grand nombre obéissait à l'esprit de parti. Trouve-t-on un autre exemple d'un tel déni de justice, et oserait-on dire encore que la politique est restée étrangère à tout ceci ? Non ! les puissants du jour avaient parlé ; ils avaient dit officiellement, dans le *Moniteur*, « nous voulons écraser cet homme », et, sous le régime de cette liberté qu'avaient donnée à la France les dictateurs de Février, il ne me fut pas permis de faire entendre ma voix.

Ce fut alors que, bien que placé dans les conditions les plus défavorables, et quoique privé de la plupart de mes papiers, je me décidai à faire paraître une réponse au rapport de M. Boucly. Mais cette réponse ne pouvait pas effacer

[1] Le rapport de M. Boucly parut dans le *Moniteur* du 19 mars 1848, et les journaux les plus modérés se bornèrent à reproduire cette pièce dans laquelle, sur la foi de lettres anonymes, j'étais accusé de crimes imaginaires ; mais la plupart des feuilles périodiques se plurent à renchérir sur les calomnies du *Moniteur*, et ne s'arrêtèrent que de guerre lasse, après avoir débité sur mon compte les faussetés les plus grossières. On trouvera plus loin, parmi les *Documents* (page 177, etc.), quelques-uns des articles publiés par ces journaux. Malheureusement, plusieurs des plus curieux qu'on m'avait signalés n'ont pas pu être retrouvés. Non-seulement tous les journaux qui m'avaient si odieusement attaqué se refusèrent à insérer une rectification, mais certaines personnes, qui faisaient des démarches pour que cette justice me fût rendue, se virent appelées devant le juge d'instruction. Cela mit fin aux démarches qui avaient pour objet d'éclairer l'opinion sur mon compte. Ainsi, dès le premier jour, toute liberté a manqué à ma défense. Voyez, à ce sujet, la lettre imprimée à la page 107 des *Documents*; et, à la page 26, la lettre contenant le passage suivant : « M. Durand, que j'ai vu, m'a dit qu'au mois de mars ou avril il avait voulu insérer une note pour votre justification, et qu'aucun journal n'avait voulu l'insérer, et que M. Hatton, juge d'instruction, l'avait fait appeler, et qu'il lui avait retenu la copie. »

l'impression produite durant deux mois par cinq cents journaux de Paris et des départements, qui, n'admettant aucune rectification, avaient égaré l'opinion sur mon compte, et dont la plupart, pour mieux flatter ceux qui m'avaient frappé, s'efforcèrent d'étouffer ma voix [1]. Si ma *Réponse* ne fut pas suffisamment connue en France, la manière dont elle fut accueillie en Europe a été pour moi une éclatante réparation. Les hommes les plus considérables et les plus compétents [2] de l'Angleterre [3], de l'Allemagne, de la Belgique, de l'Italie [4], protestèrent contre les

[1] Voyez ci-dessus, page 7.

[2] Je dis exprès les hommes les plus *compétents*, parce que pour bien juger cette affaire, non-seulement il faut la considérer sans passion et avec impartialité, mais il est nécessaire aussi de ne pas être étranger aux livres, à la bibliographie et à la pratique usuelle de cette science. Si l'auteur du rapport que M. Boucly a signé de son nom, mais que, très-probablement, il n'a pas rédigé (voyez plus loin, page 103), avait eu quelque connaissance des livres, il aurait évité les erreurs qu'on a signalées dans ce *Rapport*, et qui l'ont radicalement vicié.

[3] Après avoir été un moment égarée par la publication du *Moniteur*, la presse anglaise en masse a pris ma défense, dès qu'a paru ma *Réponse au Rapport de M. Boucly*. On trouvera plus loin l'extrait de plusieurs des articles les plus remarquables dans lesquels des hommes d'un nom européen se sont déclarés nettement pour moi. Malgré mon désir de donner à ma défense l'autorité de noms connus, les habitudes invariables de la presse anglaise excluant, même dans les *Revues*, tout article signé, je ne pourrais citer le nom d'aucun des défenseurs que j'ai trouvés dans les journaux anglais, si M. De Morgan, professeur de l'Université de Londres, et secrétaire de la Société royale astronomique, ne m'eût autorisé à déclarer qu'il est l'auteur de plusieurs articles qui ont paru dans l'*Athenæum* (voyez, plus loin, à la page 159), et dans lesquels les accusations dont je suis poursuivi sont repoussées avec une dialectique victorieuse. En priant ici M. De Morgan d'agréer mes vifs remerciements, je m'adresse à l'un des plus dignes représentants de cette presse anglaise qui a pris si noblement la défense d'un étranger, d'un proscrit. Je voudrais pouvoir soulever d'autres voiles, et dire toutes les consolations, tous les soutiens que j'ai trouvés en Angleterre. Je voudrais pouvoir nommer cet ancien grand-chancelier d'Angleterre, qui trouvant, au *British Museum*, un exemplaire de ma *Réponse à M. Boucly*, s'empressa de lire ma brochure, et donna sur-le-champ par écrit son opinion en ces termes:

« La défense la plus complète que j'aie jamais vue de ma vie. Voyez surtout « l'infâme calomnie sur Carpentras. Mais tout est infamie et calomnie d'une « part, et tout est parfait de l'autre. »

Cet exemplaire, avec la note originale, existe au *British Museum*. Sans que j'eusse besoin de dévoiler aucun anonyme, il suffirait de lire plus loin (pages 81 et 91) les déclarations si explicites de M. Panizzi et de M. Holmes, pour comprendre les sentiments de reconnaissance que j'ai voués à un pays où j'ai trouvé de si généreux et si énergiques défenseurs.

[4] Je suis loin d'avoir pu me procurer toutes les déclarations publiées en ma faveur dans différentes parties de l'Europe, et dont plusieurs ne me sont connues que par oui-dire. Je prie pourtant tous les défenseurs de ma cause d'accepter l'expression de ma vive reconnaissance. Si, en France, moins de personnes ont repoussé les attaques dont j'étais l'objet, cela s'explique par les haines politiques (lisez les pages 10-11, etc.), par l'animosité systématique de certains journaux victorieux (voyez aux pages 179-180), par les mesures acerbes prises contre moi,

accusations dont j'étais l'objet. Dans le *Rapport* de M. Boucly,
on affirmait, sur le dire de quelques malheureux, que l'entrée
de la Bibliothèque de Milan m'avait été interdite [1]. A ces
imputations a répondu un cri d'indignation en Italie ; et, bien
qu'ils appartiennent aux partis les plus opposés, bien que,
politiquement parlant, quelques-uns d'entre eux soient mes
adversaires, les hommes qui depuis un an se sont trouvés à
la tête des divers gouvernements italiens, les Capponi, les Gioberti, les Mamiani, les Guerrazzi [2], ont tenu tous à protester
contre ces indignes accusations, soit dans des articles signés
par eux et publiés par divers journaux, soit dans des lettres
que j'ai entre mes mains. En Allemagne, l'Académie de
Berlin, à laquelle j'ai l'honneur d'appartenir, devait prendre
naturellement un intérêt particulier à une affaire à laquelle
l'honneur d'un de ses membres était attaché. Aussi M. Encke,
secrétaire perpétuel de cette Académie, pour les sciences
mathématiques, a publié, dans la *Gazette privilégiée de Berlin*, du 11 juin 1848, un écrit signé de son nom, et dans
lequel cet homme éminent, que l'Europe révère, non-seulement a pris ma défense, mais n'a pas craint de nommer

par l'intimidation exercée contre mes amis (voyez pag. 21, 25-27, 107, 114), sur
lesquels on voulut faire planer même une accusation de complicité (voyez les extraits
de plusieurs journaux, à la page 187, etc.), et par la supposition qu'en faisant connaître la vérité, on déplairait à certains membres du gouvernement provisoire
(relisez les extraits donnés à la page 7). Mais, pour être moins nombreux,
les défenseurs que j'ai trouvés à Paris ne m'en sont que plus chers. Je saurai,
je l'espère, oublier le mal qu'on a voulu me faire en France, mais je ne pourrai
jamais oublier les consolations que j'y ai rencontrées.

[1] Voici comment s'exprimait, à ce sujet, M. Boucly dans son Rapport :
« Enfin, M. Carteron, employé aux Archives du royaume, qui s'est présenté
« de lui-même une seconde fois à mon parquet, ajoute qu'il y a plusieurs an-
« nées, M. Libri aurait soustrait des livres dans la Bibliothèque de Florence,
« et que, par suite, l'entrée de la Bibliothèque de Milan lui avait été fermée. »
D'après ce qu'on m'écrit de Paris, ce M. Carteron, qui eut plus tard le malheur de remplacer M. Mignet aux archives du ministère des affaires étrangères,
a été un des commissaires extraordinaires envoyés après les journées de
Février pour révolutionner les provinces. Cela donne la mesure de ses opinions
avancées, et peut expliquer son animosité et ses calomnies contre moi. Au reste,
ce n'était là qu'un commencement. On verra plus loin (pag. 170, 184, etc.) qu'a-
près mon départ de France, plusieurs journaux, et le *National* entre autres, ont
annoncé que, loin d'être un émigré politique, je n'avais quitté l'Italie qu'après
avoir été condamné *pour vol* à deux années de prison.

[2] Voyez plus loin, pag. 167-170.

les gens [1], à la haine desquels il attribue la persécution qui s'attache à moi. Les nombreuses illégalités commises dans cette affaire sont, de la part de M. Encke, l'objet d'un blâme sévère et mérité [2]. Cette déclaration de M. Encke a produit une grande sensation en Allemagne; elle produirait le même effet en France, si l'on voulait se donner la peine d'en prendre connaissance.

L'Académie de Gœttingue n'a pas tardé à s'associer à cette manifestation. Dans la *Revue scientifique* publiée sous la direction de cette Académie, il a paru, le 7 et le 10 août 1848, un article de M. Stern, qui est un des premiers géomètres de l'Allemagne, dans lequel l'auteur commence par déclarer, en propres termes, que « *M. Libri a gravé une marque d'infamie sur le front de ses calomniateurs* [3] ». Ces quelques mots peuvent faire juger du reste.

Si j'ai cité l'exemple des deux premières Sociétés de l'Allemagne, c'est surtout afin qu'on puisse se convaincre en France qu'il ne disconvient pas aux grands corps scientifiques

---

[1] « Dans ces circonstances (dit M. Encke), après que M. Libri a quitté la « France, l'insertion d'un tel rapport dans le *Moniteur Universel*, organe officiel « du gouvernement provisoire dont fait partie M. Arago, qui est, non-seulement « le collègue spécial de M. Libri, mais son adversaire déclaré depuis plusieurs « années, doit nous remplir d'une profonde douleur. En présence d'une si grande « animosité... on ne peut s'empêcher de reconnaître que son départ de France « a été un acte de sagesse. »
Voyez plus loin, page 125.

[2] Je donne en entier, à la page 119, l'écrit de M. Encke. Le lecteur y remarquera les passages suivants . « Depuis le commencement jusqu'à la fin, le Rap- « port (de M. Boucly) est si contraire au sentiment de justice allemand, qu'il « suffit d'en faire ressortir un exemple quelconque pour convaincre tout homme « impartial... Un juge d'instruction allemand se conduira-t-il jamais ainsi!.... « Il ne reste alors de ces *on dit* que l'étonnement de les voir figurer dans un « acte judiciaire... Un agent judiciaire s'en rapporte à des allusions haineuses « dont il ne donne seulement pas la preuve, etc., etc. »
Pour d'autres blâmes non moins énergiques, non moins dignes d'attention, je renverrai aux pag. 10-11 du présent écrit; je ne saurais pourtant m'empêcher de mettre ici sous les yeux du lecteur un mot caractéristique de M. De Morgan, qui, répondant, dans l'*Athenaeum*, à cette question qu'il se fait à lui-même: *Pourquoi M. Libri a-t-il quitté Paris?* commençait par dire : *Nous croyons que nos lecteurs accepteront comme réponse suffisante qu'il eût été vraiment fou s'il était resté dans un pays où le Rapport* (de M. Boucly) *qui précéde a pu servir de base à une enquête judiciaire.*

[3] L'expression originale est peut-être encore plus énergique , *ein brettes brandmal*. On trouvera à la page 127 la traduction de l'écrit de M. Stern.

de prendre la défense de leurs propres membres assaillis par d'odieuses imputations.

Ma réponse ayant démontré que tous les faits articulés contre moi dans le *Rapport* de M. Boucly étaient faux et calomnieux, on aurait dû s'attendre à ce que les personnes qui avaient pu induire d'une manière si grave les magistrats en erreur, fussent appelées à rendre compte de leurs mensonges. Il semblait de toute justice que, lors même qu'on eût cru devoir porter les investigations à mon égard sur d'autres points, les gens saisis en flagrant délit de calomnie fussent punis. Il fallait que ceux qui avaient annoncé, par exemple, que j'avais dérobé à la bibliothèque de Grenoble un manuscrit, qui n'avait jamais appartenu à cet établissement, et que j'avais acheté chez M. Commarmont, de Lyon [1]; que ceux qui m'avaient accusé d'avoir enlevé à la bibliothèque de Carpentras un volume de *Castiglione*, à la reliure de Grolier, qui me venait de M. Merlin [2]; que les rédacteurs de certains journaux, qui m'avaient attaqué avec une violence sans exemple [3], fussent d'abord punis de leurs premières calomnies, afin qu'ils apprissent à ne pas se jouer ainsi de l'honneur des hommes. Mais c'est le contraire qui a eu lieu. Sans plus s'occuper du *Rapport* de M. Boucly, qui pourtant était le seul prétexte des mesures exceptionnelles prises contre moi, on a chargé mes ennemis les plus ardents de procéder à l'examen de mes livres et de mes papiers. C'est, en effet, une Commission composée d'anciens élèves de l'Ecole des Chartes, qui m'avaient déjà attaqué dans leur journal (le *Rapport* de M. Boucly en fait foi [4]) ; c'est une Commission dont

[1] Voyez ma *Réponse* au Rapport de M. Boucly, § 3.

[2] Lisez ma *Réponse* au Rapport de M. Boucly, § 25.

[3] Consultez le *Rapport de M. Boucly* (§ 25, 27 et 32 de ma *Réponse*), et lisez plus loin (pag. 18, 177-189) les extraits de certains journaux français.

[4] Voici comment s'exprime M. Boucly dans son *Rapport* à ce sujet :
« Deux articles dans la *Bibliothèque de l'École des Chartes*, 5ᵐᵉ et 6ᵐᵉ livraisons de 1847, pages 462 et 535, ont parlé dans des termes qui cher-
« chaient évidemment à faire naître le soupçon, non-seulement de la vente de

certains membres ont publié des articles odieux contre moi [1],
même depuis qu'ils ont été investis des fonctions d'experts [2];
c'est une Commission qui, montrant toujours un acharne-

« livres faite l'année dernière par M. Libri, mais encore des manuscrits qu'il a
« livrés en Angleterre, sans en avoir jamais publié le catalogue en France. L'un
« de ces articles a été publié par le *National*..... Enfin, dans une de leurs der-
« nières livraisons, les rédacteurs de la *Bibliothèque de l'École des Chartes* ont
« annoncé qu'ils avaient l'espoir de se procurer, en Angleterre, la notice com-
« plète des manuscrits vendus par M. Libri. Dans ce cas, leur but serait appa-
« remment de rendre ce catalogue public en France, et d'appeler ainsi contre
« M. Libri les réclamations des villes qui y trouveraient la trace de manu-
« scrits ayant appartenu à leurs bibliothèques. (Voyez § 27 et § 32 de ma
Réponse.

On sait que plusieurs personnes qui ont étudié à l'École des Chartes se sont
réunies depuis quelques années en une Société ayant des chefs, une direction et
obéissant à un règlement. Cette association, dont l'esprit de corps offre des
analogies frappantes avec une compagnie célèbre, a pour organe la *Bibliothèque
de l'École des Chartes*, journal qui paraît de deux mois en deux mois. N'est-il pas
au moins singulier que, pour s'éclairer sur la valeur des accusations contenues
dans le *Rapport* de M. Boucly, on ait été s'adresser à des membres de cette
même société qui s'était déjà prononcée contre moi d'une façon si injurieuse et
si hostile ? Le *Rapport* de M. Boucly s'appuie sur des articles de la *Bibliothèque
de l'École des Chartes*, et l'on demande aux rédacteurs mêmes de ce journal de
juger pour ainsi dire ce *Rapport* auquel ils ont fourni des éléments !

[1] J'établirai, au moment opportun, la part qu'ont prise des membres de la
Commission aux attaques dirigées contre moi par les journaux. (Voyez
déjà page 24 de cet écrit.) Pour le moment, je me bornerai à reproduire un
article publié dans la *Bibliothèque de l'École des Chartes*, et dont je recommande la lecture.

[2] « Depuis l'apparition du dernier cahier de la *Bibliothèque*, les charges que
« le bruit public faisait peser sur M. Libri, et dont la divulgation subite engagea
« ce savant, trop avide de raretés bibliographiques, à s'enfuir en Angleterre,
« ont pris corps ; le Rapport de M. Boucly, concluant contre lui à des poursuites,
« a été publié dans les journaux, et l'instruction de l'affaire se poursuit active-
« ment aujourd'hui.

« M. Libri, en quittant la France, devenue à la fin inhospitalière pour lui, a
« cherché à mettre en lieu sûr sa riche collection. *Dix-huit* caisses, si nous
« sommes bien informés, l'ont accompagné dans son voyage à Londres, et con-
« tenaient vraisemblablement les pièces les plus rares et les plus compromet-
« tantes pour lui. Le reste, dont il préparait la vente, s'est fondu comme par
« enchantement; si bien que, lorsque la justice arriva chez lui, il ne s'y trouvait
« plus un volume. Des tiers officieux, des relieurs, des libraires, des amis, s'é-
« taient partagé le soin de cacher cette bibliothèque, et il fallut toute l'intelli-
« gente activité des magistrats pour en obtenir la réintégration. Elle forme en-
« viron quarante mille volumes, qui sont de nouveau rassemblés dans l'ancien
« domicile de M. Libri, à la Sorbonne. Sur la désignation du ministre de l'in-
« struction publique, le juge chargé de l'instruction a délégué, pour procéder à
« l'examen de ces livres, cinq archivistes-paléographes : MM. Ludovic Lalanne,
« Bourquelot, de Mas Latrie, J. Quicherat et Bordier, auxquels il a joint une
« des personnes qui assistaient M. Libri dans le classement de sa bibliothèque
« et la rédaction de ses catalogues. »

(*Bibliothèque de l'École de Chartes*, cahier de mars-avril 1848, p. 358.)

Cet article est digne de remarque. Les faussetés et les calomnies y sont accumulées. M. Boucly qui, dans son *Rapport*, déclarait *ne m'avoir jamais appelé ni entendu*, ne pouvait pas conclure à des poursuites contre moi. Personne
ne s'était chargé de *cacher* ma bibliothèque : tout s'est passé au grand jour. Les
relieurs n'avaient entre les mains que des livres destinés à être reliés; il n'y avait
chez des libraires que des livres achetés par eux à la vente publique d'une portion

ment sans pareil, a répandu les bruits les plus malveillants, les plus absurdes contre moi ; c'est enfin une Commission dont un des membres (M. Lalanne) disait il y a peu de temps, en pleine rue, à M. Merlin, sous-bibliothécaire au ministère de l'intérieur, ces propres paroles : *L'Ecole des*

de ma bibliothèque. Ces fausses imputations n'étaient mises en avant que pour intimider mes amis, et les empêcher de parler en ma faveur par la crainte d'une accusation de complicité que d'autres journaux annonçaient plus ouvertement encore (voyez plus loin, page 187). Après avoir été l'objet des menaces qui ont motivé mon départ de Paris, je suis resté étranger aux mesures qu'on a cru devoir prendre dans mon intérêt. C'est un de mes parents, M. Titus del Rosso, de Florence, qui, se trouvant chez moi au moment de la révolution de Février, a pris, d'accord avec quelques amis, les mesures que réclamaient les circonstances. Il n'y a eu rien de caché, rien de suspect. On a voulu seulement prendre des précautions que la position exigeait et que les événements n'ont que trop justifiées. Plus occupé de mes intérêts que des siens, M. del Rosso, en partant, a laissé dans la chambre qu'il occupait chez moi, divers objets qui lui appartenaient, et qui ont été saisis sans inventaire ainsi que tout ce qui était à moi. Aucun de ces objets ne lui a été rendu, comme rien n'a été rendu à diverses autres personnes qui, soit à titre de prêt, soit dans un projet de vente, avaient déposé chez moi des livres, des manuscrits, des objets d'art ou de curiosité. Les perquisitions, les descentes de police, les prédictions sinistres, les attaques dans les journaux, les menaces mystérieuses, tous les moyens d'intimidation, en un mot, employés à cette occasion, ont produit un tel effet, que les personnes lésées n'ont pas osé réclamer. Les preuves de ce que j'avance abondent entre mes mains. Si je ne les publie pas ici, c'est parce que certaines personnes auxquelles je fais allusion ont désiré que je ne les exposasse pas à des vexations. Je me tais donc à présent ; mais si le besoin de ma défense l'exige, je ferai paraître plus tard tous les documents qui sont entre mes mains. (Voyez, en attendant, plus loin, page 115).

Quant aux *dix-huit caisses* qui, au dire de la *Bibliothèque de l'Ecole des Chartes*, m'avaient accompagné à Londres, et qui *contenaient vraisemblablement les pièces les plus rares et les plus compromettantes pour moi*, voici un certificat émané de deux personnes qui ont aidé mon parent dans cette circonstance. Cette pièce, signée par deux hommes dignes de foi (M. Crosnier, ancien capitaine, et M. Abry, parent de M. Abry libraire et ancien officier des armées françaises), fera bien comprendre ce que valent les assertions des experts et de leurs associés.

« Je soussigné certifie que les dix-huit petites caisses faites sous la direction
« de M. Titus del Rosso, et envoyées à M. Libri après son départ pour Londres
« par l'entremise de M. H. Bossange, se composaient : 1° de livres reliés récem-
« ment, qu'on plaçait dans ces caisses à leur rentrée de la reliure ; 2° de livres
« reliés en maroquin, pris au hasard dans toutes les parties de la bibliothèque.
    « Paris, ce 15 octobre 1848.
    « Approuvé l'écriture ci-dessus.   Crosnier.
    « Approuvé l'écriture ci-dessus.   G. Abry. »

Les dix-huit petites caisses sont arrivées à Londres lorsque j'étais depuis un mois en Angleterre. Elles contiennent tout ce qu'on a pu soustraire à mes ennemis. De tout ce que je possédais, c'est là ce qui me reste ; c'est avec la valeur de ces dix-huit caisses que j'ai pu subvenir aux frais de publication de ma *Réponse* à M. Boucly, et qu'après avoir acheté les livres à estampille et les autographes dont il sera question plus loin, je pourrai payer l'impression de l'écrit que je fais paraître aujourd'hui. On conçoit que les experts cherchent à donner une interprétation défavorable à cet envoi sans lequel il m'eût été impossible de supporter les frais qu'entraîne ma justification. On a déjà voulu faire planer des soupçons de complicité sur des personnes qui ont pu soustraire à mes ennemis une partie

Charles ne sera contente que lorsqu'elle aura fait pendre M. Libri[1] ; c'est une telle Commission, dis-je, qui est chargée de fouiller dans mes collections, de lire mes papiers les plus secrets, ma correspondance la plus intime, et qui, animée de l'esprit le plus hostile, travaille sans relâche, depuis près d'un an, à ternir mon honneur.

Du reste, hâtons-nous de le dire, ce n'est pas la magistrature française qui aurait eu la pensée de confier à des hommes dont l'animosité contre moi était constatée et qui représentent une association solidaire, les fonctions d'experts dans une affaire si délicate. C'est dans un funeste temps de réaction politique[2] ; c'est lorsqu'un gouvernement révolutionnaire, dans lequel se trouvaient mes ennemis personnels, faisait appel à la docilité des parquets et tentait de mettre les juges en surveillance, qu'une telle Commission a été désignée[3], et presque *imposée* à la justice par les dictateurs du jour.

de mes papiers et qui, en me les envoyant ici, m'ont fourni des armes contre la calomnie. Rien de cela ne doit étonner. Pour être conséquents avec eux-mêmes, les experts, qui déclaraient vouloir *me faire pendre*, devaient préparer les moyens d'atteindre leur but.

La *Bibliothèque de l'École des Chartes* ne nomme pas le sixième commissaire. C'était M. Chabaille, ancien capitaine de la garde nationale et homme très-honorable, qui ne partageait pas l'acharnement des autres experts contre moi et que, pour ce motif, ils firent exclure bientôt de la Commission. (Voyez plus loin, page 24.)

[1] Voyez ci-dessus, page 6, et plus loin aux *Documents*, page 110. Je reproduis le propos de M. Lalanne, en lui en laissant cependant la responsabilité ; je ne ferai pas à l'*École des Chartes* tout entière l'injure de croire qu'elle voudrait accepter la solidarité d'un tel propos.

Dans une lettre écrite le mois dernier par un homme aussi honorable que distingué, au sujet de certains experts avec lesquels il s'était entretenu de mon affaire, je lis ce passage qui les peint bien : « Pour en revenir à l'expert, lisez le « *Marchand de Venise*, et frémissez aux atroces projets de Shilok. Voilà l'homme. « J'en ai encore la chair de poule et le sang glacé. Peut-on avoir autant de féro-« cité aveugle et barbare ! Certes, il n'y a rien à espérer de pareils hommes qui « n'ont pas un battement de cœur pour le juste, l'honnête et le vrai. C'est le « bourreau, c'est le couteau, c'est le billot ! »

Ce sont pourtant de *pareils hommes* qu'on a chargés d'éclairer la justice sur mon compte. On conçoit le motif qui me fait taire le nom de l'auteur de cette lettre. Je dirai seulement que toutes les pièces que je publie sans signature dans cet écrit ont été examinées par MM. Panizzi et Holmes du *British Museum*, et par M. De Morgan, professeur à l'Université de Londres.

[2] Voyez pag. 192-193, comment on a voulu exploiter contre tous les hommes qui avaient été sincèrement attachés au gouvernement de Juillet les calomnies dirigées contre moi.

[3] Lisez page 18, et page 103 et 295.

L'odieux de la publication, dans le *Moniteur*, du Rapport
confidentiel de M. Boucly, ne se trouverait atténué que
par la supposition qu'il s'agissait de punir un crime éclatant,
une sorte de flagrant délit. Comment se fait-il donc que, si
les charges accumulées par la calomnie contre moi étaient
si manifestes, si accablantes qu'on se plaisait à le répandre,
on n'ait pas pu encore rédiger un rapport complet[1], après
tant de mois de recherches, de perquisitions, de descentes
judiciaires, après un travail caché, mais incessant, fait par
une Commission qui, joignant le secret à l'intimidation,
procède exactement comme procédait autrefois l'inquisition[2]?

[1] Lisez plus loin, page 101-102, 109, etc.

[2] Voyez plus loin, pag. 27, 109. Ce n'est pas moi qui ai fait le premier ce rapprochement. Des journaux français ont déjà donné aux experts le titre d'*inquisiteurs* (voyez à la pag. 180). L'intimidation est réelle, et elle a porté ses fruits : sur quelques observations très-simples faites au moment des premières perquisitions, mon domestique, qu'à différentes reprises on a essayé d'effrayer (voyez page 27) et sa femme ont été jetés en prison, sans aucun motif, et relâchés sans aucune formalité. (Lisez aux pag. 25-26, 108). Après des perquisitions et des vexations répétées, mes amis se sont vu menacer d'une accusation de complicité (lisez plus loin, page 187). Des personnes qu'on savait disposées à porter témoignage en ma faveur ont été l'objet de menaces de la part de certains experts (voyez page 6). Pour se convaincre de l'effet produit généralement par ce système d'intimidation, on n'a qu'à lire la lettre de M. Picchioni (pag. 114). Les preuves du succès de ce système abondent; je ne citerai qu'un seul fait. On se rappelle que dans le rapport de M. Boucly j'étais accusé d'avoir dérobé à la Bibliothèque de Grenoble un manuscrit que m'avait vendu M. Commarmont de Lyon. En temps ordinaire, rien n'aurait été plus facile que d'obtenir une déclaration très-explicite du vendeur et des différentes personnes qui avaient négocié cette vente. La lettre suivante de M. Durand, libraire très-connu, prouve mieux que toute autre chose que s'ils ne parviennent pas à rendre courage et confiance aux personnes impartiales qui sont bien informées de cette affaire, s'ils ne s'appliquent pas à détruire l'opinion presque générale que je suis *perdu*, que je suis *condamné d'avance* (voyez pages 27-28, 109), les magistrats ne pourront jamais savoir la vérité sur mon compte.

> « *A monsieur Libri, à Londres.*

> « Paris, ce 5 janvier 1849.

Monsieur,

« ....Il s'est présenté hier chez moi un certain personnage qui m'a parlé de vous en voyant votre défense sur mon bureau; il m'a raconté la manière dont vous aviez acheté le fameux manuscrit de M. Commarmont, et que c'était lui qui avait été l'intermédiaire entre lui et vous; il m'a dit également que toutes les personnes qui vous connaissaient à Lyon lui avaient adressé des reproches sur son silence quand vous avez été accusé; il avait répondu *qu'il avait peur*. Peur de répondre à une calomnie. Voilà les hommes !

« Hélas! pourquoi ne m'avez-vous pas acheté le fameux *Evangéliaire* qui appartenait à M. Ledru-Rollin ? on vous eût également calomnié. Je puis vous certifier, monsieur, que je ne serais pas resté muet. Ce que j'ai fait, je n'en veux

Comment se fait-il qu'après tout ce fracas, toutes ces enquêtes, toutes ces provocations à la lâcheté dénonciatrice, on n'ait pas encore produit un seul fait matériel, un seul véritable corps de délit qui ait donné une apparence de réalité aux odieuses accusations qui me poursuivent encore? C'est qu'on n'ose pas répéter tout haut ce que l'on dit tout bas; c'est qu'on ne cherche pas la vérité dans cette affaire, mais qu'on veut à toute force me faire paraître coupable ; c'est que, ne découvrant aucune charge réelle contre moi, la Commission s'applique à rassembler, par tous les moyens, des indices et des inductions propres à fournir un aliment à de nouvelles calomnies : calomnies qu'on répand dans le public avec l'espoir, sans doute, à l'aide de ces manœuvres, d'égarer encore une fois l'opinion. Oubliant la discrétion, le secret imposé aux personnes que la justice investit de fonctions si graves, les experts s'en vont débitant une foule

pas recevoir de reconnaissance, attendu que ce n'est pas par intérêt, mais bien par conviction. J'étais glorieux de pouvoir entrer chez vous au milieu de vos trésors. Cela est si doux de pouvoir feuilleter des raretés! et puis la confiance que vous aviez en moi, en me laissant quelquefois seul dans votre cabinet. Voilà, monsieur, ce que j'ai soutenu quand on m'a fait entendre que c'était par intérêt de commerce. J'ai pu donner la preuve que sur tous les ouvrages que je vous avais vendus, je n'avais pas gagné *trois cents francs*.....

« Recevez, je vous prie, monsieur, mes sentiments très-respectueux,

« Votre très-humble serviteur, « Auguste Durand. »

En faisant croire que, dès le commencement, la justice me considérait comme un coupable et non comme un accusé, mes ennemis ont calomnié les magistrats, comme ils m'avaient déjà calomnié. Pour réduire au silence les personnes qui auraient pu éclairer la justice, mes persécuteurs ont exploité certaines circonstances, certains faits qui se sont répandus peu à peu dans le public et qui devaient produire beaucoup d'impression. On verra plus loin (page 112) que l'on a refusé de recevoir la déposition de M. Paulin, ancien gérant du *National*, qui avait demandé à être entendu dans l'intérêt de ma défense. La déclaration qu'on va lire, de M. Crosnier, et qui est tirée d'un certificat qu'on verra en entier à la page 54, peut expliquer jusqu'à un certain point le silence auquel se sont vus réduits mes amis ou mes défenseurs. Voici ce que déclarait M. Crosnier le 9 septembre 1848 :

« J'approuve l'écriture ci-dessus, et j'ajouterai pour mon compte particulier que
« je signe avec d'autant plus d'empressement cette déclaration, que M. le juge
« d'instruction se refusait à recevoir, lors de ma déposition devant lui, tout
« éclaircissement tendant à établir toute la vérité sur M. Libri.

« Crosnier. »

Ces refus, qu'on ne saurait attribuer qu'à un premier mouvement de surprise et de trouble, ne peuvent pas avoir la signification qu'on s'est plu à leur donner. Plus on cherche à empêcher la vérité de se faire jour, plus les magistrats, j'aime à le croire, redoubleront d'efforts pour percer les ténèbres qu'on a voulu faire autour d'eux.

d'inventions perfides et déclarent partout que je suis perdu [1].
Quant au rapport que l'on prépare depuis si longtemps, il
demeurerait secret, et, pour lui épargner le sort qu'a rencontré le rapport de M. Boucly, on se garderait bien de le
porter à maconnaissance. En attendant, chacun des experts
reçoit dix francs par jour, que je devrais payer si mes ennemis triomphaient. Les calomnies reconnues qui ont servi
de texte au *Rapport* de M. Boucly coûtent bien cher !

La composition de cette Commission était déplorable ;
ses actes ont dépassé tout ce qu'il était possible d'en attendre.
Toute ma fortune mobilière, tout ce que je possédais en
valeurs de portefeuille [2], ma bibliothèque [3], mes travaux
scientifiques ou littéraires en manuscrit [4], mes meubles,
mon linge, mes papiers, mes collections, tout a été
saisi et livré, sans aucune forme légale, aux experts
qui, sans inventaire, sans témoins, sans aucune garantie
ni pour la justice, ni pour moi, ont emporté journellement des paquets de livres, de manuscrits et de papiers [5]. On a introduit chez moi des livres et des papiers, sans que rien puisse servir à constater, dans une
affaire si délicate et si grave, l'identité des objets enlevés
et des objets rapportés. Mais ce n'est pas assez : on a

[1] Voyez plus loin, pages 105, 109, etc., les pièces dans lesquelles on rend
compte de ces manœuvres.

[2] En quittant Paris, j'ai laissé chez moi pour environ quarante-cinq mille
francs de valeurs de différente nature : des billets à ordre, des bons, des actions
industrielles, etc. Au moment opportun, je fournirai la preuve que ces valeurs
ont disparu de chez moi sans que j'aie pu savoir ce qu'elles sont devenues.
Tout annonce qu'elles ont dû être soustraites dans les violations si fréquentes que mon domicile a subies (voyez pag. 25-26. 108, 289). Les magistrats
ne peuvent ignorer ce fait qui était consigné dans ma protestation.

[3] On a vu (page 18) que la *Bibliothèque de l'École des Chartes*, qui devait
être bien informée, annonçait dans un article semi-officiel, que ma bibliothèque,
qu'on avait saisie, contenait quarante mille volumes environ. Tout ce qui man-
querait à ce chiffre aurait donc été enlevé après que mes collections ont été saisies. Nous verrons à la fin.

[4] Divers mémoires de mathématiques, une partie considérable du cinquième
volume en manuscrit de mon *Histoire des sciences mathématiques en Italie*, mes
travaux pour l'édition des *Œuvres de Fermat* et pour la publication du *Trésor*
de Brunetto Latini, et plusieurs autres écrits inédits, tout cela a été saisi. Qui
sait si je retrouverai jamais ces manuscrits ?

[5] Voyez plus loin, page 25-26 ?

appelé chez moi mes ennemis : mon appartement a été
envahi par une foule hostile ; et, tandis qu'on défendait à
mes amis et jusqu'à mon domestique de pénétrer chez moi,
même pour nettoyer, mon domicile était, pendant plusieurs
mois, périodiquement, méthodiquement violé par des gens
qui, certes, n'y entraient pas avec des intentions bienveil-
lantes [1]. Ce n'est pas seulement dans les premiers jours qui
ont suivi la révolution de Février que ces faits ont eu
lieu. Malgré les réclamations adressées aux agents de l'au-

[1] Quelque incroyables qu'ils paraissent, ces faits ne sont que trop vrais. Aucune
forme légale n'a été respectée dans les saisies faites chez moi peu de jours
après la révolution de Février, et qui rappellent les plus beaux jours des saisies
opérées il y a près de soixante ans sur les biens des émigrés. Tout a été fait ré-
volutionnairement dans mon affaire. Je possède des preuves nombreuses de
ce que j'avance, et d'ailleurs, ces faits et beaucoup d'autres sont assez généralement connus à Paris ; mais, par suite de ce système d'intimidation si efficacement
employé contre moi, on n'ose pas les redire tout haut (voyez sur tout cela la lettre
de M. Picchioni, page 112-114). Pour abréger, je ne donnerai ici que trois lettres :
l'une est de M. Mottez, artiste célèbre, auquel on doit les belles peintures de Saint-
Germain-l'Auxerrois ; les deux autres sont de mon domestique. Elles fournissent
la preuve sommaire de toutes mes assertions. Voici d'abord la lettre de M. Mottez, à la fin de laquelle on lira que tout ce qui m'appartient a été saisi sans qu'il fût
fait *aucun inventaire*.

« A monsieur Libri, à Londres.

« 24 décembre 1848.

« Mon cher monsieur,

« Conformément au désir que vous m'avez manifesté, et d'après des pièces
que j'ai eues entre les mains, j'ai pu me convaincre que les renseignements qu'on
vous avait fournis étaient parfaitement exacts.

« Voici ce que je trouve dans des lettres qui émanent de personnes respectables, et que j'ai tout lieu de croire bien informées :

« Monsieur Chabaille ayant témoigné hautement qu'il ne partageait pas l'achar-
« nement des élèves de l'Ecole des Chartes contre M. Libri, le désaccord entre
« eux et M. Chabaille a éclaté dès le premier jour de leurs opérations de classe-
« ment et d'expertise de la bibliothèque de M. Libri ; ces messieurs lui ont ca-
« ché soigneusement toutes leurs opérations, ils ont été même jusqu'à faire un
« rapport contre lui au juge d'instruction dans le but de l'évincer de la Com-
« mission.

« Voici les noms des membres de la première Commission : Lalanne, Bour-
« quelot, De Mas Latrie, J. Quicherat, Bordier, tous élèves de l'Ecole des
« Chartes, et M. Chabaille. La Commission actuelle se compose de trois mem-
« bres de l'ancienne Commission, savoir : Lalanne, Bourquelot et Bordier, que
« l'on croit auteur de deux articles qui ont paru dans la *Bibliothèque de l'Ecole
« des Chartes* contre M. Libri.

« Il est positif qu'on n'a pas fait d'inventaire des papiers et des livres laissés
« par M. Libri.

« Je désire, mon cher monsieur que ces renseignements puissent vous
« servir.

« J. Mottez. »

Les lettres de mon domestique, témoin de visu, sont remplies de détails dignes

torité, ces énormités se sont continuées jusqu'à ces derniers temps, et se reproduiront encore, s'il plaît à mes ennemis de pénétrer de nouveau chez moi.

d'attention. Je les reproduis scrupuleusement, sauf quelques fautes d'orthographe qui, dans certains endroits, en auraient rendu la lecture difficile.

« *A monsieur Libri, membre de l'Institut, à Londres.*

« Paris, 18 septembre 1848.

« Monsieur,

« J'ai été très-heureux de recevoir enfin des nouvelles de monsieur, après si longtemps qu'il nous a quittés. Depuis votre départ, monsieur, il est arrivé de grands malheurs. D'abord, monsieur doit savoir qu'on nous a jetés en prison moi et ma femme sans nous dire pourquoi. Puis on nous a rendus à la liberté sans nous dire la cause de notre détention. Je prie monsieur, quelque chose qu'il nous arrive, d'avoir la bonté de s'intéresser à nous et notre famille.

« Monsieur me demande que j'envoie le linge que M. Titus a laissé à la maison, mais vous ne savez donc pas, monsieur, que tout est saisi, et que je ne puis pas même entrer dans l'appartement, cela m'ayant été défendu par M. le commissaire de police. Je suis gardien des clefs, mais je ne puis pas entrer dans l'appartement; je me tiens dans la cuisine, et lorsqu'on veut entrer chez monsieur, je vais ouvrir la porte et je dois me retirer. Je ne puis pas même entrer pour nettoyer les lits et les meubles; le tout est et doit être abîmé.

« Monsieur me dit de bien garder la maison; mais quoique je fasse tout ce que je peux, je ne puis répondre de rien. Ces messieurs de la commission viennent quand cela leur plaît; tantôt ils viennent plusieurs, tantôt un seul. Je ne sais pas ce qu'ils font et je les vois sortir emportant des paquets de papiers et d'autres fois des livres, et ils en rapportent. De plus, il est venu souvent d'autres personnes que je ne voulais pas recevoir, mais ces messieurs leur ouvraient la porte de l'appartement de monsieur.

« Monsieur Philippe Lebas et monsieur Regnier sont venus très-souvent, et ils ont resté fort longtemps à travailler, et d'autres personnes que je ne connais pas. J'avais porté plainte à monsieur le commissaire de police, mais cela ne servit à rien, car monsieur Lebas a toujours continué de venir, et ils vont et viennent de la bibliothèque à votre appartement à chaque instant.

« Je prie monsieur de soigner sa santé, et je suis toujours prêt à exécuter les ordres de monsieur, quand cela est possible.

« Je prie monsieur de me croire toujours son très-humble et dévoué serviteur.

« François Conté. »

« *A M. Libri, membre de l'Institut, à Londres.*

« Paris, ce 29 décembre 1848.

« Monsieur,

« Je m'empresse de répondre à la lettre que monsieur m'a écrite, et je tâcherai de lui donner satisfaction sur tous les points, autant que cela dépendra de moi. Depuis dix mois, l'on m'a mis deux jours en prison, dans laquelle j'ai dépensé 40 francs pour vivre, et me mettre dans une chambre pour ne pas être parmi les voleurs; et comme j'avais emporté les clefs de l'appartement avec moi, l'on me les a fait déposer au greffe, et le temps que j'étais retenu, la portière m'a dit que l'on était *venu prendre un carton avec mes clefs*, bien entendu. Ensuite, quand on a rapporté vos livres dans l'appartement, je pensais aider à remettre les livres sur les rayons; mais M. Bordier et M. Lalanne m'ont fait défendre, par le commissaire de police, d'entrer dans l'appartement de monsieur, disant que je les gênais; alors je n'ai pu prendre aucun soin des meubles

Dans le principe, la Commission, outre les cinq élèves de l'Ecole des Chartes, dont les noms ont été déjà donnés [1], comptait parmi ses membres un homme honorable, M. Chabaille, qui ne partageait pas l'acharnement des autres experts contre moi, et qui demandait que les opérations se fissent régulièrement. Pour se débarrasser d'un témoin incommode, les élèves de l'Ecole des Chartes, après avoir, d'intelligence, caché toutes leurs opérations à M. Chabaille, ont fait un rapport contre lui au juge d'instruction [2]. La première Commission a été dissoute sans terminer ses travaux, et une nouvelle Commission, composée uniquement d'élèves de

qui restaient, puisque je ne pouvais pas entrer. Dans les premiers jours de juillet, ces messieurs sont revenus, en me disant qu'ils avaient à faire des recherches dans les papiers, et qu'ils en avaient pour huit ou dix jours , et ça a duré jusqu'à maintenant. Je pense qu'ils ont fini, car ils ne sont pas venus depuis dix jours ; mais je les attends toujours, car ils ont déjà été plus longtemps sans venir. Vers la fin d'août, j'ai rencontré M. le commissaire de police, qui m'a demandé si j'avais de vos nouvelles ; comme je n'en avais pas encore directement, je lui dis que non : alors il m'a dit que vous faisiez bien de ne pas revenir ; que vos livres seraient vendus, et que l'on me payerait. Dans le courant de décembre, j'ai entendu M. Lalanne, à propos d'un orage, dire à M. l'inspecteur de police, qu'il l'avait bien vu, qu'alors il était sur le haut de l'Observatoire. Dans le temps de la recherche parmi les papiers, il est entré plusieurs personnes étrangères à la commission, entre autres M. Lebas, conservateur de la bibliothèque de la Sorbonne, et M. Regnier ; et ils restaient fort longtemps dans l'appartement, et allaient et venaient de la bibliothèque chez vous. J'en ai porté plainte au commissaire de police, mais on n'a fait aucun compte, car ils ont continué de venir, et d'autres personnes que je ne connaissais pas ; et, dans les derniers temps, ces messieurs venaient et emportaient journellement des paquets de papiers et de livres plus ou moins gros, et ils étaient cinq, huit et quinze jours sans revenir. Il est arrivé plusieurs fois qu'ils ne faisaient que prendre un paquet et s'en aller.

« M. Durand, que j'ai vu, m'a dit qu'au mois de mars ou avril, il avait voulu faire insérer une note pour votre justification, et qu'aucun journal n'avait voulu l'insérer, et que M. Hatton, juge d'instruction, l'avait fait appeler, et qu'il lui avait retenu la copie. Voilà, monsieur, tous les renseignements qui sont à ma connaissance, et je vous prie, monsieur, d'accepter tous les vœux de ma famille et de moi pour la nouvelle année, et de me croire toujours votre dévoué serviteur,

« François Conté.

« On est venu, le 27 décembre, demander à M. Durand ce qu'il a pu vendre d'ouvrages depuis qu'il est en relation avec M. Libri. Sa réponse a été que, pendant plusieurs années, il n'avait pas eu de compte courant ; seulement, en 1847, il avait été chargé, par M. Libri, de lui en faire venir beaucoup de l'Allemagne, et que de mémoire il avait vendu pour huit ou dix mille francs de livres, et qu'à sa connaissance, M. Gnoato, libraire à Venise, lui en a vendu beaucoup.

« Monsieur, je n'ai jamais reçu aucune assignation ni mandat pour vous depuis votre départ. (Voyez aussi plus loin, page 115.)

« Conté. »

[1] Ci-dessus, pages 18 et 24.

[2] Voyez page 24 et 108.

l'Ecole des Chartes, a été chargée de continuer l'expertise, sans être *génée* [1] par la présence d'aucun témoin impartial.

Ce besoin d'agir sans surveillance et sans témoins paraît avoir de tout temps dirigé les experts. Après s'être débarrassés de M. Chabaille, ils ont tout fait pour obtenir le renvoi de mon domestique [2], et (chose qui devrait étonner dans toute autre affaire) on n'a pas craint de faire peur à ce domestique, témoin incommode de toutes ces irrégularités, en lui disant que *j'étais perdu*, et que ce qu'il avait de mieux à faire, c'était de m'abandonner [3]. C'est toujours le même

[1] C'est (on vient de le voir) le mot employé par les experts eux-mêmes, lorsqu'ils ont fait défendre à mon domestique d'entrer dans mon appartement.

[2] Lisez plus loin la lettre de M. Picchioni, page 109.

[3] Ces faits, connus de plusieurs personnes (voyez page 109, 114), sont racontés naïvement dans la lettre suivante que mon domestique m'a adressée ces jours-ci.

> « *A M. Libri, membre de l'Institut.*
>
> « Paris, 6 février 1849.
>
> « Monsieur,
>
> « En réponse à votre lettre du 4 de ce mois, je vous dirai sincèrement que l'on a tâché encore de m'effrayer. Dernièrement, je suis allé chez M. le commissaire de police. Il m'a dit que M. Libri est un homme perdu, et qu'il ne reviendra jamais en France; ensuite M. l'inspecteur de police m'a demandé si j'avais des nouvelles de monsieur. Je lui ai répondu que je n'en avais pas directement. Alors il m'a demandé quels moyens j'avais pour vivre. Je lui ai répondu que quelqu'un m'avançait tout ce qui m'est nécessaire pour vivre. Alors il m'a dit que je perdrais mon temps en restant ici davantage; car, m'a-t-il dit, si je reste plus d'une année, je n'aurai plus droit à davantage. Il paraît que l'on a l'intention de confisquer tout ce qui vous appartient, car M. le commissaire de police m'a offert un certificat qui me sera utile, dit-il, pour me faire payer tout ce qui pourrait m'être dû à la fin des affaires, comme ayant toujours été présent dans la maison de M. Libri.
>
> « Je suis, Monsieur, avec le plus profond respect,
>
> « Votre dévoué serviteur,
>
> « François Conté. »

C'est par la connaissance intime du tort qu'on m'a fait en me *livrant*, suivant sa propre expression, *pieds et poings liés* à mes ennemis, que M. le commissaire de police a été amené à dire à un domestique que *j'étais perdu*. La lettre ci-jointe, que m'a adressée, au moment où ceci allait être mis sous presse, un artiste d'un grand mérite, qui connaît parfaitement l'Ecole des Chartes, ne laisse aucun doute sur ce point. Voici la lettre dont il s'agit:

> « Dimanche.
>
> « Monsieur,
>
> « J'ai l'honneur de vous annoncer mon arrivée à Londres. J'aurais déjà été vous présenter mes hommages, sans une grande fatigue que m'a causée le voyage, et qui me retient au lit. Je ne suis pas encore complétement remis de la maladie qui m'a retenu en France si longtemps. J'ai beaucoup à causer avec vous de votre affaire; tout le monde à Paris est pleinement convaincu que vous êtes tombé dans un guet-apens infâme; tous les honnêtes gens vous rendent justice. Et com-

système d'intimidation. Sans que j'aie jamais été ni appelé ni entendu [1], sans qu'on ait interrogé les hommes honorables qui demandaient à être entendus, ni les personnes que j'avais nommées dans ma *Réponse* à M. Boucly [2], on repousse mes protestations [3]; et en annonçant que *je suis perdu, que je serai condamné* [4], on effraye mes amis, on empêche la vé-

ment en serait-il autrement, lorsque le commissaire de police, sur une interpellation qui lui avait été faite par M. Chabaille, répond à ce dernier : « *Que voulez-vous ? si l'affaire de M. Libri traîne tant en longueur cela n'est pas étonnant : il a été livré pieds et poings liés à ses ennemis !* »

Ce fait est de la plus grande exactitude, et sera certifié en temps et lieu par M. Chabaille. Bien d'autres faits encore de cette nature sont venus éclairer enfin ceux qui avaient été trompés par une imposture aussi vile que méchante.

« Veuillez agréer, monsieur, etc.

« J. LEPELLE, de BOIS GALLAIS. »

[1] On sait que M. Boucly, déclarant dans son *Rapport* que :

« Peut-être d'un autre côté, une hésitation moindre à vérifier certains faits, et « surtout des explications demandées à M. Libri lui-même (que je n'ai pas voulu « interpeller) eussent-elles au contraire fait disparaître les soupçons dirigés « contre lui. »

On a vu d'ailleurs, par la lettre de mon domestique du 29 décembre 1848, que jamais il n'avait reçu aucune assignation ni mandat pour moi depuis mon départ. (Voyez ci-dessus, page 26, et plus loin, page 113.)

[2] Voyez page 22 et 112.

[3] Au mois de novembre dernier, sur l'avis de tous mes amis, et après avoir pris l'avis de jurisconsultes distingués, j'avais rédigé une protestation dans laquelle étaient relatées une à une toutes ces irrégularités si graves et si radicales résultant principalement de la conduite des experts. Cette protestation, dont un journal a parlé à cette époque (voyez plus loin, page 180), fut, au commencement de décembre 1848, présentée par deux hommes considérables à M. Pinard, procureur de la République, qui, prévenu par tout ce qu'on avait dit, redit et imprimé contre moi, et me croyant *contumax*, répondit qu'il ne pouvait pas recevoir régulièrement cette protestation et la joindre à l'instruction comme on le lui demandait. M. Pinard est un magistrat trop distingué pour que je ne doive pas être convaincu que, dès qu'il aura pris connaissance de la gravité des faits articulés dans cette protestation, il sera revenu de sa première résolution. Cependant ce refus, qu'on a ébruité, a été considéré comme une condamnation anticipée, et a eu le plus mauvais effet pour moi.

[4] Ce ne sont pas seulement les élèves de l'Ecole des Chartes et le commissaire de police qui s'en vont disant *que je suis perdu* lorsque l'instruction est à peine commencée. Voici ce que je trouve dans une lettre écrite le 9 janvier par un homme très-connu, dont, pour le moment, je crois devoir taire le nom, et qui venait d'avoir une conférence avec M. Pinard, procureur de la République.

« *M. Pinard revient toujours sur votre* . . . . *que c'est là une* « *défiance de la magistrature ; que vous serez condamné comme contumax, etc.* « *Je ne vous cache rien de ce que j'ai entendu de sa bouche.* »

Pendant que mes ennemis faisaient accroire aux magistrats que j'étais un contumax, et que mon éloignement, dont j'ai raconté les motifs (voyez ci-dessus, page 6), était une marque de défiance envers la magistrature française, on faisait croire à mes amis que ma condamnation était prononcée d'avance, et cela au commencement même de l'instruction, avant la décision de la Chambre des mises en accusation, avant même la présentation du rapport des experts, et lorsque

rité de se faire jour, et l'on fait croire, bien à tort sans doute, que les plus énormes irrégularités commises par les experts, reçoivent une tacite sanction de la part des magistrats que l'on calomnie, je le répète, en leur attribuant des sentiments qu'ils n'ont jamais eus.

J'ai annoncé plus haut que la Commission cherchait, par tous les moyens, à réunir des indices contre moi. Elle frappe à toutes les portes, elle interroge, elle provoque des saisies, assiste aux descentes et s'arroge le droit, qui n'appartient qu'aux magistrats, de diriger l'instruction[1]. Soit faiblesse, soit mauvaise intention, certaines personnes ne craignent pas d'étayer par de fausses déclarations les calomnies des experts. Lorsque ces manœuvres parviennent à ma connaissance, il ne m'est pas difficile de les faire avorter ; mais, le plus souvent, je les ignore. Pour montrer, par un seul exemple, à quelles déplorables erreurs on peut être entraîné par cette manière de procéder ; pour faire bien comprendre ce que

les mesures rigoureuses prises contre moi s'appuient seulement sur ce *Rapport* de M. Boucly, que ceux mêmes qui en ont fourni les éléments abandonnent actuellement tout à fait. Voici en effet ce que je trouve, à l'égard de ce Rapport, dans une lettre d'un des membres les plus distingués de l'Institut, dont je ferais connaître le nom si c'était nécessaire, et qui, le 19 juillet 1848, m'écrivait ce qui suit :

« Une foule de gens que j'avais trouvés auparavant très-injustes et très-pré- « venus, ont subitement changé d'opinion, et cela est arrivé à la très-grande « majorité. Votre défense a convaincu sans réserve tous ceux qu'on peut raison- « nablement espérer de convaincre. Restent les ennemis déclarés et les adver- « saires de parti pris. Ceux-là même ont bien baissé de ton ; ils ne risquent plus « que de vagues insinuations, se rabattent sur l'instruction qui est commencée, « et sur ce qui en pourra sortir ; sur l'avantage que vous a donné l'*ineptie* du « rapport de M. Boucly, etc., etc. »

Me rendre aussi noir que possible aux yeux des magistrats, me faire passer pour un contumax, pour un homme qui leur témoignait une injuste défiance ; et en même temps répandre partout que les magistrats m'avaient condamné d'avance, pour effrayer mes amis et pour tâcher de me faire perdre confiance, voilà le double rôle joué par mes ennemis depuis près d'un an. On verra, aux Documents (pag. 119), qu'ils étaient parvenus faire à croire que les magistrats, *piqués* de ce que j'avais trop bien répondu à M. Boucly, voulaient prendre une espèce de revanche. Quant à moi, je n'ai jamais partagé ces frayeurs, et j'ai toujours pensé que, malgré les préventions qu'on pouvait avoir contre moi, tous les hommes honorables qui, dans l'intérêt de la vérité et de la justice, se présenteraient franchement à des magistrats français, seraient écoutés ; seulement je crois que, dans l'état actuel des choses, les magistrats auront à vaincre le préjugé, fatal pour moi, qui fait croire à tort qu'on ne veut pas écouter les personnes qui témoigneraient en ma faveur.

[1] Voyez plus loin, page 112-113, 119.

valent les assertions d'experts judiciaires qui n'obéissent
qu'à des sentiments d'animosité, je vous donnerai connaissance, Monsieur le Ministre, d'une lettre de M. Durand, estimable libraire[1], auquel je m'étais adressé pour avoir des renseignements au sujet d'un livre qu'il m'avait vendu, et que
les experts prétendaient avoir été soustrait de la bibliothèque
de MM. Firmin Didot. Il est difficile de trouver un exemple
d'une erreur plus grave. Elle peut donner la mesure de celles
que contiendra le *Rapport* des experts. Voici la lettre de
M. Durand :

> « *A M. Libri, membre de l'Institut, à Londres.*
>
> « Paris, 10 septembre 1848.
>
> « Monsieur,
>
> « En réponse à la lettre que vous m'avez fait l'honneur de
> « m'écrire, et par laquelle vous me demandez des éclaircisse-
> « ments au sujet d'un volume qui aurait été trouvé dans vos
> « livres avec une estampille à moitié effacée de la maison Didot,
> « et qui vous aurait été vendu par moi, je vous dirai ce que je
> « sais de cette affaire, sur laquelle, dès que j'en ai été informé,
> « je me suis empressé de prendre des renseignements po-
> « sitifs.
>
> « Il est parfaitement vrai que les élèves de l'Ecole des Char-
> « tes chargés d'examiner vos livres, ayant trouvé un volume
> « in-folio, relié en maroquin rouge (*Verona illustrata*[2]), portant
> « le timbre mal gratté (c'est d'après l'invitation de M. Hen-
> « schell que j'ai essayé de gratter cette estampille) de la bi-
> « bliothèque de MM. Firmin Didot, se sont empressés de pré-
> « senter le volume à MM. Didot, et ont tiré d'eux une décla-
> « ration[3] portant que ce volume appartenait à la bibliothèque
> « de leur maison. Cette déclaration a été transmise au juge
> « d'instruction. Or, je dois vous déclarer qu'il y a en cela une

---

[1] M. Durand demeure rue des Grès, à Paris ; et l'on peut l'interroger là-dessus.

[2] C'est l'édition originale de l'ouvrage si connu du marquis Maffei.

[3] J'ai appris depuis, que M. Henschell avait vivement protesté contre cette déclaration de MM. Didot.

« déplorable erreur. Ce volume, que je vous ai vendu le *cinq fé-*
« *vrier dernier*, n'a jamais appartenu à MM. Didot; il appar-
« tenait à M. Henschell, savant bien connu, qui l'avait porté
« chez MM. Didot pour s'aider dans le grand travail sur les
« inscriptions dont cette maison avait entrepris la publication,
« travail auquel présidait le même M. Henschell. C'est par mé-
« prise que ce volume a été estampillé chez MM. Didot. Quoi
« qu'il en soit, je reconnais que ce volume vous a été vendu
« par moi, comme cela résulte de la facture que je vous ai re-
« mise le cinq février dernier, et qui doit se trouver chez vous.
« Je tenais ce livre de M. Henschell lui-même.

« Quant aux livres portant l'estampille de quelque biblio-
« thèque publique, livres qu'il n'est pas rare de voir passer dans
« les ventes ou de trouver chez les étalagistes, je n'ai dans ce mo-
« ment-ci que *Vigenère*, Traité des Chiffres, 1586, in-4°, que j'ai
« acheté à l'étalage, rue d'Anjou-Dauphine, et qui porte l'estam-
« pille du MUSÉE CALVET d'Avignon. Je vous le ferai passer à la
« première occasion. Il vous coûtera six francs. Si je trouve
« d'autres livres du même genre, à des prix raisonnables, je
« m'empresserai de vous les faire passer également.

« Je vous prie de recevoir mes salutations très-respectueuses.

« Votre très-humble serviteur,

« AUGUSTE DURAND. »

La lettre qu'on vient de lire, celles que j'ai données dans
les notes, suffiront pour convaincre tous les gens honnêtes
et impartiaux de l'inconvénient grave qu'il y a à confier une
opération aussi délicate qu'une expertise en matière criminelle, à des ennemis déclarés, à des gens qui mettent la
passion et la calomnie à la place de la justice et de la vérité.
Je m'abstiendrai d'accumuler ici les faits de même nature
qui sont à ma connaissance. Qu'il me soit permis pourtant
de faire remarquer qu'on m'a enlevé des masses de papiers
contenant les preuves des nombreuses acquisitions que
j'ai faites; ma correspondance avec les libraires, leurs factures, leurs reçus, la plupart des papiers en un mot qui

devaient servir à ma justification. Excepté une petite portion qui m'a été envoyée à Londres, tous ces papiers ont été remis en bloc et sans inventaire à mes ennemis qui, on l'a vu plus haut, en ont emporté journellement des paquets de chez moi[1]. Ces papiers ont-ils été, en partie du moins, détruits? Je l'ignore. Dans sa lettre, M. Durand m'annonce que sa facture, qui n'est pas entre mes mains et qu'il m'avait remise peu de jours avant mon départ de France, devait se trouver chez moi. Pourtant, les experts qui, depuis près d'un an, examinent mes papiers un à un, au lieu de tenir compte de cette pièce, ont été demander à MM. Didot une déclaration fausse et qui aurait pu m'être nuisible. La facture de M. Durand n'existe donc plus? Comment a-t-elle pu disparaître? C'est aux magistrats à le découvrir. Qu'on veuille bien remarquer que si, par hypothèse, M. Durand avait cessé de vivre, que s'il avait cédé à l'intimidation, comme l'ont fait d'autres personnes[2], je n'aurais eu aucun moyen de repousser une telle accusation. J'achète des livres depuis plus de trente ans, et j'en ai tiré de tous les pays de l'Europe; comment pourrai-je repousser les calomnies dont je suis l'objet si les documents et les factures qui se trouvaient chez moi, et par lesquels je pouvais prouver la provenance des objets que j'ai achetés, ont disparu?

J'ai dit qu'on répandait contre moi des bruits dont l'écho arrivait parfois jusqu'à mes oreilles. Si je suis bien informé, les experts prétendraient avoir trouvé chez moi tantôt des livres, tantôt des manuscrits, ou même des fragments qui auraient appartenu à différents établissements publics. Tout cela reste dans le vague, et les assertions se modifient et se transforment d'un jour à l'autre; néanmoins, si ces imputations sont telles qu'elles m'ont été transmises, rien ne me sera

[1] Voyez ci-dessus, pag. 25-26, 108.
[2] Lisez ci-dessus, page 21.

plus facile que d'établir la légitime provenance de ces divers objets, sur l'identité desquels je ne puis cependant rien affirmer. Les irrégularités qui ont eu lieu dans l'enquête, l'animosité des experts, l'absence d'inventaire et la violation journalière de mon domicile doivent naturellement m'inspirer une grande méfiance et me faire craindre [1] que, pour me perdre, on n'ait enlevé de mon appartement des objets ou des papiers dont l'absence pourrait m'être préjudiciable, et qu'on n'y en ait introduit d'autres dont la présence pourrait me nuire. Mais puisqu'on excipe de certains livres à estampille qui auraient été trouvés chez moi, permettez-moi, Monsieur le Ministre, de vous présenter à ce sujet quelques observations que j'ose croire dignes de votre attention.

Les livres portant l'estampille des principaux établissements publics de la France sont fort communs dans le commerce, et on en rencontre fréquemment dans les ventes. Je ne parle pas de ces volumes munis d'une double estampille, annonçant que le livre a été vendu ou échangé; je parle de ces livres qui n'ont qu'une seule estampille, l'estampille de l'établissement auquel ils ont précédemment appartenu, et d'où ils sont sortis d'une manière plus ou moins irrégulière, plus ou moins illégale. Quoique j'eusse pris depuis longtemps les dispositions nécessaires pour que les livres de ce genre que j'aurais pu acheter à mon insu et qui se seraient trouvés chez moi, fussent rendus aux établissements d'où ils étaient sortis [2], je dois dire que mon

----

[1] Des documents qui sont entre mes mains indiquent que ce n'est pas là une supposition gratuite. Je reviendrai sur ce point lorsqu'on m'aura fait connaître quels sont les faits sur lesquels les experts appuient leurs accusations.

[2] On peut voir dans ma *Réponse au Rapport de M. Boucly* (§ 6 et 51) l'indication de quelques livres à estampille que j'avais achetés dans des ventes ou chez des libraires, et que j'ai offerts gratuitement, parfois même en éprouvant un refus, aux bibliothèques publiques d'où ils provenaient. C'était chez moi une mesure générale qui, lorsque le catalogue de ma bibliothèque aurait été achevé, devait recevoir une application complète. On me permettra d'ajouter que c'est là un fait sans précédent. A Paris, les collections des amateurs et des savants sont remplies de livres, de manuscrits et d'autographes provenant des bibliothèques ou des

attention ne s'était jamais portée d'une manière spéciale sur ce point. Mais depuis que d'odieuses imputations me poursuivent, depuis que mes ennemis ont prétendu que la présence chez moi d'un livre ou d'un objet quelconque sorti d'un établissement public, devait être considérée comme une preuve de culpabilité, j'ai été naturellement amené à entreprendre des recherches qui m'ont conduit à des résultats

archives de l'État, et personne ne songe à les restituer aux établissements d'où ils sont sortis. Sur cent faits que je pourrais citer à cet égard et qui sont publiés, je n'en donnerai qu'un seul tiré du *Manuel* de M. Brunet, où l'on lit (tome III, page 91-92) que l'exemplaire *volé en 1794* à la Bibliothèque nationale, du rarissime *Triumphe de dame Verolle* (*Lyon*, 1539, in-8), se trouve actuellement dans le cabinet de M. Cig. (Cigogne), amateur bien connu de Paris, qui l'a payé 725 francs, et auquel on n'a jamais songé à le réclamer. D'autres faits analogues sont indiqués dans le même ouvrage. Certaines personnes qui ont montré beaucoup d'animosité contre moi, et qui parlent de ma culpabilité parce qu'on répand que je possédais des livres à estampille, gardent, en toute sécurité de conscience, des ouvrages provenant des bibliothèques publiques. Je reviendrai peut-être sur ce sujet; en attendant, je vais donner une pièce signée par trois personnes connues et dignes de foi. L'une d'elles, M. Bailleul, fait connaître sa qualité dans ce document; j'ai dit, à la page 19, qui étaient M. Crosnier et M. Abry. On peut voir, par cette pièce, quelles instructions j'avais données au sujet des livres à estampille ou des objets quelconques provenant des établissements publics, et qui auraient pu se trouver chez moi. Comment, après avoir lu cette déclaration, pourrait-on conserver encore quelque doute sur l'inanité de l'accusation ?

« Je soussigné, Louis-Alexandre Bailleul, avocat à la Cour d'appel de Paris, secrétaire de l'ordre ;

« Certifie que monsieur Libri, ayant bien voulu utiliser à mon profit les loisirs des vacances 1847-1848, m'a prié de coopérer à la rédaction de son catalogue, et qu'il m'a donné directement, ainsi qu'aux autres rédacteurs, les instructions les plus positives pour qu'on cherchât et mît de côté tous les livres imprimés et manuscrits ainsi que tous les articles quelconques qui auraient pu appartenir à un établissement public de quelque nature qu'il fût, pour ensuite ces livres être présentés à ces établissements, et rendus s'il y avait lieu ;

« Et que le petit nombre de livres que j'ai trouvés dans cette condition, je les ai placés dans le casier à gauche de la chambre de M Titus, son cousin.

« De plus, j'atteste et affirme que tous les livres, papiers et manuscrits quelconques étaient à la disposition de toutes les personnes chargées du catalogue, et que rien n'était fermé à clef.

« En foi de quoi j'ai signé le présent certificat pour servir et valoir à qui de droit.

« Paris, le 9 septembre 1848.

« A. BAILLEUL.

« *Approuvé l'écriture ci-dessus*, G. ABRY.

« J'approuve l'écriture ci-dessus, et j'ajouterai pour mon compte particulier que je signe avec d'autant plus d'empressement cette déclaration, que M. le juge d'instruction se refusait à recevoir, lors de ma déposition devant lui, tout éclaircissement tendant à établir toute la vérité sur M. Libri.

« CROSNIER. »

« Je déclare, en outre, que j'ai remis gratuitement à la bibliothèque de la Sorbonne, d'après les ordres de M. Libri, un volume que j'avais acheté pour son compte dans les premiers jours de février 1848 à la vente Hébrard.

« CROSNIER. »

intéressants et inattendus. A l'aide de ces recherches, non-seulement j'ai acquis des données précieuses sur l'étendue des pertes éprouvées par divers établissements, mais je suis aussi parvenu à connaître dans plusieurs cas la manière dont ces pertes, si regrettables et si graves, ont eu lieu. Ces investigations se poursuivent, et j'espère être bientôt en mesure de savoir et de faire connaître au public par quels moyens quelques grandes collections ont été mises au pillage. C'est bien malgré moi que je me verrais dans l'obligation de prononcer des noms propres; mais si le besoin de ma défense l'exige, je ne reculerai pas devant cette triste nécessité. En butte, depuis si longtemps, à des attaques inqualifiables, je me suis appliqué, dans ma *Réponse au Rapport de M. Boucly*, à éviter tout débat personnel. Ma réserve a été prise peut-être pour de l'impuissance. On s'est trompé : si l'on m'y force, je ferai connaître des faits qui couvriront de confusion les gens qui m'ont attaqué.

Je viens d'avancer que rien n'était plus commun que de voir mettre en vente des objets, des livres, des manuscrits et des autographes provenant des établissements publics les plus célèbres de la France. Comme les preuves de *fait* sont toujours les plus couvaincantes, j'ai pensé que, pour donner plus de force à mes assertions, il convenait de joindre à cette lettre un certain nombre de volumes portant l'estampille de ces établissements et qu'on trouverait dans le commerce. J'ai donc demandé à quelques libraires des plus connus de Londres, de vouloir bien faire chercher dans leurs magasins les livres portant de telles estampilles encore lisibles, sans négliger ceux qui garderaient des traces d'anciennes estampilles qu'on aurait tenté d'effacer ou d'enlever. Le succès a dépassé mes espérances, et, chez quatre libraires seulement, on a découvert, en quelques jours et par un premier choix, quatre-vingt-deux volumes dont la plupart sont sortis de la Bibliothèque nationale (ex-royale) de Paris, des Bibliothèques Mazarine, de l'Arsenal, de l'Institut, et d'autres établissements bien connus de France. Quelques-uns de ces volumes proviennent de certaines collections italiennes, telles que la bibliothèque Palatine de Florence et les bibliothèques publiques de Ferrare et de Parme[1]. D'autres ont des cachets effacés ou coupés : aucun de ces livres n'a jamais été précédemment en ma possession, et plusieurs sont d'une grande valeur[2]. Ils sont tous exactement dans le même état dans lequel ils se trouvaient lorsqu'ils m'ont été vendus, comme le prouvent les factures originales et descriptives qui accompagnent cette lettre.

On vient de voir que c'est par une première recherche, nécessairement fort incomplète, et qui a eu lieu chez quatre libraires seulement, que ces quatre-vingt-deux volumes ont été trouvés. Il y a peut-être, à Londres, une centaine de libraires s'occupant du commerce des vieux livres, et

[1] Les livres dont il s'agit ont été trouvés chez MM. Payne et Foss, Rodd, Rolandi, Orson Barnes, comme le prouvent les factures descriptives imprimées aux pag. 213 et suiv., et dont les originaux faits en double ont été adressés, ainsi que les livres, à M. le Ministre de l'instruction publique à Paris. Cette acquisition a été faite au vu et au su d'un grand nombre de personnes. (Voyez plus loin la lettre de M. Panizzi, page 86.) Sur ces quatre-vingt-deux volumes, soixante-dix-huit seulement ont pu parvenir au Ministre de l'instruction publique. Un a été égaré dans le trajet de Londres à Paris, et trois sont restés à Londres. Je les garde pour le moment comme pouvant me servir à d'utiles recherches. Outre ces quatre-vingt-deux volumes, j'ai acheté occasionnellement de M. Henry Bohn un volume très-rare, *les Loups ravissants* (Paris, Verard, sans date, in-4º), qui porte l'estampille de la Bibliothèque publique de Lyon; et de M. Asher, libraire de Berlin, qui se trouvait à Londres, les *Scrittori di Vicenza*, 6 vol. in-4º, provenant de la Bibliothèque publique de Parme. (Voyez plus loin, page 220.) Comme on le verra, pag. 205 et 220, l'exemplaire des *Loups ravissants*, que j'ai acheté de M. H. Bohn, provenait d'un choix de livres rares envoyés ici, à ce qu'on assure, par un libraire fort connu de Paris, et vendus aux enchères par MM. Sotheby et Wilkinson, le 15 juillet 1848. Nul doute qu'en prenant quelques informations on ne parvienne à savoir comment ce livre si rare est sorti de la Bibliothèque de Lyon.

[2] *Les Loups ravissants*, dont il a été question dans la note précédente, m'ont coûté quatorze livres sterling (350 fr.), et j'ai donné quatre livres sterling pour les *Machine del Ramelli* (Parigi, 1588, in-fol.), magnifique exemplaire, avec l'estampille de la *Bibliothèque royale* et relié par Derome, d'un ouvrage dont personne n'ignore l'importance. Les *Oratores Græci*, d'Alde (1513, in-folio), la *Pisanella* de Nicolas de Ausimo (Veneliis, Spir., 1470, in-folio), le Guarinus, de Ferrare (1509), le *Trésor de la langue françoise*. par Nicot, (Paris, 1606, in-folio), et d'autres livres qu'on trouve au catalogue détaillé de ces acquisitions (page 213 et suiv.), sont des ouvrages d'une rareté et d'un prix bien connus. Il faut remarquer que plusieurs de ces volumes sont dans une parfaite condition et avec une reliure ancienne. Les livres qui proviennent de l'ex-Bibliothèque royale se distinguent presque tous par les belles reliures en maroquin rouge aux armes que tout le monde connaît.

je suis convaincu que l'on pourrait en un mois se procurer
un millier de volumes provenant tous des établissements publics de la France [1] et portant encore les estampilles, plus ou
moins apparentes, de ces établissements.

Quelques personnes de ma connaissance, apprenant que je
cherchais des livres à estampille, m'en ont procuré aussi
à Paris : on en a trouvé chez des libraires, chez des bouquinistes [2]. M. Merlin, ancien libraire et actuellement sous-bibliothécaire au ministère de l'intérieur, ayant permis qu'on
pénétrât dans les anciens magasins de son père où, pendant
trente ou quarante ans, ont été s'entasser des milliers
de volumes, il a été facile, même à l'aide de recherches faites à la hâte, de trouver cent neuf volumes portant,
presque tous, les estampilles des bibliothèques les plus célèbres de Paris et des provinces [3]. Tout cela forme deux cents
trois volumes [4] qui seront joints à cette lettre, et que je
vous prie, Monsieur le Ministre, de vouloir bien examiner
et faire examiner par une Commission, qui verra là,
j'espère, une preuve surabondante de ce que j'ai avancé.

[1] Je laisse à d'autres, qui n'auraient pas été, comme moi, l'objet d'une spoliation complète, le soin de faire l'acquisition de tous les livres provenant des établissements publics de la France qu'on peut rencontrer à Londres et ailleurs. Actuellement, cette dépense serait au-dessus de mes forces.

[2] Voyez, pour ces livres qui ont été trouvés à Paris, les lettres de M. Durand (pag. 30-31), celle de M. Cretaine (pag. 47-48), et les reçus de MM. Chaballle et Abry (pag. 220-221). Voyez aussi la lettre de M. Lacroix, pag. 46.

[3] Voyez la facture de M. Merlin (pag. 221 et suiv.). Les originaux de toutes ces pièces ont été adressés, comme les autres, à M. le Ministre de l'instruction publique. On avait trouvé dans les magasins de feu M. Merlin, le plus honnête des libraires de la vieille roche, plusieurs autres livres à estampille, principalement des volumes provenant de la Bibliothèque Mazarine ; mais, par un malentendu, ces livres ont été de nouveau confondus avec la masse et se sont égarés.

[4] On peut lire plus loin, à la pag. 195, le catalogue détaillé de ces deux cent trois volumes. On y verra *onze* volumes sortis de la Bibliothèque nationale (*ex-royale*), *trois* volumes provenant de la Bibliothèque Mazarine ; *un* volume de la Bibliothèque de l'Institut ; *seize* volumes de la Bibliothèque de la Sorbonne ; *vingt* volumes de la Bibliothèque et de l'Arsenal, divers volumes provenant des Bibliothèques du Dépôt de la guerre, du Ministère des cultes, du Ministère du commerce, du Conservatoire des arts et métiers, du Tribunat, du Corps législatif, du Musée Calvet d'Avignon, du Musée de Marseille, de la mairie de Moulins, du district d'Amiens, du district de Metz, ainsi que des collections publiques de Toulouse, de Lyon, etc., etc. Aucun de ces livres ne porte une double estampille qui indiquerait que le volume a pu être échangé ou vendu comme double.

A Paris, comme à Londres, on pourrait pousser plus loin
la démonstration, et rassembler un bien plus grand nombre
de livres à estampilles ; mais il m'a semblé que deux cents
volumes, trouvés en quelques jours chez un très-petit nombre
de libraires, formaient pour le moment un nombre suffisant.

Ce n'est pas sur les livres seulement que mes recherches
se sont exercées. Je me suis procuré à Londres, soit dans les
ventes, soit chez des libraires très-connus, *plusieurs centaines
de lettres autographes* provenant des bibliothèques publiques
de la France, des Archives nationales (autrefois Archives
du royaume,) ainsi que des archives des divers ministères
et administrations publiques. Aucun de ces autographes, qui
ont été achetés par moi avec toutes les formalités possibles,
ne m'avait jamais appartenu. J'en ai choisi un certain
nombre (quarante-deux), qui feront partie de cet envoi et
qui méritent toute l'attention des connaisseurs[1]. Je garde
les autres comme pouvant servir à des investigations ulté-
rieures, et pour ne pas livrer dès à présent tous mes moyens
de défense. Vous voudrez bien remarquer, Monsieur le
Ministre, que parmi ces pièces il s'en trouve deux qui ont
dû sortir des archives de l'Académie des Sciences de Paris,
archives qui ont été en grande partie dispersées et qui ont
fourni des pièces et même des recueils à presque toutes les
collections particulières. L'une est une lettre de Lagrange,
écrite en 1772 : c'est évidemment la lettre par laquelle ce
grand géomètre remerciait l'Académie des Sciences de l'avoir
nommé un de ses huit associés étrangers[2]. L'autre est une
lettre de Condorcet, demandant à ses confrères de s'intéresser
au sort d'un frère de Charles, le physicien[3]. Elles ont figuré
toutes deux dans la vente, faite récemment à Londres,

---

[1] Voyez le catalogue de ces pièces à la page 231.

[2] Cette lettre *in extenso* se trouve plus loin, à la page 238. On sait que Lagrange
fut nommé en 1772 un des huit associés étrangers de l'Académie des sciences.

[3] Voyez cette lettre à la page 238.

des autographes de M. Hodges [1]. Le catalogue imprimé de cette vente vous sera remis, Monsieur le Ministre, avec les pièces que je viens de mentionner.

Les autres pièces autographes qui font partie du présent envoi ont été achetées par moi chez MM. Waller and Son, libraires bien connus de Londres [2], qui, sur ma demande, ont écrit leur nom de leur propre main sur chaque lettre. Ces pièces sont évidemment sorties des archives des divers ministères (de la guerre, de la justice, des finances, de l'instruction publique, etc.), ou des grandes Archives de l'Etat [3]. Plusieurs portent encore l'estampille du ministère d'où elles proviennent [4]. Ces documents dont quelques-uns ont beaucoup d'importance, et qui excitent un grand intérêt de curiosité, n'ont pu sortir que d'une manière irrégulière des archives où ils étaient déposés. Parmi ces pièces, je me bornerai à vous signaler, Monsieur le Ministre, une lettre du duc de Berry [5], et cinq lettres de divers membres de la famille de l'empereur Napoléon, savoir : Une de Joachim Murat au ministre des finances, pour lui parler d'une affaire très-délicate. La seconde, de la princesse Caroline, sa femme, au ministre des finances. La troisième, de Louis Bonaparte, frère de l'Em-

---

[1] Voici le titre de ce catalogue : « Catalogue of autograph letters, the collec-« tion of the late Charles Hodges, esq., (Formerly of Frankfort) to be sold, by « auction by MM. Puttick and Simpson. On monday, december 18, 1848, and « three following days. » Dans ce catalogue, la lettre de Condorcet se trouve au numéro 189, et celle de Lagrange, au numéro 407. Ce catalogue, sur lequel je reviendrai probablement, était rempli de pièces sorties évidemment des divers établissements publics de la France.

[2] MM. Waller and Son demeurent *Fleet street*, n° 188.

[3] Ces pièces font généralement partie de la correspondance ministérielle. Ecrites par des personnages marquants, elles contiennent souvent des faits qu'on n'aurait pas dû livrer à la curiosité du public. La lettre du général Murat au ministre des finances, que l'on peut lire plus loin à la page 235-236; l'arrêté de M. de Peyronnet, alors garde des sceaux, qu'on verra reproduit à la page 235, n'auraient jamais dû quitter les archives où ils étaient déposés.

[4] Voyez les numéros 65, 68, 111, 111 bis, 114, 116, 118, 124 du catalogue descriptif de ces pièces, pages 231-233.

[5] C'est le numéro 17 du catalogue des pièces achetées chez MM. Waller et Son (page 23). Elle est adressée au ministre des finances, et on peut la voir plus loin à la page 237.

pereur, au ministre de l'intérieur. La quatrième, de la princesse Elisa, sœur de l'Empereur, au grand-maître de l'Université. La cinquième enfin, du prince Camille Borghèse, beau-frère de l'Empereur, au même grand-maître de l'Université, pour lui recommander le célèbre historien Botta [1]. Ces diverses pièces portent des annotations ou des chiffres qui annoncent leur passage par les bureaux. Je pense que ces deux dernières pièces surtout, qui ont appartenu au ministère de l'instruction publique, vous sembleront dignes, Monsieur le Ministre, d'un examen attentif.

Bien que je garde les pièces les plus curieuses, peut-être, celles qui pourront servir plus tard à faire découvrir par qui et comment certaines collections ont été mises au pillage, les preuves matérielles que je joins à cette lettre sont plus que suffisantes pour démontrer que les bibliothèques, les archives et les divers établissements publics ont éprouvé en France des pertes ou des soustractions très-considérables. Je vous demande la permission, Monsieur le Ministre, d'ajouter à ces preuves matérielles d'autres preuves non moins positives, non moins convaincantes.

Je n'entreprendrai pas de traiter en détail des ventes d'autographes : le sujet est si vaste, qu'il pourrait fournir matière à un volume de développements. Les amateurs d'autographes achètent souvent en bloc des correspondances ou des collections considérables, et après avoir fait choix des pièces qu'ils désirent particulièrement, ils font vendre aux enchères les autres pièces et particulièrement les pièces doubles ou multiples [2]. Lorsque certaines pièces, comme cela arrive souvent,

---

[1] J'ai cru devoir mettre sous les yeux du lecteur (voyez pag. 255) ces diverses pièces qui portent les nᵒˢ 17, 22, 23, 24, 25, 73, 112, dans le catalogue des pièces achetées chez MM. Waller and Son (pag. 231).

[2] Ces ventes en détail des doubles d'une collection achetée en bloc ont été effectuées par les collecteurs les plus célèbres. Il suffira de rappeler la collection du duc de Cassano Serra, achetée par lord Spencer, qui fit vendre aux enchères tous les livres de cette collection qu'il ne voulait pas conserver. (Voy. plus loin, pag. 298.)

se trouvent en trop grand nombre dans un de ces recueils destinés à être dépecés, le vendeur, pour ne pas les faire trop baisser de prix, est forcé de les disséminer dans plusieurs catalogues successifs, et c'est là ce qui, dans ces derniers temps, a rendu si fréquentes les ventes d'autographes qui ont été alimentées (tous les libraires, tous les collecteurs le savent) par des pièces tirées des cabinets des amateurs les plus connus et les plus considérables de la France et de l'étranger [1]. Je n'ai pu me procurer à Londres qu'un très-petit nombre de catalogues de ces ventes [2], mais les faits que j'en tirerai suffiront déjà pour vous prouver, Monsieur le Ministre, que généralement tous ces catalogues renferment des pièces provenant des établissements de l'État. Pour commencer par un nom très-connu et qui impose le respect universel, je prendrai la liberté de signaler à votre attention le catalogue de vente des autographes de madame la marquise de Dolomieu, catalogue dont un exemplaire est joint à cette lettre. Le nom n'est pas sur ce titre, mais tout le monde a su à qui cette collection appartenait [3].

Entre autres pièces qui pourraient donner lieu à des observations de même nature, il se trouve dans ce catalogue dix-neuf pièces [4] précieuses, qui ont dû sortir des archives de l'Institut. Je me bornerai à citer d'une manière particulière la lettre adressée le 6 nivôse an VI, par le général

[1] Je n'ai pas besoin de nommer ces collecteurs que tout le monde connaît à Paris. Pour moi, je dirai qu'ayant acheté à plusieurs reprises et dans différents pays des collections très-considérables (en une seule fois j'ai acquis en bloc plus de *vingt mille* lettres autographes), j'ai fourni comme les autres mon contingent à diverses ventes d'autographes. (Voyez plus loin, page 298.)

[2] J'ai vainement cherché à rassembler les catalogues des ventes effectuées à Paris depuis vingt ans. Ces catalogues ne se rencontrent pas à Londres, et jusqu'à présent, je n'ai pu en tirer qu'un fort petit nombre de Paris. Dès que j'en aurai réuni un nombre suffisant, je publierai, si ma défense l'exige, un catalogue général des pièces vendues aux enchères, et provenant des établissements publics.

[3] Cette vente a été annoncée avec le nom de la marquise de Dolomieu dans différents journaux. Voyez, par exemple, le *Bulletin de l'Alliance des Arts* du 25 mai 1843, page 303.

[4] A la page 240 on trouvera la description de ces dix-neuf pièces tirées du catalogue imprimé des autographes de madame la marquise de Dolomieu.

Napoléon Bonaparte, au président de l'Institut [1]. Quelques-unes de ces lettres ont été écrites plus récemment par Haydn, par Rossini, par Klopstock [2], à l'occasion de leur nomination, au président ou aux divers secrétaires perpétuels de l'Institut. Ces pièces ne m'ont jamais appartenu, comme il est facile de s'en convaincre en remontant à la source. Comment sont-elles sorties des archives de l'Institut? J'ai entre les mains des documents qui prouvent que ces dilapidations sont fort anciennes, et je pourrais au besoin fournir des indications curieuses sur ces méfaits. En attendant, il est certain que ce n'est pas à une personne aussi vénérable, à madame la marquise de Dolomieu, dame d'honneur de la reine, qu'on oserait demander compte de la provenance des autographes qu'elle a possédés.

Toutes les ventes offrent des exemples analogues. Dans le catalogue des autographes de M. Collier de Beaubois, vendus publiquement à Paris les 7, 8 et 9 août 1847, se trouvent vingt-six pièces qui sont sorties des archives de l'Institut ou des divers ministères [3]. Dans le catalogue d'une autre vente, faite à la salle Silvestre le 22 mai 1847, j'ai remarqué également trente-deux pièces autographes provenant aussi des collections de l'Institut ou des archives de l'État [4]. Plusieurs de ces pièces, qui ne m'ont jamais appartenu, offrent un grand intérêt. Je n'en citerai qu'une seule : c'est une lettre de Napoléon Bonaparte, premier consul, demandant au directeur de l'administration de la guerre un travail très-étendu qui avait pour objet la formation du camp de

---

[1] Cette pièce se trouve indiquée parmi celles qui composaient le n° 571 du catalogue de madame de Dolomieu (voyez plus loin à la page 240). Napoléon fut nommé membre de l'Institut dans la section de mécanique le 25 décembre 1797, jour qui, dans le calendrier républicain, répond au 5 nivôse an VI. La lettre du catalogue Dolomieu, adressée par Napoléon au président de l'Institut, le 6 nivôse an VI, avait évidemment pour objet de remercier l'Institut de cette nomination.

[2] Ce sont les n°ˢ 221, 255, 455, du catalogue de madame de Dolomieu (voyez plus loin, pag. 241-242).

[3] Voyez l'extrait de ce catalogue, page 243.

[4] Voyez l'extrait de ce catalogue, page 245.

Boulogne [1]. J'ai l'honneur de vous adresser, Monsieur le Ministre, les catalogues imprimés de ces diverses collections.

Lorsqu'on voudra examiner cette question sérieusement et sans passion, on verra que dans toutes les ventes, que dans toutes les collections particulières il se trouve un grand nombre d'autographes sortis des établissements de l'État, et que s'il avait pu s'en rencontrer chez moi (ce que j'ignore), ce ne serait qu'un cas particulier d'un fait déplorable sans doute, mais qui est malheureusement trop général et dont je ne saurais accepter la responsabilité. La plupart des pièces que je viens de citer proviennent de quelques établissements, de certaines archives, de certains ministères par exemple, où je n'ai jamais mis les pieds et d'où la malveillance la plus déclarée ne saurait m'accuser de les avoir enlevées. Les ventes dans lesquelles ces pièces ont figuré n'ont donné lieu à aucune réclamation. Ce n'est pas à moi à chercher les auteurs de ces méfaits. Je dois pourtant déclarer que je possède les preuves matérielles d'autres soustractions encore plus considérables qui ont été commises, soit dans les archives de l'Institut, soit dans les archives d'autres corps scientifiques. Sans me départir de la réserve que je me suis imposée, je puis affirmer que quelques-uns de mes plus implacables ennemis auraient à regretter amèrement que le besoin de ma défense me forçât à publier les documents qui se trouvent entre mes mains.

Ce ne sont pas seulement les archives qui ont été mises au pillage à l'Institut, certaines parties de la bibliothèque, je suis peiné de le dire, ont été dilapidées d'une manière déplorable. Pour s'en convaincre, il suffira de jeter les yeux sur la liste ci-jointe, qui contient l'indication de *cent cinquante-trois volumes manuscrits* [2] (la plupart sur *peau vélin* et d'un grand prix) dérobés à cette bibliothèque. Il est aisé

[1] Voyez page 245. Cette lettre se trouve indiquée au n° 56 de ce catalogue.

[2] Voyez plus loin, à la page 249, le catalogue de ces manuscrits dérobés à la Bibliothèque de l'Institut.

de s'assurer de la réalité de ces soustractions en examinant le catalogue des manuscrits de l'Institut qu'on voit dans le cabinet du bibliothécaire. A côté de tous ces manuscrits qui ont été dérobés, on s'est contenté d'écrire le mot *manque*, sans autre formalité. Aucun de ces manuscrits n'a jamais été en ma possession. Dans son ouvrage intitulé : *Catalogi manuscriptorum*, et publié en 1830, M. Hænel, savant allemand, qui a visité la bibliothèque de l'Institut en 1826, dit qu'à cette époque plusieurs manuscrits avaient déjà disparu *parce qu'on avait mal fermé les portes* [1]. L'ouvrage de M. Hænel est entre les mains de tous les érudits.

Je pourrais m'étendre beaucoup sur le chapitre de l'Institut ; mais aujourd'hui je dois me borner à effleurer le sujet. La vérification des faits que je signale peut être effectuée en quelques instants. Je pense, Monsieur le Ministre, que vous les trouverez assez importants pour charger une Commission de les examiner, et de vous présenter un rapport sur cette affaire, qui touche aux intérêts les plus graves de l'Institut. Après vous être assuré, Monsieur le Ministre, que la bibliothèque [2] et les archives de l'Institut ont été mises au pillage, que des autographes sortis de cet établissement ont figuré vingt fois dans les ventes, sans qu'on s'en soit ému le moins du monde, vous comprendrez que de tels objets aient pu très-régulièrement aller se placer dans des collections particulières. Il importe de rechercher comment ces soustractions ont pu avoir lieu, et de constater que pendant de longues années, et jusqu'à ce que la calomnie se soit emparée de ces faits pour me frapper, on ne s'est jamais occupé de ces dilapidations qui pourtant n'étaient pas totalement ignorées [3].

[1] Voici comment s'exprime M. Hænel : « Codicum Instituti Regalis Galliæ qui per longum tempus, quemadmodum mihi narratum est, in locum humidum objecti erant, nonnulli perierunt, alii, portis negligentius clausis, amissi sunt. » (*Hænel*, Catalogi col. 281.)

[2] Si je suis bien informé, on aurait aussi perdu un nombre fort considérable de livres imprimés.

[3] Voyez l'extrait d'Hænel que j'ai donné dans la note précédente. Ces faits, et

Ce ne sont pas seulement les collections de l'Institut qui ont été l'objet de ces détournements. La plupart des Bibliothèques publiques de Paris, notamment la Bibliothèque nationale et les différents dépôts des archives du gouvernement [1], ont éprouvé des pertes non moins regrettables. Il serait impossible de dresser la liste de tous les ouvrages précieux qui ont disparu de la Bibliothèque nationale; vous en trouverez plusieurs, Monsieur le Ministre, parmi les livres à estampille que j'ai l'honneur de vous adresser aujourd'hui, et l'on en rencontre dans la plupart des collections particulières. Ces pertes, dont quelques-unes datent de très-loin [2], sont connues et proclamées partout. Il en a été question aux Chambres, et il y a quatre ans que l'*Athenæum*, recueil périodique anglais très-estimé et très-répandu, faisant allusion à une discussion qui avait eu lieu

beaucoup d'autres du même genre, sont loin d'être inconnus en France. Voici ce que je lis dans un article publié l'année dernière par l'*Illustration*. Cet article, qui n'a donné lieu à aucune réclamation, est attribué à un écrivain qui connaît parfaitement les bibliothèques de Paris : « A ces faits que cite M. Libri, nous pourrions, si nous le voulions, en ajouter d'autres, qui, bien que plus généralement ignorés, n'en sont pas moins certains. Nous demanderions, par exemple, ce que sont devenus tous les livres qui composaient l'*Enfer* à la Bibliothèque royale ? pourquoi, sur le catalogue de la bibliothèque de l'Institut, le mot *manque* se trouve maintenant à côté de toutes les désignations de manuscrits sur *peau vélin*, dont la disparition ne remonte pas à plus de vingt années, et dont la valeur dépassait 50,000 francs ? si les autographes de Volta, de Herschell, de Heyne, etc., vendus à certaines ventes, ne provenaient pas des cartons de l'Institut ? si, à la bibliothèque Mazarine, il ne manque pas un livre sur dix ? si M. de Sacy n'a pas répondu un jour, à un bibliographe qui lui en faisait la remarque, que les *voleurs* étaient dans la bibliothèque, etc. ? si, lorsque M. de Sainte-Beuve a voulu travailler à son *Histoire de la poésie française*, il a pu se procurer à cette belle bibliothèque les vieux ouvrages français imprimés en gothique, qu'elle avait jadis possédés et qui sont, comme on le sait, si rares et si chers, etc., etc. ? » (*L'Illustration* du 3 juin 1848, tom. XI, pag. 223.)

[1] On m'a envoyé de Paris un grand nombre de renseignements sur les pertes qu'ont éprouvées les grandes archives de l'État (Archives du royaume) S'il y a lieu, je les publierai plus tard. Tout le monde se rappelle que, dans ses dernières années, M. Letronne, garde général des Archives, a dû faire des démarches auprès de certains amateurs, et de quelques libraires de Paris, pour faire rentrer des papiers précieux qui avaient été enlevés et vendus. Dans le nombre se trouvaient, si je suis bien informé, les pièces principales du procès de Charlotte Corday. Les journaux ont annoncé à cette époque qu'une instruction avait été commencée sur ces faits.

[2] On peut lire dans la *Biographie universelle* de Michaud, tome III, p. 137, le récit sommaire des vols et des mutilations commis il y a cent quarante-deux ans à la Bibliothèque royale par un ancien curé, appelé Aymon, qui embrassa la religion réformée et qui vendit en Hollande les manuscrits qu'il avait mutilés ou dérobés, sans qu'on ait jamais pu savoir au juste tout ce qu'il avait enlevé.

à ce sujet dans la **Chambre des députés**, annonçait qu'il manquait à la Bibliothèque royale vingt mille volumes, outre ceux qui avaient été mutilés[1]. A Paris, on dit dans le public, et certains journaux ont répété ces bruits, que sur trois ouvrages que les lecteurs demandent à la Bibliothèque nationale, il y en a toujours au moins un qui fait défaut, et des bibliographes d'un grand mérite portent à cinquante mille[2] le nombre de volumes enlevés à cette Bibliothèque.

[1] « It was stated last week in the Chamber of deputies, in allusion to the unperfect regulation existing at the Bibliothèque royale for the loan of its treasures that no less than twenty thousand of its volumes are lost and a great number mutilated. » (Voyez l'*Athenæum* du 5 juillet 1843, n° 923, page 661.)

« Ce fait a été signalé à plusieurs reprises à l'attention du gouvernement. Voici ce que, dans la séance du 15 juin 1843, disait M. Lherbette à la Chambre des députés : « Dans un rapport fait à cet égard à un ministre précédent, il est dit « que le nombre des ouvrages perdus ou dépareillés s'élève, pour la Biblio-« thèque royale seulement, à plusieurs milliers, et dans ces ouvrages il y en a « d'extrêmement précieux. » (*Moniteur universel* du 16 juin 1843.)

[2] Voici une lettre adressée récemment par un écrivain célèbre, M. P. Lacroix, au directeur de la Bibliothèque nationale, et que M. Lacroix a bien voulu mettre à ma disposition. Dans cette lettre, M. Lacroix, qui s'est occupé toute sa vie de bibliographie et des bibliothèques publiques, parle de cinquante mille volumes détournés, à différentes époques, de la Bibliothèque nationale. Si je suis bien informé, le savant directeur de la Bibliothèque nationale, répondant à cette lettre, disait que le chiffre de cinquante mille volumes était très-exagéré, mais ne donnait pas celui auquel il fallait s'arrêter. Comme on le verra plus loin, on a pu constater en quelques jours seulement que, sur plus de quatre cent trente mille volumes imprimés qui se trouvent au *British Museum*, il n'en manquait aucun. Pourquoi l'administration de la Bibliothèque nationale ne serait-elle pas connaître au public le nombre exact des volumes qui manquent dans cet établissement et l'étendue des pertes qu'il a éprouvées? En agissant ainsi, non-seulement elle calmerait des inquiétudes réelles, mais elle mettrait un terme à des bruits calomnieux. Voici, du reste, la lettre de M. P. Lacroix :

« *A M. Naudet, directeur de la Bibliothèque nationale.*

« Monsieur le Directeur,

« Aujourd'hui, 23 décembre 1848, entre deux et trois heures de l'après-midi, « j'ai trouvé sur un étalage de bouquiniste (à l'entrée du Pont-Royal, à gauche, « en venant de la rue du Bac) un volume avec le timbre de la *Bibliothèque royale*. « J'ai acheté ce volume au prix de trente sous, et je m'empresse de vous le faire re-« mettre, en vous priant de le réintégrer dans le dépôt public auquel il appartient. « C'est un exemplaire de la *Nouvelle Méthode pour apprendre facilement et « en peu de temps la langue latine* (par Lancelot, de Port-Royal), Paris, Pierre-« le-Petit, 1656, in-8. L'ouvrage est rare, parce que les exemplaires ont été dé-« tériorés et détruits dans les colléges. Cet exemplaire, en grand papier, relié « en veau fauve par Gascon, porte un *ex-libris* de la main du savant P. Quétif; il « provient du couvent des Dominicains du quartier Saint-Honoré; il n'est donc « entré à la Bibliothèque du Roi qu'avec les livres des couvents supprimés en « 1791. Je souhaiterais, de grand cœur, pouvoir ramener ainsi dans ce bel éta-« blissement national les cinquante mille volumes qui ont été détournés à diffé-« rentes époques, notamment ceux que j'ai vus en Angleterre dans le commerce

Quand on consulte à ce sujet les chefs de cet établissement,
ils se bornent à dire que ce chiffre est exagéré. Dans l'ouvrage que j'ai déjà cité, M. Hænel, en engageant il y a vingt
ans les conservateurs de la Bibliothèque royale à rédiger le
catalogue, annonçait que ce serait le moyen de retrouver
beaucoup de manuscrits qu'on croyait perdus [1]. Ces faits,
ces dilapidations ont été signalés aux Chambres, et le journal officiel, répondant, il y a quatre ans, à certainesattaques,
a reconnu qu'on pouvait posséder de bonne foi des objets
ayant été soustraits à la Bibliothèque royale [2]. Chacun sait
que les collections imprimées les plus volumineuses et les
plus chères qui se conservent dans cette Bibliothèque, ont
été mutilées dans une infinité d'endroits. L'administration,
qui connaît ces faits, du moins en partie, ne pouvant pas
chaque fois intenter des procès qui attireraient trop l'attention du public, et ne parvenant pas toujours à se faire
restituer les livres de bonne grâce, a pris le parti de faire
savoir sous main aux libraires qu'on rachèterait tous les
livres sortis de l'ancienne Bibliothèque royale qui seraient
présentés [3]. Cette mesure, qui était peut-être nécessaire,

« de la vieille librairie et même dans le British-Museum : je ne puis, hélas ! que
« vous offrir la liste de quelques précieux volumes qui brillent par leur absence à
« la Bibliothèque nationale.
« Agréez, Monsieur le Directeur, l'assurance de ma considération distinguée.
« P. LACROIX.
« BIBLIOPHILE JACOB, 47, rue des Martyrs.
« 25 décembre 1848.
« Je vous prie de vouloir bien m'accuser réception du volume que je me fais
« un plaisir de vous adresser. » (Voyez plus loin, pag. 516.)

[1] « Non recensentur igitur codices Bibliothecæ Regiæ publicæ ; cujus, omnium
« hominum literatorum nomine oro atque obsecro, ut tandem codicum manu-
« scriptorum qui inde ab anno 1780 huc delati sunt, quorumque numerus viginti
« millium esse dicitur, indicem saltem conscribant...... Multos codices e latebris
« suis emersuros puto, quos æquales nostri amissos esse credunt. » (Hænel, Catalogi col. 280.)

[2] Voyez plus loin, pages 49.

[3] Voyez la lettre ci-jointe que m'a adressée M. Cretaine, libraire (rue de
Seine, à Paris); elle contient des faits bien curieux.

A M. Libri, membre de l'Institut, à Londres.

« Monsieur,
« Je ne crois pas qu'il soit difficile de se procurer, chez les marchands de
« vieux bouquins, des livres portant des timbres de bibliothèques. Ceux de la

peut avoir de fort graves inconvénients. Elle a sans doute
fait diminuer le nombre de ceux de ces livres qui se
trouvaient dans le commerce de Paris et qu'on rencon-
trait par paquets, même chez les bouquinistes ; mais elle ne
fera pas rentrer dans cet établissement les masses de livres
et de fragments divers qui sont sortis de la Bibliothèque
royale de Paris pour se répandre à l'étranger. On en trouve
partout. Il s'en rencontre en Italie [1]. J'en ai vu à Londres,
non-seulement chez les libraires, mais aussi dans les établissements publics. Au *British Museum*, par exemple, se
trouvent des ouvrages précieux, des livres à la reliure de
Grolier avec le nom et la devise de ce célèbre collecteur, portant l'estampille de la Bibliothèque royale, sans aucune autre estampille annonçant que le livre ait pu être vendu ou
échangé comme double, ce qui, du reste, ne pourrait jamais

« Bibliothèque royale sont moins communs depuis que les marchands sont in-
« struits qu'il suffit de les présenter à l'administrateur pour en recevoir le
« payement; je me suis particulièrement occupé de ceux-ci, et j'en ai fait re-
« mettre un bon nombre. Dernièrement, M. Tresse, libraire, Palais-Royal, avait
« fait un achat très-nombreux de vieux livres provenant du père Deléau, bou-
« quiniste décédé. Ces livres étaient tous étrangers à ses connaissances biblio-
« graphiques : il me pria, comme ami, de les visiter; j'ai trouvé parmi ces bou-
« quins, et déjà séparés par lui, comme reliés en *maroquin rouge*, le tome II
« (Odyssée) de la traduction de Rochefort, in-4º; — des *Œuvres de l'abbé Pré-*
« *vost*, le tome XXXIV, in-8º; — du *Recueil des causes célèbres*, les tomes
« LXXXVIII, LXXXIX, XC, XCIV, XCV, XCVI, reliés en 2 vol. in-12; et du
« *Théâtre de Montfleury*, les tom. III à XII; ces volumes aux armes et avec
« estampille de la Bibliothèque royale; j'ai parlé de ces volumes à M. Naudet, et
« je les lui ai fait remettre le 10 juin dernier.
« Je puis vous assurer que pour les bibliothèques de province la tâche est
« moins difficile, et en me promenant sur les quais je rassemblerai, en très-peu
« de temps, des livres avec estampille qui confirmeront ce que j'avance; je les
« tiendrai à votre disposition.
« Permettez-moi d'ajouter, comme anecdote, ce qui vient de m'arriver : j'ai
« vendu à M. Durand, libraire, rue des Grès, un exemplaire de l'Arithmétique
« de Newton, avec les notes de Castillon. Cet ouvrage a été livré à la bibliothè-
« que du Lycée de Versailles et aussitôt timbré; mais on s'aperçoit que le livre est
« en latin, et qu'il s'agissait de la traduction de cet ouvrage, également en deux
« volumes in-4º, par Beaudeux; on retourne le livre à Durand, qui me le remet.
« Me voilà donc avec deux volumes que l'on peut saisir, car ils ont le timbre d'un
« établissement qui peut revendiquer ses droits.
« Recevez, monsieur, l'assurance de mes respects.
                                                        « CRÉTAINE.
« *P.* S. Cette lettre terminée, je sors, et au premier étalage je trouve, en pré-
« sence de trois personnes, le tome III des *Controverses de Bonaventure*, avec
« le timbre de la grande Bibliothèque de Toulouse; je vous le remets. »
[1] Lisez, pages 116-118, la lettre de M. Molini, ancien bibliothécaire du
grand-duc de Toscane.

s'appliquer à des volumes précieux, à des livres provenant du cabinet de Grolier [1].

Je veux aujourd'hui me borner aux faits généraux, et ne parler que de choses connues publiquement, réservant pour une autre occasion les informations particulières que j'ai reçues; car je ne cherche qu'à me défendre, et j'éviterai le scandale autant que cela me sera possible. Ce n'est pourtant pas commettre une indiscrétion que de rappeler ce procès célèbre qui eut lieu, il y a trois ans, à propos d'une quittance autographe de Molière que la Bibliothèque royale réclamait, et qu'elle n'obtint qu'après deux jugements opposés, le premier l'ayant déboutée de sa demande. Contrairement à l'arrêté du tribunal de première instance, la Cour royale décida que cette pièce, ayant appartenu à l'Etat, ne pouvait pas devenir la propriété d'un particulier. Mais l'administration de la Bibliothèque royale ne songea nullement à intenter un *procès criminel*. Il aurait été difficile qu'il en fût autrement; car pendant que le gouvernement reconnaissait dans le journal officiel que des soustractions, des *actes illégitimes*, avaient été commis, mais que ces actes *ne portent pas atteinte à la bonne foi des détenteurs*, il fut amplement démontré, par des déclarations émanées de différentes personnes très-connues et très-haut placées, que la Bibliothèque royale avait vendu un très-grand nombre de pièces autographes du plus grand prix, sans qu'il restât aucune trace de ces ventes [2].

---

[1] Voyez, page 85, la lettre de M. Panizzi, conservateur au département des imprimés au *British Museum*, dans laquelle, en mentionnant le volume de Grolier, auquel je fais allusion ici, il parle des énormes soustractions qui ont eu lieu à la Bibliothèque nationale de Paris, et généralement dans les collections publiques de la France. C'est là un fait public et reconnu. Lisez aussi, page 91, la déclaration de M. Holmes, premier adjoint au département des manuscrits dans le même établissement. (Voyez aussi aux pages 46, 55, etc.)

[2] On lit ce qui suit dans le *Moniteur universel* du 28 juillet 1845 :

« Parmi les observations qui ont été portées à la tribune au sujet de la Biblio-
« thèque du Roi, il est une assertion qui ne peut pas rester sans réponse, parce
« qu'elle compromet des intérêts soumis en ce moment à la décision de la jus-
« tice. Il n'est pas possible qu'un autographe de Molière ait disparu par l'effet

Je ne nommerai pas aujourd'hui les amateurs de Paris qui possèdent ostensiblement des volumes précieux, des autographes de grande valeur, provenant de certaines collections, de certains *fonds* de la Bibliothèque nationale, que, dans des lettres qui sont entre mes mains, on m'affirm avoir été mis littéralement au pillage. Plusieurs de ces autographes, dont le *fac-simile* a été publié il y a peu d'années dans l'*Isographie*, sont indiqués dans cet ouvrage comme existant dans cette Bibliothèque au moment de la publication, et ils ont passé nombre de fois dans des ventes publiques sans motiver aucune réclamation de la part de l'administration. Si l'on veut bien consulter les ouvrages publiés par divers savants étrangers qui, depuis quelque temps, ont travaillé à la Bibliothèque nationale, on y rencontrera des indications[1] nombreuses de pièces qui sont por-

« d'une mesure ordonnée par le ministre de l'intérieur en 1823, et qu'il ait été
« vendu avec de vieux papiers.

« Le ministre de l'intérieur, par décision du 20 janvier 1823, autorisa l'admi-
« nistration de la Bibliothèque royale à vendre, *après examen*, des parchemins
« jugés sans valeur. Le triage fut fait par des personnes dont le savoir et la
« probité sont au-dessus de toute contestation, et la signature de Molière ne
« fut pas confondue avec les écritures jetées au rebut. On mit à part avec soin
« quatre pièces qui portaient cette signature, et de ce nombre est celle dont
« M. Lherbette a parlé, et que des hommes de lettres ont vue et copiée à la Bi-
« bliothèque royale.

« Cet établissement n'a pu en être dépossédé que par un acte illégitime qui,
« sans porter atteinte à la bonne foi des détenteurs, doit au moins vicier la pos-
« session dans son origine.

« L'administration ne cessera pas de poursuivre la revendication du droit de
« la Bibliothèque royale jusqu'à la dernière limite des voies de justice. Le droit
« de propriété de l'État est engagé, et les débats ne peuvent que mettre dans
« tout leur jour la sollicitude vigilante et éclairée qui, alors comme aujour-
« d'hui, présidait dans l'administration de la Bibliothèque à la gestion des inté-
« rêts de ce grand dépôt national. »

Cette assertion du *Moniteur*, à propos d'une pièce qui avait appartenu à M. Campenon, de l'Académie française, et qui a passé par différentes mains sans avoir jamais été cependant en ma possession, a été contredite par des hommes bien connus, par M. Fossé d'Arcosse, conseiller à la Cour des comptes; par M. le comte d'Hauterive, sous-directeur au ministère des affaires étrangères; par M. Feuillet de Conches, également sous-directeur au même ministère. Comme on le verra plus loin (pag. 257-262), ces collecteurs distingués ont déclaré que la Bibliothèque royale avait vendu, à l'époque indiquée (1823), une multitude d'autographes précieux. Le *Moniteur*, qui n'a pas répondu aux déclarations formelles de MM. Fossé d'Arcosse, d'Hauterive et Feuillet de Conches, a cependant reconnu que des soustractions mystérieuses avaient eu lieu, et qu'on pouvait posséder de bonne foi des objets provenant de la Bibliothèque royale. C'est là l'important.

[1] Je n'en citerai qu'un seul exemple. Dans un savant ouvrage, intitulé : *Documenti di storia italiana*, qui parut à Florence en 1836, M. Molini, qui avait

tées au catalogue, et qui ont été arrachées des volumes
reliés où elles devaient se trouver. Plusieurs des manuscrits les plus précieux, les plus célèbres de cette Bibliothèque, ont été ainsi mutilés à différentes époques, et l'on
comprendra que, comme ce n'est que par hasard et à l'occasion de quelque travail spécial que l'on a pu constater ces
mutilations, le nombre de celles qui ont été reconnues ne
peut être que très-faible relativement à celles qui ont dû
rester ignorées, et que l'on ne pourrait découvrir que par
un examen détaillé de chaque volume. Je me bornerai à
donner le résultat de quelques renseignements recueillis
au *British Museum*. Sans doute les savants conservateurs
de la Bibliothèque nationale de Paris n'ignorent pas que
treize feuillets arrachés au célèbre manuscrit qu'on appelle communément la Bible de Charles le Chauve, et qui,
par l'ancienneté comme par les admirables ornements dont
il est décoré, fait l'admiration de tous les savants, de tous
les amateurs de l'Europe, ont été vendus à Londres et se
trouvent au *British Museum* [1]. Depuis le siècle dernier, la
disparition de ces treize feuillets a été signalée au public et
n'est un secret pour personne. Ce qui est moins connu peut-
être, c'est qu'il se trouve également au *British Museum*
plusieurs volumes formés de fragments sortis principalement
de France, et arrachés aux plus beaux et aux plus précieux
manuscrits. On a enlevé deux feuillets par-ci, quatre feuillets par-là, et on les a apportés en Angleterre. Des miniatures précieuses, des fragments d'auteurs classiques du

examiné dans un but tout spécial quelques volumes de la collection Béthune, qui
se trouve à la Bibliothèque nationale, fait remarquer que dans le volume 8505 de
ce fonds Béthune, le catalogue porte l'indication d'une lettre de Clément VII à
François Ier, qui devait se trouver au feuillet 52, et qui avait été enlevée. Au
volume 8544 de ce même collecteur, il a signalé un autre feuillet qui avait disparu (voyez Molini, *Documenti*, tom. I, page xxv et xxxii). C'est en 1831 que
M. Molini avait constaté ces pertes. Tous les éditeurs qui ont travaillé à la
Bibliothèque nationale auraient pu signaler de semblables lacunes; mais tous
n'avaient pas la scrupuleuse exactitude de M. Molini. (Voy. plus loin, pag. 316, etc.)

[1] C'est dans le volume 7551, Plut. xlvi, II. de la collection Harléyenne, que se
voient ces treize feuillets.

neuvième et du dixième siècle, des autographes de grand prix, etc., etc., tout cela est sorti des bibliothèques du continent, et malheureusement (les renseignements qu'on m'a transmis de Paris ne laissent aucun doute sur ce point) l'ancienne Bibliothèque royale n'a pas peu contribué à la formation de ces recueils qui existent au *British Museum* depuis un grand nombre d'années.

On se tromperait, Monsieur le Ministre, si des faits que je viens de citer et d'autres faits semblables que je pourrais signaler, on voulait inférer que le *British Museum* est un établissement qui ne vit et ne grandit qu'aux dépens des établissements du continent. Londres est un immense marché sur lequel, de tous les points de l'Europe, affluent des objets rares et précieux. Mais le *British Museum* n'achète que de personnes connues et dont la probité lui est démontrée ; et comme dans cet établissement les acquisitions se font sur la proposition des divers conservateurs et d'après l'approbation d'une Commission de *Trustees* qui, par leur rang, par leur fortune, par leurs lumières, sont les hommes les plus haut placés de l'Angleterre, on doit être assuré que toute proposition d'achat qui pourrait donner lieu au moindre soupçon serait immédiatement repoussée. Mais, d'un côté, il est bien difficile de reconnaître si des fragments ou des autographes qui ne portent aucune estampille et qui, depuis longtemps, circulent publiquement dans le commerce sans avoir donné lieu à aucune réclamation, sont sortis d'une façon *illégitime d'un établissement* qui ne s'est pas aperçu de leur disparition ; et, d'autre part, le *British Museum*, par suite des legs ou des donations, reçoit fréquemment des collections entières dans lesquelles peuvent se trouver de ces objets qu'il n'a pas le droit de refuser. Des livres et des manuscrits, sortis d'autres bibliothèques d'une manière plus ou moins régulière, plus ou moins légitime, se rencontrent en France aussi dans les plus grands établissements publics. Ainsi, lorsqu'à la vente de la grande collection des manuscrits de Richard Heber la Bibliothèque royale acheta le fameux *Cancionero de Baena*, elle savait parfaitement que ce volume avait été dérobé en Espagne à la bibliothèque de l'Escurial; car cette provenance était indiquée[1] dans le catalogue imprimé de la vente. Bien qu'il soit de notoriété publique que ce volume a été dérobé, l'administration de la Bibliothèque nationale répondrait probablement à toutes les réclamations qui pourraient arriver de *Madrid*, qu'elle a acheté et payé ce volume et qu'elle se considère comme légitime propriétaire. Or, à moins qu'on ne veuille confirmer en propres termes la fameuse sentence : *vérité au delà des Pyrénées, erreur en deçà*, il faut reconnaître que, d'après l'exemple de la Bibliothèque nationale, on pourrait se croire légitime possesseur d'objets que l'on saurait avoir été dérobés à des bibliothèques publiques de la France. Si l'on voulait prendre exemple sur ce qui s'est fait à la Bibliothèque nationale, on arriverait même à des conclusions bien plus larges. On sait, en effet, que cette Bibliothèque possède un grand nombre d'ouvrages dont elle ne saurait légalement justifier l'origine. Ce sont, en général, des volumes du plus grand prix, que les armées victorieuses de la République et de l'Empire avaient enlevés aux bibliothèques des pays conquis, et qu'à la paix on s'obligea, par des traités, à restituer à ceux auxquels ils appartenaient primitivement. Personne n'ignore qu'à la Restauration, certains conservateurs, mus par le plus fervent patriotisme, se sont empressés de cacher des volumes qu'on s'était engagé à rendre, et que parfois ils ont donné des exemplaires défec-

---

[1] Voyez plus loin, page 314. La belle bibliothèque de l'École de Médecine de Montpellier se trouve dans le même cas. Elle possède un nombre considérable de manuscrits précieux, parmi lesquels se comptent des écrits autographes du Tasse, qui, au moment de l'occupation de Rome par les armées de la République française, furent dérobés à la bibliothèque Albani. Les réclamations imprimées qui sont arrivées de Rome à ce sujet sont toujours restées sans résultat. La bibliothèque de Montpellier avait acheté et payé, et l'on n'a écouté aucune réclamation.

tueux ou moins recommandables à la place de ceux qu'on réclamait [1]. Ces conservateurs, dont le nom est bien connu, mais qui ont cessé d'exister, se sont glorifiés à plusieurs reprises et publiquement de ce qu'ils avaient fait. Il en est résulté que la Bibliothèque nationale s'est trouvée enrichie de quelques volumes précieux, mais qu'elle ne peut guère en profiter, car plusieurs de ces volumes restent dans l'ombre, ou ne se montrent qu'avec de grandes précautions. Il y a quelques années, qu'au second étage du département des manuscrits de ce grand établissement, on a montré, à une personne que je pourrais nommer, des manuscrits précieux qu'on disait provenir de certaines bibliothèques de la Belgique et qu'on cachait à tous les regards, de crainte, disait-on, qu'ils ne fussent réclamés par le gouvernement belge. C'est seulement pour le plaisir de l'argumentation que je cite ces faits, car, pour ma part, je n'ai jamais cru pouvoir garder un volume sur l'origine duquel je pusse conserver le moindre soupçon, et j'ai toujours voulu que, chez moi, tout se passât au grand jour [2].

Si j'avais à ma disposition mes livres, mes catalogues et les notes que j'ai laissées à Paris et qui ont été saisies, je pourrais vous fournir, Monsieur le Ministre, une liste aussi nombreuse qu'intéressante des volumes et des divers objets sortis de la Bibliothèque nationale ou d'autres établissements publics, et qui ont été livrés aux enchères depuis vingt ans. Mais en attendant que je puisse compléter des

[1] Dans une lettre qui m'a été adressée d'Italie, on me signale un de ces volumes restés, pour un motif ou pour un autre, à la Bibliothèque Nationale. C'est un ancien recueil manuscrit de poésies des troubadours, volume précieux qui avait appartenu successivement au Pétrarque et au cardinal Bembo, et qui, à la Restauration, n'est pas retourné au Vatican, d'où il était sorti. Des Espagnols instruits m'ont assuré qu'il était resté à Paris une partie des archives de Simancas, et il y a peu d'années que de savants bibliographes de Milan se sont plaints à moi que les manuscrits de Léonard de Vinci, qui se trouvent à la bibliothèque de l'Institut, n'eussent pas été restitués à la Bibliothèque Ambroisienne. On peut se rappeler d'avoir lu, il y a quelques années, dans les journaux des plaintes très-vives de la ville de Paris qui réclamait tous les manuscrits déposés à l'Institut.

[2] Voyez précédemment, pag. 54 et 91.

renseignements qu'on ne peut se procurer qu'avec beaucoup de peine et de temps, je me bornerai à vous signaler un petit nombre de faits qui démontrent de plus en plus que dans toute collection un peu nombreuse de livres, de manuscrits ou d'objets d'art quelconques, se trouvent des objets sortis des établissements publics de la France.

Je lis dans l'*Alliance des Arts* [1], recueil périodique très-estimé, qui était consacré en grande partie à la bibliographie, qu'à la mort de M. Auger, membre de l'Institut, on trouva chez lui plus de trois cents volumes provenant de la Bibliothèque royale, et qui furent réintégrés dans cet établissement. Je lis dans le même journal que pareille chose arriva après la mort de M. le comte Daru, ancien ministre de l'empereur Napoléon et membre également de l'Institut. D'autres volumes, provenant de la Bibliothèque royale, ont été trouvés parmi les livres de M. Boulard et de M. de Soleinne, bibliophiles bien connus [2]. A la vente de la collection théâtrale de

---

[1] Voyez plus loin, pag. 271-272.

[2] Voici les curieux renseignements que je trouve dans une lettre que M. P. Lacroix m'a fait l'honneur de m'adresser le 15 janvier dernier :

« Mon cher Monsieur,

« Je vous ai promis de vous communiquer plusieurs pièces relatives à des res-
« titutions de livres et de dessins que j'ai eu le bonheur de faire opérer au profit
« des établissements publics de Paris, lorsque j'étais chargé d'une partie de la
« direction de l'*Alliance des Arts*; mais il m'est impossible de rechercher main-
« tenant ces pièces dans mes papiers; contentez-vous de deux faits qui sont
« présents à ma mémoire, et dont seraient garants, au besoin, M. Naudet, direc-
« teur de la Bibliothèque nationale, et M. de Cailleux, ex-directeur des Musées
« royaux. En rédigeant le catalogue de la Bibliothèque dramatique de feu M. de
« Soleinne, j'ai trouvé dans cette bibliothèque un bel exemplaire de la *Rodo-*
« *montade, tragédie et autres œuvres* de Charles Bauter dit Méliglosse (Paris,
« Eve, 1605, in-8°), portant l'estampille rouge de la *Bibliothèque royale* : je
« me suis empressé de le faire remettre à M. Naudet, qui m'en accusa réception.
« En examinant les dessins rassemblés par feu M. Villenave (dont un grand
« nombre provenaient de l'ancienne collection de Versailles, réunie depuis à
« celle du Louvre), j'ai trouvé un fort beau dessin du Guaspre, je crois, portant
« la marque du Musée impérial (M. I.) : je l'ai envoyé sur-le-champ à M. de
« Cailleux, qui m'en accusa réception. Plus d'une fois, dans les ventes publi-
« ques, j'ai eu occasion de signaler des volumes comme appartenant aux biblio-
« thèques publiques. Je me souviens d'un exemplaire du Joinville, édition de
« Ducange, reliure en maroquin rouge, au timbre de la Bibliothèque du Roi, le-
« quel exemplaire était parmi les livres du respectable M. Boulard, et avait été
« décrit dans le catalogue par l'honnête et savant libraire Bleuet. C'est moi qui
« m'opposai à la vente de ce volume, et qui le fis restituer à la Bibliothèque dont
« il était sorti depuis cent ans peut-être. Je ne finirais pas si je voulais consi-
« gner ici tous les faits analogues. Au reste, les voleurs de livres se donnent

M. de Soleinne, il fut mis en vente plusieurs volumes d'un grand prix, sortant des diverses bibliothèques de Paris, sans qu'aucune action en revendication fût dirigée contre les héritiers... Je me trompe : à propos d'un rare volume (les *OEuvres de Roger de Collerye*, 1536, in-8°), vendu 220 fr. et qui portait l'estampille de la bibliothèque Mazarine, les conservateurs de cette bibliothèque firent des sommations par huissier, qui n'eurent aucun résultat [1]. Je lis dans le *Manuel de M. Brunet* [2] qu'un autre volume d'une grande rareté (appelé communément l'*An des sept Dames*), qui avait été volé deux fois de suite à la bibliothèque Sainte-Geneviève, figurait également à la vente Soleinne. Il fut racheté par le gouvernement, qui, pour le ravoir, dut débourser 350 francs. Une gravure d'Albert Durer, désignée sous le nom du *Petit cheval*, et qui avait été enlevée au Cabinet des estampes de la Bibliothèque royale, fut mise aux enchères à la vente des estampes de M. de Magnoncour, amateur des plus distingués [3], alors pair de France et gendre,

« quelquefois le plaisir de la restitution. Tous les initiés aux mystères de la Bi-
« bliothèque du Roi ou nationale se rappellent ce paquet de volumes qui fut
« lancé un soir sous le vestibule de la grande porte, sans qu'on ait jamais connu
« la main qui opéra cette restitution anonyme. Or, parmi les volumes ainsi res-
« titués sous le manteau, quelques-uns avaient disparu depuis nombre d'années.
« Ne voit-on pas aussi, dans l'intérieur de la Bibliothèque, un département res-
« tituer au département voisin ce qu'il lui avait pris on ne sait comment ni à
« quelle époque? Ces jours derniers, on a réintégré au département des ma-
« nuscrits une liasse de lettres autographes du cardinal de Noailles, ayant reçu
« déjà le baptême de l'estampille du département des imprimés. C'était rendre
« à César ce qui est à César. Mais on s'est aperçu que lesdites lettres, revenues
« ainsi des imprimés, avaient été détachées d'un recueil existant aux manuscrits.
« Ce recueil de lettres est le n° 15 du fonds des *Jacobins Saint-Honoré*. Expli-
« quez cela?....

« P. LACROIX,
« Bibliophile JACOB. »

[1] Voyez plus loin, page 270.

[2] Dernière édition, tome III, pages 550-551.

[3] Le catalogue imprimé et anonyme (je suis forcé de noter cette circonstance, à cause des reproches qu'on me faisait dans le § 21 du Rapport de M. Boucly, d'avoir publié mon catalogue sans nom et avec la seule initiale L.), dans lequel se trouvait cette gravure portait ce titre : « Catalogue d'une collection d'estam- « pes anciennes et modernes, provenant du cabinet de M. le comte de ***, dont « la vente se fera les 18, 19 et 20 janvier 1847, hôtel des ventes, rue des Jeû- « neurs, n° 16, par le ministère de Me Pressé, commissaire-priseur, rue Ta- « ranne, n° 11. » — La gravure en question portait, dans le catalogue, le n° 156;

si je ne me trompe, de M. de Tracy, actuellement ministre
de la marine dans le gouvernement français. Avant la
mort du savant M. Villenave, qui s'était défait des dessins
originaux de sa collection, on trouva parmi ces dessins une
belle pièce qui portait la marque du *Musée impérial*, et qui
fut rendue à M. de Cailleux [1]. Comme je ne veux rien avancer qui ne soit appuyé sur des témoignages publics, je ne
vous parlerai pas pour le moment d'autres faits plus nombreux et plus curieux encore, sur lesquels je m'applique à
rassembler des documents qu'on se procure difficilement,
non-seulement par le peu d'importance qu'on avait toujours
attaché à ces sortes d'affaires, inconnues au public ou bien
vite oubliées, mais aussi par la répugnance qu'éprouvent
aujourd'hui les bibliophiles à donner des renseignements sur
certains objets qui sont entre leurs mains, et dont la possession pourrait leur faire craindre d'attirer sur eux-mêmes
des vexations analogues à celles dont je suis l'objet, vexations auxquelles n'ont jamais été exposés les amateurs dont
je viens de citer les noms.

Si jusqu'à présent, en France, on avait considéré comme
chose indifférente la présence dans les ventes d'objets
provenant des collections publiques, à l'étranger, on s'em-
pressait, dans certains cas, de proclamer dans les catalogues imprimés la provenance des livres ou des manuscrits
sur lesquels une illustre origine pouvait appeler davantage

elle fut adjugée au prix de 52 francs 50 centimes à M. Guichardot, marchand
d'estampes, rue Saint-Thomas-du-Louvre, qui, ayant reconnu qu'elle avait été
enlevée à la Bibliothèque royale, dont elle portait l'estampille encore visible,
malgré les efforts qu'on avait faits pour l'effacer par des procédés chimiques,
s'empressa de l'offrir, contre ses déboursés, à l'administration de cette Bibliothèque. Mais le savant directeur de cet établissement retint la gravure, et déclara, par écrit, que le droit de la Bibliothèque était imprescriptible, et qu'il
n'entendait rien rembourser. En définitive, la gravure resta à la Bibliothèque,
et M. de Magnoncour en rendit le prix à l'acquéreur. Le fait est consigné dans
le procès-verbal de la vente. On a de la peine à concilier ce refus absolu avec
l'offre faite aux libraires, et dont il est question dans la lettre de M. Cretaine
(voyez ci-dessus, pag. 47-48), de racheter tous les livres qui porteraient l'estampille de la Bibliothèque royale.

[1] Voyez ci-dessus, page 55.

l'intérêt des connaisseurs. Je ne choisirai mes exemples que dans un petit nombre de catalogues qui sont entre les mains de beaucoup de personnes en France, et je ne signalerai que des volumes d'un grand prix. J'ai déjà parlé[1] des manuscrits de R. Héber, parmi lesquels se trouvait le *Cancionero de Baena*, provenant de l'Escurial. Le catalogue de M. F. Douce contient la description détaillée d'un recueil précieux d'anciennes poésies des *Troubadours*, qui avait appartenu à la collection de Peiresc[2], et qui devait être sorti de la bibliothèque de Carpentras. Dans la collection des manuscrits du duc de Sussex, vendus en 1844 à Londres, se trouvait un recueil d'ancienne musique, annoncé dans le catalogue comme provenant de la bibliothèque de l'Escurial[3]. Dans le catalogue d'une vente, faite à Londres l'année dernière, de livres que l'on disait sortis du cabinet d'un des amateurs les plus connus et les plus justement estimés de Paris, était annoncée la première édition, si rare, de *Don Quichotte*, comme provenant de la bibliothèque publique de Reims[4]. J'abuserais de votre patience, Monsieur le Ministre, si je ne mettais pas un terme à cette énumération. Permettez-moi seulement, en terminant, de citer l'exemple le plus frappant et le plus singulier de ces annonces, en rappelant qu'en 1827 MM. Sotheby et Ce, faisant paraître ici le catalogue d'une vente d'autographes précieux, qui furent mis aux enchères le 18 juillet de la même année, annoncèrent sur le titre, pour rehausser encore le prix de ces autographes, qu'ils sortaient des *Archives royales de France*[5] (from the royal Archives of France). Il n'est pas inutile d'ajouter que ce catalogue, qui fut très-répandu, ne provoqua aucune réclamation.

---

[1] Lisez plus haut, page 314.
[2] Voyez plus loin, page 315.
[3] Lisez plus loin, page 315.
[4] Voyez plus loin, page 314.
[5] Lisez la lettre de M. Panizzi, page 86.

Le sujet est si vaste, si fécond, Monsieur le Ministre, qu'il serait impossible, sans dépasser de beaucoup les bornes que j'ai dû me prescrire, de vous exposer tous les faits relatifs aux divers établissements publics de Paris qui sont arrivés à ma connaissance. Si je me suis arrêté particulièrement sur deux établissements, la Bibliothèque nationale et l'Institut, c'est que, d'une part, j'y ai été amené par la possibilité de n'avancer que des faits qui ont été publiés depuis longtemps, ou qui se sont passés à la face du soleil, sans commettre aucune indiscrétion, sans compromettre personne ; et que, d'un autre côté, j'ai dû songer à repousser les attaques qui, tout Paris le sait, ont été dirigées contre moi par les experts appuyant leurs calomnies sur de prétendues soustractions que j'aurais commises dans l'ex-Bibliothèque royale et à l'Institut. C'est le besoin de me défendre contre de telles attaques, dis-je, qui m'a forcé à m'occuper spécialement de ces deux établissements. Je désire vivement n'avoir plus à traiter de tels sujets ; mais pourtant je ne reculerai jamais devant aucune des tristes nécessités dans lesquelles on m'aurait entraîné.

Vous parlerai-je, Monsieur le Ministre, des bibliothèques des provinces ? Quoiqu'on ait voulu profiter des pertes éprouvées par ces bibliothèques pour porter atteinte à ma réputation, je ne saurais, à moins d'y être invité d'une manière spéciale, me lancer dans cet abîme sans fond. M'abstenant de faire usage des documents particuliers qui m'ont été fournis, et me bornant à vous donner connaissance de quelques exemples seulement, que je cite en note [1], tirés d'ouvrages connus et qui n'ont jamais

---

[1] Si l'on prend la peine de consulter un ouvrage dont il a déjà été question, l'ouvrage de Hænel, savant allemand, qui visita, depuis 1821 jusqu'en 1828, la plupart des bibliothèques publiques de la France, on trouvera, pour ne dire que les faits principaux, les renseignements suivants :

A Amiens, les manuscrits de la bibliothèque ont été vendus au poids pour une somme de 13,000 francs, et Hænel a racheté des fragments du Xe siècle qui provenaient de cette bibliothèque.

rencontré de contradiction, j'espère pouvoir vous donner
une idée suffisante de l'étendue de ces pertes ; elles se résu-

A Arras, un nommé Liard, bibliothécaire de Saint-Waast, a enlevé et apporté en Angleterre pour 100,000 florins (plus de 200,000 fr.) de manuscrits, et comme si cela n'était pas assez, un autre bibliothécaire, nommé Caron, mutila et vendit en 1818 un grand nombre de manuscrits.

A Autun, un Virgile et un Horace, manuscrits d'un prix inestimable, du VI⁰ et du VII⁰ siècle, ont disparu.

A Auxerre, on a vendu en 1825 la plus grande partie des manuscrits à un libraire nommé Comynet.

A Carpentras, il y avait environ deux mille manuscrits en 1808, et il n'en restait plus que 669 en 1826. A cette première date, plusieurs manuscrits de Peiresc avaient déjà été égarés.

A Châlons-sur-Marne, les chartes sur parchemin des Archives de la ville ont été vendues au poids, et Hænel en a racheté lui-même.

A Saint-Dié, le préfet a fait vendre, en 1828, les chartes précieuses et très-anciennes des Archives, parmi lesquelles se trouvait une charte de Chilpéric de l'an 663.

A Lyon, les manuscrits de la cathédrale, parmi lesquels on citait un Code Théodosien des plus précieux, se sont perdus.

A Moulins, l'ancienne bibliothèque publique a été dépouillée et a perdu un grand nombre de manuscrits grecs, etc.

A Nantes, les livres ont été vendus à cinq sous la livre.

A Rouen, on avait réuni après la Révolution, en les tirant des bibliothèques des amateurs et des corporations religieuses, près de *deux cent cinquante mille* volumes ; mais après des dilapidations immenses et des ventes considérables faites en Angleterre, il n'est plus resté que *vingt mille* volumes.

Ces faits, répétés et confirmés par d'autres écrivains et par toutes les autorités, n'ont jamais été contredits. On trouvera plus loin (pag. 291, 315) les citations textuelles tirées de l'ouvrage d'Hænel, avec d'autres faits non moins curieux.

Si l'on voulait puiser à d'autres sources, on rassemblerait un bien plus grand nombre de faits analogues ; qu'il me soit permis d'en citer un qui m'est personnel. Lorsque j'étais secrétaire de la Commission des manuscrits, d'après le désir plusieurs fois exprimé par M. V. Leclerc, président de la Commission, d'avoir des renseignements sur les manuscrits de la bibliothèque de Bourges, et sur l'invitation du ministre de l'Instruction publique, je me rendis dans cette ville. L'inventaire des manuscrits qui y existaient en 1821, se trouve dans Hænel qui en enregistra 357, dont quelques-uns formaient plusieurs volumes. Je devais espérer de rencontrer dans ce nombre, et M. Leclerc y comptait, quelques volumes précieux provenant de Saint-Sulpice et de l'ancienne Université de Bourges. Mais mon attente fut trompée, lorsqu'allant avec le bibliothécaire visiter les manuscrits, j'en trouvai à peine une centaine n'offrant aucun intérêt. Ayant demandé l'explication d'une telle diminution, j'appris du bibliothécaire que les manuscrits provenaient en grande partie d'établissements religieux et étaient placés dans les bâtiments de l'archevêché. Je les rencontrai en effet dans les combles de cet édifice ; certains membres du clergé avaient cru pouvoir reprendre ce qui avait appartenu autrefois à l'Église. A mon retour à Paris, je rendis compte de cette affaire à la Commission des manuscrits. Mon rapport n'excita aucune réclamation ni aucune surprise.

Faut-il nommer maintenant ce bibliothécaire de Tours, condamné en 1843 pour vol de livres et manuscrits dans la bibliothèque de cette ville? (Voyez plus loin, page 290.) Déjà en 1826, Hænel (Catalogi, col. 482) signalait dans cette bibliothèque la disparition des plus précieux manuscrits qui avaient été décrits dans le *Nouveau Traité de diplomatique*, et dont les volumes les plus précieux, imprimés et manuscrits, se sont répandus partout et ont figuré vingt fois à Londres et à Paris dans les catalogues de ventes que je pourrais indiquer au au besoin. Faut-il rappeler que les manuscrits si précieux de la bibliothèque d'Avranches avaient été au moment d'être vendus au public à vil prix, et que cette vente n'a été arrêtée que par l'intervention d'un savant bibliographe de

ment en peu de mots. Les autographes et les chartes sont
sortis par masses des archives des départements ; les manuscrits des bibliothèques des provinces jetés dans le commerce se comptent par milliers, et les volumes imprimés
dont ces mêmes établissements ont été privés se montent
à plusieurs centaines de milliers. Je ne parle pas des pertes
faites au moment même de la révolution de 1793 ; je me
borne aux objets perdus par les bibliothèques des provinces
depuis qu'une administration plus régulière s'y est établie,
et plus particulièrement dans ces trente dernières années.
Après avoir passé par différentes mains, ces livres, ces manuscrits, ces chartes, ont été en grande partie se placer
dans les collections des amateurs, et il faudrait s'étonner
beaucoup si, dans les quarante mille volumes imprimés ou
manuscrits que j'ai pu posséder, tant en Italie qu'en
France, il ne s'en était pas rencontré un seul qui fût sorti
de ces établissements.

Bien que les élèves de l'Ecole des Chartes qu'on a chargés de l'examen de mes collections aient prouvé à plusieurs
reprises qu'ils n'avaient pas fait une étude suffisante des
questions sur lesquelles ils étaient appelés à éclairer la justice [1], il est difficile pourtant d'admettre qu'ils n'aient pas
eu connaissance des faits que je viens de vous signaler,
Monsieur le Ministre, et que j'ai tirés presque uniquement

Paris? Faut-il dire le nom de cet amateur très-connu et très-estimé de Paris,
qui racheta chez un batteur d'or une masse de manuscrits sur vélin qui avaient
été vendus par une bibliothèque de province à ce batteur d'or qui devait les
détruire en les employant aux usages de son métier? Faut-il dire entre les mains
de qui ont passé les manuscrits si anciens et si précieux qui provenaient des
églises de Beauvais? Je veux éviter les noms propres, et je me tairai aujourd'hui
sur ces faits comme sur une multitude d'autres qui sont à ma connaissance.
Je dirai seulement que j'ai recueilli à Londres, chez des libraires très-connus,
un certain nombre de manuscrits provenant de quelques bibliothèques de
France, et que je les réserve pour le besoin de ma défense.

[1] Une personne, qui a puisé aux meilleures sources, m'a adressé, l'année
dernière, une lettre d'après laquelle on pourra juger du degré d'instruction bibliographique de ces experts qu'on a chargés de l'examen de ma bibliothèque. Ceux qui ont lu les lettres publiées aux pages 6 et 105 me pardonneront,
je l'espère, si je ne livre pas à l'animosité des experts le nom de cette personne.
Qu'il me suffise d'annoncer que les faits qu'on va lire sont confirmés dans beau-

d'ouvrages qui sont entre les mains de tous les bibliographes. Placés au centre de la France, ayant à leur disposition mille sources d'information qui me manquent, et disposant depuis un an sans réserve de tous mes livres, de toutes mes notes, ils devraient savoir tous ces faits beaucoup mieux que moi, qui n'ai pu trouver à Londres qu'un petit nombre de ces ouvrages, qu'on pourrait appeler de localité et de circonstances, de ces journaux, de ces renseignements de toute nature qu'on peut se procurer

coup d'autres documents que je possède, et qu'ils y sont blâmés d'une façon encore plus énergique. Cette lettre contient le nom de certaines personnes que je laisse en blanc et sur lesquelles je veux suspendre mon jugement. Je désire qu'elles puissent expliquer d'une manière plausible les longues séances qu'elles ont faites dans une maison où la justice ne les appelait pas, et où elles entraient malgré moi :

« *A Monsieur Libri, membre de l'Institut, à Londres.*

« Paris, ce 20 septembre 1848

« Mon cher Monsieur,

« Je n'ai pas perdu de temps. Depuis que je suis ici, j'ai déjà trouvé moyen
« de m'entretenir de vos affaires avec plusieurs des personnes qui sont le mieux
« instruites de ce qui se passe, et des menées ténébreuses de vos ennemis. On
« apprend, dans le laisser-aller de la conversation, mille choses qui ne s'écri-
« vent guère, surtout dans la crainte où l'on est de s'attirer la haine de vos
« ennemis. Je vais cependant tâcher de vous rendre compte de ce que j'ai pu
« recueillir à de bonnes sources. Du reste, la manière de procéder des experts a
« été d'une légèreté et d'un sans-façon tels, qu'ils ne peuvent s'attendre à tenir
« leur conduite complétement secrète. Ils ont introduit chez vous tant de sortes
« de gens, ils ont si peu observé dans leurs discours la réserve que leurs fonc-
« tions auraient dû leur imposer, ils se sont mis si ouvertement en relation
« avec vos plus puissants ennemis, que beaucoup de choses, que pour leur hon-
« neur ils auraient dû dissimuler, ont transpiré, grâce à cette légèreté même.
« J'aurai mille anecdotes curieuses à vous raconter sur eux quand nous nous
« reverrons. En vérité, on ne se figure pas comment des hommes qui devraient
« avoir quelque connaissance de ce dont ils s'occupent, après avoir accepté sur-
« tout vis-à-vis de la justice une responsabilité si sérieuse, peuvent agir à tort et
« à travers comme ils le font. Il semble qu'ils se soient dit en entrant chez
« vous : « Nous sommes ici dans une caverne de voleurs ; prenons au hasard. »
« Et en effet, ils ont commencé par mettre de côté, sans autre examen, tout ce
« qui leur a paru rare ou précieux. C'était beau, c'était chez vous, donc c'était
« suspect. *Tout* livre imprimé sur *peau vélin* a grossi le nombre des suspects.
« Parmi ces livres sur *peau vélin*, qui sont devenus l'objet des soupçons
« des experts, on m'a signalé la *Généalogie des Dieux*, par Boccace, vo-
« lume in-folio avec miniatures, imprimé chez Vérard, sans date. *Tous*
« les volumes portant quelques traces d'une estampille ou d'un cachet
« quelconque ont été mis à l'index, ainsi que *tous* les livres provenant de la
« bibliothèque de Colbert, de celle des Jésuites de Paris ou de la bibliothèque
« du Prytanée. Vous avez su sans doute quelque chose de l'empressement qu'a
« mis M. ... à prêter son concours bénévole aux experts ; il ne s'est pas fait

à toute heure et sans le moindre effort à Paris. Mais, en admettant même, et seulement comme circonstance atténuante, une telle ignorance, en supposant que ces experts, exclusivement occupés de travaux qui n'auraient pour objet que les livres et les manuscrits, aient ignoré ce qui était connu de tous les bibliographes, de tous les amateurs, de tous les libraires instruits de l'Europe, personne ne voudrait croire qu'ils pussent rester étrangers à ce qui se passe à côté d'eux, au sein même de cette société de l'Ecole des Chartes à laquelle ils appartiennent, et qui établit entre tous ses membres, qui

« faute de pénétrer maintes fois chez vous, pour joindre ses clameurs à celles
« de ces messieurs. Or, il a affirmé que les livres provenant de ce dernier éta-
« blissement appartenaient à la bibliothèque de la Sorbonne! Tout s'est
« fait dans cette affaire comme si vous étiez déjà convaincu de culpabilité.
« et comme s'il s'agissait seulement de grossir à plaisir et d'accumuler les appa-
« rences contre vous. La calomnie, mon cher Monsieur, a toujours eu un besoin
« insatiable d'avoir raison, et elle ne recule devant aucune infamie pour
« arriver à ses fins. Mais ce ne sont pas seulement les mauvaises passions qui
« égarent vos ennemis ; il faut encore qu'il y ait bien de l'ignorance dans leur
« fait. Comment. en effet. ces persécuteurs à dix francs par jour. ces experts dont
« le devoir serait de se tenir un peu au courant des choses qui concernent la biblio-
« graphie, ont-ils pu ignorer ce que tous les libraires savent, par exemple que
« la plupart des livres sur vélin qui leur semblent suspects, ont figuré dans des
« catalogues imprimés. et que le précieux *Boccace* avait été acheté par vous pu-
« bliquement peu de mois avant la révolution de Février à la vente du prince
« d'Essling? Un livre comme celui-là, qui a été payé 2.500 fr. et dont le nom
« de l'acheteur a été prononcé à haute voix au moment de la vente, acquiert une
« véritable célébrité et le souvenir ne s'en perd plus. Veulent-ils se faire illusion
« à eux-mêmes, ou bien ne veulent-ils que tromper ceux qui sont complétement
« ignorants en ces sortes de matières, lorsqu'ils considèrent comme suspects
« tous les livres sans distinction qui portent une estampille quelconque? Peu-
« vent-ils sérieusement ignorer que de tels livres fourmillent dans le commerce?
« Ne savent-ils pas que la bibliothèque de Colbert a été mise aux enchères à
« Paris en 1728, et que les livres provenant de cette célèbre collection se sont
« répandus partout: que les livres des Jésuites ont été vendus à Paris en 1765.
« et que les catalogues de ces ventes sont entre les mains de tous les amateurs?
« Est-ce ignorance ou mauvais vouloir?
« Quant à M. ..., il n'en faut pas parler.......... Vous vous étonnerez
« de sa lourde méprise; vous vous demanderez comment il a pu un instant
« s'arrêter à ces livres du Prytanée. comment il a pu ignorer qu'il s'en ren-
« contre de tous côtés; vous vous casserez la tête, vous vous perdrez en con-
« jectures... Il faut pourtant bien que vous sachiez le mot de l'énigme. Votre
« logement de la Sorbonne plaît à M. .... Il le convoite, il postule dans les
« bureaux du ministère pour l'obtenir. *Proh pudor!* N'y a-t-il pas de l'analogie
« entre cette conduite et celle de quelques-uns de ces débiteurs, dont on m'a
« dit les noms, qui. profitant de la circonstance, non-seulement ont refusé de
« payer ce qu'ils vous doivent, mais qui se sont joints à vos ennemis pour essayer
« de vous perdre? L'un donne son appui aux experts dans l'espoir qu'on vous
« expulsera de la Sorbonne et qu'il aura votre logement : les autres se montrent
« hostiles contre vous, afin que vous n'osiez pas les poursuivre et pour garder
« votre argent. Il y a véritablement grande analogie dans le but qu'on se pro-
« pose et dans les moyens employés... Je ne vous apprendrai rien sur ceux qui
« convoitent vos places... »

sont d'anciens camarades, des liens intimes et de fréquents
rapports. Ils n'ont pas ignoré sans doute que quelques-uns
de leurs camarades ont été l'objet d'accusations analogues à
celles qui me poursuivent. Ils ont été informés que certains
anciens élèves de l'Ecole des Chartes se livraient, non sans
succès, au commerce des vieux livres et des vieux manuscrits
(j'en ai acheté moi-même), et que quelques-uns d'entre
eux se sont trouvés mêlés à la vente de manuscrits ou
d'autres objets dérobés aux collections publiques. A cette
époque on se gardait bien de prétendre que la possession
d'un volume qui avait été dérobé à une bibliothèque fût
une preuve d'immoralité et dût imprimer une tache inef-
façable au caractère de celui qui aurait possédé un tel
volume. Je laisse à d'autres le soin de fouiller dans les
journaux français ou étrangers, pour connaître certains
noms que je ne prononcerai que dans le cas d'une nécessité absolue. Je citerai pourtant un fait, parce qu'il montre
comment un homme d'honneur peut très-innocemment se
trouver possesseur de livres volés, sans même pouvoir
donner la preuve d'en avoir fait l'acquisition. C'est là un
précédent admis à la fois par l'Ecole des Chartes et par les
magistrats, et si je le cite, ce n'est nullement pour jeter
l'ombre d'un doute sur le caractère d'un homme qui jouit
d'une considération méritée, mais seulement afin qu'on
comprenne que la justice ne saurait avoir deux poids et deux
mesures. Voici ce que je trouve dans une lettre écrite par
une personne très-honorable que je ne veux pas nommer
aujourd'hui pour ne pas l'exposer aux rancunes des experts,
mais qui se fera connaître au besoin. Le fait est d'ailleurs de
notoriété publique, et il doit avoir laissé des traces au parquet.

   « Voici, dit cette lettre, les seuls renseignements que je puisse
« vous donner sur l'affaire du manuscrit de la Chevalerie de Ogiér
« de Danemarche, volume in-12, soustrait de la bibliothèque de

« Tours, et réclamé par le parquet sur les dénonciations de
« M. Fr. Michel dans les journaux. Ce manuscrit a été vendu 500
« fr. à M. Barrois par Techener, qui le tenait de Leroux de
« Lincy, auquel il l'avait payé 300 fr. Le livre ayant été saisi,
« MM. Barrois, Techener et Leroux de Lincy ont été appelés
« devant le juge d'instruction. Là, interrogé comme simple
« témoin, M. Leroux de Lincy a déclaré avoir acheté le
« manuscrit d'un colporteur qu'il a rencontré par hasard sur
« le quai à Orléans, au moment où il se proposait de quitter
« cette ville, et qu'il l'avait payé 5 francs. La saisie a été
« maintenue, et le livre a été réintégré dans la bibliothèque de
« Tours. On a restitué les 500 fr. (plus 50 francs de reliure) à
« M. Barrois. J'ignore ce qui s'est passé ensuite entre Teche-
« ner, acquéreur et vendeur de bonne foi, et M. Leroux de
« Lincy. Ce que je puis affirmer, c'est que ce dernier n'a été
« l'objet d'aucune poursuite, et que depuis il n'a cessé de faire
« partie de la Société de la *Bibliothèque de l'Ecole des Chartes*,
« et qu'il en a été même élu trésorier. »

J'ai besoin de le répéter, ce n'est pas le moins du monde
par esprit de récrimination que je viens de mettre en cause
un ancien élève de l'École des Chartes. C'est uniquement
pour citer un exemple bien frappant et bien propre à porter
la lumière dans les esprits les plus prévenus ; je ne cherche
qu'à me défendre, et je ne me passionne pas au point de
vouloir *faire pendre* [1] qui que ce soit, pas même certains
experts qui savent exprimer leur animosité avec une telle
délicatesse de langage. D'ailleurs, il est bon qu'on le
sache, l'accusation dirigée contre moi est une de ces
calomnies banales qu'on jette à la figure des amateurs et
des bibliographes [2]. Un des savants les plus considérables et
les plus estimés de l'Allemagne, un homme qui jouit d'une
réputation européenne, M. Ch. Witte, a eu le courage, en
prenant ma défense, d'avouer qu'il s'était trouvé soupçonné

---

[1] C'est toujours le fameux mot de M. Lalanne. (Voyez ci-dessus, page 6.)

[2] Voyez plus loin (page 174), ce que dit à ce sujet le marquis Capponi, et relisez l'extrait de l'*Examiner*, page 10.

d'avoir volé un livre d'un prix inestimable [1]. Combien d'autres, s'ils l'osaient, pourraient faire un aveu semblable? Il n'y a pas de bibliophile à Paris qui n'ait entendu maintes fois diriger des imputations, ou du moins des allusions fort claires, contre les amateurs les plus distingués. Sur un fait mal connu ou mal apprécié il se bâtit peu à peu une longue histoire qu'on répète par désœuvrement et sans y attacher d'importance. Il y a des gens qui parlent aussi légèrement de la probité des amateurs [2] que l'on parle de la vertu des femmes du monde. Les mauvais propos se répandent; ils sont commentés, grossis par la malveillance, et, lorsqu'éclate une révolution, il se trouve des gens trop heureux de ramasser toutes ces calomnies vagues ou anonymes pour perdre un ennemi politique. Je ne suis pas la seule victime de ces basses machinations, de ces atroces calomnies qui n'étaient dues qu'aux vieilles rancunes de certains vainqueurs de Février : des hommes qui avaient rendu de grands services aux lettres ont été attaqués comme moi; mais je suis le seul qui ait été calomnié officiellement et à l'égard duquel toutes les formes aient été violées. Il y a un an que l'on a commencé à me poursuivre, et l'on en est encore à chercher les faits qui auraient dû servir de base aux accusations dont je suis l'objet.

Si l'on voulait se rendre compte, Monsieur le Ministre, de la manière dont ces vides immenses ont pu se former dans la plupart des bibliothèques, on trouverait que des causes multiples et diverses ont présidé à ces disparitions, à ces détournements qui ont eu lieu dans la plupart des établissements littéraires et scientifiques de la France. Dans certaines bibliothèques le prêt des livres a donné lieu à des

---

[1] Lisez, page 159, l'article dans lequel M. Ch. Wille a pris si franchement ma défense.

[2] Voyez plus loin, aux pages 102 et 110, ce que pensent les experts des amateurs qu'ils appellent en masse des *voleurs* et qui se trouveraient tous menacés. si la persécution dont je suis l'objet pouvait avoir le moindre succès.

pertes considérables, sans doute, mais beaucoup moindres [1] qu'on ne le croit généralement. On a fait fréquemment des échanges, des ventes, non-seulement dans les bibliothèques de province placées, pour la plupart, dans la dépendance des administrations municipales qui se croyaient généralement le droit de disposer librement des collections que renferment ces établissements, mais aussi dans les plus grandes bibliothèques de Paris [2]. Comme le droit de procéder à ces ventes ou à ces échanges a été parfois contesté aux villes par le gouvernement, il en est résulté que lorsque, dans le but de se procurer les fonds dont ces bibliothèques manquent pour acheter des ouvrages modernes qui font défaut presque partout et qui sont réclamés par les lecteurs, on a procédé, dans certaines localités, à des opérations de ce genre, ces opérations se sont faites sans publicité, presque toujours en secret, et l'on s'est gardé de laisser aucune trace au catalogue des ventes auxquelles l'État pouvait être tenté de refuser sa sanction. Il suffit de parcourir quelques villes des départements pour apprendre à ce sujet les faits les plus positifs et les plus incroyables [3], qui, du reste, ne sont pas ignorés à Paris. Sous

[1] Voyez, page 72, ce que disait à ce sujet M. Villemain, alors ministre de l'instruction publique, à la Chambre des députés, le 15 juin 1845.

[2] La Bibliothèque nationale a vendu, à plusieurs reprises, un grand nombre d'ouvrages précieux, et je puis fournir la preuve que ces ouvrages vendus n'ont pas toujours été revêtus d'une estampille destinée à montrer qu'ils sont sortis régulièrement de cet établissement. À la vente de M. de Soleinne, il fut mis aux enchères deux livres fort rares, les *Actes des apôtres* (Paris, 1540, in-folio) et la *Destruction de Troyes* (Paris, 1498, in-folio), qui, vers le milieu du siècle dernier, avaient été vendus comme doubles ou inutiles par la Bibliothèque nationale. Le premier, qui dans le catalogue Soleinne portait le numéro 550, fut vendu 550 francs, et le second, qui portait le numéro 561, s'éleva jusqu'à 500 francs (voyez *Bulletin de l'Alliance des Arts*, tome II, pag. 227 et 265). J'ignore s'il est resté dans cet établissement des traces régulières de toutes ces ventes. D'après une déclaration insérée au *Moniteur* et que j'ai reproduite plus haut (page 49-50), il semblerait que la Bibliothèque nationale n'a gardé aucun souvenir des autographes précieux qu'elle avait vendus en 1825 à différents amateurs. (Voyez à ce sujet, pag. 257-262, les déclarations de MM. d'Hauterive, Fossé d'Arcosse et Feuillet de Conches que j'ai déjà citées.) On doit croire cependant qu'elle n'a pas oublié d'enregistrer les pièces cédées plus tard à M. de Montmerqué. (Voyez page 25.) D'autres grands établissements de Paris ont vendu beaucoup de livres. On peut en voir la preuve dans une lettre du savant bibliothécaire M. Varin, que j'ai déjà publiée et qu'on trouvera plus loin (page 508).

[3] Voyez par exemple les faits que j'ai signalés aux pages 60-61. Il y a des villes en France qui ont vendu récemment *au poids* leur bibliothèque publique

le prétexte banal de vente ou d'échange de doubles (c'est là le nom dont on couvre habituellement ces transactions), les ouvrages les plus précieux, les manuscrits les plus rares ont passé souvent, de la plupart des établissements de province, entre les mains de petits libraires qui ont leurs correspondants à Paris ou à Londres, et sont devenus la proie des marchands ambulants ou des colporteurs. On l'a appris par quelques procès qui ont eu du retentissement. Pénétrant dans les églises, comme dans les bibliothèques, ces marchands savent obtenir à vil prix les objets les plus précieux confiés à la garde de personnes qui, parfois, en ignorent la valeur[1]. La plupart des livres ou des objets ainsi vendus portent des cachets ou des marques qui en constatent l'origine, et il est bien rare qu'il s'y trouve une double estampille prouvant que la vente ait pu s'en faire régulièrement. Une autre circonstance à laquelle il faut attribuer la mise en circulation d'ouvrages imprimés et manuscrits portant l'estampille de diverses bibliothèques, ce sont les restitutions qu'on a faites depuis la Restauration aux anciens propriétaires, aux familles des émigrés, à certaines corporations, d'objets qui avaient été saisis à la première Révolution. Ces restitutions, dont on a peu parlé, ont été nombreuses ; elles ont fait sortir de la Bibliothèque nationale et d'autres bibliothèques de Paris beaucoup de manuscrits du plus grand prix, qui avaient été depuis longtemps estampillés et numérotés, et qui, si je suis bien informé, ont été parfois remplacés par d'autres ouvrages portant le même numéro et une reliure plus moderne[2]. Ces resti-

---

tout entière. Imprimés et manuscrits, tout a été vendu *en bloc et au poids*. (Voyez plus loin, page 293).

[1] Ce ne sont pas seulement des livres ou des manuscrits qui sont sortis des établissements publics, mais je dois écarter toutes les questions accessoires pour ne m'occuper que de ce qui est nécessaire à ma défense.

[2] Ce ne serait qu'à regret que je me verrais forcé de faire connaître les personnes ou les familles auxquelles la Bibliothèque nationale a rendu des volumes précieux. Il en a été de ces livres comme du fameux *Fauteuil du roi Dagobert*, qui était au cabinet des médailles de la Bibliothèque nationale, et qui fut rendu, pour quelque temps, au chapitre de Saint-Denis.

Pour compléter l'énumération des causes qui ont produit de si grands désor-

tutions, dont quelques-unes furent signalées dans des ouvrages imprimés depuis plusieurs années, ont été encore plus nombreuses en province [1] qu'à Paris. Il faut ajouter à tout cela les livres, les manuscrits, les autographes, les fragments qui ont été réellement enlevés des établissements publics. Ces objets sont en grand nombre, et il est bien difficile d'expliquer comment des livres sur lesquels leur rareté et leur valeur appelaient une surveillance spéciale, et qui, par leur format, par leur volume, ne pouvaient être emportés sans que les conservateurs ou les divers employés dussent s'en apercevoir, ont pu être enlevés de certains établissements, surtout lorsque ces volumes ont dû être placés dans des réserves, dans des armoires fermées à clef, et qui ne s'ouvrent que très-rarement [2]. Dans certains établissements,

---

dres à la Bibliothèque nationale, ajoutons les recueils brûlés en 1793, sur la place Vendôme, sous prétexte qu'ils contenaient des papiers *aristocrates*. (Voyez plus loin, page 316.)

[1] Je me bornerai à citer ici très-peu d'exemples. — Hænel (*Catalogi*, col. 124) parle en ces termes des livres vendus par la Bibliothèque de Chartres.

« Partem librorum vindicarunt viri quidam nobiles nuperrime in patriam re-
« versi, qui statim omnes libros quos suos esse opinati sunt, usui publico surri-
« puerunt. »

Il faut noter que c'est en 1826, époque à laquelle Hænel visitait la Bibliothèque de Chartres, que le savant allemand employait ce mot *nuperrime*.

La Bibliothèque publique de Lyon a perdu une masse énorme de manuscrits qui sont décrits dans le catalogue de Delandine, imprimé en 1812, et qui ont été rendus à l'Académie de Lyon.

La Bibliothèque et les archives de Grenoble ont rendu des manuscrits et des documents aux Chartreux et même au gouvernement du Piémont.

On a déjà vu (page 60) comment, d'après ce qui m'a été raconté à la bibliothèque de Bourges, le clergé du Berry serait rentré dans la possession d'une partie de ses anciens manuscrits.

La Bibliothèque d'Angoulême possédait une collection de lettres autographes des anciens rois de France et des personnages historiques les plus considérables. Ces lettres, qui étaient reliées en plusieurs volumes, se trouvaient indiquées au catalogue. Elles sont sorties de cette bibliothèque pour être remises à une ancienne famille qui les réclamait.

[2] Voyez ce que j'ai dit plus haut (page 56) à l'égard de quelques livres précieux que j'ai trouvés à Londres dans le commerce, et particulièrement ce que dit M. Panizzi (voyez plus loin, page 85) au sujet de l'*Ausonius* avec la reliure de Grolier, qui est au *British Museum*. Or, ou ces livres ont été vendus sans aucune formalité, sans double estampille, et alors comment distinguer ceux qu'on aurait aliénés de ceux qui auraient été dérobés: ou bien ils ont été enlevés d'une façon tout à fait inexplicable. Voici, du reste, un fait qui montrera encore mieux que des livres du plus grand prix ont été dérobés, depuis longues années, à la Bibliothèque nationale.

Les bibliographes n'ignorent pas qu'à l'article *Holland*, M. Brunet, dans son *Manuel*, décrit avec son exactitude accoutumée un exemplaire qui se trouve à la

il s'est passé des faits plus curieux encore. Des livres anciens, des éditions précieuses et de grand prix ont été en‑levés, et l'on a mis en place d'autres éditions plus modernes et sans valeur des mêmes ouvrages; puis on a estampillé ces livres, on a collé sur la couverture une étiquette avec le numéro d'ordre que portaient les ouvrages qui avaient disparu, et l'on a remis ces livres, auxquels on avait donné l'apparence des livres enlevés, à la place que ceux-ci avaient occupée. Ces faits et beaucoup d'autres du même genre sont connus des bibliographes; on y a fait allusion dans les journaux, et ils ont donné lieu à toutes sortes de conjectures [1]. Quant aux autographes qui ont été livrés par masses au commerce, souvent comme papiers inutiles et qui, comme je l'ai prouvé plus haut, sont sortis de toutes les archives, de toutes les bibliothèques, de tous les ministères de la France, il faut remarquer que, pendant longtemps, on n'a pas attribué à ces papiers, si recherchés aujourd'hui, l'importance qu'ils ont acquise depuis. Jusqu'à ces dernières années, il a été permis à quelques rares amateurs de se procurer, facilement et à bon marché, des collections considérables d'autographes qu'on vendait, qu'on donnait, et qu'on laissait prendre partout avec une déplorable facilité. J'ai entre les mains des notes originales dans lesquelles des hommes haut placés, des savants bien connus n'ont pas craint d'indiquer, de leur propre

Bibliothèque nationale du *Basiliologia*, recueil de gravures in-folio très-rare et très-estimé. Il y a près de trente ans que M. Colnaghi, célèbre marchand d'estampes de Londres, étant à Paris, trouva et acheta, chez un marchand de gravures, un très-bel exemplaire de ce volume. En l'examinant à loisir, M. Colnaghi découvrit, à son grand étonnement, que le livre portait l'estampille de la Bibliothèque royale. Il ne tarda pas à se rendre à cette bibliothèque et, s'adressant au conservateur en chef des imprimés, il fit, à propos du livre de Holland, des questions qui furent reçues, non-seulement avec embarras, mais répugnance. M. Colnaghi insista, et après explication, il fut reconnu que l'exemplaire qu'il venait d'acheter avait été dérobé à la Bibliothèque royale. Il l'offrit pour le prix qu'il l'avait payé, prix fort minime, en comparaison de la valeur réelle du livre, car M. Colnaghi estimait ce volume au moins deux cents livres sterling (cinq mille francs) : l'offre fut acceptée et le livre fut rétabli à la place qu'il n'aurait dû jamais quitter, et l'affaire en resta là ! Personne n'est plus connu et plus estimé à Londres que M. Colnaghi, auquel on pourrait s'adresser si l'on désirait d'autres éclaircissements sur cette affaire.

[1] Voyez ci-dessus (page 45) un extrait de l'*Illustration*.

main, les collections publiques dans lesquelles ils avaient rencontré les autographes précieux dont ils s'étaient emparés et qui, après leur mort, ont été vendus à vil prix. Je possède des catalogues imprimés, complétés par diverses lettres, par les extraits authentiques des procès-verbaux de certaines ventes, et qui prouvent que d'autres savants ont fait cadeau, ou ont laissé mettre en vente des pièces appartenant aux établissements dont ils avaient la direction. Ces pièces-là, Monsieur le Ministre, je les garde, et ce ne serait qu'à mon corps défendant que je consentirais à les mettre au jour.

Une chose qu'il ne faut pas perdre de vue et qui est capitale, c'est que toutes ces pertes produites par tant de causes diverses n'ont pas eu lieu en un seul jour ni tout à coup ; elles se sont accumulées, ajoutées d'année en année, sans qu'on ait jamais songé à rechercher l'état réel des collections. Les catalogues des principales bibliothèques de Paris ont été rédigés dans le siècle dernier ; quelques-uns ont même plus de cent ans de date, et, depuis cette époque, les pertes se sont succédé et multipliées sans qu'on ait jamais songé à établir, par un simple récolement, quels étaient les vides qui avaient pu se former. C'est ainsi, par exemple, qu'à partir de l'année 1707, époque où le Dauphinois Aymon [1] s'était enfui en Hollande après avoir volé et mutilé un grand nombre des plus précieux manuscrits de l'ancienne Bibliothèque royale, la masse des livres, des manuscrits, des autographes, des fragments vendus, échangés, détournés, égarés ou déplacés, a toujours été en augmentant [2] ; et, pendant qu'on inscrivait, ou qu'on

[1] Voyez ci-dessus, page 45

[2] Ces pertes anciennes et progressives ont été officiellement constatées ; voici comment, dans la séance du 15 juin 1843, s'exprimait, à ce sujet, devant la Chambre des députés, M. Villemain, alors ministre de l'instruction publique :

« Il y a beaucoup d'anciennes pertes ; il y en a même qui datent de l'époque où n'inscrivait pas sur certaines listes les nouvelles acquisitions, on négligeait de s'assurer si les objets qui avaient été précédemment inscrits ou catalogués se trouvaient encore à la place qui leur avait été assignée. Ce que je dis ici de la Bibliothèque nationale peut s'appliquer avec plus ou moins d'étendue à la plupart des établissements littéraires et scientifiques de l'Etat.

Les faits que je viens de signaler à votre attention, Monsieur le Ministre, sont appuyés sur des preuves matérielles, sur des assertions publiées depuis longtemps et qu'on n'a pas démenties, sur des documents authentiques. Ils méritent, ce me semble, toute votre sollicitude. En effet, comme ministre de l'instruction publique, non-seulement vous veillez à la conservation des bibliothèques publiques et des collections qui dépendent des principaux établissements littéraires et scientifiques ; mais vous devez prendre un intérêt particulier à tous les établissements du même genre qui peuvent se trouver dans les attributions des autres ministres. Il vous appartient spécialement de vous éclairer sur la manière dont certaines pièces, qui auraient dû rester dans les archives de votre ministère [1], et que j'ai l'honneur de vous adresser, ont pu être soustraites et entrer dans le commerce. Les pertes éprouvées par la plupart de ces établissements dépassent tout ce qu'on pourrait s'imaginer. Le mal est immense. Vous en acquerrez la preuve. si vous voulez ordonner qu'il soit fait un récolement dans les bibliothèques publiques. Ce récolement auquel on paraît n'avoir jamais songé, et qui est bien autrement urgent que les catalogues généraux dont on a tant parlé, fera constater les vides affreux qui

« a été constituée la bibliothèque dite nationale. Lorsque cette bibliothèque s'enrichit d'une foule de dépôts particuliers, elle en a reçu quelques-uns dans un état incomplet. J'ai constaté que le chiffre si considérable de livres dépareillés ne tenait pas seulement aux prêts actuels , mais qu'il remontait à l'époque de l'accroissement de la bibliothèque. »

[1] Voyez plus haut, page 40.

se sont formés dans certaines bibliothèques. Cette opération n'est pas impossible. Ici, en trois semaines seulement, on a fait, il y a peu de mois, le récolement de tous les livres imprimés qui se trouvent au *British Museum*. Sans le secours d'aucun employé supplémentaire, il a été constaté, toujours en trois semaines, que, sans parler des ouvrages qui sont à la reliure, il existe dans cet établissement 431,539 volumes imprimés, dont aucun n'a manqué à l'appel. Il est vrai que rien n'égale l'ordre admirable et la régularité qui règnent dans le département des livres imprimés[1] du *British Museum;* mais ce précédent montre qu'avec un peu de bonne volonté, on pourrait effectuer la même opération dans les principales bibliothèques de Paris, dans celles surtout, et il en existe, où tous les livres portant un numéro d'ordre progressif, il n'y aurait qu'à suivre l'ordre naturel de la numération pour reconnaître à la fois les ouvrages qui manquent et ceux qui sont déplacés. Eh bien, qu'on fasse dans ces bibliothèques ce récolement si simple, si nécessaire, et l'on verra tout ce qu'elles ont perdu. Si l'on ne se décide pas à faire une telle opération, qui seule peut arrêter le mal[2], on verra le gouffre se creuser tous les jours, on se donnera le plaisir stérile de répandre ou de laisser répandre des calomnies contre toute personne qui aurait acheté de bonne foi des ouvrages livrés au commerce, et on laissera les vrais coupables, s'il en existe actuellement, continuer tranquillement à dépouiller les établissements de l'Etat et à répandre

---

[1] L'ordre parfait qui règne dans ce département a permis de faire cette gigantesque opération à l'aide des moyens les plus simples. Avec quatre personnes, dont trois ont travaillé vingt-deux jours et une quinze jours seulement, ce récolement a été effectué !

[2] Ce n'est qu'en s'assurant, d'après les anciens catalogues, les anciens inventaires, de ce qu'on a et de ce qui manque, qu'on peut poser des bases qui effrayeraient quiconque serait tenté de dérober un objet dont la présence aurait été récemment constatée. C'est surtout dans une sage pensée de conservation que M. Villemain, dont l'administration a été signalée par tant de mesures utiles aux lettres, et dont l'Université gardera toujours un souvenir reconnaissant, avait prescrit la formation d'un catalogue général des manuscrits des départements. (Voyez le *Moniteur universel* du 16 juin 1843.)

des calomnies au succès desquelles ils seraient les premiers intéressés.

En cet état de choses, je viens, Monsieur le Ministre, vous demander de vouloir bien nommer une Commission forte et impartiale, composée d'hommes éminents choisis parmi les sommités de la représentation nationale, de l'Institut, de l'administration, et qui aurait pour mission : premièrement d'examiner les livres, les documents et les autographes que j'ai l'honneur de vous adresser [1] ; en second lieu, de rechercher comment et à quelle époque ces livres et ces autographes ont pu sortir des établissements auxquels ils appartenaient ; troisièmement, de procéder au récolement des livres et des manuscrits contenus dans certaines bibliothèques publiques, pour constater les pertes qu'on a faites et pour arrêter les dilapidations ; en quatrième lieu, enfin, de prendre connaissance des accusations dirigées contre moi, ainsi que des faits qu'on prétend avoir découverts à l'appui de telles accusations, et d'apprécier ces faits et ces inculpations d'après l'état réel, bien constaté des bibliothèques. A une Commission éclairée et impartiale, comme indubitablement serait celle que vous auriez choisie, je me sens disposé à communiquer tous les documents que je possède, tous les faits qui sont à ma connaissance. Je désire que la lumière se fasse sur tous les points. Déjà, pour répondre à l'accusation frivole [2] d'avoir vendu en Angleterre mes manuscrits sans en avoir

[1] Je désire qu'après cet examen les livres et les autographes dont il s'agit, accompagnés des documents qui constatent l'acquisition que j'en ai faite, soient rendus gratuitement aux établissements d'où ils sont sortis et qu'ils n'auraient dû jamais quitter. Il est bien entendu qu'auparavant je me réserve le droit d'en faire, devant les magistrats, l'usage qui pourrait être nécessaire à ma défense. Mon intention était d'en faire une exhibition publique à Paris, mais mes amis m'ont fait remarquer que très-probablement les élèves de l'Ecole des Chartes seraient arrivés, comme à l'ordinaire, avec une commission rogatoire; que les livres et les documents auraient été saisis, et que je n'en aurais plus entendu parler. J'ai donc dû renoncer à ce projet. J'espère pourtant qu'il me sera permis de les présenter à l'examen de l'Institut avant de les faire remettre au Ministre de l'instruction publique.

[2] Voici ce qu'on lit dans le Rapport de M. Boucly :

« Enfin, dans une de leurs dernières livraisons, les rédacteurs de la *Biblio-*
« *thèque de l'Ecole des Chartes* ont annoncé qu'ils avaient l'espoir de se pro-

publié le catalogue, j'ai prié un bibliographe éminent et qui
a fait ses preuves, M. P. Lacroix, de vouloir bien se charger
du soin de faire paraître ce catalogue qu'il appuiera sur les
actes de vente, sur les factures, les bordereaux et les reçus
originaux. M. Lacroix a examiné les documents que je possède, et il est en mesure de donner tous les éclaircissements
qu'on pourrait désirer [1].

« curer en Angleterre la note complète des manuscrits vendus par M. Libri
« Dans ce cas, leur but serait apparemment de rendre ce catalogue public en
« France, et d'appeler ainsi contre M. Libri les réclamations des villes qui y
« trouveraient la trace des manuscrits ayant appartenu à leurs bibliothèques. »
  Sans faire remarquer, pour la dixième fois, que le caractère constant de
toutes ces inculpations dirigées contre moi par les rédacteurs de la *Bibliothèque de l'Ecole des Chartes*, c'est qu'il faut *admettre* d'abord que je suis
coupable, et chercher ensuite des faits pour légitimer cette supposition de culpabilité ; je me bornerai à citer un paragraphe d'une lettre que j'ai reçue récemment, et dans laquelle je lis ce qui suit :
  « Messieurs les experts vous font un grand crime d'avoir vendu vos manu-
« scrits sans catalogue. Feront-ils poursuivre M. Barrois, qui vient de vendre les
« siens *sans catalogue* et au même lord anglais ? »
  M. Barrois, ancien député, jouissant d'une grande fortune et d'une considération très-méritée, avait formé le plus beau cabinet de manuscrits qui fût en
France entre les mains d'un particulier. Il l'a vendu, et il n'a pas cru devoir,
pour donner satisfaction aux experts, consacrer plusieurs mois à la rédaction de
son catalogue. Les magistrats ne pourraient mieux s'éclairer sur une foule de
choses relatives à la manière dont on peut rassembler une collection de manuscrits comme celle que j'ai possédée, qu'en consultant M. Barrois, dont j'in-
voque ici le témoignage avec d'autant plus de confiance, que je n'ai jamais eu
l'honneur de me rencontrer avec lui.

  [1] Il ne faut jamais oublier qu'on m'a pris la plupart de mes papiers, et que les
faits que j'ai cités (voyez page 25) ne prouvent que trop que les quittances et
les factures des libraires qui se trouvaient chez moi n'ont pas été conservées
comme elles auraient dû l'être (voyez la lettre de M. Durand, page 50-52).
Lorsque les papiers originaux n'étaient pas entre mes mains, j'ai dû chercher
à y suppléer en demandant des factures ou des bordereaux en duplicata, d'après
les livres des marchands chez lesquels j'avais fait des acquisitions, ou d'après
les procès-verbaux des commissaires-priseurs. Il m'a fallu pour cela beaucoup
de temps et d'efforts, et je n'ai pas toujours réussi. Car l'intimidation exercée
dans cette affaire (voyez aux pages 6, 27, etc.) faisait naître de grands obstacles.
D'autre part, plusieurs personnes qui m'avaient vendu des livres et des manuscrits
ont cessé d'exister, ce qui rend très-difficile de retrouver les traces de certaines
acquisitions. J'ai cité l'exemple remarquable d'un ancien élève de l'Ecole des
Chartes, qui n'a pas pu prouver qu'il eût acheté un manuscrit qu'il avait ensuite vendu et qui avait été dérobé dans une bibliothèque publique (lisez ci-
dessus, page 60). Cette absence de preuves se rencontre fréquemment ; car il arrive à tout moment qu'on achète chez des particuliers, ou même chez des libraires
ou des bouquinistes, des livres ou des manuscrits, sans en retirer de reçu. D'ailleurs,
qui est-ce qui peut se flatter d'avoir gardé tous les reçus qu'on lui a faits dans sa vie,
surtout quand on n'a pas toujours vécu dans le même pays, quand on a traversé des
révolutions, subi des proscriptions ? Je me servirai d'une comparaison triviale : Qui
pourrait, par exemple, présenter les reçus de tous les souliers, de toutes les bottes,
de toutes les chemises, de tous les bas, de tous les mouchoirs, de tous les pantalons,
de tous les chapeaux, de tous les gilets, de tous les habits qu'il aurait achetés et
usés depuis trente ans ? Or, qu'on n'en doute pas, j'ai acheté depuis trente ans
infiniment, incomparablement plus de manuscrits que de bottes. Ajoutez à

A une époque de trouble et de réaction politique, il fut
permis à un ministre de l'instruction publique, à M. Car-

toutes ces difficultés celles qui résultent de l'état actuel de l'Italie, pays où j'ai
acheté tant de livres et de manuscrits à différentes époques ; où il n'y a, pour
ainsi dire, pas de ville qui ne m'ait fourni son contingent, et où chacun est depuis
un an tellement préoccupé de la gravité des affaires, qu'il est presque impossible
d'en tirer aucun renseignement. Comment, par exemple, pourrais-je me procurer
de M. Gnoato de Venise, qui m'a vendu un très-grand nombre de livres et de
manuscrits ; comment, dis-je, pourrais-je me procurer de M. Gnoato un extrait
détaillé de ce qu'il m'a vendu ? J'en pourrais dire autant de M. Branca de
Milan et de vingt autres libraires italiens.

Néanmoins, je n'ai pas reculé devant cette œuvre difficile, pour laquelle
M. Paul Lacroix veut bien me prêter son excellent concours. Je ne saurais assez le
remercier d'avoir voulu, dans le seul intérêt de la vérité et de la justice, se
charger de cette tâche laborieuse et ingrate. Nous voulons publier un catalogue
des manuscrits que j'ai possédés, lequel catalogue sera complété par les documents qui en constatent l'acquisition. Plusieurs volumes de prix se trouvaient
depuis longtemps dans ma famille, et il en sera fait une mention particulière
avec les preuves à l'appui. Je ferai connaître la bibliothèque considérable que
j'avais formée en Italie et de l'existence de laquelle j'ai déjà donné des preuves
ailleurs (voyez plus loin, page 310). M. Lacroix fera connaître en même temps
la manière dont se sont faits ces achats. Il établira pour ainsi dire mon budget,
mes revenus, mes dépenses et les sommes que j'employais annuellement en achat
de livres. Il fera connaître les emprunts que j'ai faits dans le but d'acheter certaines collections. Il publiera les certificats des banquiers qui prouvent, leurs
livres en font foi, que ma mère m'a envoyé depuis 1831 une somme de 53,946 fr.
qui ont servi à acheter des livres ; qu'elle a acheté et payé pour moi en Italie
la grande collection des manuscrits du marquis Pucci, qui a coûté environ
18,000 fr. et qu'elle m'a ensuite envoyée en France, sans compter d'autres
dépenses fort considérables qu'elle a faites pour mon compte, en livres. Il
prouvera, ce que j'avais déjà dit dans ma Réponse au Rapport de M. Boucly, que
chez six libraires et un commissaire-priseur seulement, j'ai acheté, depuis l'année
1836, pour plus de 193,000 fr. de livres ; il prouvera en outre, d'après les documents originaux :

Que j'ai acheté chez MM. Payne et Foss, à Londres. .   . 342 manuscrits.
Outre, une grande collection de chartes et un grand nombre
d'autographes.

Chez M. Rodd, de Londres, en 1837 et 1838 seulement. . .   66 manuscrits.
A la vente Gianfilippi, qui a eu lieu à Paris. . . . . 278 manuscrits.

Qu'à la première vente Boutourlin seulement, faite en
1839, à Paris, j'ai acheté pour 8,072 fr. de livres. Sur cette
somme, la plus grande partie a été employée en achat de
manuscrits.

Que j'ai acheté en Italie, en 1840, la grande collection des
manuscrits Pucci, payés par ma mère, et qui contenait . . . 533 manuscrits.

Enfin que par l'entremise de M. Tilliard, libraire très-connu de Paris, j'ai
acheté neuf manuscrits qui m'ont coûté quinze mille sept cent soixante et quinze
francs.

Les manuscrits compris dans ces divers articles seulement, et dont plusieurs se
composent d'un grand nombre de volumes, font un total de quinze cents volumes environ, auxquels il faut ajouter ce que j'ai acheté dans une foule d'autres
ventes, chez beaucoup d'autres libraires, chez des particuliers, etc., etc. Enfin,
sans parler d'autres acquisitions considérables que j'ai faites en France, en Italie, en Suisse, en Angleterre, j'ai acheté, en une seule fois, *cent dix-neuf*
volumes reliés de lettres autographes et d'écrits originaux des hommes les plus
illustres, à partir du quatorzième siècle. Cette collection contenait plus de vingt
mille lettres autographes achetées en bloc et sans catalogue descriptif, comme
cela arrive très-souvent. (Voyez plus loin, pag. 298 et suiv.)

Tout cela sera dit, prouvé, démontré, dans le catalogue que M. Paul Lacroix
a bien voulu m'offrir de rédiger. Tout ce trouble, tout ce travail, toutes ces

not, de s'appuyer sur des dénonciations anonymes, et sur un document repoussé par l'Europe entière [1] pour désigner, pour imposer [2] presque à la justice une Commission composée d'hommes qui, dans un langage bien empreint des mauvaises passions du moment, déclaraient simplement qu'ils *voulaient me faire pendre* [3]; j'espère que dans un temps de calme et de réhabilitation, un ministre qui doit vouloir être réparateur ne se refusera pas à s'appuyer sur les preuves nombreuses et matérielles que je remets entre ses mains, pour charger des hommes indépendants et éclairés de chercher la vérité dans une affaire à laquelle l'honneur d'un membre de l'Institut est attaché, et qui touche à la fois aux intérêts les plus graves des principaux établissements littéraires et scientifiques de l'Etat.

Agréez, Monsieur le Ministre, l'hommage de ma considération la plus distinguée.

GUILLAUME LIBRI.

peines auront été nécessaires pour saper l'échafaudage élevé contre moi par la malveillance et la calomnie, et pour me laver du crime énorme d'avoir travaillé pendant trente ans à former une grande bibliothèque !

[1] Voyez pages 10, 85, 102, etc.

[2] Lisez pages 18, 103.

[3] Voyez ci-dessus, page 6.

DOCUMENTS, PREUVES, ADDITIONS, ETC.

DOCUMENTS, PREUVES, ADDITIONS, ETC.

A MONSIEUR PAUL LACROIX, A PARIS [1]

Bristish Museum, ce 28 décembre 1848.

Mon cher Monsieur,

Je vous ai promis, il y a quelque temps, de vous développer par écrit les raisons principales qui m'ont convaincu de l'innocence de M. Libri ; mais le manque de temps, la difficulté d'écrire, même imparfaitement, une langue aussi délicate que la vôtre, et la répugnance que j'éprouve à voir mon nom imprimé en bien ou en mal, m'en ont détourné jusqu'ici. Cependant ma conscience me dit qu'il faut trouver le temps de rendre justice à un innocent ; que ma vanité ne doit pas m'empêcher de faire pour un autre ce que je voudrais qu'on fît pour moi-même, et qu'un homme doué de courage moral doit savoir s'exposer à des désagréments pour défendre même un inconnu indignement accusé.

Lorsque je lus le rapport de M. Boucly, et que j'y trouvai M. Libri accusé d'avoir dérobé à la bibliothèque de Grenoble un Psautier que M. du Sommerard avait décrit depuis plusieurs années dans son grand ouvrage : *Les arts au moyen âge*, comme appartenant au docteur Commarmont de Lyon, dans les mains duquel il avait été vu par M. Payne, libraire anglais très-connu, à l'instigation duquel M. Libri l'acheta, je commençai à soupçonner que ce magistrat s'était laissé tromper à la légère par des calomniateurs anonymes qui auraient été couverts de mépris dans les pays où la liberté n'est pas un vain nom, et où les lois sont faites et les magistrats élus pour protéger l'honneur de tout

---

[1] Avant de se charger de la publication du catalogue de mes manuscrits, publication dont il a été question précédemment (page 75), M. P. Lacroix, se trouvant à Londres, voulut prendre l'avis des personnes les plus considérables et les mieux informées de mon affaire. A cet effet, il s'adressa d'abord à M. Panizzi, conservateur au département des livres imprimés du *British Museum*, et à M. Holmes, premier adjoint au département des manuscrits dans le même établissement. C'est à la suite de cette démarche qu'il reçut les deux documents qu'on va lire. M. P. Lacroix, qui possède les originaux, a bien voulu me permettre de faire usage de ces pièces.

homme qui n'est pas légalement convaincu de l'avoir perdu. En lisant ensuite deux autres paragraphes, je me persuadai qu'il n'y avait pas dans ce document un seul mot digne de foi. Je parle premièrement du paragraphe dans lequel on raconte comment un M. de Rochegude eut entre les mains quatre volumes de la bibliothèque d'Albi, sans qu'on ait pu savoir ensuite où ils avaient passé. Or, n'est-ce pas là une preuve irrécusable que, quand même ces quatre volumes eussent passé dans les mains de M. Libri, circonstance que l'on n'a pas osé alléguer, il ne pouvait pas les avoir pris à cette bibliothèque, et que tout honnête homme pouvait les avoir achetés de bonne foi, soit de M. de Rochegude, soit de ses ayants cause? En second lieu, je fais allusion à l'autre paragraphe où l'on déclare que toute cette longue enquête avait été cachée à M. Libri, et que si les allégations faites à son détriment lui eussent été communiquées, il aurait pu dissiper les soupçons que, faute de réfutation, elles faisaient naître. Grâce à Dieu, je vis dans un pays où le premier devoir d'un magistrat est de communiquer à un accusé les circonstances ou les faits allégués à sa charge ; et il me semble qu'après tant de révolutions et de constitutions, la nation française aurait au moins dû apprendre qu'en agissant autrement on commet une atroce iniquité.

A la suite de ces remarques, que j'avais faites en lisant le *rapport* de M. Boucly, je ne fus nullement étonné lorsque M. Libri mit entre mes mains les documents originaux qui prouvaient la provenance, soit du Cortigiano de Grolier, soit du Théocrite non rogné, volumes que, par parenthèse, personne n'aurait jamais pu soupçonner d'avoir été mal acquis, si le propriétaire n'en avait publié une description détaillée dans la capitale même du pays où l'on assurait que ces volumes avaient été dérobés à une bibliothèque de province. Et il faut remarquer qu'avec le Psautier du docteur Commarmont, ces deux volumes étaient les seuls qui fussent spécifiés dans cet amas de fables et de mensonges composant le rapport Boucly. Mais ce qui me surprit, ce fut de lire dans les journaux français une lettre de M. Techener, qui démentait formellement, soit ce qu'on lui avait fait dire, soit ce qu'on avait fait dire à son fils dans ce *rapport*. Dans tout autre document, on aurait pu s'étonner de voir qu'on eût mal compris la déposition d'un témoin ; mais voir attribuer une déposition déterminée au jeune Techener, qui n'en avait fait aucune, ni favorable, ni défavorable, car il n'avait jamais été interrogé, c'est une chose qui, même dans ce *rapport*, frappe de stupéfaction. Pour l'honneur de la justice, de la magistrature française et de M. Boucly lui-même, ce point devrait être éclairci. M. Boucly dit que le jeune Techener a été interrogé ; M. Techener père le nie. C'est là un fait très-simple, qu'on peut vérifier en un quart d'heure à Paris. Ou M. Techener père ne dit pas la vérité, ou le *rapport* Boucly a été interpolé, ou ce magistrat s'est trompé.

Sans entrer dans d'autres détails au sujet de ce *rapport*, je dois dire que je fus indigné en y lisant une déposition d'un certain M. Carteron, « commis d'ordre aux archives », qui accusait M. Libri d'avoir laissé une mauvaise réputation en Italie. Des écrits et des déclarations, insérés dernièrement dans les journaux italiens, et signés par des hommes d'une grande autorité, ainsi que des lettres très-honorables de personnes connues de toute l'Europe, ont vengé M. Libri de cette calomnie. Je voudrais savoir si ce M. Carteron est le même qui, de « commis d'ordre aux archives », fut nommé directeur des archives au ministère des affaires étrangères, lorsqu'au grand regret de tous les amis des lettres, le célèbre Mignet fut obligé, par les vainqueurs de février, de quitter cette place.

Le *rapport* Boucly étant tombé de lui-même dans le mépris unanime des honnêtes gens qui prirent la peine de le lire attentivement, on était en droit d'attendre, surtout après la réponse foudroyante de M. Libri, que les magistrats *français* auraient fait écho au cri d'indignation poussé dans toute l'Europe, et auraient rendu une justice tardive à M. Libri ; mais il n'en fut pas ainsi. Voilà dix mois qu'il a été accusé : d'après ce que M. Libri me dit, et ce qui m'a été confirmé par plusieurs lettres écrites de Paris, tout ce qu'il possédait a été saisi ; et pourtant il paraît qu'on n'a pas encore fait un seul acte légal contre lui, mais qu'on a nommé une Commission composée, à ce que l'on assure, de personnes notoirement ennemies de M. Libri, qui ont eu, sans témoins et sans formalités, libre accès au milieu des livres et des papiers de M. Libri, ont introduit des inconnus chez lui, ont enlevé et apporté à plusieurs reprises ce que bon leur semblait, et maintenant on répand le bruit qu'ils ont trouvé des preuves d'un genre particulier de délit sur lequel je vais revenir plus bas. Vous me demandiez de vive voix, mon cher Monsieur, mon opinion par écrit, que je vous ai promise, sur la valeur de ces preuves. Quoique ce soit plus tard que je ne le pensais, je vais remplir mon engagement.

Avant d'aller plus loin, permettez-moi une observation. Si cela ne m'eût été assuré par des personnes dignes de foi, je n'aurais pas osé répéter ce que j'ai entendu dire des membres de la Commission et de leur manière de procéder. Je ne veux pas croire que les membres de cette Commission soient notoirement les ennemis déclarés de M. Libri; et si même ils l'étaient, je ne les croirais pas, sans de bonnes preuves, capables de faire servir leur caractère public à des vengeances particulières.

Cependant il me semble qu'ils auraient dû être les premiers à désirer de n'avoir pas à s'immiscer dans des actes qui exigent non-seulement qu'on soit impartial, mais encore qu'on soit réputé tel. Bien qu'ils se fussent sentis en conscience non prévenus, ils devaient par délicatesse s'abstenir d'agir en juges dans une cause où il est prouvé, par le rapport Boucly, qu'ils sont plus que soupçonnés d'être accusateurs. Mais admettant qu'ils aient été forcés d'accepter un rôle odieux, ils devaient se faire un point d'honneur d'agir avec une prudence telle, qu'elle ne laissât pas lieu au moindre soupçon. S'ils l'ont fait ou non, c'est à vous autres Français, qui êtes sur les lieux, à vous en assurer. Les commissaires eux-mêmes devraient être les premiers à provoquer sur ce point les plus scrupuleuses investigations. S'ils ne le font pas, ils forceront les gens les moins crédules, les moins soupçonneux, à les croire coupables. Il ne devrait pas être difficile, à Paris, de trouver des hommes dignes, par leurs connaissances bibliographiques et paléographiques, autant que par l'élévation de leur caractère, d'inspirer une confiance universelle, et contre lesquels il serait impossible d'élever aucun soupçon de partialité. Pourquoi ne pas choisir parmi ceux-là ? Cherche-t-on la vérité, ou cherche-t-on à écraser M. Libri ?

Quoi qu'il en soit de ces commissaires et de leur manière d'agir dans l'exercice de leurs fonctions, il a été procédé d'une façon tellement inique, qu'elle ôte toute espèce de poids aux résultats de leurs opérations. S'il y avait eu des motifs graves pour faire soupçonner que tels et tels et tels volumes, décrits d'avance de manière à ne laisser aucun doute sur leur identité, eussent passé par des voies déshonnêtes de telles et telles et telles collections, publiques ou privées peu importe, entre les mains de M. Libri, rien de plus juste et de plus naturel que de faire rechercher juridiquement et ouvertement si ces volumes, dont l'identité aurait été bien constatée d'abord, se trouvaient entre ses mains ou dans ses collections ; et, dans le cas affirmatif, rien de plus juste et de plus naturel que de lui faire rendre compte de la manière dont il aurait pu s'en rendre possesseur légitime. Mais prendre possession de tout ce qui appartient à un individu, et pendant plusieurs mois rechercher secrètement et minutieusement si dans ses livres, dans ses manuscrits, dans ses lettres de famille les plus intimes, dans ses papiers les plus secrets, il se trouve quelque chose que d'autres puissent réclamer ou des documents qui puissent faire naître quelque soupçon, c'est là une iniquité si grossière qu'elle est incroyable.

Je suppose que l'on trouve dans la bibliothèque de M. Libri des volumes pris ou que l'on croit pris à une bibliothèque publique, il ne peut pas pour cela être avec justice soupçonné de les avoir acquis d'une manière illégitime, puisqu'il est notoire que toutes les collections publiques de la France ont été dépouillées d'une manière scandaleuse, et pourtant pas toujours illégale, pendant ces dernières cinquante ou soixante années. Les volumes marqués aux estampilles, parfois plus ou moins bien grattées, des bibliothèques publiques de la France principalement, à commencer par la bibliothèque nationale de Paris, sont extrêmement communs. Vous en avez vu quelques-uns au *British Museum*, et entre autres un magnifique exemplaire, à la reliure de Grolier, de l'*Ausonius d'Alde* de 1517, in-8°, avec le timbre *Bibliothecæ regiæ* de Paris, sans aucun autre cachet destiné à indiquer une vente de doubles ou un échange. Il avait été acheté en 1792, à la vente Lamoignon, par M. Cracherode, qui nous le légua aussi bien qu'un superbe exemplaire du Catulle de Scaliger (Paris, Patisson, 1577, in-8°), qu'il avait acheté à la même époque, et qui porte le même timbre, sans aucune autre estampille que celle de M. Cracherode lui-même. Pendant ces derniers mois, on a fait à Londres plusieurs ventes publiques de livres envoyés de Paris, et provenant de collections très-connues ; et dans ces ventes, il s'est trouvé des livres sortis des bibliothèques publiques de France, quelques-uns desquels ont été même indiqués dans le catalogue imprimé comme provenant de ces établissements. On m'a assuré qu'il y avait des livres avec de tels cachets, même dans la bibliothèque de M. Benjamin Delessert (neveu du dernier *préfet de police* avant la révolution de

Février), collection vendue ici par MM. Sotheby et Wilkinson, les 21, 22 et 23 juillet 1848, et dont le catalogue (comme celui qui, pour un motif pareil, a donné lieu à une accusation contre M. Libri) portait seulement les initiales B. D. En très-peu de jours, M. Libri a acheté ici, à Londres, de quatre libraires dont la probité est bien connue, quatre-vingt-deux volumes que vous avez vus aussi bien que moi, de formats grands et petits, reliés de manière à ne pas laisser le moindre doute sur leur provenance. La plupart sont sortis des bibliothèques publiques de France, et en portent visiblement le cachet ; dans d'autres, l'estampille avait été grattée ou arrachée. Je crois qu'on en trouverait bien plus à Paris même. Quant aux manuscrits et aux autographes, non-seulement on en trouve partout venant évidemment des archives de l'État, des bibliothèques publiques et des Sociétés savantes de France, mais on en fait des ventes publiques de nos jours, comme on le faisait il y a quelques années. Et loin de faire un mystère de leur provenance, on l'a quelquefois proclamée, et en voici un exemple remarquable. En 1827, MM. Sotheby, célèbres pour les ventes de livres à l'enchère, publièrent un catalogue ayant pour titre : « Catalogue of a valuable and interesting collection of autograph letters from the Royal Archives of France... Among the autographs are a series of French monarchs and princes from Charles VII to Louis XVIII, which will be sold by auction on Wednesday July 18, 1827 and following day. » La collection consistait en documents venant évidemment des archives de la France, et contenait des lettres de rois, de nobles, d'écrivains, de femmes célèbres, de généraux, de ministres, etc. Et après de tels faits, on a le courage de crier « au voleur », si on trouve des livres provenant des bibliothèques de la France ou des autographes tirés de ses archives ? Je ne veux pas maintenant entreprendre de démontrer l'impossibilité de prouver l'identité des pièces que quelqu'un possède avec celles qui peuvent manquer dans telles ou telles archives ou collection. Je vois dans une de vos lettres, que M. Libri me montre aujourd'hui, que les commissaires se vantent d'avoir trouvé chez lui certains manuscrits qui manquent à une célèbre collection. J'ai vu la preuve tout aussi convaincante de leur provenance légitime que celle qu'on a tirée de l'ouvrage de du Sommerard à l'égard du Psautier, et MM. les commissaires auront là le déboire qu'ils méritent. Je ne doute pas qu'il n'en soit de même pour les autres cas, si tant est qu'on veuille loyalement préciser les accusations contre M. Libri, et lui donner le temps de se défendre avant de le condamner ; mais pour le fait dont vous parlez , le seul encore qui soit venu à ma connaissance, soyez certain qu'il se terminera à l'honneur de M. Libri.

Dans un pays où la justice serait administrée comme elle devrait l'être , cette preuve ne se demanderait pas. Ce fait étant indubitable, que les collections et les archives ont été à plusieurs reprises et depuis des années mises au pillage , on ne peut pas présumer que quelqu'un possède d'une manière illicite ce que ces dilapidations prouvent suffisamment pouvoir être possédé légitimement. La mauvaise foi ne se présume pas : il faut la prouver, et la prouver d'une manière qui n'admette pas de doute. Mais que devrait-on penser de l'administration de la justice dans un pays où, après avoir enlevé à un homme ses papiers en masse, comme on l'a fait à M. Libri, on viendrait ensuite lui demander de prouver la provenance de livres et d'objets achetés dans divers pays et depuis plusieurs années , et où l'on prétendrait qu'il fournît ses preuves avec ces mêmes papiers et ces mêmes documents qui lui ont été enlevés par ceux-là même qui lui demandent de les produire ?

Et ceci n'est pas seulement une injustice odieuse contre les possesseurs actuels, mais un encouragement à la négligence et à la mauvaise foi, que de prétendre après tant d'années et tant d'exemples de dilapidations tolérées dans les collections publiques, que ceux-là même qui , s'ils avaient fait leur devoir, auraient pu et dû les empêcher, ou les découvrir promptement , ou du moins s'y employer, aient maintenant le droit de réclamer quand leur négligence primitive ne pouvait être justement considérée que comme un consentement tacite. Et qui empêchera un bibliothécaire de mauvaise foi de réclamer aujourd'hui pompeusement tels volumes dont la soustraction lui aura été autrefois profitable, et qu'il a laissés courir impunément dans le commerce tant qu'il aurait été possible d'en retrouver l'origine ? Et il importe peu au public si les documents volés avec la connivence de l'un sont réclamés par son successeur. Les individus sont différents : le bibliothécaire, gardien, archiviste, n'est qu'un.

Ce n'est pas dans un pays gouverné par des utopies, que ces principes de raison, de morale et de justice sont reconnus et pris pour règle. Parmi les manuscrits achetés en 1840 par le

Musée britannique, on découvrit, en 1845, qu'il y en avait un de « Theophilus, *de arte pingendi* », qui avait été publié par Raspe, à Londres, en 1781, avec une planche en *fac-simile* de quelques lignes du manuscrit qui se trouvait alors dans la bibliothèque de Trinity-College à Cambridge. Ce volume venait de M. Halliwell, antiquaire bien connu et autrefois collecteur de manuscrits. On écrivit tout de suite à Cambridge pour s'assurer bien si le collège possédait encore son « Theophilus » ; et, comme il avait disparu, on écrivit à M. Halliwell en lui communiquant ces faits, c'est-à-dire qu'on fit exactement le contraire de ce qu'a fait M. Boucly dans le cas de M. Libri. On continua les enquêtes au su de M. Halliwell, qui eut toutes les facilités pour examiner, soit le « Theophilus », soit d'autres volumes autrefois à Cambridge et actuellement au Musée, qui avaient passé par ses mains. M. Halliwell, dont la collection ne s'est jamais élevée à un dixième de celle de M. Libri, ne put pas se rappeler de qui il avait acheté un seul de ces volumes ; seulement, en réfléchissant, il crut très-probable de les avoir achetés d'un bouquiniste nommé Darley, mort depuis 1842, et dont on ne trouvait plus ni livres de commerce, ni autres documents.

Trinity-College commença à prendre des mesures légales pour se faire rendre ses manuscrits du Musée, qui insista pour qu'on prouvât devant un tribunal que ceux qui aujourd'hui les croyaient susceptibles d'être réclamés, les avaient crus autrefois dignes d'être gardés comme ils le méritaient. Ce serait accorder un prix à l'insouciance et à l'improbité des conservateurs, que d'en agir autrement ; ce serait punir l'innocent possesseur de la faute des gardiens coupables. Au dernier moment, comme il aurait été impossible à Trinity-College de prouver devant un tribunal et des jurés impartiaux, soit l'identité du volume, soit l'époque, même approximative, depuis laquelle il avait disparu de la bibliothèque, on n'osa pas aller jusqu'aux débats. Et notez bien cela, malgré le *fac-simile* de Raspe ; car c'est très-bien pour des littérateurs et des paléographes de considérer ceci comme une preuve de l'identité ; mais est-ce que Raspe ou son imprimeur ne pouvait pas se tromper, et dire que le « Theophilus » était à Cambridge, quand il n'y était pas en effet ? Ce n'est donc pas là une preuve *légale ;* quoique ni vous ni moi nous ne puissions douter, que le « Theophilus » décrit par Raspe ne soit le même que celui qui est au Musée à présent. Comme on n'avait pas de preuve

plus satisfaisante que celle-là, Trinity-College abandonna les
poursuites, et eut à payer non-seulement ses propres frais de
justice, mais aussi ceux du Musée auquel le « Theophilus » et les
autres manuscrits restèrent et restent encore. Personne n'a jamais
osé et n'osera jamais trouver un mot à redire contre M. Halliwell,
quoiqu'il n'ait pas pu se souvenir d'où il s'était procuré ces volumes et en prouver la possession légitime. Mais on la présume ;
et si un journal anglais osait calomnier M. Halliwell, comme des
journaux français ont calomnié M. Libri, contre lequel on a
toujours procédé dans l'ombre, je vous assure que les tribunaux
vengeraient sévèrement l'honneur d'un sujet anglais calomnié.

Encore un fait. M. Rodd, libraire de Londres, dont on peut
affirmer, sans réserve, qu'il n'en est pas de plus honnête,
fut, en 1844, sommé de restituer un document appartenant
autrefois à l'Etat, et qu'il avait mis en vente dans son magasin au prix de 24 sch. Il résista surtout parce que, « pen-
« dant plusieurs années, des documents publics (records) s'é-
« taient vendus ouvertement sans aucune réclamation de la part
« du gouvernement, et que maintenant il en existe beaucoup,
« par suite de pareils achats, au Musée britannique, à la Biblio-
« thèque bodleyenne d'Oxford et chez sir Thomas Philipps, ba-
« ronnet » (possesseur d'une vaste et riche collection de manuscrits). On intenta un procès ; mais on n'en vint pas aux débats,
le gouvernement s'étant retiré au dernier moment. Ce n'est pas
tout ; la couronne n'est jamais tenue à payer des frais judiciaires :
M. Rodd en avait fait pour se défendre qui s'élevaient à 50 livres
sterling 4 schellings et 10 deniers, et il supplia le gouvernement
de les lui rembourser. Il fut refusé. Il demanda encore : l'injustice se fit sentir, et le gouvernement fut forcé, par un sentiment irrésistible d'honnêteté et d'équité, à rembourser à M. Rodd
jusqu'au dernier centime de ses frais. On jugea qu'il était indigne d'une grande nation, et inique, de se prévaloir d'un droit
rigoureux, dont jouit la couronne, mais dont des hommes d'honneur ne pouvaient pas consentir à user comme d'un instrument
d'oppression.

Je vous vois sourire d'étonnement, mon cher Monsieur, en
entendant dire que ce *Muséum* est cité parmi les possesseurs de
documents soustraits à des archives publiques, et vous croirez
peut-être que lorsqu'il s'agit d'un établissement national comme
celui-ci, il est facile au gouvernement de les réclamer et de les

rétablir là où ils devraient être ; mais vous vous trompez. Le *Muséum* est un corps indépendant et soumis aux lois et aux tribunaux, comme chacun l'est en ce pays de véritable liberté, depuis la reine jusqu'au dernier sujet ; égalité qui n'est pas si commune là où il n'y a ni roi, ni reine, ni sujets.

Il y a peut-être trente ans que le *Muséum* a acheté un registre original contenant les procès-verbaux du Conseil privé des années 1545 et 1546. Le Conseil privé d'alors formait ce que, dans des temps plus récents, on appela et on appelle encore *le cabinet*. Il y a six ou sept ans qu'on découvrit au Conseil privé, où la série des volumes contenant les procès-verbaux se trouve sans lacune, l'absence de ce volume et l'endroit où il se trouve. C'est en vain que le Conseil privé a réclamé ; il a éprouvé un refus. On a parlé de recourir aux tribunaux ; mais jusqu'ici on n'a pas osé le faire, car on sait que la mauvaise foi ne se présume pas, et qu'une cour de justice et des jurés ne se prêteraient pas à priver un possesseur de bonne foi de son bien pour le rendre à qui, par insouciance, ne sut ou ne voulut pas le garder. Si un volume, ayant appartenu au Conseil de François Ier, et dont les volumes précédents et suivants se trouveraient aux Archives nationales, eût été découvert dans la collection Libri, que n'auraient pas dit MM. les commissaires ?

Voilà, mon cher Monsieur, mon opinion, qui est celle, comme vous le savez, des hommes les plus éminents de l'Angleterre et de l'Europe entière. Il me serait impossible de vous nommer tous les personnages qui, à ma connaissance, ont pris ouvertement la défense de M. Libri. Je ne vous en citerai qu'un seul, dont le nom est bien fait pour produire sensation en France : c'est M. Guizot, qui, dans toutes les circonstances et dès le premier moment, en ma présence et en présence de beaucoup d'autres personnes, a toujours repoussé avec indignation les accusations dont M. Libri a été l'objet.

Croyez-moi toujours, mon cher Monsieur,

Votre bien dévoué,

A. PANIZZI.

Voici la déclaration de M. Holmes dont il a été déjà question (pag. 14 et 81).

Je soussigné, John Holmes, *senior assistant* (premier adjoint) au département des manuscrits du *British Museum* de Londres, déclare que dans l'année 1846, je me suis rendu à Paris avec sir Frederick Madden, conservateur des manuscrits du même établissement, pour examiner la collection de manuscrits que possédait alors M. Libri et qu'il a depuis cédés au comte d'Ashburnham.

La célébrité de cette collection, si nombreuse et si bien choisie, nous faisait vivement désirer que les manuscrits qui la composaient pussent être réunis au British Museum, et les *Trustees* du Muséum nous chargèrent alors d'examiner ces manuscrits pour leur en rendre compte.

Pendant un mois que nous restâmes à Paris, sir Frederick Madden et moi, nous nous occupâmes exclusivement de la tâche qui nous était confiée. M. Libri avait mis sans réserve à notre disposition toute sa collection de manuscrits qui remplissaient une chambre, dans laquelle nous étions absolument seuls et absolument libres de tout voir par nous-mêmes, sans qu'aucune armoire ou aucun meuble nous fût fermé.

C'est ainsi que nous pûmes vérifier l'inventaire de ces manuscrits, lequel indiquait la matière, le format, l'âge et en quelque sorte la valeur de chacun, et établir la provenance authentique de la plupart, provenance ordinairement marquée à l'extérieur ou dans l'intérieur du volume.

Je n'ai jamais eu le moindre doute à l'égard de l'origine de ces manuscrits, que j'ai reconnus en grande partie, pour les trouver décrits dans les catalogues des ventes les plus célèbres ou pour avoir figuré dans des collections bien connues. Le rapport adressé aux *Trustees*, après notre retour à Londres, conseillait fortement l'achat de cette collection, proposition qui n'aurait certainement pas eu lieu si l'on avait eu le moindre soupçon sur la provenance légitime de ces manuscrits.

Aujourd'hui que M. Libri est en butte à une odieuse accusation dont heureusement l'opinion publique a fait justice dans toute l'Europe savante, je déclare hautement que je suis convaincu de la fausseté de cette accusation. J'ai vu les manuscrits non-seulement en France, mais aussi en Angleterre, chez lord Ashburnham et depuis la publication de l'accusation, et je me sens obligé à repousser avec indignation les calomnies répandues contre M. Libri. Ces calomnies ne peuvent avoir d'autre origine que l'animosité des ennemis de M. Libri, ou l'ignorance de certaines personnes, qui ne savent pas que, de tout temps, des livres, des manuscrits et des autographes, provenant de différentes collections publiques, ont passé dans le commerce et dans les ventes aux enchères et sont devenus ainsi la propriété légitime d'autres établissements publics ou des particuliers.

J'approuve la traduction, que j'ai vérifiée, de ce document écrit par moi en anglais.

British Museum, 4 dec. 1848.

JOHN HOLMES,
Premier adjoint au département
des manuscrits.

Après avoir acquis par l'examen détaillé et consciencieux des documents et des faits, la conviction la plus profonde et la mieux motivée de la fausseté des accusations dirigées contre moi, M. P. Lacroix voulut, dans l'intérêt de la justice, faire partager cette conviction aux autres. C'est dans cette vue qu'il rédigea la déclaration suivante, et qu'il écrivit les deux lettres qu'on trouvera à la suite de cette déclaration. C'est d'après l'autorisation de M. P. Lacroix que je publie ici ces différentes pièces, qui mériteront sans doute toute l'attention du lecteur.

Je soussigné, invité spécialement par M. Libri à étudier, comme expert avoué, les causes et les éléments de l'accusation qui a été dirigée contre lui à la suite d'un rapport du procureur du roi, M. Boucly, je suis arrivé, d'après l'examen consciencieux des pièces et des témoignages de la défense, à formuler les conclusions suivantes :

Cette accusation de détournement de livres et de manuscrits dans les bibliothèques publiques n'a jamais reposé que sur des insinuations calomnieuses, des ouï-dire confus, des propos vagues et des lettres anonymes.

Les trois seuls faits caractérisés que renferme le rapport de M. le procureur du roi Boucly, rapport provoqué par M. Libri lui-même, et adressé comme simple renseignement à M. le garde des sceaux, ont été détruits de fond en comble dans le mémoire justificatif de M. Libri.

Ce mémoire justificatif a prouvé jusqu'à l'évidence que M. Libri, loin d'avoir dépouillé les bibliothèques publiques de la France, leur a souvent donné des livres, leur a fait recouvrer ceux qu'elles avaient perdus, et s'est proposé de faire connaître au monde savant les manuscrits les plus précieux qu'elles pouvaient posséder.

M. Libri, quoique mis en cause par M. le procureur du roi Boucly, n'a jamais été appelé ni interrogé.

Les deux ou trois personnes qui avaient été d'abord interrogées et qui s'étaient faites les échos passifs de quelques bruits malveillants contre M. Libri, ne manqueraient pas sans doute de reconnaître aujourd'hui qu'elles ont été trompées, et qu'il ne reste pas dans leur esprit le moindre doute défavorable à M. Libri.

Quant aux personnes les plus compétentes dans une pareille affaire, et les plus capables d'éclairer la religion des magistrats, c'est-à-dire les libraires, bibliographes et bibliothécaires, elles n'ont pas été interrogées et elles ne demandent pourtant qu'à établir pleinement l'innocence de M. Libri, en proclamant l'inanité de l'accusation qui le poursuit.

1° Il est constant que M. Libri, chargé par le ministre de l'instruction publique, M. Villemain, de visiter les bibliothèques départementales de la France et d'examiner les manuscrits qui s'y trouvaient, n'a visité qu'un petit nombre de ces bibliothèques en 1841 et 1842 et a signalé, avec la plus grande publicité possible dans le *Journal des Savants*, les manuscrits précieux qu'il avait vus.

2° Il est constant que, depuis cette époque, M. Libri qui eut l'initiative du *Catalogue général des manuscrits des bibliothèques des villes de France*, devint le secrétaire d'une Commission nommée pour diriger ce grand travail, et que, dans les premiers mois de 1846, par suite de discussions personnelles avec le ministre de l'instruction publique, M. de Salvandy, il avait donné sa démission de membre de cette Commission, composée de MM. Leclerc, Renaud, Hase, Danton et Ravaisson.

3° Il est constant que le mauvais vouloir de certains bibliothécaires de province, qui voyaient avec peine un savant envoyé de Paris à l'effet d'inventorier les manuscrits de leurs bibliothèques, a été l'origine des insinuations calomnieuses dirigées contre M. Libri au moment même où il commençait à remplir sa mission.

4° Il est constant que M. Libri ne saurait être responsable des livres et des manuscrits qui pourraient avoir disparu des bibliothèques départementales, attendu qu'il n'en a jamais eu la garde, et que là où il a pu exercer sa mission d'examen, bien loin de dissimuler la valeur du dépôt confié aux bibliothécaires, il s'est fait un devoir de reconnaître cette valeur et de la publier.

5° Il est constant que dans les immenses collections de livres et de manuscrits rassemblés à grands frais par M. Libri pendant toute sa vie, il n'aurait pu exister qu'à son insu des livres ou des manuscrits provenant des bibliothèques publiques de la France, ces livres ou ces manuscrits ayant été acquis de bonne foi chez des particuliers et chez des libraires ou dans les ventes aux enchères, comme il est prêt à en justifier d'ailleurs.

6° Il est constant que M. Libri n'a pas cessé, depuis dix-huit ans qu'il est fixé en France, de chercher et d'acheter des livres et des manuscrits, de telle sorte que les principaux libraires de l'Europe, Crozet, Merlin, Franck, Tilliard, Silvestre et Techener à Paris, Payne et Foss, Rodd à Londres, Weigel à Leipsick, Asher à Berlin, Molini, Piatti, Landi, Branca, Gnoato, Salvi, etc., à Florence, à Milan, à Venise, etc., etc., étaient habituellement en relation et en correspondance avec lui.

7° Il est constant que M. Libri, par ses connaissances bibliographiques si sûres et si étendues, a fait souvent des acquisitions très-avantageuses pour lui, ce qui doit être considéré comme une des causes de la jalousie de certains libraires qui auraient été les colporteurs complaisants des calomnies inventées contre ce savant bibliographe.

8° Il est constant que M. Libri, en faisant préparer le catalogue de ses collections de livres par plusieurs libraires et bibliographes, avait donné l'ordre exprès de réserver tous les volumes, livres, manuscrits et autographes qui pourraient offrir quelque timbre, estampille ou marque de bibliothèque publique et qui lui auraient été cédés indûment dans des lots ou parties de livres achetés en bloc sans inventaire ou sans examen préalable.

9° Il est constant qu'à toutes les époques des livres et des manuscrits sont sortis des bibliothèques publiques, on ignore comment, et qu'on en trouve encore beaucoup, non-seulement dans les collections particulières, mais encore dans le commerce de la librairie ancienne.

10° Il est constant que la collection de manuscrits que possédait M. Libri, la plus belle et la plus nombreuse collection qu'un particulier soit parvenu à réunir, composée de dix-huit cents articles environ, avait été formée successivement par des achats heureux et intelligents avec les débris des collections Pucci, Tomitano, Rezzi, Saibante, Gian-Filippi, Boutourlin, Donati, Reina, Milon, Perrin de Sanson, Stavelot, etc.

11° Il est constant que M. Libri, avant qu'il se soit défait de cette collection de manuscrits, au commencement de 1847, nonseulement la montrait volontiers aux bibliophiles qui désiraient la connaître, mais encore en communiquait les manuscrits aux savants qui voulaient en faire usage, ce qui témoigne assez que la possession de ces manuscrits était parfaitement légitime et honorable.

12° Il est constant que sir Frederick Madden, conservateur des manuscrits du *British Museum* de Londres, et M. Holmes, premier adjoint au département des manuscrits de cet établissement, venus tous deux à Paris, en 1846, pour examiner la collection des manuscrits de M. Libri, sont restés près d'un mois au milieu de cette collection et n'ont pas négligé, dans le travail qu'ils ont fait alors sur ces manuscrits, d'en indiquer la provenance authentique.

13° Il est constant que lord Ashburnham, devenu propriétaire desdits manuscrits conservés aujourd'hui dans son château du comté de Sussex, en vertu de la cession qui lui en a été faite, est si bien convaincu de la légitimité de la possession antérieure de M. Libri, qu'il a voulu attacher le nom du savant collecteur à son admirable collection, comme un souvenir et une récompense.

14° Il est constant que, dans l'affreux débordement de calomnies qui ont enveloppé un moment M. Libri et qui avaient malheureusement le caractère de représailles politiques, si quelque fait sérieux avait eu à se produire contre M. Libri, il se serait produit alors avec éclat, grâce à l'impunité et à l'instigation de ses ennemis.

15° Il est constant que les hommes les plus considérables dans la science en Italie, en Angleterre et en Allemagne, ont protesté unanimement contre l'accusation qui frappait M. Libri, et que les plus illustres Académies étrangères, notamment celles de Berlin et de Gœttingue, se sont regardées comme offensées dans la personne du savant mathématicien.

16° Il est constant que si M. Libri a quitté la France dès le mois de mars dernier, il a dû échapper à l'effet des menaces de *vindicte populaire* qu'on osait lui faire nominativement en plein Institut, et s'il n'est pas revenu depuis à Paris où l'appellent ses fonctions d'académicien et de professeur, c'est que l'instruction entamée contre lui n'était pas de nature à lui offrir la sûreté et les garanties auxquelles a droit tout accusé.

En raison des motifs énoncés ci-dessus, motifs appuyés sur les pièces probantes que M. Libri se propose de mettre sous les yeux des magistrats, je déclare hautement, au nom de la vérité et de la justice, que M. Libri est à mes yeux parfaitement innocent du fait de détournements de livres, d'autographes et de manuscrits dans les bibliothèques publiques de la France.

Fait en double original, et approuvé l'écriture ci-dessus et d'autre part.

Paris, 12 décembre 1848.

P. LACROIX,

(BIBLIOPHILE JACOB),

Membre du Comité des monuments historiques, et membre du Comité des documents inédits de l'Histoire de France.

A MONSIEUR DE MONTMERQUÉ,

*Conseiller à la Cour d'appel de Paris, membre de l'Institut,
et membre du Comité de l'Histoire de France.*

———

Monsieur et honorable collègue,

Vous comprendrez mieux l'objet de ma lettre, en vous rappelant certaine conversation que nous avons eue ensemble relativement à M. Libri, un jour de séance du Comité des monuments écrits de l'Histoire de France, vers la fin de mars. Alors l'opinion publique était singulièrement abusée à l'égard de ce savant académicien ; l'impression générale nous avait atteints l'un et l'autre, et vous-même vous aviez cru agir dans l'intérêt des bibliothèques de la France en provoquant la saisie des collections de livres que possédait M. Libri. Depuis lors, un nouveau jour s'est fait, Dieu merci ! Le Mémoire de M. Libri a renversé dans le mépris et le ridicule ce fameux rapport Boucly rédigé à huis clos comme une dénonciation, et publié à son de trompe comme une calomnie. Après ce Mémoire, qui vous a certainement convaincu ainsi que tout le monde, les honnêtes gens, gens que le rapport Boucly avait soulevés et indignés contre M. Libri, doivent à M. Libri, se doivent à eux-mêmes de protester en faveur de la victime d'une si étrange erreur judiciaire. Quant à moi, je ne saurais me pardonner d'avoir pu croire, pendant deux ou trois semaines, ce ramas de contes malveillants, de ouï-dire absurdes, de mensonges féroces et d'âneries perfides. Il fallait que le vertige du moment eût enveloppé les meilleurs esprits. J'ai donc fait mon *meâ culpâ* lorsque les écailles me sont tombées des yeux, et je me suis rappelé que tous les collectionneurs, les plus dignes, les plus irréprochables, ont été exposés plus ou moins à des accusations de même nature. Ce m'a été un enseignement pour l'avenir, et je me promis bien dorénavant de n'accepter de pareils rapports que sous bénéfice d'inventaire. Je regardais cette affaire comme terminée ; je pensais que la justice avait désavoué hautement les passions politiques qui s'étaient servies d'un document quasi confidentiel et secret au profit de vengeances particulières. Vivant retiré comme je fais, au milieu de mes travaux littéraires, je ne soupçonnais pas que cette odieuse affaire eût encore racine dans nos tribunaux français, en présence de la réprobation unanime de l'Europe savante. Mais dans un voyage à Londres que je viens de faire, je me suis retrouvé avec M. Libri, j'ai entendu ses plaintes, et j'ai appris avec étonnement, avec peine, que son Mémoire si clair, si concluant, si victorieux, n'avait pas obtenu la réparation à laquelle il a droit. Je m'enflamme volontiers pour ce qui est juste, honnête et généreux. J'ai pris à cœur la position triste et imméritée de notre illustre collègue, que le soupçon, l'exil, la proscription et la diffamation, punissent de son amour pour les livres et de son prodigieux savoir bibliographique. Je lui ai offert de prêter à sa cause l'aide et le concours de mes efforts de bibliophile. J'ai vu, j'ai examiné les pièces sur lesquelles il avait fondé son excellent Mémoire. Ce n'est pas tout : j'en ai vu une foule d'autres plus probantes encore, s'il est possible. M. Libri, dépouillé de tous ses papiers, est parvenu à rassembler pourtant les éléments d'une défense qui, je l'espère pour l'honneur de la France et de notre magistrature, deviendra inutile. Vous savez comme moi que l'accusation de détournement de livres appartenant à des bibliothèques publiques n'a jamais eu de valeur réelle ; ce n'a été qu'un fantôme pour les ignorants, car le moyen de détourner une assez grande quantité de livres pour en faire un ensemble productif? Comme si d'ailleurs nos pauvres bibliothèques de départements avaient beaucoup de livres qu'on pût faire disparaître, sans que les lacunes accusassent presque aussitôt le vol et le voleur ! Puis, la constatation d'un tel vol serait chose aisée avec les catalogues imprimés ou manuscrits de ces bibliothèques. J'ai donc haussé les épaules de pitié, quand on m'a parlé de volumes portant des estampilles de bibliothèques publiques trouvés parmi les livres de M. Libri, qui a maintes fois acheté des lots et des collections entières. Mais la question des manuscrits m'avait semblé infiniment plus délicate, et je m'étais d'autant moins prononcé, que je ne connaissais pas du tout ceux que M. Libri avait pu réunir ; de plus, ces manuscrits avaient été vendus à un amateur anglais qui n'en permettait la vue à personne. De là, des bruits et des insinuations qui menaçaient de grossir, par cela même qu'on n'avait aucune arme pour les combattre. Cette arme qui nous manquait, c'est moi qui vais la tirer du fourreau ; je travaille au catalogue de la collection des manuscrits que M. Libri a cédés à lord Ashburnham, et ce catalogue indiquera la provenance de tous ces manuscrits que l'Angleterre est fière de posséder aujourd'hui. Vous voyez, cher Monsieur, que j'aurai beau jeu pour répondre aux ennemis de M. Libri, et pour bien faire cette éclatante réhabilitation que tous les gens de cœur appellent de tous leurs vœux. Je vous prie de me seconder dans cette œuvre de confraternité loyale ; je vous prie de protester avec moi, avec les premiers bibliographes et bibliothécaires de l'Angleterre, de l'Italie et de l'Allemagne, contre une espèce d'attentat à la dignité de la science. Je vous sais un caractère si honorable, que je ne doute pas de vos regrets d'avoir accusé un moment celui que nous aurions dû protéger : si votre voix s'élevait maintenant en faveur d'un absent qui a pu se demander ce qu'était devenue la sainte légalité, votre voix au sein de l'Académie et de la magistrature aurait l'autorité d'un jugement définitif et sans appel, jugement émané à la fois du savant et du magistrat. Pour moi, qui me dévoue à une cause si intéressante, je compte bien la rendre glorieuse en prouvant aux plus crédules qu'en temps de révolution l'honneur des hommes est à la merci du premier insulteur public. La révolution cesse, dès que la vérité et la justice reprennent leurs droits.

Veuillez agréer, mon cher et honorable collègue, l'assurance de mes sentiments les plus distingués et de tout mon dévouement.

Londres, le 27 novembre 1848.

P. LACROIX
(BIBLIOPHILE JACOB).

A M. LIBRI,

Membre de l'Institut, à Londres.

———

Cher Monsieur et ami,

Je vous prie de m'excuser si j'ai tant tardé à vous répondre : je voulais le faire en toute connaissance de cause, et j'ai dû, en quelque sorte, étudier les questions que vous m'avez posées.

Vous me demandez conseil sur la convenance et l'opportunité de votre retour immédiat à Paris? Je vous conseillerai, aujourd'hui, de ne pas revenir encore. Vous savez que j'étais d'abord très-persuadé de la nécessité de votre retour ; car je croyais, comme tout le monde, que le Rapport des experts allait être déposé et que vous n'auriez qu'à paraître, pour en détruire de fond en comble l'échafaudage, composé avec tant de soin et de lenteur sur un terrain vague et ténébreux. Mais j'apprends, de source certaine, que ce Rapport ne sera pas déposé en entier avant plusieurs mois, et que les experts ont jugé à propos de le fractionner en trois parties, dont la première, consacrée aux livres, paraît à peu près terminée, et dont les deux autres, qui concernent les autographes et les manuscrits, ne sont encore qu'à l'état d'ébauche et peut-être d'instruction.

J'ai pris, en outre, d'autres renseignements. Je pensais que, revenant à Paris, vous seriez libre d'agir, de voir les personnes utiles à votre défense, de rassembler vous-même toutes les pièces à l'appui qui pourraient vous manquer, de réparer, en un mot, le préjudice que nous a causé votre absence dans un temps de crise et de perturbation sociales qui, Dieu merci, semblent tout à fait calmées. Mais il n'en est pas ainsi : les formalités ordinaires de la justice, qui a été saisie de cette affaire, s'opposent à ce que le mandat de dépôt existant contre vous soit retiré et annulé, avant la décision de la Chambre des mises en accusation ; or, cette décision ne saurait avoir lieu qu'après la présentation du Rapport. Vous voyez donc, cher Monsieur et ami, que vous ne gagneriez rien à revenir maintenant, si ce n'est quatre ou cinq mois de prison préventive. Qui vous dit d'ailleurs que, de délai en délai, de recherche en recherche, ce Rapport que vous attendez comme votre acte de réhabilitation, ne se fera pas attendre jusqu'à l'année prochaine? Les experts n'ont aucun intérêt à le déposer plus tôt ; ils ont même intérêt à le faire durer aussi longtemps que la guerre de Troie.

Ne revenez donc pas encore, et modérez votre impatience sur ce point ; séjournez à Londres et soignez votre pauvre santé, qui a reçu de si cruelles atteintes pendant cette année de calomnies, de persécutions et d'exil. Tout le monde comprendra que vous ne devez pas, malade comme vous l'êtes, venir de gaieté de cœur vous ensevelir dans une prison. Certes, il n'y aurait pas à balancer, s'il vous était permis d'évoquer aussitôt les témoignages de votre innocence, et de faire retomber sur vos accusateurs anonymes la responsabilité de leur odieuse accusation ; mais non, une fois détenu à la Conciergerie, vous innocent, vous misérablement accusé d'un crime imaginaire, il vous faudrait rester prisonnier entre quatre murs froids et humides, jusqu'à la naissance de ce Rapport, qui a déjà fait tant de bruit, et qui est toujours dans l'œuf. La fable ne nous dit pas si la montagne qui accoucha d'une souris est restée grosse pendant plus de neuf mois.

Il y a des choses étranges de par le monde, surtout en matière de justice. La prison préventive, sans limites et sans exception, est, à mon sens, une iniquité, une atrocité, qui devrait être abolie à l'instar de la torture. Voyez donc : si vous n'aviez pas cédé aux prières de vos amis, qui vous invitèrent à quitter la France momentanément, pour échapper à une espèce de proscription latente, vous seriez privé de votre liberté depuis dix mois! vous seriez mort, il est vrai, et l'on n'aurait plus que votre mémoire à poursuivre. Jamais, en temps ordinaire, on n'eût lancé contre vous un mandat d'amener, suivi d'un mandat de dépôt, avant de vous avoir interrogé, et sans autres charges que des ouï-dire calomnieux et des lettres diffamatoires ; mais enfin les deux mandats existent de fait, et il n'y a, je vous le répète, que la Chambre des mises en accusation qui ait pouvoir de les réduire à néant. Si ces mandats étaient à refaire, il ne se trouverait pas un juge d'instruction qui osât les signer sur la foi du rapport Boucly, abandonné et désavoué par ceux-là même qui en profitent. Laissez les experts faire leur travail souterrain, sans les inquiéter, sans les déranger : ils auront beau fouiller dans les mystères des bibliothèques et des archives publiques, ils ne parviendront pas à y trouver un fait qui vous accuse et qui vous condamne. Souvenez-vous, pour prendre courage, que La Chalotais et Lally ne furent réhabilités, le premier, qu'après une longue détention et dix ans d'exil; le second, que douze ans après son supplice. Vous n'en êtes pas encore là, Dieu soit loué, mais vous êtes malade de chagrin, d'impatience et d'indignation.

Cher Monsieur et ami, ayez espoir, ayez confiance. S'il y avait des juges à Berlin, sous le règne du grand Frédéric, il y a en France, dans tous les temps, des magistrats honnêtes, intègres, éclairés. Jusqu'à présent, ils se sont abstenus dans votre affaire, livrée à l'examen des experts qui leur ont été désignés, sinon imposés; jusqu'à présent, vous n'avez eu rien à démêler avec la véritable magistrature; car ce qu'on nomme le rapport Boucly n'est, on le sait, que l'œuvre inintelligente et partiale de quelque substitut malintentionné. La véritable magistrature, croyez-le bien, est demeurée passive à votre égard; elle attend le Rapport des nouveaux experts pour se faire une opinion, et se prononcer. Vous n'avez donc à craindre, de sa part, ni préjugés hostiles, ni influences étrangères, ni mauvais vouloir systématique. On ne les influencera pas, soyez-en sûr, en leur disant que vous étiez et que vous êtes toujours l'ami de M. Guizot, que vous n'êtes pas l'ami du *National;* que vous écriviez dans le *Journal des Débats* sur la politique italienne; que vous avez employé votre crédit auprès du gouvernement déchu, dans l'intérêt de bien des gens, et jamais dans le vôtre. Ces faits vrais, qui ont pu vous créer des ennemis dans le monde, n'auront aucun mauvais effet sur les juges. Et si on ajoutait que, pauvre en 1832, vous étiez devenu riche en 1847; que vous connaissez mieux que personne les livres et les manuscrits qui ont fait votre fortune; que vous avez, de votre main, enlevé çà et là dans les dépôts publics plusieurs milliers d'autographes, valant un franc la pièce; que vous surpassez tous les Italiens du monde en astuce et en dextérité; que vous ne niez pas être un amateur, et que tous les amateurs sont des voleurs, etc., etc., ces niaiseries, ces mensonges, ces noirceurs, je vous assure, ne tourneraient qu'au détriment de ceux-là même qui les auraient imaginés et qui voudraient les produire devant les magistrats. Il y aura un soulèvement de surprise, de pitié et d'indignation dans la conscience de vos juges. M. Hatton, juge d'instruction, est un esprit austère, inflexible, mais droit, sagace et probe : il n'aura qu'à jeter un regard dans ce labyrinthe, pour y entrevoir la vérité et pour la ramener au grand jour. M. Pinard [1], procureur de la République, a un caractère trop honorable pour souffrir qu'un innocent soit traîné à la barre des accusés, surtout quand cet innocent est un de nos savants les plus illustres. M. Pinard, n'en doutez pas, voudra se faire par lui-même un sentiment sur votre affaire, qu'il ne connaît sans doute que par des échos plus ou moins fidèles ; il examinera le Rapport des experts, les pièces pour et contre, les déclarations des témoins, les procès-verbaux, etc. ; il s'entourera des lumières utiles à la cause ; il fera appel aux hommes compétents, aux bibliographes, aux bibliothécaires, aux libraires, et, s'il le faut même, il ordonnera une contre-enquête qui ne laissera pas subsister un seul argument du Rapport des trois experts, élèves de l'École des Chartes : votre innocence sortira de là éclatante et pure, comme l'or sort du creuset.

Ainsi donc, cher Monsieur et ami, ne vous attristez pas, ne vous désolez pas : puisez dans cette innocence, si odieusement menacée, l'énergie de la patience et de la résignation ; attendez que l'heure de la justice et de la réparation ait sonné pour vous ; attendez que ce Rapport, qu'on suspend sur votre tête comme une épée de Damoclès, tombe enfin à vos pieds, et alors vous pourrez venir vous remettre entre les mains de vos juges, qui vous rendront avec joie la liberté et l'honneur ; alors vous pourrez, à votre tour, attaquer et poursuivre les auteurs de cette trame abominable, qui a failli vous mettre au ban de la science. L'opinion publique, qui vous avait frappé un moment, se chargera de vous venger, après vous avoir absous.

Agréez l'assurance de mon attachement dévoué.

Paris, 25 janvier 1849.

PAUL LACROIX
(Bibliophile Jacob).

---

[1] Depuis que cette lettre est écrite, M. Pinard a été remplacé, comme procureur de la République, par le savant jurisconsulte M. Victor Foucher.

Le nombre de pièces et de documents qui sont entre mes mains est si considérable, j'ai reçu de France et d'autres pays un si grand nombre de renseignements intéressants, qu'il me serait absolument impossible de les publier tous aujourd'hui. Pourtant la lettre suivante que m'a écrite M. Picchioni, ancien professeur au collége d'Eton en Angleterre, homme très-connu et très-estimé, m'a semblé contenir des faits trop curieux pour n'être pas admise dans le choix que j'ai fait.

A M. LIBRI,

Membre de l'Institut, à Londres.

Paris, le 12 février 1849.

Mon honorable ami,

Puisque vous semblez vous étonner du silence et de l'inaction de plusieurs de vos amis, pendant que vos ennemis agissent avec une si persévérante activité, je vais tâcher de vous rendre compte de la situation de vos affaires ici, et de l'état des esprits, avec une parfaite impartialité. Je ne vous dirai que ce que j'ai vu et ce que j'ai entendu moi-même, et vous pouvez être assuré que je n'avancerai aucun fait dont je ne sois parfaitement certain, et que je n'aie puisé aux sources les plus respectables. Je vous demande la permission de le faire en français : devant vous parler de choses qui se sont passées ou qui se passent actuellement dans cette capitale de la France, la langue même du pays sera un instrument plus facile pour ne rien changer à leur véritable couleur.

Tous les gens qui vous connaissent et qui n'ont pas de motifs personnels de vous en vouloir, sont au fond parfaitement convaincus que vous êtes en butte à une odieuse persécution, et qu'aucune des accusations élevées contre vous n'a de fondement réel. Mais chacun est tellement préoccupé de la situation générale des affaires, on a tant de malheurs individuels à déplorer, les intérêts d'une si grande partie de la population ont été si gravement atteints, et l'on a encore de si vives craintes pour l'avenir, qu'il ne reste que bien peu de liberté d'esprit pour s'occuper d'une affaire qui a eu un grand retentissement l'année dernière, et à laquelle vos ennemis personnels seuls prennent actuellement un vif intérêt. Je parle des ennemis que vos luttes politiques et scientifiques, votre polémique contre les jésuites, et surtout votre qualité d'étranger, ont dû vous susciter dans un pays où vous avez obtenu de si brillants succès. Ajoutez à cela les petites inimitiés littéraires et bibliographiques, et les jalousies subalternes de certains libraires qui ne peuvent pas vous pardonner de mieux connaître les livres qu'eux; ajoutez-y les clameurs de tous ceux qui ont intérêt à faire prendre le change sur les causes des vides immenses que l'on constate tous les jours dans les bibliothèques et les autres établissements publics; ajoutez-y enfin l'action persévérante des gens qui convoitent vos places, et vous verrez que dans tous les rangs de la société il a dû se trouver des gens empressés à vous proclamer coupable, et à faire croire aux autres que vous l'étiez.

Il y a un fait d'abord qu'il faut que vous admettiez. C'est que lorsque le *Moniteur* a publié le *Rapport de M. Boucly*, on vous a cru généralement coupable à Paris. Sans considérer que vous aviez des ennemis personnels et acharnés dans le gouvernement provisoire de la République française, sans songer que vous étiez l'objet de haines politiques très-vives, sans se rappeler que votre vie entière donnait le démenti à de si odieuses imputations, on a pensé que le *Moniteur* n'aurait pu se permettre une publication si contraire à toutes les règles, à tous les précédents, si vous n'aviez pas été publiquement et notoirement coupable. Votre éloignement fortifia cette opinion ; et comme bien peu de personnes savent que vous n'êtes sorti de France que pour vous soustraire au danger imminent d'une vengeance populaire dont on vous avait menacé en plein Institut, on vous a considéré comme un *contumax* dont la fuite était un aveu. Tous les journaux reproduisirent l'accusation, et l'opinion publique, excitée par une révolution, se trouva entraînée par les clameurs de vos ennemis.

Même dans des circonstances ordinaires, vos amis auraient lutté difficilement contre le torrent; mais cette lutte devint impossible le lendemain de la révolution de Février, lorsque tous les hommes qui avaient soutenu la politique du dernier gouvernement étaient accusés en masse de manquer de probité et d'avoir forfait à l'honneur. Les passions politiques étaient alors excitées au plus haut point, et vos ennemis surent exploiter utilement ces passions. Dans les temps de révolution, la crédulité des masses est ouverte à tout ce qu'on lui présente, et il ne faut pas s'étonner que des populations qui croyaient fermement à la résurrection du duc de Praslin, aient pu croire aussi, lorsque le *Moniteur* l'annonçait et lorsque presque tous les journaux le répétaient à l'envi, que vous aviez formé une bibliothèque de 30,000 volumes aux dépens des bibliothèques de la France! Ajoutez à cela l'éclat avec lequel on s'empressa de procéder contre vous; les saisies, les perquisitions nombreuses, les descentes de la police chez les personnes que l'on supposait avoir conservé quelques relations avec vous, tous les moyens d'intimidation enfin mis à la disposition des passions du jour, et vous comprendrez comment il se fait que, dès le commencement, la voix de vos ennemis ait été si puissante et celle de vos amis si faible et si peu écoutée.

Comme accusé, vous aviez le droit imprescriptible de faire entendre votre voix et de repousser les accusations que les journaux dirigeaient continuellement contre vous; mais tous les efforts de vos amis pour obtenir l'insertion d'une seule ligne de rectification dans les journaux qui vous attaquaient échouèrent devant l'animosité des uns et la timidité des autres. Il y a plus (et c'est là un fait qui prouve combien alors s'étaient accréditées les préventions fâcheuses contre vous), si les magistrats intervinrent, ce ne fut pas pour faire respecter ce droit de l'accusé. Je sais, en effet, que, lorsque dans les derniers jours du mois de mars 1848, vous avez adressé aux journaux de Paris une réfutation des calomnies contenues dans le Rapport de M. Boucly, M. Durand, libraire, qui, ayant une connaissance personnelle de tout le bien que vous faisiez secrètement aux pauvres dans votre quartier, s'intéressait à vous et avait fait des démarches inutiles pour que cette réfutation fût admise dans certains journaux, se vit appelé au Palais de Justice par le juge d'instruction, qui, avec l'accent du reproche, commença par lui dire : «Vous êtes en correspondance avec M. Libri?» M. Durand répondit (ce qui était parfaitement vrai alors) : « Je ne suis pas en correspondance avec M. Libri. — Cependant, ajouta le juge, vous vous occupez de faire admettre dans les journaux une lettre de M. Libri? — La lettre de M. Libri, répondit M. Durand, ne m'a pas été adressée, mais je l'ai vue et j'en ai fait une copie. »—Alors le juge se fit représenter cette copie, que M. Durand consentit à lui laisser. Vous concevrez aisément que vos amis, qui avaient déjà à lutter contre le mauvais vouloir des journaux, ont abandonné la partie, dès qu'ils ont vu que la simple demande que votre voix ne fût pas étouffée, les exposait à être appelés devant le juge d'instruction. C'était là, sans doute, un petit désagrément; mais il ne faudrait pas connaître le cœur humain pour penser que dans la position où se trouvaient les amis d'un homme accusé des crimes les plus odieux, ce fût là une circonstance indifférente.

Il faut le dire. Non-seulement l'opinion publique fut égarée sur votre compte; mais, dès le premier jour, le pouvoir administratif et le pouvoir judiciaire ont paru agir à votre égard comme si vous étiez condamné d'avance, et que votre défense fût impossible. C'est ainsi qu'accumulant illégalité sur illégalité, on raya votre nom du programme des cours de la Faculté des sciences et du Collége de France, et qu'on saisit, sans inventaire, sans aucune formalité, sans aucune garantie pour la justice et pour vous, vos livres, vos papiers, vos meubles, toute votre fortune, qu'on remit entre les mains d'une Commission composée de ces élèves de l'École des Chartes qui vous avaient accusé déjà et qui, dans toutes les circonstances, ont fait éclater contre vous la haine la plus violente. Dans cette Commission se trouvait un homme estimable, M. Chabaille, qui ne partageait pas leur acharnement contre vous, et qui tâchait de leur tenir tête. Eh bien ! ils ont commencé par lui cacher leurs opérations, ils ont fait un rapport contre lui au juge d'instruction, et ils ont fini par obtenir qu'il fût exclu de la Commission ; et, comme s'il n'eût pas été assez singulier que l'examen de vos collections, de votre correspondance, de tous vos papiers, fût confié, sans aucune garantie légale, à une Commission d'hommes qui étaient notoirement vos ennemis, votre domicile a été réellement et pendant longtemps envahi par une foule de gens qui n'étaient, pour ainsi dire, revêtus d'aucun caractère légal, et dont la présence chez vous, malgré les réclamations de votre domestique, était une véritable violence.

Ce domestique, qu'on avait commencé par mettre en prison, et auquel on avait défendu d'entrer dans votre appartement, qui restait ouvert à tous vos ennemis, a été témoin des enlèvements journaliers de livres et de papiers qui se faisaient chez vous. Mais lorsqu'il a réclamé sur ce point, il n'a pas été plus écouté, que lorsqu'il a demandé qu'on mît fin à la violation de votre domicile. J'ignore comment la justice pourra s'assurer que dans ces enlèvements et ces apports journaliers de livres et de papiers, qui se sont effectués sans aucune formalité et sans inventaire, il n'ait été commis aucune funeste irrégularité.

Je sais que dès le commencement les commissaires ont fait tout ce qu'ils ont pu, pour que votre domestique, qui était témoin de toutes ces irrégularités, fût renvoyé, et je viens d'apprendre que, ces jours derniers, le commissaire de police l'a engagé à quitter votre service, l'assurant que vous ne reviendriez jamais en France, et que vous étiez un homme perdu. C'est là, du reste, ce que disent les experts à tous ceux qui veulent les entendre ; ainsi, tout semble annoncer que malheureusement on ne cherche pas la vérité, mais que, obéissant à un entraînement passionné, à une idée préconçue, on cherche seulement des preuves ou des inductions pour établir une culpabilité dont on semble convaincu *à priori*, et qui n'admettrait même ni examen, ni discussion.

Votre *Réponse au Rapport de M. Boucly* avait mis à néant les calomnies sur lesquelles on avait voulu fonder la première accusation, et il semblait alors que tout dût s'arrêter là. Mais comme on procédait toujours avec cette persuasion qu'il fallait que vous fussiez coupable ; sans plus s'embarrasser du bruit qu'on avait fait de ce *Rapport*, on l'abandonna complétement, et l'on se mit à chercher d'autres chefs d'accusation avec un nouvel acharnement. Il y a bientôt un an que l'on cherche avec ardeur, et quoiqu'on n'ait pas encore fait de rapport, on a répandu les bruits les plus étranges contre vous. On dit à voix basse que l'on a trouvé des CHOSES GRAVES. Mais ces bruits changent à chaque instant de nature, et ne prennent jamais une forme saisissable. Pourtant, on prétend que l'on aurait trouvé chez vous des livres ou des objets portant l'estampille de diverses bibliothèques publiques. On rencontre dans le commerce tant de livres portant l'estampille des bibliothèques publiques de la France, et tant de collections publiques ont été mises au pillage, qu'il ne serait nullement impossible que l'on eût trouvé dans votre nombreuse bibliothèque quelques volumes sortant des établissements publics. Ensuite, il me semble difficile, qu'après une violation si fréquente de votre domicile, qu'après toutes les irrégularités commises chez vous, la justice puisse être assurée que ce qu'on lui présentera comme le *corpus delicti* soit véritablement sorti de chez vous.

Pour moi, je ne connais pas ces messieurs de l'École des Chartes qui, en leur qualité d'experts, ont les entrées et les sorties si libres et sans contrôle dans votre domicile; mais je ne puis, sans frémir, entendre les maximes qu'ils auraient, m'assure-t-on, professées; or, s'il était permis de les juger d'après ces maximes, il n'y aurait sorte d'irrégularité qui ne fût à craindre de leur part. *Tout amateur*, aurait dit l'un d'eux, *est un voleur; c'est pourquoi*, aurait-on ajouté, *l'Ecole des Chartes fera une guerre acharnée à tous les amateurs ; et si nous pouvions seulement prouver que M. Libri a volé un petit autographe de la valeur d'un franc, notre but serait atteint, car celui qui vole un franc vole un million*. Maintenant que signifie : *tout amateur est un voleur?* La passion des livres et des autographes est-elle la seule qui puisse entraîner l'homme à malfaire? Ou cette proposition générale et absolue n'a point de sens, ou elle signifie que tout homme qui a un goût, une passion quelconque, est entraîné inévitablement, fatalement, à malfaire. Cette maxime est fausse et absurde de tout point ; mais tout absurde qu'elle soit, puisque ces messieurs en font si hardiment profession, il doit être permis de supposer qu'un sentiment contradicteur ne l'a pas souvent combattue dans leur conscience, et l'on doit être autorisé à la leur appliquer, comme ils prétendent le faire à *tous les amateurs*. Il en est de même de l'autre maxime : *celui qui vole un franc vole un million*, laquelle ne peut signifier autre chose (si elle signifie quelque chose) sinon que l'homme qui, en quoi que ce soit, se rend coupable d'une petite faute, ira toujours jusqu'au bout, et avec la même facilité se rendra coupable d'un grand crime. Maintenant, si ces deux maximes sont vraies pour ces messieurs qui les professent, pour ces messieurs, dont la haine féroce contre vous est telle, qu'ils ne se gênent pas de proclamer en pleine rue que *l'Ecole des Chartes ne sera contente que lorsqu'elle aura fait pendre M. Libri*, et qui, comme experts d'une Commission d'enquête judiciaire, ont déjà manqué à un de leurs devoirs les plus sacrés, en répandant, même par la voie de la presse, toute sorte de bruits dans le public, pour prévenir l'opinion contre vous ; ne serait-il pas permis de craindre qu'ils ne fissent disparaître de vos papiers, dont ils disposent si librement, quelques pièces justificatives, ou qu'ils n'introduisissent chez vous quelque papier ou autre objet quelconque, qui pût vous compromettre injustement? Je ne prétends pas qu'ils l'aient fait ou qu'ils le feront ; les hommes ne sont pas toujours conséquents avec leurs propres maximes bonnes ou mauvaises ; mais je dis que, s'ils sont conséquents, ils doivent le faire dès qu'ils le trouveraient nécessaire ou seulement utile à satisfaire cette passion haineuse qui les anime contre vous ; sans parler de leur amour-propre qui, après qu'ils ont tant répété que vous êtes un homme perdu, est intéressé au plus haut point à ce que votre perte soit rendue inévitable par tous les moyens dont ils peuvent disposer.

Cependant, mon cher ami, il faut aussi être juste envers ces messieurs. Ils étaient vos ennemis déclarés, ils avaient écrit contre vous longtemps avant le Rapport de M. Boucly ; vous êtes, aux yeux de leur passion, un grand coupable, dont il faut à tout prix délivrer la société. Pourquoi serait-on si difficile sur le choix des moyens ? La doctrine de *la fin qui justifie les moyens*, ne survit-elle pas aux Révérends Pères, que vous ne connaissez, hélas ! que trop bien à leurs faits et gestes ? Ne la voyons-nous pas tous les jours encore pratiquée dans les grandes choses comme dans les petites, au service des bonnes comme des mauvaises passions ? Pourquoi ne viendrait-elle pas aussi en aide de celles des élèves de l'École des Chartes ? Quand il s'agit de poursuivre un ennemi que l'on veut perdre à tout prix, se fait-on toujours une loi de n'employer que des armes loyales ? Ne croit-on pas trop souvent que l'état de guerre déclarée suffit à lui seul pour excuser, pour autoriser, presque, des stratagèmes qui touchent de très-près à la perfidie ? Toutes ces circonstances, malheureusement pour vous et pour la justice, augmentent, sans aucun doute, le danger de quelque grande irrégularité funeste à votre défense ; mais on ne peut pas se refuser à reconnaître qu'elles en diminueraient la culpabilité morale chez leurs auteurs.

Ce qu'il y aurait de plus étonnant dans tout ceci, si l'on ne tenait pas compte de la force et de la pression des circonstances politiques, ce serait que des juges appartenant à cette magistrature française, dont la sagacité et l'impartialité sont si célèbres dans le monde, aient pu consentir, jusqu'à présent, c'est-à-dire pendant presque une année, à abandonner entièrement l'examen et les recherches nécessaires pour arriver à la découverte de la vérité, à une Commission d'experts, uniquement composée de vos ennemis déclarés, d'hommes appartenant à un seul et même corps, à l'École des Chartes, animés tous d'un même esprit, et par conséquent ne pouvant pas se contrôler réciproquement les uns les autres. Quelqu'un m'a dit que la composition de cette Commission est par cela même illégale, ou du

moins sans précédent dans l'histoire de la procédure française.
S'il en était autrement, il me semble que sur ce point la loi française serait bien défectueuse.

Je ne saurais assez insister sur ce que le pouvoir judiciaire
semble, jusqu'à présent, vous avoir abandonné à des experts
qui sont vos ennemis déclarés, qui provoquent des saisies faites
sans inventaire, qui dressent, à ce qu'on m'a assuré, des espèces
d'interrogatoires, qui répandent, même par la voie des journaux, toutes sortes de bruits calomnieux contre vous, et qui
déclarent enfin, comme je l'ai déjà dit, qu'ils ne seront contents
que lorsqu'*ils vous auront fait pendre*.

On repousse tout autre moyen d'information, et il n'est pas
étonnant que la justice, qui n'entend que ce que disent les élèves de l'Ecole des Chartes, ait reçu des préventions d'autant
plus dangereuses que les magistrats ne sont pas bibliographes,
et que, comme le prouve le Rapport de M. Boucly, ce défaut de
connaissances spéciales peut les entraîner dans des erreurs graves. Vos amis auraient bien voulu, dès le commencement, re-
dresser cette opinion des magistrats, et faire connaître la vérité
à votre égard ; mais ceux qui ont essayé de faire entendre leur
voix n'ont pas été écoutés. Je sais, par exemple, de M. Paulin,
ancien gérant du *National*, qu'ayant demandé et obtenu d'être
entendu par le juge d'instruction, et ayant commencé par déclarer qu'il venait témoigner de votre probité, et qu'on n'avait
qu'à l'interroger sur les faits particuliers qui pouvaient être à
sa connaissance, sa déposition sur votre probité en général ne
fut pas acceptée, et quant aux faits particuliers qui pouvaient
être à sa connaissance, il ne fut pas interrogé. M. Paulin
pense qu'en agissant de la sorte, le juge d'instruction n'a fait
que suivre à la lettre les règles de la procédure française. C'est
très-possible, je ne suis pas Français, et je ne connais pas le Code
de la procédure française ; mais vous concevrez aisément que
l'effet inévitable de l'accueil fait à M. Paulin par le juge d'instruction devait être d'arrêter tout court toutes les autres personnes qui voulaient témoigner en votre faveur. J'espère que le
jour arrivera bientôt, où les règles de la procédure française
permettront à M. le juge d'instruction d'entendre et d'interroger aussi les témoins qui vous sont favorables. Jusqu'à présent,
c'est-à-dire depuis onze mois que cela dure, ni M. Paulin, ni aucune autre des personnes dont vous invoquez le témoignage dans
votre réponse à M. Boucly, n'a été appelé, et il en résulte que

le pouvoir judiciaire n'a reçu depuis le commencement de cette affaire que les impressions de vos ennemis, et que rien ne vient balancer dans l'esprit des magistrats les attaques journalières dont vous êtes l'objet.

Si je voulais énumérer toutes les singularités de cette étrange procédure, que j'ai prises aux sources, je ne finirais pas. Permettez-moi de vous raconter ce qui est arrivé à la maison de librairie Frank et Compagnie, qui avait acheté, à votre vente publique de l'année 1847, pour plus de trente mille francs de livres. Une partie considérable de ces livres avait été achetée par commission ; d'autres, pour quinze ou vingt mille francs, étaient restés dans le magasin, et comme vous aviez acheté d'autres livres dans cette maison avec laquelle vous aviez un compte fort élevé, il s'était établi une sorte de balance, et les livres achetés par MM. Frank et Compagnie répondaient, pour ainsi dire, de ce que vous deviez à leur maison. Après votre départ de France, les élèves de l'Ecole des Chartes, chargés de l'examen de votre bibliothèque, se sont présentés avec une commission rogatoire dans la maison Frank ; ils ont enlevé, sans inventaire, sans formalité aucune, tous les livres qu'ils ont cru provenir de votre vente. Ces livres ont été emportés, et MM. Frank et Compagnie n'en ont plus entendu parler. Que sont-ils devenus ? Les magistrats probablement le savent. Ce que je puis vous affirmer, c'est que personne de la maison Frank n'a jamais été appelé à donner la moindre explication sur ces livres. N'est-ce pas là un procédé qui mérite d'être signalé à M. le juge d'instruction ?

Une autre singularité qui me frappe dans cette affaire, c'est que, pendant qu'on affecte de vous considérer comme *contumax*, et qu'on veut faire passer votre éloignement pour un aveu de culpabilité, on ne vous a jamais adressé, que je sache, aucune assignation ; jamais vous n'avez été appelé à comparaître. Et pourtant, lorsque vos amis ont présenté il y a deux mois, au procureur de la République, une protestation de vous contre les illégalités et les irrégularités commises journellement par les experts, cette protestation aurait été repoussée d'abord sous prétexte que vous étiez contumax. Il y a là une contradiction qui ne s'explique que par cette préoccupation à laquelle on paraît obéir contrairement à toutes les règles de l'équité et de la justice, et qui porte le pouvoir judiciaire à vous considérer comme coupable, avant de vous avoir entendu, avant d'avoir recueilli aucun témoignage en votre faveur, et sans songer que vous n'êtes qu'accusé.

Il ne faut pas vous le cacher, votre éloignement, exploité par vos ennemis, les attaques incessantes de certains organes influents de la presse, les actes administratifs qui vous ont privé illégalement de vos chaires, les bruits répandus par les experts, les propos de ces experts et même de certains fonctionnaires qui déclarent, avec une légèreté blâmable, que vous êtes *perdu*, avant qu'aucun rapport ait été fait à votre égard, et sans que vous ayez été entendu : tous ces faits et toutes ces circonstances ont grandement égaré l'opinion sur votre compte. On est parvenu à intimider plusieurs de vos amis les plus chauds, qui, n'étant pas pour la plupart parmi les *vainqueurs*, hésitent à se mettre en avant et éprouvent une certaine répugnance à certifier publiquement les faits favorables qu'ils connaissent et les irrégularités commises à votre égard, surtout après les accusations de complicité repandues vaguement. Quelques-uns d'entre eux, supposant qu'il y a dans toute cette affaire un parti pris d'avance, et vous croyant irrévocablement destiné à devenir la victime de vos persécuteurs, ne se soucient pas, surtout devant un avenir politique si incertain et si sombre, d'attirer sur eux, sans profit pour vous, la colère de vos ennemis. La lassitude et le découragement ont fait de tels ravages dans chaque classe de la société, que, dans toutes les hypothèses, vous auriez tort de compter sur un concours bien zélé. Ceux qui vous connaissent sont convaincus de votre innocence ; mais beaucoup de personnes voudraient que cette innocence triomphât toute seule, sans qu'elles eussent à faire le moindre effort, sans qu'elles eussent à éprouver le moindre désagrément. Les uns disent que vous devriez venir à Paris défendre votre honneur, combattre hardiment vos ennemis, et montrer à tous que vous ne craignez pas le débat public. D'autres, sachant tout ce qui a été fait contre vous, vous voyant livré à une Commission d'ennemis acharnés, qui se sentent soutenus par des hommes puissants cachés derrière le rideau, et par des journaux influents, croient que vous n'avez actuellement aucun moyen de faire revenir l'opinion en France, et voudraient que vous attendissiez des temps meilleurs. Ils savent que l'Europe vous a déjà donné raison, et ils sont convaincus que tôt ou tard la justice et la vérité finiront par triompher. Ils vous rappellent ce que vous, né à Florence, vous savez mieux que personne, c'est-à-dire qu'à la suite d'une révolution, Dante a été condamné par contumace comme voleur par une démocratie victorieuse, et que *la Florentine*, comme on l'appelait par excellence, la fameuse maréchale d'Ancre, est montée sur l'échafaud par ordre du Parlement de Paris, qui la consolait ainsi de l'assassinat commis sur la personne de son mari. Je ne saurais vous donner de conseil dans cette position si difficile. Je me bornerai à vous dire qu'en tout état de cause, et quel que soit le résultat de cette persécution, vos amis, et moi en particulier, nous ne cesserons jamais d'avoir pour vous les sentiments de haute estime qui vous sont dus, et qu'en ma qualité d'Italien je n'hésite pas à vous exprimer, au nom des hommes les plus honorables de notre pays. Aussi j'espère que vous pourrez lire, sans trop vous émouvoir, les sottes infamies qui furent publiées contre vous dans les journaux dont, selon votre désir, j'ai fait faire le dépouillement, encore bien incomplet, que vous recevrez avec cette lettre. Ayez du calme et de la patience, et surtout ne négligez pas les soins que réclame votre santé si gravement altérée. La calomnie vous a fait une position difficile et pénible, mais vous êtes encore en état de renverser un jour, de vos propres mains, — ce jour viendra tôt ou tard — le terrible échafaudage qu'elle a dressé contre vous. Elle a été plus heureuse dans ses infâmes entreprises contre notre illustre et infortuné ami Rossi : après avoir armé contre lui le bras des assassins, il ne lui reste plus qu'à s'attaquer à sa mémoire. Un journal français, qui se publie dans le département où son fils vient d'être nommé sous-préfet, donne la nouvelle de cette nomination dans ces termes, répétés par le *National* : *Nous aurons pour sous-préfet M. Rossi, le fils de celui qui a trouvé à Rome une mort* MÉRITÉE.

Veuillez me croire toujours votre tout dévoué,

J. PICCHIONI.

J'ai dit plus haut qu'il se trouvait en Italie des livres provenant de la
Bibliothèque nationale (ex-royale) de Paris. A plusieurs reprises j'avais
appris que des volumes portant l'estampille de cette Bibliothèque
avaient été vus en Italie chez des libraires ou dans des collections particulières ; mais ces faits-là n'étaient appuyés sur aucun document, et l'on
conçoit que les personnes intéressées, qui pourraient fournir des détails,
ne se soucient pas de le faire au moment où l'on répand de si épou-
vantables calomnies contre les possesseurs de livres à estampille. Heureusement je me rappelais avoir entendu dire que M. Molini, ancien
bibliothécaire du grand-duc de Toscane, avait acheté et rendu gratuitement à la Bibliothèque royale de Paris un de ces volumes, et je connaissais assez la loyauté de son caractère pour savoir que, si le fait
était vrai, il n'hésiterait pas à le certifier. Ayant appris que M. Rolandi,
libraire de Londres très-estimé, devait se rendre en Toscane, je le priai
de prendre des renseignements auprès de M. Molini, au sujet du volume en question ainsi que sur d'autres faits relatifs à la dispersion et à
la vente qui avait eu lieu en France et en Angleterre, de certains volumes imprimés et manuscrits sortis des Bibliothèques de Florence. Je
donnerai ici une lettre de M. Rolandi, qui contient la réponse de M. Molini à toutes les questions que M. Rolandi lui avait adressées. Cette lettre
de M. Molini renferme d'autres faits importants sur lesquels le savoir
de ce bibliographe répand un double intérêt. C'est par discrétion que j'ai
remplacé quelques passages par des points. Pour compléter les renseignements que renferme cette lettre, je dirai que les deux manuscrits de
la Bibliothèque Magliabechiana furent rachetés par M. Molini, pendant
qu'il était à Paris, de MM. Payne et Foss de Londres, sur le Catalogue
desquels ils avaient figuré en 1842, sous les n°s 136 et 155. L'acquisition
du beau manuscrit de Convegnole m'avait été proposée par MM. Payne
et Foss, au prix de 100 livres sterling (2,500 francs). Ce manuscrit me
fut envoyé à Paris pour que je pusse l'examiner, comme cela se pratiquait ordinairement pour les articles importants que m'offraient ces
messieurs. Le volume resta deux mois chez moi, après quoi je le ren-
voyai à Londres sans l'acheter. Il est facile de vérifier ces faits, en consultant MM. Payne et Foss. Si j'avais acheté ce manuscrit, dérobé à une
Bibliothèque publique, et si les experts l'eussent trouvé chez moi, qu'au-
raient-ils dit ?

Al Chiarissimo signor professor
Libri, a Londra.

Pregiatissimo Signor Professore,

Le trascrivo copia di una lettera per-
venutami stamane dal Sig^r Gius^e Molini. Sono fatti che ella già saprà, ma che

A M. le professeur Libri,
à Londres.

Monsieur le professeur,

Je vous transmets la copie d'une lettre que j'ai reçue ce matin de M. Joseph Molini. Ce sont des faits que vous

n caso contrario non leggerà senza sorpresa. — Altro fatto consimile aspetto da altro librajo di Firenze, che appena lo sappia per *iscritto* gliene farò parte.

Si conservi e mi creda sempre il suo

Devotis° ed affez° servo,

P. ROLANDI.

Carissimo Signor Rolandi,

Con tutto il piacere rispondo subito alla grata vostra di jeri e vi dirò esser verissimo :

1° Che da un mio amico d'illibatissima fede mi fu portato anni fa un grosso volume interamente postillato dal celebre Huet, ed io lo pagai paoli 45, colla condizione che se nel mio prossimo viaggio a Parigi ne avessi trovato un prezzo maggiore, il di più si sarebbe ripartito fra me ed il venditore. Ma il fatto andò al contrario, perchè avendolo offerto al Sig. Lenormant, bibliotecario della libreria Nazionale di Parigi, egli mi fece osservare che quel volume portava il bollo della libreria suddetta, dalla quale era stato rubato e che io non aveva veduto. Io ne rimasi mortificatissimo, e se fossi stato tutt' altri che io, poteva forse dubitarsi che lo avessi rubato io stesso. Fatto stà che io lo restituii al Sig. Lenormant e non volli essere da lui di nulla rimborsato; e nell' agitazione in cui io era non avvertii neppure di farmi fare una lettera di ringraziamento. Il giovane che me lo vendè era un benestante Casentinese che non fu mai a Parigi. Come mai quel libro fosse caduto in sue mani lo sa il Cielo.

2° Nella vendita *Lamberty*, fatta in Parigi dal 28 novembre al 20 decembre 1842, alla quale io era presente, furono venduti molti libri che portavano il bollo della libreria Magliabechiana e della Palatina medicea, e specialmente quelli che sono segnati sotto numeri 294 a 551, che avevano la musica stampata in caratteri mobili. Io non ne comprai nessuno, perchè non ne aveva la commissione e perchè furono venduti a prezzi stravaganti. Basta che il numero 307 che era un fascicoletto di poche pagine fu venduto 80 franchi. Ogni fascicolo aveva un titolo manoscritto di carattere da me conosciutissimo. Ora che io lavoro per la compilazione del catalogo della Magliabechiana, ho verificato che i medesimi già vi erano, ed ora più non vi sono.

È verissimo che per commissione del

connaîtrez déjà, mais si vous les ignorez, vous les lirez avec surprise. J'attends d'un autre libraire de Florence quelques renseignements sur un fait semblable : dès que je les aurai par *écrit* je vous les transmettrai...

Croyez-moi toujours

Votre très-dévoué et très-affectionné serviteur,

P. ROLANDI.

Cher Monsieur Rolandi,

Je réponds immédiatement et avec grand plaisir à votre aimable lettre d'hier, et je déclare qu'il est très-vrai :

1° Qu'un de mes amis, homme très-honorable, m'apporta, il y a quelques années, un gros volume entièrement apostillé par le célèbre Huet. Je le payai 45 *paoli*, avec cette condition que si, dans mon prochain voyage à Paris, j'en pouvais tirer un prix plus élevé, le bénéfice serait partagé entre le vendeur et moi. Mais le résultat fut bien différent, car l'ayant offert à M. Lenormant, conservateur de la Bibliothèque nationale de Paris, il me fit remarquer que ce volume portait l'estampille de cette bibliothèque, à laquelle il avait été dérobé ; estampille que je n'avais pas vue. Je fus très-mortifié de cela, et s'il se fût agi de toute autre personne que de moi, M. Lenormant aurait pu soupçonner que je l'eusse volé moi-même. Le fait est que je le restituai à M. Lenormant, et que je ne voulus recevoir aucune indemnité. Dans mon agitation, je ne pensai même pas à me faire faire une lettre de remerciement. Celui qui me l'avait vendu était un jeune homme fort aisé du Casentino, qui n'a jamais été à Paris. Le Ciel sait par quel hasard ce livre était tombé dans ses mains.

2° Dans la vente Lamberty, faite, à Paris, depuis le 28 novembre jusqu'au 20 décembre 1842, et à laquelle j'étais présent, on vendit beaucoup de livres qui portaient l'estampille de la Bibliothèque Magliabechiana, et de la Bibliothèque Palatina medicea, particulièrement ceux qui sont indiqués depuis le n° 294 jusqu'au n° 551, qui contenaient la musique imprimée en caractères mobiles. Je n'en achetai aucun, parce que je n'avais pas de commission, et parce qu'ils furent vendus à des prix extravagants. Il suffit de dire que le n° 307, qui était un opuscule de peu de pages, fut vendu 80 francs. Tous les fascicules avaient un titre manuscrit d'une écri-

governo ricomprai a Parigi un libro di preghiere manoscritto in pergamena dell' ottavo secolo, ed un altro in folio in cartapecora di sommo valore e con molte curiose miniature del secolo XIV, contenente le opere di Convenevole (o piuttosto Convegnole) da Prato, che fù maestro del Petrarca. Questi due codici preziosi furono rimessi nell' antico posto nella Magliabechiana dalla quale erano stati rubati, e ne è conosciuto il ladro il quale passeggia gaudentemente per Firenze senza che sia stato mai molestato.

Aggiungerò di più come ricomprai a Parigi la copia del rarissimo Lattanzio stampato a Subiaco . . . . . il quale era stato rubato dalla libreria Riccardi da un certo . . . . che più non vive. Lo pagai 500 franchi.

GIUSEPPE MOLINI.

ture que je connais très-bien. Maintenant que je travaille à la compilation du catalogue de la Bibliothèque *Magliabechiana*, j'ai pu constater que ces livres y étaient autrefois, et qu'ils ont disparu.

5° Il est très-vrai que, par commission du gouvernement, je rachetai, pendant que j'étais à Paris, un livre de prières manuscrit, sur peau vélin, du huitième siècle, très-important, ainsi qu'un autre manuscrit in-folio, sur peau vélin, d'un très-grand prix, et avec beaucoup de curieuses miniatures du quatorzième siècle. Ce dernier manuscrit contenait les œuvres de Convenevole (ou pour mieux dire Convegnole) da Prato, qui fut le maître du Pétrarque. Ces deux précieux manuscrits furent remis à leur ancienne place à la Bibliothèque Magliabechiana, à laquelle ils avaient été dérobés. Le voleur est connu, il se promène à son aise dans Florence, sans qu'on lui ait jamais rien dit.

J'ajouterai que j'ai racheté à Paris l'exemplaire du Lactance rarissime, imprimé à Subiaco . . . . . qui avait été dérobé à la Bibliothèque Riccardi, par un certain . . . qui a cessé de vivre. . . Je le payai 500 fr.

JOSEPH MOLINI.

J'ai dit précédemment (page 29) que la manière dont la procédure avait été conduite par les experts faisait croire, bien à tort sans doute, que les magistrats voulaient *prendre une revanche* : une lettre que j'ai reçue d'un des membres les plus célèbres de l'Institut, qui au besoin se ferait connaître, donne des renseignements curieux sur les dispositions qu'on attribue aux magistrats. Voici un extrait de cette lettre. Qu'on me permette de faire remarquer que mon affaire n'est guère plus *avancée* aujourd'hui qu'elle ne l'était au 31 juillet 1848.

Paris, 31 juillet 1848.

Mon cher Confrère,

Je ne voulais vous écrire que quand j'aurais quelque chose à vous mander de votre affaire ; mais au train dont vont les choses, je risquerais d'ajourner à trop longtemps le plaisir de répondre à votre lettre, si j'attendais pour cela que j'eusse des nouvelles à vous donner. Tout ce que j'ai pu savoir auprès de nos magistrats, qui sont, au fond, *un peu piqués* que vous ayez eu si bien raison de *leur Boucly*, c'est que l'instruction de votre affaire est à peu près abandonnée. C'était d'abord M. Hatton qui en avait été chargé, et qui s'en occupait, à ce qu'il paraît, très-activement, jusqu'au moment où votre réponse a paru. Mais le zèle s'est ralenti depuis cette publication ; on a laissé les élèves de l'Ecole des Chartes poursuivre leur inventaire de votre Bibliothèque, dans l'espoir que ce travail procurera quelque chose, et en attendant la justice s'est reposée ; puis est arrivée la grande insurrection de juin, qui a exigé le concours de tout ce que la magistrature, républicaine ou non, renferme de juges d'instruction ; de sorte que tous ces magistrats et procureurs de la République sont si bien occupés pour nos insurgés de juin, qu'il n'en reste plus un seul pour vous. Un de ces magistrats, à qui je demandais, après l'avoir inutilement pressé de questions, ce que deviendrait enfin votre affaire, me répondit : *Si M. Libri veut revenir, on poursuivra devant lui l'instruction ;* à quoi je répliquai : Mais serait-ce bien prudent à M. Libri de venir se mettre entre les mains des gens de loi de la République, qui commenceront par le mettre au secret, et qui finiront peut-être par l'y oublier ? Et à cela, je n'obtins pas de réponse.

Vous voyez, mon cher confrère, si mes informations sont

exactes, que votre affaire n'est guère plus *avancée* aujourd'hui qu'il y a trois mois. Mais c'est qu'en vérité, après votre réponse, je crois que vos juges sont plus embarrassés que vous-même. Cette réponse si solide et si péremptoire, succédant tout d'un coup à tout ce bruit qu'on avait fait, a changé les rôles, et au lieu d'une victime sur laquelle la République avait compté, il se trouve que c'est à elle à répondre d'un lâche procédé ; l'affaire est désagréable, et on voudrait bien en être encore à la publication du *Moniteur*. Voilà, du moins à mes yeux, ce qui explique le silence gardé sur votre affaire...

J'ai annoncé (page 14) que l'on trouverait parmi ces *documents*
quelques extraits d'articles publiés en ma défense, dans les journaux anglais, allemands et italiens, et signés par des personnages marquants
qui, presque sans exception, ne me connaissaient que de nom. Je ne
reproduis pas ici les articles non signés qui ont paru en très-grand nombre dans les feuilles publiques, et dont il a déjà été question (page 9) ;
je suis loin d'ailleurs d'avoir pu rassembler toutes les déclarations du
même genre qui ont été publiées. Ainsi, je n'ai eu connaissance que
par des citations (voyez page 158) de l'article de M. Spiker, bibliothécaire de Berlin, ainsi que de celui que M. Hoffmann, bibliothécaire à
Hambourg et bibliographe très-connu, a publié dans la *Gazette d'Augsbourg*. C'est par une citation aussi que j'ai pu (voyez page 157) avoir
connaissance de l'article publié en Belgique par M. le baron de Reiffenberg, dont l'érudition vaste et sûre est connue et appréciée de tous les
savants. Si je regrette de ne pas connaître chacun de mes défenseurs,
c'est parce que j'aurais voulu leur offrir nominativement l'expression
d'une reconnaissance bien profonde et bien sentie. Je dirai une fois pour
toutes que ces divers articles, publiés en allemand, en anglais, et en
italien, ont été traduits avec le plus grand soin et littéralement.

« Sur le prétendu vol de livres de M. Libri, à Paris.

(Extrait du *Privilegirte. Berlinische Zeitung*[1] (*Gazette privilégiée de Berlin*),
du 11 juin 1848.)

« Il y a quelques mois, les feuilles publiques contenaient cette
nouvelle : M. Libri, membre de l'Institut national de Paris, aurait
profité de ce qu'il était chargé d'une inspection dans les principales bibliothèques de France, pour soustraire des manuscrits et
des livres précieux pour une somme très-considérable, et les
aurait ensuite vendus à son très-grand profit. Ceci résulterait
d'un rapport du procureur du roi, M. Boucly, en date du 4
février, et qui a été trouvé parmi les papiers laissés par
M. Guizot. Après les journées de Février, M. Libri aurait tenté
de se présenter à l'Institut le 28 février, mais un billet lui ayant
été glissé dans la main, il aurait été forcé de quitter précipitam-
ment la France. Le rapport de M. Boucly parut dans le *Moni-*

---

[1] Comme on le verra par la signature, à la fin, cet article est de M. Encke,
secrétaire perpétuel de l'Académie royale des sciences de Berlin.

teur universel le 19 mars 1848. En conséquence, pour la plupart des lecteurs, la chose semblait indubitable.

« Maintenant, M. Libri a fait paraître, en Angleterre, une réponse à ce rapport (*Réponse de M. Libri au rapport de M. Boucly* publié dans le *Moniteur universel* du 19 mars 1848. — Londres, 1848). Le rapport est là complétement reproduit et accompagné des réfutations de M. Libri. A cause de la ressemblance de nos propres affaires avec celles de la France, il vaut bien la peine d'avoir devant les yeux un exemple de l'excés des attaques violentes produites par les luttes des partis politiques ; car quiconque lira avec impartialité le rapport pourra à peine comprendre comment, en l'absence de M. Libri, il a pu être publié dans le *Moniteur*. Ensuite, si l'on compare la réfutation avec l'accusation, on n'hésitera pas à tenir M. Libri pour complétement justifié.

« Depuis le commencement jusqu'à la fin, le rapport est si contraire au sentiment de justice allemand, qu'il suffit d'en faire ressortir un exemple quelconque pour convaincre tout homme impartial. D'abord, toute l'enquête est basée sur des lettres anonymes et pseudonymes, et le procureur du roi a, depuis le 5 février 1846 jusqu'au 4 février 1848, pendant deux ans, conduit secrètement ses investigations sans interroger une seule fois M. Libri. En terminant, M. Boucly dit très-naïvement : « Peut-être des explications demandées à M. Libri lui-même « eussent-elles fait disparaître les soupçons dirigés contre lui. » Un juge d'instruction allemand se conduira-t-il jamais ainsi ?

« Au premier avertissement anonyme et pseudonyme, 5 février 1846, M. Boucly s'informe dans les bibliothèques de province pour savoir si des vols y ont été commis. A l'une, on ne répond rien du tout ; pour les autres, on répond qu'aucun vol n'a été commis. Il cesse ses investigations, mais le 13 juillet 1847, sur une lettre *anonyme*, il les reprend. Alors il se trouve un seul fait précis. Il y avait à Carpentras, en 1840, un exemplaire non rogné de l'édition Aldine de Théocrite et d'Hésiode de l'année 1495, relié en parchemin : M. Libri l'a emprunté et a rendu en place un exemplaire rogné de la *même* édition, relié en veau (§ 19). Cet exemplaire très-reconnaissable est annoncé sous le numéro 294 du catalogue imprimé pour la vente faite à Paris par M. Libri. M. Libri fait connaître la lettre du bibliothécaire de Carpentras, du 28 novembre 1843, dans laquelle celui-ci reconnaît cet échange, pour lequel M. Libri donnait, outre son exemplaire, un nombre considérable de livres modernes qui manquaient à Carpentras. Comme bibliophile, M. Libri attache une plus grande importance qu'un connaisseur ordinaire à ce qu'un exemplaire soit rogné ou non rogné.

« D'après nos usages, cet échange n'aurait pas pu s'effectuer par le bibliothécaire seul, il aurait fallu une plus haute autorisation ; mais d'après cet écrit, les nombreuses ventes qui ont eu lieu de tout temps dans les bibliothèques de province à d'autres personnes qu'à M. Libri prouvent qu'il n'en est pas de même en France. D'ailleurs la description d'un exemplaire très-connu, détaillée dans le catalogue imprimé à Paris, n'est-elle pas la preuve que M. Libri se sentait tout à fait dans son droit? En tout cas, un tel échange est bien différent de vols nombreux qui s'élèveraient à des centaines de milliers de francs.

« Ceci est le seul *corpus delicti* qui puisse être mis en avant, car pour un autre livre, *il libro del Cortegiano*, M. Boucly, lui-même, ne fait que supposer qu'il a pu appartenir à la bibliothèque de Carpentras, et M. Libri fait connaître la source d'où il tient son exemplaire, qui n'est pas un livre très-rare.

« On peut maintenant demander quelles sont les autres allégations (soupçons) contre M. Libri? Rien, sinon des bruits, que des manuscrits et des livres manquent dans des bibliothèques de province. Dans la première dénonciation anonyme *on disait que les faits étaient généralement connus* (§ 7). Dans la seconde (§ 11) *on répétait que ces vols étaient connus de tout le monde.* Il manque à Poitiers (§ 14), sans qu'on dise depuis combien de temps, des autographes et des chartes ; — de même à Albi ; de 1840 à 1845, cinq ouvrages précieux ont disparu à Troyes, et ils n'ont pu être pris que par un connaisseur. Mais M. Boucly s'est informé (§ 19) de la liste des personnes qui ont visité cette bibliothèque, et il y a trouvé le nom de M. Libri. On lui a aussi dit *un mot*, que, depuis la visite de M. Libri, la bibliothèque de cette ville a beaucoup perdu. On rapporte (§ 30), que le bibliothécaire d'Auxerre, comme M. Libri voulait une fois passer la nuit à la bibliothèque, est toujours resté auprès de lui, parce qu'il le soupçonnait. M. Carteron, *employé aux Archives du royaume*, s'est présenté deux fois (§ 24) spontanément et a dit que M. Libri avait soustrait des livres de la bibliothèque de Florence, et que l'entrée de la bibliothèque de Milan lui avait été interdite. Même

(§ 12) (on ne sait si c'est pour éveiller les soupçons) on allègue ceci, et le ministre le savait certainement : *Il faut de suite rappeler que, quelques années auparavant, M. Libri avait reçu de M. le ministre la mission d'inspecter les principales bibliothèques de France.*

« De ces rumeurs, M. Libri réfute ce qu'il convient de réfuter ; par exemple, que M. Carteron a dû se tromper, car d'après la communication des lettres des bibliothécaires, les relations de M. Libri avec les bibliothèques de Florence et de Milan n'ont jamais cessé d'être des plus amicales, et le sont encore. Ainsi de suite. Il ne reste alors, de ces *on dit*, que l'étonnement de les voir figurer dans un acte judiciaire.

« Les autres bases sur lesquelles reposent les soupçons de M. Boucly sont encore plus étranges. M. Libri a fait imprimer à Paris un catalogue de livres rares (3,000 volumes) pour les faire vendre en vente publique ; mais sur le titre du catalogue il y a seulement *Bibliothèque de M. L...* M. Boucly, qui prise tant les dénonciations *anonymes* et *pseudonymes*, remarque avec affectation cette *anonymité* (§ 21). Tout le monde conçoit que, même sans nom, la possession d'une collection si extraordinaire ne peut pas rester cachée, et, en effet, dans cette circonstance, personne dans le monde savant ne l'ignorait. D'ailleurs il est très-souvent d'usage (ce dont M. Libri a fourni des exemples superflus) de mettre la lettre initiale au lieu du nom entier.

« M. Boucly allègue encore (§ 25) que, dans le *National* du 6 septembre 1842, un critique, qui évidemment voulait parler de M. Libri, *le désignait comme un homme bien connu pour le zèle qu'il met à conserver les bibliothèques*, et que M. Libri n'a ni réclamé ni protesté. M. Libri montre que, dans une lettre particulière, le *National* s'est excusé. Mais, au fait, est-il bien nécessaire de devoir réclamer contre toute allusion haineuse où le nom n'a pas été prononcé une seule fois, et si l'on ne le fait pas, doit-on être soupçonné d'être coupable ? Mais M. Boucly va encore plus loin, car il allègue encore (§ 26) que le *Courrier Français* a parlé de M. Libri *dans le même sens*, mais il n'a pas vu les passages. Un agent judiciaire s'en rapporte à des allusions haineuses dont il ne donne pas seulement la preuve !

« On rapporte de même (§ 28) que M. Libri aurait vendu en Angleterre une collection de manuscrits dont le catalogue n'aurait pas été imprimé en France. Les rédacteurs de la *Bibliothèque de l'Ecole des Chartes* auraient seulement dit qu'ils espéraient se le procurer en entier ; dans ce cas, ajoute M. Boucly, leur but est *apparemment* de le publier et de provoquer ainsi contre M. Libri les réclamations des villes qui y retrouveraient leur propriété. Quelle interprétation hostile d'un simple fait ! Un juge d'instruction allemand se permettra-t-il jamais une chose pareille ?

« On peut retourner contre M. Boucly lui-même quelques-uns de ses arguments. Il affirme (§ 28) n'avoir interrrogé que deux personnes seulement parmi toutes celles qu'il nomme, MM. Techener père et fils, ce dernier deux fois. Mais M. Techener père a fait insérer dans la *Presse* du 2 avril que son fils n'a jamais été interrogé, et que lui-même a déclaré ne pouvoir rien affirmer. Après cela, on verra si M. Boucly réclame, et s'il fait une protestation contre ce démenti donné à un fait affirmé par lui. S'il ne le fait pas, selon sa propre théorie, il sera fortement soupçonné d'avoir publié un faux témoignage.

« Par une impression naturelle on se demande d'où viennent donc tous ces bruits, quand ni leur ensemble, ni aucun d'eux en particulier n'est fondé ? On n'a qu'à se rappeler l'exemple du ministre Martin du Nord, qui a été victime d'une calomnie encore plus abominable. M. Libri était un amateur de livres passionné. Ses revenus considérables lui permettaient de dépenser beaucoup pour satisfaire ce goût ; son zèle fut encouragé par des résultats heureux. Il avait été chargé d'une mission officielle dans les bibliothèques de province, et il avait eu occasion par là de les connaître parfaitement bien. Sa liaison intime avec Guizot lui créa beaucoup d'ennemis. Il n'est donc pas étonnant qu'on ait profité des négligences commises dans l'administration des bibliothèques pour former des accusations contre lui.

« Dans ces circonstances, après que M. Libri a quitté la France, l'insertion d'un tel rapport dans le *Moniteur universel*, organe officiel du gouvernement provisoire dont fait partie M. Arago, qui est non-seulement le collègue spécial de M. Libri à l'Institut, mais son adversaire déclaré depuis plusieurs années, doit nous remplir d'une profonde douleur. En présence d'une si grande animosité, d'après le contenu du billet remis à M. Libri (p. VIII), d'après le traitement qu'on a fait subir aux gens de sa maison (p. III), on ne peut s'empêcher de reconnaître que son départ de France a été un acte de sagesse.

« Incontestablement, cette affaire s'éclaircira encore, car, ou l'Institut national continuera à compter M. Libri au nombre de ses membres, et alors il est justifié aux yeux de cette corporation savante, ou on l'exclura, et alors il faudra établir la discussion sur les causes de l'exclusion.

« J'ajoute ici que je ne connais pas M. Libri personnellement; qu'autant que je puis m'en souvenir, je n'ai jamais été en correspondance avec lui que pour lui écrire la lettre officielle par laquelle je lui annonçais son élection comme correspondant à l'Académie de ce pays-ci.

« J.-B. ENCKE. »

« Berlin, 10 juin 1848. »

«*Sur la réponse de M. Libri au rapport de M. Boucly*[1], etc.

(Extrait du *Gelehrte Anzeigen* publié sous la direction de la Société royale
des sciences de Gœttingue.— 7 et 10 août 1848.)

« Le nom de M. Libri est trop avantageusement connu dans le
monde savant pour qu'il ne soit pas intéressant de connaître sa
défense contre une des plus effroyables accusations qui puissent
être lancées contre l'honneur civil d'un homme. Par cette raison, et avec le désir de contribuer en quelque chose à venger
l'honneur si profondément injurié de l'auteur, le soussigné a
entrepris de grand cœur de faire connaître dans ces feuilles la
substance de cet écrit qui n'est pas destiné à la *librairie*. Je
nomme cet écrit une défense, puisque c'en est une en effet,
par la forme; mais au fond c'est une *marque d'infamie*
(*Breites brandmal*) que M. Libri a imprimée sur le front de ses
calomniateurs.

« Tel est l'état des choses. Peu de temps après la dernière révolution française, des feuilles françaises répandirent la nouvelle
qu'on avait découvert que M. Libri s'était procuré, par des
voies illicites, dans diverses bibliothèques publiques, un grand
nombre d'ouvrages imprimés et manuscrits, et qu'il les avait
vendus. Sa fuite en Angleterre, qui, avec les relations qu'on lui
connaissait, ne devait étonner personne, fut mise sur le compte
des motifs qu'il avait pour se soustraire aux recherches de la
justice. Bientôt après, le 19 mars, parut, dans le *Moniteur*, un
rapport prétendument trouvé au ministère des affaires étrangères, et d'où il résultait que déjà, sous le dernier gouvernement, des recherches judiciaires avaient eu lieu sur les rapports
de M. Libri avec les bibliothèques de France. Chose d'autant
plus frappante que personne n'ignorait que M. Libri s'était étroi-
tement uni à ce gouvernement, et que comme rédacteur des
Débats il avait défendu la politique de M. Guizot.

M. Libri nous apprend lui-même dans quelle mauvaise position il se trouva par suite de cette attaque. Dans toute la presse

[1] Ce témoignage d'estime de la part de M. Stern, qui n'est pas seulement un
géomètre éminent dont les écrits décèlent un savoir universel, m'est d'autant
plus précieux, que j'ai cru y voir comme une sorte de reflet de cette bienveillance dont l'illustre Gauss m'a toujours honoré et dont je suis si fier.

libre de France, il ne se rencontra aucune feuille qui prît sa défense : aux journaux auxquels la bonne volonté ne manquait pas, il manqua le courage. De plus, comme après son départ tous ses livres et tous ses papiers furent saisis, il eut de la peine à se procurer quelques documents qui devaient servir à sa défense, ce qui explique suffisamment pourquoi cette défense si ardemment désirée par les amis et adorateurs de M. Libri s'est si longtemps fait attendre.

Pour mieux comprendre cette affaire, il sera nécessaire de dire quelque chose de la position qu'occupait M. Libri à Paris. Proscrit par le gouvernement de son pays comme coupable de haute trahison, il arriva là peu après la révolution de Juillet. Connu d'ailleurs à l'Académie par ses écrits comme un mathématicien plein de talent et entouré de la gloire du martyre politique, il ne pouvait pas manquer d'y être accueilli à bras ouverts et particulièrement par le secrétaire perpétuel de l'Académie. Il fut bientôt naturalisé Français, reçu à l'Académie et nommé professeur. Cependant il se brouilla peu à peu avec Arago, dont il attaqua publiquement à plusieurs reprises l'influence académique. Il offensa dès lors le parti républicain, qui comptait parmi ses chefs le célèbre physicien, et il s'attira encore plus sa haine en se rangeant sous le drapeau de Guizot, et particulièrement en soutenant sa politique italienne, à l'occasion de laquelle, dans les derniers mois qui précédèrent la révolution de Février, il fut vivement attaqué par les journaux républicains. Il s'attira une inimitié non moins dangereuse par sa polémique contre les jésuites. Dans de telles circonstances, il n'était pas étonnant que M. Libri rencontrât des attaques contre ses convictions politiques et ses opinions scientifiques ; mais, non contents de cela, ses ennemis secrets cherchèrent encore à *ruiner* son honneur. Les fonctions qu'il avait exercées dans les bibliothèques publiques et la bibliothèque privée qu'il avait formée servirent d'occasion pour cela.

« Depuis environ sept ans, une Commission avait été formée qui devait dresser un catalogue général des manuscrits contenus dans les bibliothèques de la France. M. Libri fut nommé secrétaire de cette Commission. En cette qualité, il découvrit dans les provinces une foule de manuscrits enfouis et oubliés, dont il donna, dans le *Journal des Savants*, des rapports détaillés. A Troyes, par exemple, où, après la visite des paléographes les plus exercés de France, il devait y avoir si peu à trouver que l'on déclara que c'était une pure perte de temps, quand il voulut y faire des recherches, il découvrit plus de 900 vieux manuscrits qui n'étaient pas portés sur l'inventaire, et dans le nombre plusieurs de la plus grande valeur. A Lyon seulement, il trouva treize manuscrits en lettres onciales, qui n'étaient pas décrits sur le catalogue, et ainsi en beaucoup d'autres lieux. Certes, aucune personne, ayant envie de s'approprier de tels trésors, ne les eût fait connaître; et pourtant, au lieu de lui être reconnaissant pour ces découvertes, on cherche à jeter sur lui le soupçon d'avoir dépouillé les bibliothèques de province. Comme, en sa qualité de secrétaire de la Commission, il devait souvent garder chez lui beaucoup de manuscrits pour les travaux qu'il faisait lui-même, ou pour les envoyer, sur leur demande, à d'autres membres de la Commission, on répandit le bruit que ce n'était que dans le but de s'approprier ces trésors. D'après ce que nous fait comprendre M. Libri, dans cette affaire, outre la haine politique, la haine scientifique agissait aussi. Des membres de l'*Ecole des Chartes*, institution dont le but principal est la paléographie, attribuèrent à M. Libri l'absence des membres de cette école dans la Commission, tandis que le ministre de l'instruction publique, qui avait nommé la Commission, avait eu ses raisons pour ne les y pas introduire. On prétendit savoir que M. Libri avait formé sa bibliothèque par des moyens illicites. Il est très-vrai qu'une bibliothèque de 30,000 ouvrages imprimés et de plus de 2,000 manuscrits, parmi lesquels beaucoup de très-rares, ne se trouve pas d'ordinaire en la possession d'un particulier. M. Libri vendit ces manuscrits 200,000 fr. Une partie des ouvrages imprimés que M. Libri fit vendre, et il est bon de le remarquer, *publiquement*, et d'après un *catalogue imprimé*, rapporta plus de 100,000 fr. On pourrait aussi se demander comment un particulier possédait de telles richesses ; mais quand nous n'aurions pas sous les yeux l'explication la plus minutieuse et la plus franche que donne M. Libri, quand nous ne saurions pas qu'il travaillait à sa collection depuis plus de trente ans, que sa position à Paris lui permettait de dépenser 20,000 fr. par an en livres, qu'il recevait encore de l'argent de sa famille ; qu'il a acheté, seulement chez six libraires et à un bouquiniste, dans le cours de ces treize dernières années, pour environ 200,000 fr. de livres et de manuscrits ; quand il ne nous aurait pas nommé tous ceux par l'entremise desquels il a eu ces précieux manuscrits, il ne serait pourtant venu à l'idée que des plus mal intentionnés qu'une telle bibliothèque avait pu être volée. Comme si une telle collection pouvait être mise successivement dans la poche et s'emporter à la maison !

« Cependant l'œuvre de la calomnie audacieuse devait trouver ici un bien affligeant appui, car les bruits répandus sur M. Libri rencontrèrent tant de crédulité, que même un officier de justice tomba dans les filets de la calomnie. Et ici nous revenons à ce rapport susdit qui, d'après l'exposition de M. Libri, eut pour origine les faits suivants.

« Vers la fin de janvier, M. Libri apprit que le substitut du procureur du roi avait pris des informations sur quelques ouvrages qui s'étaient présentés dans la vente L..., desquelles informations il résultait clairement qu'on soupçonnait que ces ouvrages avaient appartenu à des bibliothèques publiques. M. Libri, qui avait entre les mains les preuves d'une possession régulière, se rendit immédiatement auprès de M. Guizot, et lui présenta ses pièces convaincantes. Par suite de cet entretien on engagea le ministre de la justice à prendre de plus amples informations auprès du procureur du roi. En même temps, M. Libri envoyait une note au ministre de la justice, dans laquelle il se plaignait de ce qui avait eu lieu, offrait de montrer de quelle manière les ouvrages en question étaient venus en sa possession, et demandait en même temps l'autorisation de poursuivre judiciairement ceux qui, par leurs dénonciations, avaient amené le procureur du roi à concevoir des soupçons. Cette note fut communiquée au substitut du procureur du roi, M. Boucly, pour qu'il en prît connaissance, et c'est à cela que répond l'acte *confidentiel*, qui a paru publiquement dans le *Moniteur*. Peu de temps avant la journée du 22 février, ce rapport arriva au ministère des affaires étrangères, pour être soumis à M. Guizot, et resta là dans la presse des événements ; il y fut trouvé après la révolution.

« D'après le rapport, les poursuites judiciaires avaient commencé par suite d'une note que le préfet de police avait fait parvenir le 5 février 1846 à M. Boucly. Elle contenait ceci : M. L (*sic*) aurait vendu en Angleterre, pour 7,000 fr., un Psautier manuscrit, qui aurait appartenu à la bibliothèque de Grenoble. Comment se l'est-il procuré ? De semblables soustractions auraient été commises par la même personne à Montpellier. A cette note était jointe une note *pseudonyme,* qui était parvenue à la préfecture de police, et dans laquelle M. ..., membre de l'Institut, était accusé d'avoir formé une collection de livres rares, de manuscrits et d'autographes, d'une valeur de trois à quatre cent mille francs, au moyen de soustractions faites dans les bibliothèques publiques du midi de la France. Par suite de cette dénonciation, qui ne contenait que des faits que nous pouvons omettre ici, M. Boucly prend des informations auprès de ses collègues de Carpentras, de Montpellier et de Grenoble. De cette première ville, il ne reçoit aucune réponse. De Montpellier, au contraire, il reçoit l'assurance positive qu'il ne manque dans la bibliothèque aucun livre, aucun manuscrit ; le procureur du roi de Grenoble, sans dire, comme le remarque très-naïvement M. Boucly, qu'il ne manque là aucun manuscrit, répond pourtant que les trois Psautiers qui appartiennent à la bibliothèque de cette ville s'y trouvent bien. D'après cela, on aurait pu supposer que M. Boucly aurait dû reconnaître la valeur de cette dénonciation. Au lieu de cela, il dit seulement que, *bien que le résultat de sa correspondance fût encore incertain et imparfait,* il suspendit ses investigations. Il est à peine utile d'ajouter ici que M. Libri fait savoir de qui il a acheté le manuscrit en question, et prouve qu'il n'a jamais appartenu à la bibliothèque de Grenoble. — M. Boucly continue. Dix-huit mois plus tard, le 13 juillet 1847, arrive une seconde dénonciation, mais cette fois adressée au procureur général de la Cour royale, qui la lui a envoyée pour y donner suite. Cette lettre *anonyme* signale les soustractions commises par M. Libri dans la bibliothèque Mazarine et dans la bibliothèque de l'Arsenal de Paris, dans les bibliothèques de Carpentras, de Troyes, de Poitiers et d'Albi, et dans d'autres villes du midi de la France. Cette fois M. Boucly s'abstint de toute investigation à Paris, afin, comme il le dit, de ne pas donner lieu à des soupçons prématurés et invraisemblables.— Nous apprenons de M. Libri, par les faits qu'il oppose au rapport, que, loin d'avoir rien enlevé de ces deux bibliothèques, il leur a fait des présents. — Au lieu de cela, M. Boucly s'adresse aux procureurs du roi de Carpentras, de Troyes, d'Albi, de Poitiers, et il prétend en avoir quelques lumières importantes. A Poitiers, il manque une lettre d'Urbain

Grandier et quatre chartes des dixième, douzième et treizième siècles. Mais comment M. Libri peut-il être responsable de tous les vols qui ont jamais pu se commettre dans les bibliothèques de France (et d'après les renseignements intéressants que donne en passant M. Libri le nombre en est considérable), on ne se le demande pas. A Albi, une personne qui est morte maintenant avait emprunté depuis un grand nombre d'années quatre manuscrits à la bibliothèque de la ville, et le procureur du roi de cette ville ne sait pas ce qu'ils sont devenus. Il faut encore que M. Libri soit responsable de cela !

« Puis, cinq volumes dont M. Boucly ne sait pas les titres ont disparu de la bibliothèque de Troyes pendant les années 1840-1845, et M. Libri a deux fois visité très-exactement les manuscrits de cette ville. Il est vrai que M. Libri le faisait par ordre du gouvernement, et que dans cette occasion il a mis en lumière, comme nous l'avons déjà dit, les trésors entièrement inconnus de cette bibliothèque. M. Libri nous apprend de plus, par superflu, que ces cinq ouvrages sont à Troyes depuis plusieurs années. — A Carpentras, M. Libri aurait enlevé un exemplaire magnifique d'un ouvrage grec (ceci avec l'autorisation du bibliothécaire) et l'aurait remplacé par un mauvais. M. Libri nous prouve que cela se fit par un échange tout à fait régulier. Puis dans cette bibliothèque un autre livre manque, et comme dans la vente de M. Libri il s'est trouvé un exemplaire de ce livre, M. Boucly demande si ce ne serait pas celui qui manque à Carpentras? M. Libri répond à cette question en prouvant la manière dont il a acquis ce volume.

« Enfin M. Carteron, employé aux Archives du royaume, a déposé, à ce qu'affirme M. Boucly, que M. Libri a soustrait des livres dans la bibliothèque de Florence, par suite de quoi l'entrée de la bibliothèque de Milan lui a été interdite. Ceci serait en vérité une lourde accusation, si elle avait le moindre fondement. Mais quand on se dispense de fournir des preuves, on peut affirmer la même chose de quiconque a été à Florence ou à Milan depuis quelques années. Aussi M. Libri n'a-t-il rien à opposer à cela que de traiter de calomniateur M. Carteron que, du reste, il ne connaît pas du tout. D'ailleurs, M. Libri n'a été qu'une seule fois à Milan, en 1830 (ainsi ce n'est pas depuis *quelques* années), et nous pouvons bien volontiers le croire sur parole sans avoir

besoin de connaître les lettres des savants de ce pays sur lesquelles il se fonde pour dire qu'il a reçu là de tout le monde
l'accueil le plus favorable.

« Ici s'arrêtent les faits *importants;* ce qui suit n'est que la re-
production des insinuations, des attaques secrètes contre M. Libri
qui ont pu se lire dans plusieurs journaux de l'opposition. On
aurait bien pu attendre d'un magistrat de Paris qu'il en eût su
apprécier la valeur, et il me semble tout à fait superflu ici d'en
rien extraire, pas plus que des réponses péremptoires de M. Libri.
La conclusion du rapport est encore plus pitoyable. On y trouve
des commérages en foule, mais pas le moindre fondement de
soupçon contre M. Libri, et il est vraiment à regretter qu'il se
soit cru obligé d'entrer dans une réfutation détaillée.

« Jusqu'ici M. Boucly est responsable comme fonctionnaire du
dernier gouvernement, et on pourrait dire à sa justification que
ce rapport n'était destiné qu'à une communication confidentielle,
si le ton sur lequel il est entièrement rédigé ne trahissait l'intention la plus complètement hostile contre M. Libri et des efforts pour présenter tous les faits de la manière la plus défavorable. Mais ce qui est plus difficile à comprendre, c'est que le
gouvernement provisoire ait fait paraître dans le *Moniteur* un
tel rapport qui n'était pas destiné à la publicité, sans avoir jamais entendu l'accusé. Ce serait encore pis si le rapport du *Moniteur* n'était pas du tout le rapport original de M. Boucly, mais
une pièce falsifiée, comme le soutiennent des amis de M. Libri
qui sont à Paris. En tous cas, il est presque hors de doute que
ce rapport contient un faux témoignage, car on y cite plusieurs
dépositions de M. Techener fils, tandis que son père, après la
publication du rapport, a déclaré publiquement que son fils n'a
jamais été interrogé dans cette affaire. Si cette déclaration qui
n'a jamais été démentie est exacte, on a le triste choix ou de
croire que vraiment une falsification a eu lieu, ou que M. Boucly en appelle à un témoin qui n'a jamais été entendu.

« Pour l'honneur des membres du gouvernement provisoire, il
est à désirer qu'ils ne laissent pas ceci sans éclaircissement. Si
jusqu'ici on a pu les excuser par l'urgence des affaires d'Etat
dont ils étaient accablés, on peut espérer, maintenant qu'ils sont
délivrés de leur charge, qu'ils trouveront le temps nécessaire
pour cela.

« S'il était nécessaire d'ajouter ici quelque chose de favorable à M. Libri, un seul fait suffirait pour détourner de lui tout soupçon, à savoir, qu'avant de songer à vendre sa bibliothèque, il voulait en faire don simplement à la Bibliothèque royale de Paris. L'exactitude de ce fait, que M. Libri nous apprend, ne peut pas être mise en doute; comment oserait-il, s'il en était autrement, parler de ses négociations avec les conservateurs de cette bibliothèque? De plus, il s'appuie sur le témoignage de M. Guizot, qui se rappelle parfaitement ces négociations. Si son offre libérale n'a pas été acceptée, c'est qu'il y mettait une condition que l'on ne voulait pas admettre; il désirait que toute sa collection fût réunie dans une salle particulière et portât son nom, et que jamais un seul volume, même pour un temps très-court, ne fût séparé des autres.

« M. Libri a quitté Paris, parce qu'il craignait les dictateurs du moment et les haines soulevées dont on le menaçait. Les circonstances étant changées, il faut espérer qu'il pourra maintenant, sans rencontrer d'obstacle, exécuter son projet, c'est-à-dire retourner à Paris pour compter avec ses calomniateurs.

« STERN. »

*« Réponse[1] de M. Libri au rapport de M. Boucly, publié
dans le* Moniteur universel *du 19 mars 1848.*

(Extrait du *Blatter für literarische unterhaltung*, n° 210, 28 juillet 1848,
publié par F.-A. Brockhaus, à Leipsick.)

« Quelques semaines après la révolution de Février, la nouvelle suivante parut dans les journaux : « Le professeur Libri,
le célèbre auteur de l'*Histoire des sciences mathématiques en Italie*, membre de l'Institut de France, a abusé de la mission
qui lui avait été confiée, depuis plusieurs années, par le mi
nistre de l'instruction publique, d'examiner les bibliothèques de
province, pour enlever un nombre considérable des ouvrages
les plus précieux qu'elles renfermaient. »

« Les amis de la littérature savaient déjà depuis longtemps que
Libri était possesseur de trésors bibliographiques qu'un particulier d'une fortune limitée a extrêmement rarement les moyens
de se procurer. L'été précédent, il s'était en outre vendu aux
enchères, à Paris, une bibliothèque de plus de 3,000 volumes,
parmi lesquels aucun bibliophile n'avait pu méconnaître une
partie de la collection Libri. Le catalogue ne contenait presque
que des raretés, parmi lesquelles des livres dont un exemplaire
ou deux à peine étaient connus en dehors de ceux mis en
vente. Les remarques extrêmement frappantes qui y étaient join-
tes signalaient une grande partie de ces livres, soit par la beauté
particulière de l'exemplaire ou la richesse antique de la reliure,
soit parce qu'ils portaient des autographes de personnages célèbres. Il était difficile de savoir que ces trésors étaient à vendre,
sans regretter amèrement l'insuffisance de sa caisse. Le résultat
des enchères fut tellement brillant que jamais peut-être un semblable chiffre ne s'était encore produit sur le continent. Le prix
des 3,000 volumes s'était élevé à la somme de 30,000 thalers.

« On prétendit reconnaître premièrement, parmi ces livres,
plusieurs ouvrages qui avaient appartenu aux bibliothèques

---

[1] Le nom de M. Charles Witte, professeur à l'Université de Halle et auteur
d'ouvrages qui ont eu un succès si mérité, est trop connu pour que je doive rien
ajouter. Je dirai seulement que cet amour de l'Italie qui a porté M. Witte à faire
de si profondes études sur Dante et sur l'ancienne littérature italienne, doit avoir
contribué à lui faire publier son opinion sur un Florentin si odieusement calomnié. A ce titre, il mérite avec mes remerciements ceux de tous les amis de
l'Italie.

provinciales avant la tournée d'inspection de Libri, et en avaient disparu depuis. On savait en outre que Libri avait vendu une importante collection de manuscrits pour plus de 53,000 thalers, au libraire Rodd, de Londres, et au Muséum britannique, et il fut dit qu'une grande partie de cette vente provenait également d'une acquisition frauduleuse.

« Deux dénonciations anonymes ou pseudonymes, conçues dans les mêmes termes, furent, dans l'espace de dix-huit mois, adressées au préfet de police de Paris et au procureur général de la Cour royale. La dernière engagea le procureur du roi Boucly, dans l'été de 1847, à commencer une instruction. Mais comme tout d'abord, à la fin de 1847, des renseignements furent pris chez le commissaire-priseur qui avait fait les ventes aux enchères dont nous avons parlé, Libri eut connaissance de l'accusation dirigée contre lui, et insista vivement près de Guizot pour que l'affaire fût l'objet d'une sévère instruction. Cependant Boucly avait réuni les éléments de l'accusation qui lui avait été dénoncée, et l'avait soumise au ministre de la justice Hébert. C'est celui-ci qui avait adressé communication de cette plainte à Guizot, quelques jours avant la chute du trône de Juillet, dont Libri avait été l'un des plus zélés partisans. Libri, effrayé par plusieurs lettres de menaces, abandonna Paris et la France dans les derniers jours de février. Il laissait dans le gouvernement provisoire un rival, Arago, avec lequel il avait continuellement vécu, depuis longtemps, en état de guerre scientifique, politique et personnelle. Aussitôt que la pièce laissée par M. Guizot au ministère des affaires étrangères eut été trouvée, elle fut publiée, dès le 19 mars, par le *Moniteur*.

« L'écrit dont nous nous occupons est destiné à réfuter cette accusation, et je ne nierai pas que je l'ouvris avec un certain parti pris défavorable. Ce que je craignais surtout, c'est que Libri ne fût tombé dans la faute de vouloir trop prouver, faute qui engage le lecteur à présumer, malgré les efforts faits pour écarter toutes les ombres, même les plus légères, que beaucoup de points essentiels de l'affaire lui ont été cependant dissimulés. Je me félicite de m'être trompé dans cette prévision, et je suis d'autant plus convaincu de la vérité des assertions de Libri, qu'il est facile de reconnaître quels sont les faits sur lesquels reposent les premiers commencements du bruit outrageux répandu contre lui.

« La plus grande partie des accusations de Boucly est, en effet, d'une remarquable inanité, et peu propre, spécialement aux yeux d'un légiste, à servir de base à la moindre accusation. De ce que, à Poitiers, à Albi, et dans deux bibliothèques de Paris, des manuscrits et des documents ont été perdus, il ne résulte pas certainement encore le moindre soupçon que Libri doive porter la faute de leur disparition. Cependant la plainte ne prétend pas que ses visites à ces bibliothèques aient été accompagnées de circonstances suspectes, ou que les objets perdus se soient trouvés plus tard entre ses mains.

« Quand il est mentionné plus loin que quelques-uns des livres provenant de la vente Libri portent le cachet de la Bibliothèque, ou des traces indiquant qu'un semblable cachet en a été enlevé, tous les amateurs ne savent-ils pas combien il est fréquent de trouver dans le commerce des livres estampillés, et que l'habitude de marquer les livres d'un second cachet, quand ils ont été vendus ou échangés, n'implique aucunement, et sans autre preuve, contre le possesseur des livres ainsi marqués, la présomption de malhonnêteté? L'enlèvement apparent du cachet de la Bibliothèque ne prouve pas davantage. Les amateurs de beaux exemplaires savent que malheureusement fort souvent la page du titre d'un livre est défigurée par un cachet imprimé sans goût, et ils expliquent l'enlèvement ou les essais d'enlèvement de ces cachets, tout aussi bien par le sentiment du beau que par l'intention d'une infidélité. Au surplus, Libri sait combien de livres, et des plus précieux, après les avoir achetés en bel et bon argent, il a rendus à des Bibliothèques dont ils portaient le cachet, ce qu'il n'avait pas tout d'abord reconnu.

« L'accusation relative à l'exemplaire de l'ancienne édition du *Cortigiano* de Castiglione n'est pas mieux fondée. — Un livre in-folio, sous ce titre : *Il Cortigiano di Castiglione*, s'est trouvé perdu à Carpentras. Maintenant, dans la vente Libri, l'édition *Aldine*, in-fol. de 1528, a été vendue pour 519 fr. Ainsi, c'est probablement le livre perdu à Carpentras. — Pour quiconque sait combien de fois, dans le seizième siècle, l'œuvre du comte Baldassare sur les courtisans, a été imprimée surtout in-folio (c'est encore en 1528 que parut une seconde édition in-8, chez Giunta), cet argument ne peut avoir aucune espèce d'autorité. L'amateur supposera facilement que l'exemplaire appartenant à Libri d'un livre que, suivant sa déclaration, on trouve ordinai-

rement, comme le dit Gamba, pour moins de 3 thalers, n'a pu se
vendre que pour des qualités toutes particulières au prix extraordinaire de 138 thalers et demi. Le catalogue donne des renseignements suffisants sur ces particularités. C'était un exemplaire
provenant de la célèbre collection de Grolier, avec sa reliure
originale du seizième siècle ; et, au surplus, Libri a parfaitement
prouvé, dans une lettre écrite dans l'été de 1847, qu'il avait
précisément acheté cet exemplaire du libraire Merlin.

« Il ne reste donc plus que trois des accusations nettement formulées : Libri a vendu ensuite à Payne et Foss, de Londres, un
manuscrit du Psautier relié avec des lames d'ivoire sculptées,
et qui aurait appartenu précédemment à la Chartreuse de Grenoble. L'inculpé montre que ces lames d'ivoire découpées sont
gravées dès 1842 dans les *Arts au moyen âge*, par du Sommerard, et que le manuscrit y est indiqué comme appartenant au
docteur Commarmont, de Lyon, et provenant de la Chartreuse.
Libri l'a acheté de Commarmont par l'intermédiaire du préfet.
Si un vol a eu lieu, il ne tombe du moins pas à sa charge.

«Les deux dernières accusations sont évidemment celles qui ont
occasionné les premiers bruits calomnieux : dans les années 1841
et 1842, Libri avait emprunté, avec l'autorisation du maire,
cinq ouvrages à la bibliothèque de Troyes. Il était convenu avec
le bibliothécaire Harmand, que celui-ci reprendrait personnellement les ouvrages prêtés, à sa première visite à Paris.
Cette démarche ne fut pas effectuée ; et l'absence de ces ouvrages amena dans le Conseil municipal de Troyes, au commencement de 1845, une discussion désagréable. Harmand, qui porta
la peine du retard, redemanda les livres, et il résulte d'une
lettre d'excuses postérieure, qui est imprimée page 34, ET CON-
TIENT LE REÇU DES LIVRES RENDUS , que Harmand, dans
l'embarras, chercha à jeter un jour défavorable sur Libri.

Enfin Libri n'est pas complètement à l'abri de tout reproche dans
le cas qui nous reste encore à mentionner ; c'est cependant,
quant à lui, une faute très-excusable, une faute que la plus
grande partie des bibliomanes ont à se reprocher. Libri trouva
à Carpentras, en 1843, un extrêmement bel exemplaire du Théocrite d'Alde Manuce, de 1495, avec des marges très-larges. Il
possédait lui-même un autre exemplaire de la même édition,
beaucoup plus coupé. Comme il y avait à Carpentras une très-
grande pauvreté de nouveaux ouvrages scientifiques, le vieux

bibliothécaire, l'abbé Laurans, crut faire une très-bonne affaire en échangeant l'un des exemplaires contre l'autre, moyennant un retour d'un certain nombre d'ouvrages nouveaux qu'il choisit lui-même, et qui présentaient une valeur de 4 à 500 francs. Le droit du bibliothécaire de conclure un pareil traité sous sa seule responsabilité peut paraître douteux ; mais comme de semblables affaires sont conclues journellement, notamment dans les bibliothèques de province, il serait à désirer que les trésors de toutes les collections ne fussent pas détournés d'une manière plus reprochable. Libri n'a du moins fait, dans cet échange, aucun bénéfice appréciable en argent ; car dans la vente ce livre a été adjugé pour 635 francs, et il n'est pas douteux que son exemplaire valût au moins 150 francs.

La passion de certains bibliomanes a l'habitude de les aveugler tellement, qu'ils deviennent peu scrupuleux sur les moyens d'augmenter la richesse de leurs collections. Un vol tendant à ce but ne semble pas un véritable vol à beaucoup d'amateurs. Maintenant que toutes les inculpations du rapport Boucly, destinées à attribuer à M. Libri ces actions déloyales, sont considérées comme détruites par les documents produits dans la défense, une petite anecdote pourra faire comprendre comment il a pu se faire que des inculpations de cette nature, portées contre un homme irréprochable, aient été répandues et aient trouvé presque crédit, tandis que s'il s'était agi de toute autre chose que de livres, elles auraient été repoussées avec indignation par tout le monde. Lorsque je visitai, il y a vingt-deux ans, la bibliothèque du marquis Gianfilippi, à Vérone, il me montra, comme son plus grand trésor, la première édition de 1497, imprimée en grec chez Alde l'aîné, des Prières à la Vierge Marie, petit in-12. Il me pria de chercher à vendre cette curiosité à Berlin pour 1,000 ducats (12,000 francs environ). Bien entendu que je devais emprunter le livre. Pendant que j'étais occupé à collationner de vieux imprimés fort rares, pour lesquels uniquement je m'étais rendu chez Gianfilippi, ce vieillard se mit à courir dans le plus grand trouble autour de ses tablettes, et demanda enfin, avec mille excuses, si je n'avais pas peut-être *par plaisanterie* (*cosi per celia*) mis le petit Alde dans ma poche. Je demandai immédiatement, dans un mouvement de colère extrême, à être conduit dans une pièce voisine avec les amis qui m'avaient accompagné, le célèbre Hippolyte Pindemonte et le chevalier André Maffei , et je déclarai que je ne m'en irais pas avant que le marquis eût retrouvé lui-même son incomparable trésor. Quelques minutes après, Gianfilippi revint avec le petit livre, qu'il avait placé par distraction sur d'autres livres, et déclara assez naïvement que chez lui la bibliomanie ne connaissait pas les bornes de la loi, et qu'il ne s'inquiéterait nullement, pour s'approprier une telle rareté, de savoir où, comment et par quel moyen il pourrait y réussir.

« Pensons maintenant à un étranger comme Libri, qui, seulement en dix ans, de 1835 à 1845, ainsi qu'il l'indique, page 70, achète chez sept libraires pour plus de 50,000 thalers de livres, qui fait tous ses achats avec une habileté, une finesse, une justesse extraordinaires, qui négocie en même temps des échanges, des reventes souvent avec un bénéfice considérable, et nous trouverons qu'il est presque naturel, même en écartant les divisions politiques et les sentiments d'aversion personnelle, que la jalousie et l'envie s'emparent des moindres fondements du soupçon, pour y appuyer tout un édifice d'accusations.

« Il y a une particularité que j'ai remarquée chez la plupart des Italiens, c'est d'être très-économes en particulier, de saisir avec soin toutes les occasions de faire un bénéfice, et en même temps d'être, dans de grandes circonstances, d'une générosité extrême et tout à fait inattendue. Ainsi, nous éprouvons une impression de surprise quand nous voyons, dans les pièces justificatives qui sont produites, le bibliomane spéculateur user d'une générosité vraiment royale envers un grand nombre d'établissements publics, quand nous le voyons prêt à donner gratuitement à la Bibliothèque de Paris tous les livres précieux qu'il a rassemblés, sous la seule condition que cette collection sera conservée à perpétuité dans une partie séparée du reste de l'établissement.

« Dans tous les cas, je n'hésite pas à déclarer qu'à mes yeux Libri s'est parfaitement justifié, dans cet écrit, des soupçons qui avaient été élevés contre lui.

« Ch. WITTE. »

« *Les mathématiciens Arago et Libri, adversaires politiques.*

(Extrait du *Magazin fur die literatur des Auslandes* [1]) *Magasin de la littérature de l'étranger*), f° 71. Berlin, 15 juin 1848.)

Peu de temps après la révolution de Février, une accusation des plus graves, et qui semblait une confirmation nouvelle de l'immoralité et de la corruption que l'on reprochait aux partisans du trône de Juillet, fut élevée contre un membre de l'Institut, le célèbre mathématicien Libri, né en Italie. On savait que M. Libri était au nombre de ces partisans, non-seulement par ses relations amicales avec M. Guizot, mais encore par ses rapports avec le *Journal des Débats*, dont il était un des rédacteurs les plus assidus et les plus remarquables. Il était, du reste, dans les plus mauvais termes avec certains membres de l'opposition, qui étaient devenus les hommes les plus influents du gouvernement, et spécialement avec M. Arago. Il avait attaqué ce dernier de la manière la plus vive, non-seulement dans les journaux et les revues, mais encore très-souvent dans les séances de l'Institut. On ne fut donc pas très-surpris quand le gouvernement provisoire fit publier une pièce trouvée dans les archives du ministère Guizot, et qui attaquait la probité de M. Libri. Dans la guerre que se font les partis politiques, tout n'est-il pas permis? Mais ce qui causa la plus grande surprise, c'est quand on sut que les accusations dirigées contre le célèbre savant n'étaient appuyées que sur des dénonciations anonymes et des bruits vagues. On pensait que la science eût cependant mérité plus de respect dans un de ses représentants, que M. Arago n'en avait mis dans ses attaques contre M. Libri.

« M. Libri se trouve maintenant à Londres, où il vient de publier *sa Réponse aux accusations de M. Boucly*, réponse qui fait l'objet d'un long article de l'*Atheneum* du 27 mai, dans lequel l'honneur de M. Libri est parfaitement rétabli, et la conduite de ses adversaires présentée comme empreinte de duplicité. M. Libri n'était accusé de rien moins que d'avoir volé des li-

---

[1] M. Lehman, auteur de cet article, est le rédacteur en chef du *Magazin*. Son nom est bien connu en Allemagne.

vres et des manuscrits précieux dans différentes bibliothèques
de France et d'Italie, pour se faire une magnifique bibliothèque. C'est dans ce sens que le procureur du roi Boucly avait
adressé au ministre de la justice Hébert un rapport, en date du 4
février de cette année, pour demander l'autorisation de
faire faire une instruction judiciaire sur les faits articulés. Ce
rapport avait été communiqué par M. Hébert au président du
conseil des ministres ; mais avant que celui-ci eût pris une décision à cet égard, la révolution de Février vint à éclater, et ce
fut le gouvernement provisoire qui eut à décider sur l'opportunité de cette instruction ; toutefois, on trouva bon, au lieu
de s'adresser au juge d'instruction, de faire insérer le rapport
de M. Boucly dans le *Moniteur universel,* qui le publia dans son
numéro du 19 mars.

« Ce rapport, quoique suffisant auprès de lecteurs superficiels
pour faire condamner M. Libri, est en lui-même extrêmement
faible, et ne repose que sur de vagues accusations et des dénonciations anonymes. M. Libri prouve cependant par des lettres
et d'autres témoignages d'hommes honorables, et notamment
de ceux qu'on l'accusait d'avoir volés, que toutes ces accusations
sont entièrement controuvées. Ainsi on dit, par exemple, au
commencement du rapport Boucly, que M. Libri avait acheté
et possédé un Psautier magnifique qui avait appartenu précédemment à la Chartreuse de Grenoble, et que l'on ignorait entièrement par quels moyens il était arrivé à cette possession.
M. Libri répond que du Sommerard a fait imprimer, dès 1842,
que ce Psautier, appartenant autrefois à la Chartreuse de Grenoble, avait passé aux mains du docteur Commarmont de Lyon,
de qui Libri l'a acheté. Il aurait possédé, dit-on, des manuscrits
précieux, et notamment des lettres de Henri IV, sorties de la
bibliothèque de l'Arsenal à Paris ; mais le bibliothécaire de
l'Arsenal déclare non-seulement qu'il ignore cela, mais encore
que M. Libri, en 1845, lui a rendu gratuitement des livres enlevés précédemment à la Bibliothèque, et que Libri avait eu
l'occasion de trouver dans ses courses chez les bouquinistes et
aux ventes aux enchères. Il repousse de la même manière chacune des autres accusations, qui, au surplus, ne paraissent jamais venir directement d'une autorité quelconque, mais bien de
sources purement anonymes.

« A cette question : Pourquoi M. Libri aurait quitté aussitôt la

France au lieu de rester à Paris pour repousser les accusations élevées contre lui, il répond qu'il n'a pas osé, après avoir vu M. Arago, son adversaire depuis douze années, devenu tout-puissant, mettre son honneur attaqué sous la sauvegarde du gouvernement provisoire. Les feuilles républicaines l'avaient désigné, dès avant l'éruption de la dernière révolution, comme devant être un jour l'objet de la justice populaire. Pendant les journées mêmes de février, il s'était tenu caché à Paris ; mais il s'était présenté ensuite à une séance de l'Institut. Là, quelqu'un lui avait glissé dans la main un billet où il était écrit qu'*une pièce épouvantable* contre lui se trouvait au ministère ; on terminait ainsi : «*Epargnez au peuple français un de ces actes de vengeance populaire qui répugnent au caractère de notre nation. Ne venez plus à l'Institut, disparaissez !* » Tous les amis de M. Libri lui donnèrent naturellement le même conseil, et c'est ce qui l'engagea à partir pour l'Angleterre.

« J. LEHMANN. »

« GAZETTE LITTÉRAIRE DE BERLIN,

N° 40, 29 juin 1848.

(Extrait du *Literarische Zeitung* [1].)

« Quand, il y a quelques semaines (voyez n° 32, du 27 avril, art. 1019), nous reproduisîmes les accusations publiées dans les journaux français contre l'académicien Libri,—à savoir : que le célèbre savant avait abusé de sa position, et de la confiance que le gouvernement lui avait accordée, pour piller, à son profit, et de la manière la plus honteuse, les bibliothèques publiques,—nous ne balançâmes pas à déclarer que ces accusations nous semblaient au moins très-prématurées. Cette présomption se confirme aujourd'hui complétement, car Libri s'est si parfaitement et si radicalement justifié dans un écrit qu'il vient de publier, que ses ennemis les plus acharnés à Paris se trouvent couverts d'une confusion dont ils ne sortiront pas facilement. La défense de M. Libri, récemment imprimée à Londres sous ce titre : *Réponse de M. Libri au rapport de M. Boucly publié dans le* Moniteur universel *du 19 mars* 1848 (Londres, 1848, in-12 de 86 pages), va droit au cœur et à la source des accusations, et prouve, de la manière la plus convaincante, l'inanité et la vacuité superficielle de l'inculpation. On ne comprend vraiment pas comment l'organe officiel de la République française (car le *Moniteur universel* l'est devenu), a pu se rendre l'interprète de ces calomnies frivoles, sans tact, et contradictoires ; et comment l'ancien procureur du roi français Boucly, lui-même, a pu s'imaginer qu'aucune voix ne s'élèverait de *l'autre côté du canal* contre cette accusation. Car ce magistrat aurait dû déjà, par respect pour l'humanité, protester contre la publication d'une pièce par sa nature même partiale, destinée à rester confidentielle, et dont le complément doit toujours être la défense contradictoire de l'accusé ; il eût dû tout au moins en signaler le caractère essentiellement partial.

« La brochure de Libri, bien qu'elle ne soit pas toujours écrite

[1] Cet article est dû à M. Karl Brandes, docteur en philosophie et savant bibliothécaire de Berlin, qui a fait paraître plus tard dans le *Serapeum* l'autre article qu'on lira plus loin.

avec la grâce et la légèreté françaises, sera indubitablement
beaucoup lue ; elle contient une suite de renseignements très-
intéressants sur l'état et l'administration des bibliothèques
françaises, et l'on y rencontre beaucoup d'excellentes observations littéraires, bibliographiques et bibliotechniques ; il
n'est pas d'ailleurs d'un médiocre intérêt pour les bibliophiles,
d'apprendre spécialement par quels moyens et avec quelles
ressources pécuniaires un bibliomane ardent comme M. Libri
a pu parvenir à atteindre son but. L'écrit en question ne sera pas
seulement digne d'attention pour ceux qui portent quelque
intérêt à la destinée d'un émigré, gravement atteint par les
calomnies d'ennemis arrogants dans leur triomphe ; il ne sera
pas lu seulement aujourd'hui et à cause de l'intérêt actuel qu'excitent les persécutions dont son auteur est l'objet : il a de plus
une valeur durable et en quelque sorte positive.

« Suffisamment étudié, ce rapport du procureur du roi Boucly,
publié dans le *Moniteur universel* du 19 mars de cette année,
réfuté dans toute sa contexture par M. Libri, ne contient
absolument rien qu'un assemblage de plaintes anonymes contre
Libri, joint à des notes sur les différents efforts qui ont été faits
pour donner un corps à ces plaintes. Avant tout, il faut établir
que c'est Libri qui a provoqué ce rapport, aussitôt qu'il eut
la première nouvelle des accusations secrètes dirigées contre lui,
par un commissaire-priseur que l'on avait interrogé relativement à deux livres dont il sera parlé plus tard. Cette pièce n'eût
jamais existé probablement, si M. Libri eût gardé le silence,
ou ignoré l'interrogatoire en question. Cet interrogatoire ne présentait rien d'extraordinaire, car on s'était conduit absolument
de la même manière, dans ces derniers temps, après plusieurs
ventes de livres aux enchères qui avaient eu lieu à Paris ; et notamment après la célèbre vente de Soleinne, on n'avait pu atteindre aucune espèce de résultats, et on s'était tenu tranquille. Mais
M. Libri se sentit profondément affecté ; il crut qu'il était de son
honneur de repousser énergiquement une semblable inculpation. Il employa ses relations personnelles avec M. Guizot, pour
arriver énergiquement à l'éclaircissement de cette affaire ; il
remit aussitôt à M. Hébert, ministre de la justice, vers la fin de
janvier, une note dans laquelle il demanda instamment l'autorisation de traduire devant les tribunaux les auteurs des dénonciations calomnieuses dirigées contre lui, et se déclara en même

temps prêt à prouver par des documents la propriété légitime des deux livres (un exemplaire non rogné du Théocrite et Hésiode, Aldin de l'année 1495, et un exemplaire du Cortigiano di Castiglione de l'année 1528). Le rapport très-vague et très-diffus de Boucly, daté du 4 février, adressé d'abord au ministre de la justice et ensuite, par exception, au président du Conseil Guizot, qui avait porté tout spécialement son attention sur cette affaire, était tout simplement la réponse à cette note.

« Libri a certainement raison quand il attribue la négligence apportée dans l'examen de son affaire aux orages politiques qui se déclarèrent alors coup sur coup. La marche de ces événements est connue ; Guizot fut obligé de s'enfuir, et cette circonstance, que le rapport contre Libri avait été précisément trouvé dans son cabinet, fut considérée comme extrêmement défavorable à ce dernier. On ne sait pas au juste quelle part l'académicien Arago, que nous avons eu souvent à apprécier, non-seulement comme l'orateur du *libéralisme criard*, mais encore comme un savant jaloux de poursuivre l'exécution de ses plans et de ses desseins personnels, a prise aux menaces passionnées qui ont forcé Libri, son adversaire depuis plusieurs années, à s'expatrier le 28 février. D'ailleurs, pas une seule des accusations du rapport ne paraît vraisemblable.

« Ce qui paraît le plus étonnant, c'est la légèreté avec laquelle les conservateurs des bibliothèques publiques en France ne craignent pas de vendre ou d'échanger les ouvrages les plus rares et les plus précieux, pour avoir des livres nouveaux. On n'a vraiment plus lieu d'être surpris si, avec le temps, elles se sont trouvées dépouillées de leurs principaux ornements. Dans aucun cas il n'est possible d'incriminer, sans autre preuve, les bibliophiles ou les libraires qui posséderaient dans leurs collections ou dans leurs magasins des livres précieux ou des manuscrits qui auraient appartenu précédemment à des bibliothèques publiques de France. Libri était ainsi devenu propriétaire des deux exemplaires *Aldins* de la bibliothèque de Carpentras, par une simple opération d'échange conclue avec le bibliothécaire de la ville ; il avait donné pour ces deux ouvrages un exemplaire rogné de la même édition du Théocrite, et environ 60 volumes d'écrits didactiques d'une valeur de 4 à 500 fr. (page 39), et le bibliothécaire, l'abbé Laurans, se montra disposé à céder des manuscrits aux mêmes conditions ! En somme,

on reconnaît que Libri ne s'est pas montré intéressé, et n'a
pas fait un mesquin trafic avec les bibliothèques. Il a fait des
présents considérables à différents établissements de ce genre,
et dans une suite de lettres qu'il a fait imprimer on voit combien
les conservateurs de ces établissements sont reconnaissants et se
sentent obligés envers lui. Nous attachons moins de valeur à
l'offre que Libri voulait faire de toute sa collection à la grande
Bibliothèque royale (aujourd'hui nationale), sous des conditions
que les règlements ne permettaient pas d'accepter. Eût-il eu
sérieusement l'intention de rendre d'une utilité publique les
trésors bibliographiques qu'il avait amassés avec tant de sacrifices, beaucoup de petites bibliothèques auraient accepté avec
la plus vive reconnaissance ce que le grandiose établissement
considéra comme de peu d'importance, de manière à offusquer
M. Libri. C'est immédiatement après ce refus qu'il assure s'être
décidé à vendre une partie de sa bibliothèque. Toutefois cela
n'intéresse pas le point principal de l'affaire. Le véritable but
de l'écrit en question, c'est-à-dire la réfutation des plaintes et
des soupçons contenus dans le rapport Boucly, nous semble
atteint de la manière la plus complète et la plus satisfaisante.

« Dr KARL BRANDES. »

« Eclaircissements sur la plainte formulée contre M. Libri, relativement à des vols commis dans les bibliothèques publiques de France.

(Extrait du numéro 13 du *Serapeum* du 15 juillet 1848, publié à Leipsick, par le Dʳ R. NAUMANN.)

«Le 19 mars, environ quatre semaines après la révolution de Février, parut dans le *Moniteur universel*, organe officiel de la République française, une pièce publiée dans l'intention évidente d'étouffer moralement et d'écraser sous le plus profond mépris la renommée d'un homme à qui, sous le ministère Guizot, on avait donné beaucoup de preuves de confiance et de reconnaissance. Cet homme était l'académicien français Libri, qui dans l'année 1831 avait quitté l'Italie, sa patrie, pour venir se fixer dans la capitale de la France, et y était parvenu à des emplois lucratifs et à une grande réputation scientifique. Cette pièce consistait en un rapport du procureur du roi Boucly, au ministre de la justice Hébert, en date du 4 février 1848 ; elle contenait une longue énumération des plus noires accusations élevées contre Libri, que l'on prétendait avoir abusé de la confiance de l'autorité pour commettre des vols infâmes dans les bibliothèques françaises, et de l'influence de sa position et de sa réputation de savant pour en tromper les employés. Au premier aspect, le caractère de l'inculpé parut sous le jour le plus odieux ; la crainte de sa vengeance ou de son habileté à nouer des intrigues avait effrayé, disait-on, les témoins ou les complices de ses escroqueries, et les avait empêchés de s'y opposer. Tout semblait devoir faire présumer, en outre, que les mobiles de ces vols avaient été, non l'ardeur de la science, non les entraînements de la bibliomanie, non ! mais l'avidité, l'avarice et une indigne spéculation d'argent.—Ce rapport avait été trouvé, après le 24 février, au palais des Capucines, dans le cabinet du président du Conseil Guizot, parmi les papiers qu'il avait laissés dans sa fuite ; il n'est pas étonnant que l'on crût avoir un double motif de publier un factum compromettant pour le système de la dynastie de Juillet et le ministère Guizot. La circonstance même que Libri s'était enfui de France peu de jours après la victoire de la révolution sembla devoir augmenter le

poids des accusations dirigées contre lui ; le nouveau gouvernement ne fit pas de difficulté de s'emparer de ses livres et de
ses papiers ; le domestique du fugitif et même sa femme furent arrêtés, et l'accusation formulée par M. Boucly sembla
destinée à justifier les mesures impitoyables prises contre le
favori de l'ancien régime.

« Il ne peut être dans la tâche de cette feuille d'entreprendre la
défense juridique et politique de Libri ; l'intérêt de nos lecteurs
est plus simple, plus étranger à des questions purement personnelles ou sociales. L'affaire dont nous venons de parler présente
cependant plus d'un côté intéressant, pour un journal spécialement consacré à la bibliographie, par suite de la défense que
Libri a écrite et fait imprimer en Angleterre [1]. Il suit dans cet
écrit, avec la plus grande exactitude, l'accusation dans toutes ses parties. Il divise toute la pièce en 35 paragraphes ou
passages, et il fait suivre de sa réponse immédiate chaque assertion, chaque soupçon, chaque plainte. Les lecteurs sont donc
mis à même de reconnaître la valeur ou plutôt le peu de valeur
du réquisitoire, les erreurs et les malentendus du rapporteur,
trop tard à la vérité, et après que les insinuations diffamatoires
n'ont que trop bien réussi auprès de la plus grande partie du
public. Dès le commencement de l'introduction, il en détruit
la valeur, en apparence si significative : enfin, on voit que
tout cela n'est qu'une relation partiale, rédigée à la suite
des actives réclamations de Libri ; relation dont l'annulation
a été différée par les conjonctures extraordinaires de l'époque, et qui s'est trouvée confiée par hasard aux mains plus ex-
péditives du nouveau régime. Ce qui intéresse tout particulièrement les lecteurs du *Serapeum*, ce sont : 1° les observations
sur l'administration particulière des bibliothèques françaises ;
2° quels moyens un savant, qui n'avait pas une grande fortune,
mettant tout son plaisir et toute sa joie dans sa bibliothèque
particulière, pouvait employer à Paris pour satisfaire son goût
en achetant les livres les plus rares et les plus coûteux. Et s'il
ressort de là que les accusations se résolvent en malentendus, en

---

[1] Réponse de M. Libri au rapport de M. Boucly publié dans le *Moniteur uni-
versel* du 19 mars 1848, Londres, imprimé par Schulze et comp., in-8°, 86 pag.
Outre cette publication que nous avons sous les yeux, une autre a paru à Paris.
Voyez *Bibliographie de la France*, n° 23, art. 2909.

soupçons sans fondement et en tissu d'intrigues perfides, nous profiterons en même temps avec plaisir de l'instruction qui en résultera pour nous. — Il est nécessaire toutefois de jeter d'abord un coup d'œil rapide sur la marche de cette affaire ; nous devons d'autant moins y manquer qu'un intérêt général se mêle ici à l'intérêt individuel.

« Le 3 juillet de l'année précédente, on vendit à Paris, aux enchères, une bibliothèque littéraire extrêmement remarquable par les livres rares et précieux qu'elle contenait. Le catalogue portait le titre de bibliothèque de M. L. On ne cherchait nullement à cacher que cette bibliothèque appartînt à l'académicien Libri. Il arrive à Paris beaucoup plus souvent qu'en Allemagne que des savants fassent vendre aux enchères, pendant leur vie, leurs collections de livres. L'habitude générale s'est établie à cette occasion que le nom du propriétaire reste entièrement caché, ou ne soit désigné, comme cela est arrivé dans la circonstance actuelle, que par les premières lettres du nom. C'est ainsi que Paul Lacroix (sous le pseudonyme du bibliophile Jacob), le comte de la Bédoyère, le prince d'Essling et le marquis de Coislin ont fait en ces derniers temps.— Dans ce catalogue se trouvaient entre autres les articles suivants : n° 294, *Theocriti et Hesiodi opera, græcé ; Venetiis impressum characteribus ac studio Aldi Manutii,* 1495, *in-folio, parch. non rogné* ; n° 2701, *Il libro del Cortigiano del conte Bald. Castiglione ; Venetia, Aldo,* 1528, *fol.* Le premier de ces livres fut acheté 635 francs par le libraire *Payne,* de Londres ; le second par le libraire *Tilliard,* de Paris, pour 519 francs.

« Ces deux numéros furent, dans le commencement de cette année, l'objet des recherches toutes particulières du procureur du roi, parce qu'on pensait qu'ils avaient été autrefois la propriété de la bibliothèque de Carpentras. La voie la plus naturelle pour se procurer des éclaircissements certains eût été de faire interroger, par le procureur du roi de Carpentras, le bibliothécaire Laurans de cette ville, sur les présomptions qui étaient mises en avant et de savoir en même temps de quelle manière les livres avaient pu être enlevés de la bibliothèque. C'est à dessein probablement que cette voie ne fut pas choisie ; une demande semblable, mais certainement sans importance, que Boucly y avait fait faire au commencement de l'année 1846, sur la dénonciation d'un anonyme contre Libri, était restée sans aucune espèce

de réponse ; peut-être que le magistrat chargé de l'instruction
eût pensé à jeter la responsabilité de cette négligence sur le
procureur du roi et le bibliothécaire de Carpentras, aussitôt qu'il
eût été certain de l'état des choses. Quoi qu'il en soit, l'instruction porta sur cette demande : les deux livres portent-ils
les traces de l'apposition antérieure d'un timbre ou d'un cachet ? Cette question fut posée formellement au commissaire-
priseur M. Commendeur, chargé de la vente des livres, vers
la fin du mois de janvier. Libri eut aussitôt par celui-ci la
première nouvelle des accusations formulées contre lui ; il
éprouva une extrême colère d'une semblable manœuvre,
ainsi dirigée secrètement contre lui, et il ne se borna pas seulement à prouver à M. Commendeur le peu de fondement de
l'accusation, en lui montrant sur l'heure les papiers qui établissaient de la manière la plus complète par quelle voie régulière
il était arrivé à la possession des deux livres ; il déclara encore
qu'il était résolu à poursuivre les dénonciateurs et les auteurs
de la plainte et à les forcer à une rectification. En vain *Commendeur*, qui n'avait pas compté sur cette susceptibilité et sur
cette résolution, chercha à calmer M. Libri ; ce fut en vain
qu'il lui rappela qu'à la vente de la collection *Soleinne* une
semblable enquête avait été faite sans produire aucun résultat,
qu'il n'y avait pas à s'occuper de cela, etc., etc. Libri se rendit
immédiatement chez le président du Conseil, et le pria, en présence de plusieurs hauts employés des ministères qui se trouvaient là par hasard, de lui obtenir satisfaction de la part du
ministre de la justice Hébert, dans une affaire si pénible. —
Guizot sembla disposé, par la grande considération qu'il a toujours témoignée à la classe des savants, à promettre sa média-
tion dans cette enquête importante. Il chargea un des employés
qui l'entouraient de communiquer l'affaire, dans la matinée
suivante, au ministre de la justice, et dans l'après-midi du jour
suivant, Libri reçut l'avis que le ministre de la justice avait
fait demander le procureur du roi afin de pouvoir faire sans
retard un rapport sur cette affaire. Libri présenta surabondamment une courte note, dans laquelle il reproduisait d'une part
ses plaintes, et se déclarait prêt à prouver la légitimité de la
possession des livres en question, et de l'autre demandait l'autorisation nécessaire pour poursuivre les auteurs des dénonciations calomnieuses articulées contre lui. C'est ainsi que s'ex-

plique l'existence du rapport qui fut publié dans le *Moniteur*
du 19 mars, et la marche de l'affaire explique comment il dut
se trouver dans le cabinet de Guizot. — Pour qui se rend
un compte exact du contenu de ce rapport, il est clair que,
dans certains passages du moins, il semble n'avoir pour objet
que de venir en aide aux accusations. On y donne principalement comme motifs de l'enquête postérieure deux dénonciations anonymes du 5 février 1846 et du 13 juillet 1847 ;
quand le rapporteur a établi aussi bien ces dénonciations que
ses démarches pour une information postérieure et leur résultat, il termine en disant qu'il a été obligé d'obéir aux nécessités de son emploi ; il ajoute : *Je ne puis m'empêcher de
remarquer que peut-être, si elles n'eussent pas été aussi réservées
et aussi timides, ces recherches, commencées depuis deux années,
auraient accru plus vite et plus sûrement la somme des présomptions qui se sont produites. Peut-être, d'un autre côté, une hésitation moindre à vérifier certains faits, et surtout des explications
demandées à M. Libri lui-même (que je n'ai pas voulu interpeller)
eussent-elles au contraire fait disparaître les soupçons dirigés contre lui.* En appréciant dans toute sa valeur une telle
conclusion, il est évident que tout ce qui a été dit précédemment est non-seulement affaibli, mais tombe encore dans
le domaine des présomptions sans aucune espèce de certitude.
Si on ajoute à cela ce que Libri établit comme très-vraisem-
blable, que ce rapport a été falsifié dans certains endroits, le
reste des charges que le lecteur serait tenté de baser sur les hé-
sitations et les contradictions avec lesquelles cette pièce a été
fabriquée, disparaît entièrement.

« Le rapporteur sera naturellement peu gravement touché du
reproche que lui adresse Libri, page 73, de ne rien entendre
aux vieux livres. Qui pourrait attendre cela d'un légiste prati-
cien ? Libri élève ce reproche devant l'assertion tendant à
le faire soupçonner d'avoir, lui Libri, fait enlever de plusieurs des livres mis aux enchères les timbres ou les cachets
qui s'y trouvaient précédemment. Il rappelle à cet égard : que
rien n'est plus commun à Paris que ces sortes de marques ap-
posées sur les vieux livres, surtout à Paris, où au moins les deux
tiers des livres qui se trouvent dans les boutiques d'antiquaires
ont été la propriété des bibliothèques des communautés religieuses. »

« Lors de la suppression des monastères, la plupart des livres qui s'y trouvaient furent vendus sans autre formalité ; mais les autres, et ce furent ordinairement les plus précieux, tombèrent entre les mains de personnes qui, s'en étant emparées par une voie peu régulière, cherchèrent à faire disparaître les traces de cette origine. Ils essayèrent, en conséquence, d'enlever les dessins et timbres que portaient ces livres, soit par des lavages, soit en grattant, soit même en coupant la place du dessin, s'inquiétant peu que le livre perdît de sa valeur par ces altérations. De semblables livres se trouvent le plus fréquemment défigurés par ces marques, malproprement lavées, ou à demi grattées. Les amateurs de livres de Paris ont l'habitude d'écarter de leurs collections ceux qui portent de tels défauts. Libri assure avoir dépensé 12,000 francs pour de semblables restaurations à une partie de sa bibliothèque. Il est étonnant que ce plaisir de *restaurer* des livres défigurés et démonétisés arrive chez certains individus jusqu'à une sorte de passion, et qu'il y ait des bibliomanes qui achètent, à dessein, de mauvais exemplaires pour les remettre, après beaucoup de peine et de dépense, dans un état passable. Libri n'était pas complétement exempt de cette manie de réparer ses livres. Il fit faire pendant quelque temps ses reliures en Angleterre et en Italie, parce que les bons relieurs de Paris sont extrêmement chers, et que les médiocres ou les mauvais ne pouvaient remplir ses vues ; mais les frais de transport, qui étaient très-considérables, le décidèrent à s'en tenir aux relieurs de Paris. Il a, par exemple, dépensé 1,200 francs, outre la reliure, pour la restauration du Boccace (n° 2259 du catalogue), acheté de Payne et Fosse de Londres ! Il y a, de plus, certains cachets ou timbres (par exemple, Bibliothèque du Tribunal, Bibliothèque de Richard Simon), qui sont si grossiers et si horriblement laids, que tout amateur de bon goût cherche à les faire disparaître. — Il ressort de là que, même dans les circonstances les plus défavorables, l'enlèvement de ces marques n'entraîne jamais, en général, la moindre cause de suspicion. Toutefois, Libri assure n'avoir jamais fait enlever de ses livres, des cachets de bibliothèques publiques. Beaucoup d'exemples prouvent au contraire qu'il a constamment rendu, avec le plus grand désintéressement, ce qui avait appartenu à ces établissements, quand ces livres lui arrivaient par achat ou échange, et qu'il a mérité la reconnaissance d'un grand nombre de ces Bibliothèques publiques par des présents considérables qu'il leur a faits.

« Libri affirme, entre autres choses, et nous n'avons aucun motif pour mettre en doute son affirmation, qu'avant son émigration en France par suite de circonstances politiques, il n'avait reculé devant aucune peine et devant aucuns frais pour se procurer une magnifique collection de livres. Il pouvait, en France, se livrer sur une plus grande échelle à cette bibliomanie. Avec un traitement fixe de 13,500 francs, auquel se joignaient environ 10,000 francs d'autres émoluments que lui raportait sa collaboration littéraire au *Journal des Savants*, à la *Revue des Deux-Mondes* et au *Journal des Débats*, jouissant en outre d'un patrimoine encore considérable, et vivant très-modestement, il pouvait consacrer environ 20,000 francs par an à l'achat de ses livres. Voilà pourquoi il fut en correspondance avec les antiquaires les plus célèbres en France, en Italie, en Angleterre, etc. Aucune vente aux enchères importante de l'intérieur et de l'étranger ne fut négligée par lui. Il tâcha de se procurer surtout tantôt des manuscrits précieux, tantôt des imprimés rares, et assez souvent il fut favorisé par d'heureuses combinaisons. Page 62 à 71 il raconte, à cet égard, une suite de particularités intéressantes.

« Libri conteste en même temps, avec la plus grande énergie, qu'il ait par pure spéculation pris tant de peine et dépensé tant d'argent pour compléter sa collection de livres et de manuscrits. Sa première intention était de faire présent de toute sa collection à une bibliothèque de Florence. Il abandonna cependant cette pensée quand il eut été si maltraité par le gouvernement toscan, et spécialement quand il eut vu que la collection de manuscrits donnée à la bibliothèque Laurentienne par le dernier rejeton de la famille *Redi* restait négligemment empaquetée sur le plancher, parce qu'on n'avait pas de local pour son exposition. Plus tard Libri désira laisser toute sa collection à la Bibliohèque de Paris, sous la condition qu'elle continuerait de former un tout inséparable. Mais les conservateurs de cette bibliothèque ne se montrèrent pas disposés à accepter conditionnellement un présent si considérable, qui ne pourrait être soumis aux règles administratives de l'établissement. Un essai d'intermédiaire, fait à cet égard par Guizot lui-même, resta sans résultat. Rebuté par ces désagréments, gêné par une trop grande accumulation de livres dans son logement, Libri prit le parti d'en faire vendre une partie aux enchères. Nous avons indiqué plus haut (page 203) que cela eut lieu en 1847.

« Libri réfute, tout aussi victorieusement que les points qui précèdent, toutes les autres accusations de vol des bibliothèques publiques. Nous avons vu que ces accusations se réduisaient à celle qui portait sur l'exemplaire non coupé de l'édition Aldine du Théocrite (Venise, 1495), enlevé à la bibliothèque de Carpentras. Libri prouve à cet égard, par sa correspondance avec l'abbé Laurans, alors bibliothécaire de la ville de Carpentras, qu'il l'a obtenu par suite d'une transaction fortuite. Il donne en échange, outre un exemplaire coupé de la même édition, au moins soixante ouvrages de sciences, d'histoire, de mathématiques, de physique, de chimie et d'agriculture (page 39), d'une valeur de 4 à 500 francs. Une semblable négociation ne s'est jamais vue en Allemagne ; mais il paraît que beaucoup de bibliothécaires français ne se font pas un très-grand scrupule d'échanger ainsi même des manuscrits contre *des ouvrages utiles*. Libri cite, page 40, une occasion où un exemplaire imprimé sur parchemin d'un Homère grec a été échangé contre une *Biographie universelle* de *Michaud* et quelques autres ouvrages. Le timbre même de la grande *Bibliothèque royale* (aujourd'hui Bibliothèque nationale) n'est pas un titre suffisant pour prouver qu'un livre ou un manuscrit appartient de droit à cet établissement. Tout au moins est-il certain que les tribunaux ont repoussé, lors de la vente aux enchères de la bibliothèque Solcinne, cette prétention soulevée par d'autres Bibliothèques de Paris (notamment les bibliothèques Mazarine et Sainte-Geneviève), par la raison *que leurs conservateurs ne purent pas prouver que ces livres fussent sortis d'une manière irrégulière de ces établissements*. Il est tellement reconnu, à Paris, que le catalogue des bibliothèques publiques ne donne aucun renseignement exact sur l'état présent de ces bibliothèques, et tant de livres provenant de cette source sont répandus de tant de manières différentes dans le public, que personne ne fait difficulté d'acheter un livre frappé du timbre d'une bibliothèque.

« Si l'on prend l'ensemble des accusations formulées par le procureur du roi français, on ne trouve évidemment aucun de ses soupçons et de ses plaintes suffisamment fondé. Il eût été à désirer que Libri eût usé de l'influence de sa position pour combattre énergiquement les déplorables abus qui se sont introduits dans l'administration des bibliothèques françaises. Nous verrons maintenant si la révélation qu'il a faite de ces scandales ouvrira les yeux au gouvernement français, et si l'on saisira cette occasion d'arrêter des malversations dont les suites sont incalculables.

« Berlin.

« Dr K. BRANDES,

« Conservateur à la Bibliothèque royale. »

(Extrait du *Hamburger litterarische und kritische Blatter* [1],
Feuille littéraire et critique de Hambourg.)

N° 91 , du 29 juillet 1848.

« M. LIBRI *pour la troisième fois.* (Voyez notre Feuille littéraire
et critique, n⁰ˢ 75, 76 et n° 79.) On ne peut trop faire le bien, dit un
proverbe allemand, qui n'est pas seulement un proverbe, mais
une belle et bonne vérité ; s'agit-il de défendre l'honneur attaqué d'un savant honorable, on peut très-bien invoquer ce
proverbe, pour s'excuser de traiter le même thème pour la
troisième fois. — Dans la troisième avant-dernière livraison
du Bulletin du bibliophile belge, souvent cité dans ce journal,
l'éditeur, M. le baron de Reiffenberg, s'exprime ainsi sur la
réponse de M. Libri, publiée à Londres et imprimée de nouveau à
Paris (chez tous les libraires) : « Le rapport adressé par
« M. Boucly, procureur du roi, à M. Hébert, garde des sceaux,
« le 4 février 1848, et trouvé le 24 février dans le cabinet de
« M. Guizot, a fait beaucoup de bruit dans le public. La Presse
« l'a déclaré irréfutable, et la fuite subite de M. Libri en An-
« gleterre a fait considérer sa culpabilité comme à peu près
« incontestable. Une seule voix peut-être, celle d'un de ses
« compatriotes, M. le comte Térence Mamiani (ministre ro-
« main) s'éleva en sa faveur ; il déclara de la manière la plus
« formelle et la plus absolue, dans l'*Epoque*, journal romain du
« 24 avril, que les accusations formulées contre M. Libri
« étaient d'indignes calomnies. Maintenant, M. Libri répond
« lui-même, et quand nous avons répété l'accusation (dans un
« précédent numéro du Bulletin) nous avons dit en même temps
« que la défense, qui ne néglige aucun chef d'inculpation et ré-
« pond au rapport phrase par phrase, nous paraissait avoir
« combattu victorieusement tous les faits essentiels, et que tout
« le reste était pour nous extrêmement vraisemblable. L'accu-
« sation précise-t-elle des faits, M. Libri y répond avec la même

---

[1] M. Hoffmann, savant bibliothécaire à Hambourg, a pris ma défense avec un
zèle et une constance dont je ne saurais assez le remercier. Il a fait paraître une
traduction, en allemand, de l'article publié par M. De Morgan dans l'*Athenæum*,
et il n'a cessé de combattre pour le triomphe de ma cause qui est celle de la vérité
et de la justice. Le petit article qu'on va lire donnera une idée de son opinion. Je
le cite de préférence, parce que j'y trouve la traduction d'un article de M. de
Reiffenberg, dont, comme je l'ai déjà dit (p. 121), je n'ai pas pu voir l'original.

« précision ; il est tout naturel qu'il ait repoussé avec moins
« d'agilité et de sûreté les traits en l'air décochés contre lui. Nous
« ne voulons pas juger le procès qui sera bientôt vidé en dernière
« instance ; mais nous ne serions pas étonné que les hostilités po-
« litiques vinssent y jouer encore un rôle déplorable. Février a
« obscurci ou couvert d'un voile épais bien d'autres vérités ; le
« temps produira sans doute à la lumière du jour la confusion
« des malveillants. »

« (On a imprimé quelques lignes de moi dans le supplément
du 18 juillet de la *Gazette universelle d'Augsbourg*, où je
traite sous le même aspect cette déplorable affaire. Mais elles
ont été complétement défigurées et sont devenues un non-sens,
par suite de l'intercalation dans le texte, d'une note particulière.
Il faut y ajouter aux lignes cinq et six, prises du bas : comme
M. le docteur et bibliothécaire Spiker dans la *Gazette de Haud
et Spener.*)

« F. L. Hoffmann. »

« *Réponse de M. Libri au rapport de M. Boucly.*

(Extrait de l'*Athenæum* [1], n° 1074, pag. 527. Londres, 27 mai 1848.)

« Nos lecteurs n'ont sans doute pas oublié qu'il y a quelques
semaines nous les avons priés, tant au nom de la justice due à
tous, que de l'indulgence que pouvait attendre de nous un
étranger de distinction, — de suspendre leur jugement relativement à une accusation très-grave contre M. Libri qui circulait
dans la société et dans la presse. Ils savent que peu de temps
après les événements de février, le bruit courut que ce membre
de l'Institut était parvenu à former une précieuse collection de
livres par des moyens déshonnêtes. M. Guizot était accusé d'avoir
souffert que des faits si graves restassent sans investigation, bien
qu'ils fussent venus à sa connaissance d'une manière officielle.
Ces bruits semblaient se confirmer par deux circonstances : —
Premièrement, la fuite de M. Libri en Angleterre ; — secondement, la publication, dans le *Moniteur universel* du 19 mars, du
rapport fait à ce sujet à M. Hébert, garde des sceaux, par le
procureur du roi, M. Boucly. Ce rapport est daté du 4 février ;
de sorte qu'en accordant le temps raisonnable pour le faire, le
transmettre à M. Hébert, le faire passer de là entre les mains de
M. Guizot, il paraîtrait nécessairement vrai, comme ce dernier
l'avance, que le rapport ne lui est parvenu que quelques jours
avant la révolution de Février. Le gouvernement provisoire
s'empara de ce rapport et le publia immédiatement, enchanté
de cette occasion pour faire croire que M. Guizot avait amorti
le coup (*cushioned*) de l'accusation de fraude portée contre son
ami et son adhérent. Mais nos lecteurs verront facilement qu'a-
vec l'affaire du banquet qui s'agitait alors, le ministre ne pouvait pas avoir eu le temps, pendant la quinzaine qui précéda
la révolution, de s'occuper d'une affaire, fût-elle même aussi

---

[1] J'ai déjà dit (page 14) que M. De Morgan, secrétaire de la Société royale
astronomique et professeur à l'*University college* de Londres, m'avait autorisé
à déclarer qu'il était l'auteur des nombreux articles publiés dans l'*Athenæum*
pour ma défense. Pour ne pas dépasser les limites que j'ai dû me prescrire, je
suis forcé de ne donner qu'un seul de ces articles. Le talent et le savoir de
M. De Morgan sont appréciés de tous ceux qui ont lu ses nombreux ouvrages ;
mais personne mieux que moi n'est en état d'apprécier la noblesse et l'indépendance de caractère dont il a fait preuve en prenant si franchement la défense
d'un homme qu'il n'avait jamais vu.

grave qu'une accusation de vol portée contre un membre de l'Institut.

« Il était nécessaire de commencer par cette explication, parce que M. Guizot est, en quelque sorte, un témoin cité en faveur de M. Libri. Ce dernier déclare s'être assuré que, dans chaque occasion où ce ministre est nommé à l'appui d'un fait, la mémoire de M. Guizot s'accorde avec la sienne. De plus, M. Libri nous donne à entendre qu'il n'a pas cessé d'être dans des termes d'amitié reconnue avec M. Guizot, d'où nous devons conclure, comme nous l'avons déjà annoncé, que ce dernier ne croit pas aux accusations. M. Guizot est en Angleterre, et pourrait, s'il le voulait, donner son désaveu. M. Libri ayant déclaré qu'il était disposé à montrer les originaux des documents sur lesquels il appuie sa défense, nous avons profité de cette offre. Nous avons vu toutes les lettres : celles que nous citerons, et toutes celles qui sont publiées dans sa brochure; — aussi bien que les lettres imprimées de MM. Mamiani et Techener. Il ne peut y avoir le moindre doute sur leur authenticité, comme le verront au premier coup d'œil tous ceux qui les examineront.

« Il y a trois questions à discuter : — Pourquoi M. Libri a-t-il quitté la France? — Qu'a-t-on avancé contre lui et sur quels fondements? — Qu'a-t-il à répondre? — La réponse aux deux dernières questions fera juger de ce qu'on doit penser de la première.

« Comme nous ne pouvons pas donner la brochure de M. Libri *in extenso*, et comme l'extrait ou l'abrégé que nous en donnerons devra nécessairement recevoir le cachet de notre opinion sur l'ensemble, nous commencerons par déclarer que, selon nous, M. Libri a mis ses accusateurs dans la nécessité de se défendre eux-mêmes d'une grave accusation, — rien moins que d'avoir saisi avec empressement des conjectures qui ne devraient jamais compter pour quoi que ce soit dans une procédure judiciaire, et cela dans le but de ruiner l'honneur d'un adversaire politique. Naturellement ils pourront se disculper comme M. Libri s'est disculpé *lui-même;* mais en attendant, il faut qu'ils subissent *prima facie* les apparences qui sont contre eux, aussi bien qu'il a dû subir celles que leur acte avait jetées sur lui. Et ici, qu'on le remarque, nous ne parlons pas de M. Boucly : il a pu être de son devoir de recueillir, pour en donner une information particulière au gouvernement, tout ce qui pouvait éclairer les investigations et montrer la voie qu'il y aurait à suivre. Il a pu agir dans ce que les Français appellent la *sphère* de *ses idées* en cas de crime évident. Mais nous nous adressons ici au gouvernement provisoire, qui s'est emparé de ce *memorandum* confidentiel pour le convertir en un document public et accrédité. Ce n'est pas M. Boucly chuchotant (*whispering*) aux oreilles du garde des sceaux les motifs qu'il avait eus pour commencer ses investigations que nous considérons dans cette affaire, mais MM. Arago et Lamartine proclamant, à la face de l'Europe, la condamnation de leur adversaire politique. Nous allons voir maintenant quelles ont été les insinuations et quelles sont les réponses.

« Le 5 février 1846, le préfet de police transmet à M. Boucly une note rédigée sous ses yeux (par qui ? on ne le dit pas), établissant que M. Libri a vendu un Psautier curieux, qui avait appartenu à la Chartreuse de Grenoble, et que tout le monde était surpris de voir en sa possession. M. Libri en réponse cite l'ouvrage de du Sommerard sur une des planches duquel, exécutées avant 1842, ce même Psautier est dit avoir passé de la Chartreuse dans les mains du docteur Commarmont, de Lyon. C'est de ce dernier que M. Libri l'a acheté, et après en avoir fait acquisition, il le fit voir publiquement à l'Académie des inscriptions. Un post-scriptum dit que M. Libri avait volé des livres (on ne les nomme pas) à Montpellier : mais M. Boucly dit ensuite que la réponse aux informations qu'il prit à Montpellier, fut qu'il n'y manquait ni livre, ni manuscrit.

« Cette première note était accompagnée d'une note pseudonyme signée H. de Baisne, dans laquelle il était dit que M. Libri avait pris dans les bibliothèques du midi de la France, et particulièrement de Carpentras, des livres et des manuscrits pour une valeur de trois à quatre cent mille francs ; qu'il avait effacé les cachets, fait relier les livres en Italie, puis les avait fait vendre en Angleterre. A une accusation si vague on ne peut répondre que par la dénégation, à moins de faire cette question bien naturelle : Comment a-t-il été possible de voler des livres par charretées ? Mais la même note accuse M. Libri d'avoir volé des lettres de Henri IV à la bibliothèque de l'Arsenal. Comme M. Boucly n'ose pas dire qu'il soit notoire que M. Libri ait jamais possédé ces lettres de Henri IV, M. Libri se contente ici de nier simplement le double fait de vol et de possession des objets volés. Toutefois il produit une note de M. Varin, conservateur de la bibliothèque de l'Arsenal, prouvant qu'il le pressait d'accepter, non comme un présent, mais en manière de restitution, des livres qu'il avait trouvés avec le timbre de cet établissement, et que le bibliothécaire de l'Arsenal refusa cette *restitution* en disant qu'il ne pouvait être certain que ces livres eussent été perdus ou volés, mais qu'il offrait cependant de les recevoir avec reconnaissance et *comme pur don*. Après cette lettre de M. Varin, nous sommes fondés à croire M. Libri quand il dit qu'il a fréquemment rendu à des bibliothèques publiques des livres portant la marque de ces établissements et qu'il avait trouvés dans ses recherches. Il faut ajouter à cela que le bibliothécaire de Carpentras ne fit pas de réponse à l'enquête de M. Boucly, et que de Grenoble il fut donné pour réponse que tous les Psautiers appartenant à la bibliothèque s'y trouvaient encore.

« Une lettre anonyme, du 13 juillet 1847, accuse M. Libri d'avoir volé les bibliothèques Mazarine et de l'Arsenal, et plusieurs autres dans le midi de la France. Il est arrivé, au contraire, que le *Journal des Débats* du 9 mai contient un long et élogieux article sur le présent d'une grande valeur, fait par M. Libri à la bibliothèque Mazarine, de l'exemplaire d'un ouvrage qui avait été perdu ou volé dans cet établissement. Il faut que M. Libri soit un singulier homme s'il vole par amour du lucre et s'il consacre le produit de ses vols à réparer les méfaits commis par les autres. Nous accordons quelque importance à ces lettres anonymes, parce que M. Libri le fait lui-même. Mais que penserions-nous en Angleterre d'un magistrat basant gravement une enquête sur de semblables choses ? Si nos lecteurs veulent se référer à nos numéros 866, 876 et 923, ils verront que le vol dans les bibliothèques publiques n'est pas inconnu en France, et que le gouvernement a essayé de mettre les mains sur des livres volés après qu'ils avaient passé dans des mains honnêtes par des moyens réguliers.

« Le procureur du roi commence alors son propre rapport en rappelant que le gouvernement avait employé M. Libri à visiter les bibliothèques du midi de la France. Dans notre pays on ne donnerait certainement pas cela comme preuve qu'il les a volées ; mais M. Libri, dans sa réponse, rend compte de la formation de la Commission dont il était membre, du plan qu'elle avait adopté, et de la manière dont, en conséquence de ce plan, différents manuscrits lui furent envoyés à lui et à d'autres, à Paris, pour être examinés. Comme il termine en citant un reçu, signé Félix Ravaisson, de vingt-neuf livres et manuscrits qu'il lui a rendus en donnant la démission de son emploi, nos lecteurs croiront sans doute que cette restitution a eu lieu sans en conclure qu'il y en avait d'autres qu'il a gardés. Le procureur du roi continue en disant qu'il a fait des enquêtes près des conservateurs de quelques bibliothèques du Midi. D'abord à Poitiers, certains livres ont été perdus, mais on ne dit pas *à quelle époque*. M. Libri rend compte de différents vols qu'il a reconnus et poursuivis : car il semble croire nécessaire (et cela doit à peine nous étonner dans les circonstances de l'accusation), d'établir par des exemples absolus, que des livres ayant été volés, il est possible qu'ils l'aient été par d'autres que par lui. Il commence par dire qu'il n'a été que deux fois à Poitiers, et chaque fois quelques heures seulement ; que la première fois le bibliothécaire ne l'a pas quitté, et que la seconde fois il était accompagné par le comte Mamiani, maintenant premier ministre à Rome. Ce dernier, quoiqu'un peu séparé de M. Libri par des divergences politiques, a pris sa défense dans les journaux italiens en entendant parler de l'accusation dirigée contre lui. Secondement, à Albi quelques manuscrits ont été prêtés par le dernier bibliothécaire ; mais le bibliothécaire actuel ignore si ces manuscrits se trouvent ou non entre les mains de quelques amis de son prédécesseur. On dit que cinq ouvrages ont disparu de la bibliothèque de Troyes. M. Libri, avec le consentement du maire, a emprunté cinq ouvrages de cette bibliothèque, à la condition qu'il les garderait jusqu'à ce que le bibliothécaire, qui devait venir à Paris, vînt les lui réclamer. Cette convention fut oubliée par le bibliothécaire. Quatre ans après, M. Libri reçut une lettre du bibliothécaire redemandant les livres et attribuant leur non-restitution *à leur faute commune.* A cette expression M. Libri a répondu par une remontrance sévère, et a renvoyé les livres. La réponse du bibliothécaire, imprimée tout au long, contient le reçu des livres et des excuses.

« A Carpentras, M. Libri avait été accusé d'avoir pris un Théocrite antique et d'avoir donné en échange un exemplaire inférieur. Il certifie que l'échange avait été régulier ; et il imprime en entier une lettre de M. Laurans, le bibliothécaire, qui confirme cette assertion. L'exemplaire qu'il a reçu était en effet le meilleur des deux ; mais il avait donné à la bibliothèque pour 4 à 500 francs d'ouvrages en retour de son exemplaire inférieur. Cet exemplaire est désigné, dans le catalogue de vente de M. Libri, dressé sous sa propre direction, comme *relié en parchemin et non rogné*. Et c'est par cette description, fournie par M. Libri lui-même, que l'exemplaire de Carpentras avait été reconnu comme étant en sa possession. Ceux qui ont dit que M. Libri était un voleur n'ont jamais prétendu qu'il fût un sot ; ce qu'il eût dû être certainement, si, en supposant que l'exemplaire eût été volé, il avait divulgué ainsi lui-même son propre crime. Mais que pourrions-nous dire à ceux qui ne voudraient voir, tout bien considéré, aucune présomption d'innocence dans la conduite de M. Libri que nous venons d'exposer? De plus, un livre intitulé *Il Cortigiano di Castiglione* manquait à Carpentras, et un exemplaire du même livre fut vendu dans la vente aux enchères de M. Libri. C'est un livre qui se vend ordinairement 20 francs, et l'exemplaire de Carpentras n'a aucune description particulière qui indique qu'il fût autre qu'un exemplaire ordinaire. Mais celui de M. Libri était un *Grolier*, dont la reliure antique que ce nom seul promet aux bibliomanes était si belle et si rare qu'il fut vendu 519 francs. Le catalogue de Carpentras ne dit pas un mot de la reliure antique de *son* exemplaire. M. Libri rend un compte détaillé de la manière dont il l'a acquis, et il fait imprimer tout au long une lettre du libraire Merlin, qui le lui a vendu.

« Nous devons mentionner ici que le procureur du roi s'en réfère souvent au témoignage des libraires Techener père et fils. Pour répondre à cela, M. Libri reproduit une lettre écrite par M. Techener père dans *la Presse* du 2 avril 1848, dans laquelle il déclare *que son fils, quoique cité, n'a été ni appelé ni interrogé*, et que quant à lui il avait déclaré au procureur du roi qu'il ne savait absolument rien de cette affaire.

« La dernière accusation est fondée sur le ouï-dire d'un Français, que M. Libri aurait volé des livres à Florence et à Milan. On lui reproche ensuite qu'une insinuation semblable a paru dans le *National*. M. Libri publie une lettre justificative du rédacteur. On lui reproche encore que le *Courrier français* et la *Bibliothèque de l'École des Chartes* ont fait de semblables insinuations, et ainsi de suite. Enfin on établit que M. Libri a vendu pour 8,000 livres sterling de manuscrits à un libraire de Londres, etc., etc. Mais nos lecteurs doivent être aussi ennuyés que nous d'une si pitoyable machination tendant à faire souiller par le pouvoir le caractère et la réputation d'un homme éminent.

« M. Libri donne un compte détaillé de ses moyens pécuniaires, et des voies par lesquelles il était arrivé à réunir sa bibliothèque, produit d'un travail de trente ans. Avec 23,000 francs d'appointements qu'il recevait du gouvernement ou qu'il se procurait par ses travaux, les sommes qu'il recevait de sa mère en Italie, et la modestie de son train de maison, il a pu, dit-il, dépenser 20,000 francs par an pour ses livres. Quoique plus connu comme mathématicien que comme bibliophile, il a été adonné toute sa vie à la bibliographie. Quelque importante et de quelque valeur que fût sa collection, il ne l'en offrit pas moins à la Bibliothèque royale de Paris, livres et manuscrits sans exception, avec une seule condition à ce présent, c'est qu'elle formerait une collection unique et ne pourrait jamais être divisée. Cette condition fut refusée. M. Guizot se rappelle cette offre, et la mention qu'il en fit à cette époque.

« Maintenant vient la question : Pourquoi M. Libri a-t-il quitté Paris ?

« Nous croyons que nos lecteurs accepteront comme réponse suffisante, qu'il eût été vraiment fou s'il était resté dans un pays où le rapport qui précède a pu servir de base à une enquête judiciaire. M. Libri, cependant, croit devoir en donner une raison plus particulière.

« Il avait été rédacteur du *Journal des Débats* et il était connu comme un des partisans de la politique de Guizot. Il déclare que, six mois avant la révolution, les journaux républicains l'avaient désigné à la vengeance de leur parti. — Et ceci est un fait que l'on peut facilement vérifier. Quand le mouvement eut lieu, ses amis particuliers lui conseillaient de se cacher, — ce qu'il fit pendant quelques jours. — Il alla ensuite à une réunion de l'Institut où il ne se passa rien de particulier quant à lui, jusqu'à la fin ; — alors quelqu'un lui glissa un petit billet dans la main. Ce billet l'informait qu'*une pièce épouvantable* contre lui était entre les mains du ministère, et se terminait, autant qu'il peut se le rappeler, par ces mots : » *Epargnez au peuple français un de ces actes de vindicte populaire qui répu-*

gnent au caractère de notre nation. Ne venez plus à l'Institut; disparaissez! » Tous les amis de M. Libri lui donnèrent tout naturellement le même conseil ; — et c'est ce qui détermina son départ.

« Le lecteur verra que la défense de M. Libri ne repose pas seulement sur ses propres assertions ;—mais nous devons le reconnaître, c'est notre devoir de lui dire en même temps que tout ce qu'il a écrit porte véritablement le cachet de la franchise et de la vérité. Si, chassé comme il l'a été de sa patrie adoptive, il s'était présenté devant nous, sous le coup du document extraordinaire publié par le gouvernement provisoire, nous eussions dit que toutes les présomptions étaient en sa faveur ; nous dirons plus aujourd'hui. Nous avons lu ce document, en le désapprouvant beaucoup, avant la réponse de M. Libri ; l'impression qu'il nous avait faite, c'est que personne ne pouvait être mis en jugement sur une semblable pièce. Ayant à cœur de nous dépouiller autant que possible de notre penchant en faveur de M. Libri, sentiment qui nous a été inspiré par ses accusateurs eux-mêmes, nous avons exprimé au commencement de cet article notre opinion sur sa défense. Il nous reste maintenant à examiner ce que ses accusateurs sont capables de dire pour eux-mêmes ; car nous sentons que ce sont eux qui sont cités maintenant à la barre de l'opinion publique, et non pas l'objet de leur malveillance.

« M. Libri dit formellement qu'il n'eût pas osé rester en France depuis que M. Arago, qui a été constamment et pendant douze ans son adversaire à l'Institut, était arrivé au pouvoir. Si le gouvernement provisoire avait, en cette affaire, tenu la balance de la justice ou seulement celle de la non-intervention, nous eussions pu croire que M. Libri avait jugé trop sévèrement son adversaire. Les hommes de science n'ignorent pas que M. Arago est un homme d'un tempérament ardent et avide de pouvoir. — Il est quelque chose de plus que cela, un chaleureux ami et un rude ennemi. Cependant il passe pour un homme d'un esprit généreux. Maintenant il ne peut plus soutenir cette réputation que par ce qu'il dira pour appuyer ou pour réparer le mal qu'il y a tout lieu de croire qu'il a fait. Il était tout à fait dans son caractère, plus encore que dans celui de M. Libri, de former un jugement précipité sur ses adversaires politiques ou scientifiques. Lorsque la réclamation d'Adams fut d'abord opposée à celle de Leverrier, et que M. Arago se trouvait dans un état de colère extrême, répandant toutes sortes d'imputations, M. Libri fut le membre de l'Institut qui rappela ses collègues au calme et à la politesse, plus capables de maintenir les droits nationaux que des déclamations frénétiques. M. Arago peut-il commencer à se conduire comme il n'est pas douteux que M. Libri l'eût fait envers lui dans de semblables circonstances ? Nous voulons l'espérer. »

(A. De Morgan.)

Je n'oublierai jamais que pendant qu'en France le gouvernement provisoire me calomniait officiellement dans le *Moniteur*, et que des misérables affirmaient que j'avais quitté l'Italie après y avoir été condamné pour vol à deux ans de prison [1], les hommes que l'Italie avait chargés de ses destinées, des hommes d'un nom européen, n'ont pas hésité à prendre spontanément ma défense avant même que j'eusse publié ma justification. Le comte Mamiani, chargé deux fois depuis un an de diriger la politique du gouvernement romain, et M. Guerrazzi, successivement ministre de l'intérieur et membre du gouvernement provisoire en Toscane, ont été les premiers à faire entendre au public leur voix en ma faveur. Bien que nous fussions des adversaires politiques, bien que M. Guerrazzi déclarât même franchement qu'il était loin d'avoir de l'amitié pour moi (*noi non gli siamo amici*), ils n'hésitèrent pas un instant, ni l'un ni l'autre, à faire paraître une déclaration formelle à mon égard. Ces deux déclarations ont paru ensemble dans l'*Epoca*, journal de Rome, du 24 avril 1848. Voici ce que disait M. Mamiani :

« Je déclare que je suis l'ami de Libri, et plein de reconnaissance pour les preuves nombreuses et cordiales d'amitié et d'estime particulière qu'il m'a toujours données. C'est pour cela que je sais gré à M. Guerrazzi des paroles qu'on vient de lire et qu'il a bien voulu rendre publiques, dans l'intérêt de la justice et de l'honneur de l'Italie. L'accusation de vol dirigée contre Libri est si vile et si calomnieuse que je ne la croyais pas digne d'être réfutée. Toutefois j'ai appris avec beaucoup de plaisir que Libri prépare en Angleterre une défense, non pour réhabiliter sa probité, mais pour confondre ses ennemis, dont quelques-uns ont bassement profité de leur élévation subite et insolente pour l'outrager et le frapper par derrière.

« TERENZIO MAMIANI. »

Dès que ma *Réponse* au rapport de M. Boucly fut arrivée à Rome, le comte Mamiani, qui était alors ministre de l'intérieur, s'empressa de la faire annoncer au public dans un article qui n'était pas signé, mais dont, comme on va le voir, il a assumé la responsabilité, et qui parut dans l'*Epoca* du 28 juin. Le voici :

« Nous sommes enchantés que le professeur Guillaume Libri, faussement accusé, ait élevé la voix pour défendre son honneur et le laver d'une tache honteuse. L'évidence des preuves qu'il

[1] Voyez pag. 179, 183, etc.

donne pour établir la légitimité de l'origine de chaque autographe et de chaque volume de sa bibliothèque, met complétement en plein jour l'artifice de la calomnie au moyen de laquelle on avait tâché de ternir la réputation de l'illustre Italien. Nous avons fait abstraction de toute opinion politique pour repousser une vile et lâche accusation.

« Notre devoir est de respecter l'homme qui diffère consciencieusement de notre opinion, et nous ne devons pas chercher le moyen de profiter de notre élévation pour dénigrer un nom glorieux, et pour le couvrir d'opprobre, ou le charger de la réprobation des coupables.

« Le rapport de M. Boucly, fondé sur des bases incertaines et des dénonciations couvertes de l'anonyme, croule de toutes parts en présence de la réponse du professeur Libri, qui est appuyée de documents exubérants, et du témoignage de personnes respectables, et qu'il est impossible de récuser. L'ignoble accusation de vol n'avait pas besoin de justification de la part d'un homme de mœurs irréprochables ; mais nous sommes reconnaissant envers Libri, de ce qu'en exposant ses droits, et en confondant ses puissants ennemis, il a su défendre en même temps que son honneur, l'honneur du nom italien. »

Voici en quels termes, dans une lettre qui est entre mes mains, M. Mamiani, écrivant à ma mère, assumait la responsabilité de cet article :

« Roma, li 26 di giugno 1848.

« *Alla nobil Donna la signora Rosa Libri, a Firenze.*

« Preg^{ma} Signora,

« Credo che domani stesso l'*Epoca* renderà conto dell' opuscolo del suo figliuolo e mio caro amico Guglielmo. Mi duole che sian passati più giorni, contra al mio desiderio e non ostante le mie premure. Ma i giornalisti, Ella sa, soffrono tutti del male del restio. Quanto alla risposta al rapporto di M. Boucly, io l'ò per trionfante e compiuta in ogni sua parte; del che per altro non ò mai potuto dubitare. Ma lodo il Libri d'averla fatta, se non altro per consolazione degli amici suoi e di lei carissima signora. Rispetto poi al caso che Ella vuol fare di quelle mie poche parole stampate nell'*Epoca*, Ella mi concederà che il mio silenzio sarebbe stato sleale e il

parlare è stato mio pieno e strettissimo debito. Ciò non per
tanto son lieto d'averle piaciuto e la ringrazio senza fine della
soddisfazione che me ne dimostra. Scrivendo al figliuolo mi ri-
cordi a lui con grandissimo affetto e lo preghi a non mi scemare
dramma dell' antica benevolenza.

« Ella mi comandi e creda con verità.

« TERENZIO MAMIANI. »

(TRADUCTION.)

Rome, le 26 juin 1848.

A la noble dame, Mme Rose Libri, à Florence.

Madame,

Je crois que demain même *l'Epoca* rendra compte de la brochure de votre fils
et mon cher ami Guillaume. Je suis bien fâché que plusieurs jours se soient passés
contre mon désir et malgré mon empressement. Mais vous savez que les journalistes souffrent tous de la maladie de la lenteur.

.Quant à la réponse au rapport de M. Boucly, je la regarde comme triomphante
et complète dans toutes ses parties; chose, au reste, dont je n'aurais jamais pu
douter. Mais je loue Libri de l'avoir faite, sinon pour autre chose, pour la consolation de ses amis et de vous, très-chère dame.

Quant au cas qu'il vous plaît de faire de ce peu de mots que j'ai publiés dans
l'Epoca, vous m'accorderez que mon silence aurait été déloyal, et qu'il a été un
devoir strict et absolu pour moi de parler. Je n'en suis pas moins charmé d'a-
voir fait quelque chose qui pût vous être agréable, et je vous remercie infiniment
de la satisfaction que vous m'en témoignez. En écrivant à votre fils, rappelez-
moi très-affectueusement à son souvenir, et priez-le de me conserver toujours
tout entière son ancienne amitié.

Commandez-moi et croyez-moi sincèrement

Votre très-dévoué
TERENZIO MAMIANI.

On a vu que M. Guerrazzi n'était pas, à ce qu'il disait, *de mes amis*,
et pourtant il n'a pas cessé de publier article sur article, prenant ma défense avec une ardeur et un zèle incomparables. Celui de ces articles
auquel M. Mamiani faisait allusion commençait par ces mots, certainement
beaucoup trop flatteurs pour que je puisse en accepter tout l'honneur :
« Guillaume Libri est un des plus beaux astres de la science dans le ciel
« italien. Son génie est d'une nature telle, qu'il a plus d'envieux que de
« rivaux. » Plus tard, il publia dans le *Corriere Livornese* [1] deux longs

____

[1] Voyez le *Corriere Livornese* du 15 et du 17 juin 1848.

articles, d'autant plus concluants et efficaces, qu'en sa qualité de jurisconsulte, il avait tout à fait qualité pour donner son avis sur le *Rapport*
de M. Boucly. Je voudrais reproduire en entier ces articles qui sont de
véritables consultations légales ; mais comme malheureusement je n'ai
actuellement que le second sous les yeux, et qu'on n'a pas pu me procurer le numéro du journal qui contenait le premier, je vais me borner
à donner les conclusions de ce second article. Elles font assez connaître
dans quel esprit ces articles ont été rédigés :

« Cet extrait, dit M. Guerrazzi, ne paraîtra pas trop long à quiconque réfléchira de quel homme de génie il s'agit, et combien
il est nécessaire de justifier une belle renommée italienne. Honneur à l'intelligence ! Étudions-nous à conserver intacte la réputation du génie, afin qu'il soit un miroir où Dieu réfléchisse sa
sagesse pour illuminer les mortels. Rappelons-nous que tout
semble fragile ici-bas ; que les édifices tombent en ruine, les
cités disparaissent, les royaumes tombent, et que le temps balaye
de ses froides ailes jusqu'aux ruines elles-mêmes,

> . . . . Le pimplee fan licto
> Di lor Senno il deserto, e l'armonia
> Vince di mille secoli il silenzio.

« Je ne veux pas faire un trop grand crime aux Français de
l'accusation élevée contre Libri. Courier fut accusé à tort autrefois ici, à Florence, d'avoir fait la fameuse tache d'encre sur
les *Pastorales de Longus*. Maintenant, Libri est accusé à tort,
en France, d'avoir soustrait des ouvrages aux bibliothèques.
C'est un compte soldé ; il eût mieux valu qu'il restât ouvert ;
mais n'importe ; pardonnons à notre tour, et tirons de tout
cela une conclusion bonne à savoir, excellente à pratiquer.
— *Soyons lents à porter notre jugement sur tous les hommes,
spécialement sur les hommes supérieurs, quand il s'agit d'une
accusation infâme ; et plus particulièrement encore quand ils appartiennent à une foi politique différente de la nôtre, parce que
l'esprit de parti obscurcit l'intelligence, et nous attire plus souvent qu'il ne convient hors du sentier de la justice.*

« Florence, 11 juin 1848.

« F. D. GUERRAZZI. »

Si j'ai reproduit les paroles de M. Guerrazzi avec les éloges qu'il me
donne et que je suis loin de mériter, c'est pour montrer encore plus clairement quelle est l'opinion que l'on a de moi dans cette Italie, d'où, au
dire de quelques journaux [1], j'avais fui pour me soustraire à des peines
infamantes. En cas pareil, la générosité honore également celui qui
donne et celui qui reçoit. D'ailleurs, au moment où le *National* disait
qu'après mon départ il n'y avait à l'Institut qu'*un Italien de moins* [2], on
a peut-être compris qu'il y avait en Italie *un Italien de plus*. J'ajouterai
que dans ses articles, M. Guerrazzi parle en détail de ces 316 lettres
autographes qui avaient été dérobées aux archives de Florence, et que
j'ai rachetées au prix de 2,400 francs, à Paris, le 25 mars 1843, par acte
enregistré le 27 du même mois et reçu le 29 par M. Bonnaire, notaire à
Paris. J'offris ces 316 lettres en présent au gouvernement de Toscane
qui ne voulut absolument pas les accepter sans m'en rembourser le prix.
Ce fait a été constaté dans le n° 147 de la *Gazette officielle de Florence*
de l'année dernière, et sert jusqu'à un certain point à expliquer les calomnies qui ont été répandues contre moi par des gens qui avaient mis
les archives de Florence au pillage, et que j'avais ainsi démasqués. On
a déjà vu [3], par une lettre de l'ancien bibliothécaire du grand-duc de Toscane, que les bibliothèques de Florence avaient subi de nombreuses spoliations.

Après les préliminaires de forme, l'acte dont il s'agit contenait ce
qui suit :

« M. Charon vend par ces présentes, sous la garantie du droit
« et de l'authenticité, à M. Libri qui l'accepte, les trois cent seize
« lettres autographes italiennes ci-après annoncées, dont il dé-
« clare être légitimement propriétaire, et qui sont tout ce qui lui
« reste actuellement d'une collection beaucoup plus nombreuse
« qu'il a reçue d'Italie et qu'il a achetée à trois époques diffé-
« rentes. La présente vente est faite sous les conditions suivantes
« que les soussignés s'obligent à exécuter chacun en ce qui le
« concerne, savoir :
« De la part de M. Libri, de prendre les lettres autographes
« présentement vendues dans l'état où elles se trouvent actuelle-
« ment, sans pouvoir exiger aucune indemnité pour cause de
« vétusté ou de détérioration.
« Et de la part de M. Charon, de ne pouvoir disposer, ayant

---

[1] Voyez pag. 179, 183
[2] Lisez pag. 178.
[3] Page 117.

« d'en avoir fait la proposition à M. Libri, de toutes les autres
« pièces provenant de même origine qui lui ont été promises et
« qui doivent lui arriver d'Italie.

« Ensuite la présente vente est faite moyennant la somme de
« deux mille quatre cents francs que M. Charon reconnaît avoir
« reçue comptant de M. Libri, dont quittance. »

Suit la signature des sept témoins, savoir :

M. le prince Emmanuel de la Cisterna.

M. le comte Terenzio-Mamiani della Rovera.

M. Letronne, garde général des archives du Royaume.

M. Danton, inspecteur de l'Université, ancien chef du cabinet
au ministère de l'instruction publique.

M. Coste, professeur au collége de France.

Le marquis Ginori, de Florence.

M. Génie, chef du cabinet au ministère des affaires étrangères.

L'acte par lequel ces 316 lettres furent rétablies dans les Archives des
Médicis est entre mes mains. Il est du 3 septembre 1846, signé par le
chevalier Mutti (avvocato regio), par M. Moisè, conservateur des Archives des Médicis, et par le chevalier del Rosso qui me représentait dans
cette affaire.

Cet exemple prouve mieux que tout ce qu'on a pu dire ailleurs, que
rien n'est plus commun que de voir mettre en vente des autographes dérobés à des établissements publics qui ne savent même pas ce qu'ils ont
perdu, et qu'il faudrait y songer à deux fois avant de mal parler des gens
qui se trouvent possesseurs d'objets qui ont passé déjà par différentes
mains sans qu'il soit possible le plus souvent de retrouver la filière
qu'ils ont suivie. Ces 316 lettres que, par amour des lettres, je rachetai
et que j'offris gratuitement au gouvernement Toscan, pour lui prouver
que les Archives des Médicis avaient été mises au pillage, et pour l'en-
gager à veiller sur ce dépôt précieux, m'ont valu mille tracasseries et
ont porté les voleurs que je démasquais ainsi à répandre une foule de
calomnies contre moi. J'ai reçu la même récompense en France pour les
livres que j'ai donnés à différentes bibliothèques, ou que j'ai restitués,
après en avoir fait l'acquisition, aux établissements d'où ils avaient été
enlevés [1].

Après avoir reproduit, du moins en partie, les déclarations de M. Mamiani et de M. Guerrazzi en ma faveur, je vais donner encore deux lettres
adressées à ma mère par deux autres hommes d'Etat bien connus
(le marquis Gino Capponi, qui était naguère encore président du conseil
des ministres en Toscane, et M. Gioberti, écrivain célèbre et ministre

[1] Voyez plus loin, pag. 308-311.

prépondérant dans le cabinet piémontais), qui serviront aussi à montrer quelle est l'opinion que l'on a de moi en Italie. Je pourrais produire une foule de lettres analogues, émanées de sources tout aussi respectablés; mais il m'a semblé qu'après de tels noms, il ne fallait rien ajouter.

« *Alla Nobil Donna signora Rosa Libri.*

« **Pregiatissima Signora**,

« Ebbi già per la posta un esemplare del libretto, del quale un altro esemplare mi viene poi favorito da lei, e di quel primo la prego a ringraziare Guglielmo. Ho sentito dal libretto quanto ini è stato possibile; ma in verità non era per me bisogno che le dichiarazioni dei fatti venissero a contradire l'accusa, la quale o non sorgeva o cadeva a terra senza pubblicità et senza seguito, se gli odii politici e una rivoluzione di quella fatta non vi avessero soffiato dentro. Un'accusa a quel modo generica non era da farne conto, e più raccoglitori di libri vi andarono soggetti; ora a me gode l'animo che l'ostilità della pubblicazione abbia provocato la risposta, e che nei più avversi venga cosi forzata una persuasione la quale ella può essere ben certa, e la prego scriverlo a suo figlio, ch'era gia intera nell' animo mio addolorato quando lessi questa in tutto strana imputazione.

« Mi creda sempre con tutto l'ossequio,

Devotissimo servo,

G. CAPPONI.

Di casa, 14 giugno.

(TRADUCTION.)

A la noble dame Madame Rose Libri, à Florence.

J'avais déjà reçu par la poste un exemplaire de la brochure dont vous m'avez fait la faveur de m'envoyer un second exemplaire. Pour le premier, je vous prie de vouloir bien en remercier Guillaume. J'ai éprouvé à la lecture du petit livre tous les sentiments que je devais éprouver; mais, en vérité, il n'y avait pas besoin pour moi que l'éclaircissement des faits vint contredire une accusation qui ne se serait pas élevée, ou serait tombée sans publicité et sans suite, si les haines politiques et une révolution d'une telle nature ne s'y étaient pas mêlées. Une accusation faite d'une manière si générale ne méritait pas qu'on en tint compte, et bien des collecteurs de livres furent en butte à des accusations pareilles. Maintenant je suis bien aise que l'hostilité de la publication (*du rapport Boucly*) ait provoqué la réponse, et que les personnes les plus hostiles soient ainsi forcées d'avoir une persuasion qui, vous pouvez en être sûre et je vous prie de l'écrire à votre fils, était déjà complète dans mon esprit affligé, lorsque je lus cette imputation tout à fait étrange.

Croyez-moi toujours, avec tout le respect,

Votre très-dévoué serviteur,

G. CAPPONI.

De la maison, le 14 juin.

« *Alla gentilissima signora Rosa Libri, a Firenze.*

« Illustrissima Signora,

« La ringrazio della copia che mi ha gratificato della difesa scritta dal signor Guglielmo Libri. La leggerò con gran piacere come tosto i disturbi del viaggio mi concedano un istante di tempo. Non già per convincermi dell' innocenza del suo celebre figlio, troppo chiara a chi lo conosce, ma per goder del trionfo ch'Egli riporta sopra i suoi calunniatori. Io non partecipo a tutte le sue opinioni politiche, ma ho sempre ammirato il suo ingegno e venerata la sua persona; onde mi è carissimo l'assistere alla sconfitta dei nemici della sua fama.

« Partirò in breve pel Piemonte dove attenderò ansioso l'Appendice ch'ella ha la gentilezza di promettermi. Non occorre che io la consoli dell' indegna persecuzione mossa a chi tanto le attiene, giacchè essa, non che macchiare il suo nome, lo renderà più chiaro e illibato.

« Mi creda quale mi reco a onor d'essere con altissima stima,

« Suo devotissimo obbligatissimo servitore,

« GIOBERTI. »

(TRADUCTION.)

A Madame Rosa Libri, à Florence.

Madame,

Je vous remercie de l'exemplaire de la défense écrite par M. Guillaume Libri, que vous avez eu la bonté de m'envoyer. Aussitôt que les tracas de mon voyage m'accorderont un instant de temps, je la lirai avec grand plaisir, non pas pour me convaincre de l'innocence de votre célèbre fils, trop claire pour quiconque le connaît, mais pour jouir de son triomphe sur ses calomniateurs.

Je ne partage pas toutes ses opinions politiques, mais j'ai toujours admiré son esprit et vénéré sa personne; c'est pourquoi je suis charmé d'assister à la défaite des ennemis de sa renommée.

Je partirai sous peu de jours pour le Piémont, où j'attendrai avec impatience l'appendice que vous avez l'obligeance de me promettre. Il n'est pas besoin que je cherche à vous consoler de l'indigne persécution dirigée contre une personne qui vous est si chère; car cette persécution, au lieu de salir son nom, le rendra plus pur et plus illustre.

Croyez-moi, comme je m'honore d'être avec la plus haute estime,

— Votre très-dévoué et très-obligé serviteur,

GIOBERTI.

Florence, 6 juillet 1848.

On a vu (page 115) que je dois les extraits suivants à M. Picchioni, qui a dû naturellement se borner à quelques-uns des journaux principaux, à ceux surtout qu'il a pu se procurer facilement. Excepté les *Débats*, tous les journaux de France ont reproduit en entier ou par extraits le rapport de M. Boucly, lequel rapport a été aussi reproduit par tous les journaux étrangers. Sous peine de réimprimer des milliers de fois le rapport de M. Boucly, on ne peut pas donner ici tous ces articles qui, même par de simples citations, ont porté dans tous les coins de la terre les calomnies répandues contre moi par le *Moniteur*; sans qu'on voulût jamais, nous ne le répéterons jamais assez, admettre aucune rectification. L'extrait de ce qui a été publié contre moi dans les journaux français formerait un un gros volume, et il serait bien difficile aujourd'hui de rassembler à Paris ces feuilles qui ne se sont dispersées, ou qui n'ont disparu qu'après avoir produit un effet funeste. On a presque oublié aujourd'hui tous ces journaux sortis de terre après la révolution de Février et auxquels, après les journées de juin, le gouvernement français a dû faire une guerre opiniâtre. On sait que dans le célèbre *Rapport de la Commission d'enquête sur l'insurrection qui a éclaté dans la journée du 23 juin, etc.*, il se trouve (tome II, pag. 277) une énumération, qui a été complétée depuis, de 171 nouveaux journaux publiés à Paris depuis les journées de Février. Les deux derniers portés sur cette liste s'appellent, personne ne l'ignore, l'*Incendie* et le *Sanguinaire*. Ce n'était pas, on le conçoit bien, dans de tels journaux que j'étais attaqué avec moins de ménagement. Quelle réputation aurait pu résister à un tel ensemble d'attaques, quelque méprisables qu'elles puissent paraître? Qu'on lise les articles suivants, et qu'on les juge :

Le National du 21 mars 1848.

« M. Libri, qui avait été dénoncé au ministre de la justice pour soustraction de livres manuscrits précieux dans les bibliothèques, s'est sauvé en Angleterre; il était membre de l'Académie des sciences (section de géométrie), professeur au Collège de France, professeur à la Faculté des sciences. Il était arrivé à ces trois positions par l'élection, mais par l'élection corrompue, telle qu'on la pratiquait sous l'ex-monarchie.»

Le National du 22 mars 1848.

ACADÉMIE DES SCIENCES. — Séance du 20 mars.

. . . .

« Il n'y avait en effet rien de changé à l'Académie des sciences de Paris... Il n'y avait qu'un Italien de moins. Cet homme, deux fois réfugié, a été chercher par delà la Manche un nouveau foyer et de nouvelles bibliothèques. Que nos amis de l'autre côté de l'eau le tiennent bien; c'est tout ce que nous leur souhaitons. Quant à l'absent qui les visite, son nom, Dieu merci! ne paraîtra plus dans nos colonnes. »

Le National du 23 mars 1848.

« Une perquisition opérée aujourd'hui par MM. Landrin, commissaire du gouvernement près le tribunal de la Seine, et Hatton, juge d'instruction, dans le logement que M. Libri occupait à la Sorbonne, a procuré, dit-on , la saisie de pièces qui ne laissent aucun doute sur la réalité des soustractions imputées à M. Libri. Les indices qui ont été recueilis font, à ce qu'on assure, espérer qu'on retrouvera une partie notable des manuscrits précieux enlevés dans nos bibliothèques. »

Le National du 24 mars 1848.

« Le Moniteur d'hier, 22 mars, contient une note ainsi conçue :
« C'est par erreur que quelques journaux ont annoncé qu'un « document judiciaire, relatif à M. Libri, avait été tiré des ar-« chives du ministère des affaires étrangères; aucun document « n'est sorti de ce ministère pour être livré à la publicité. »
« Cette note pourrait sembler en contradiction avec ce qui a été dit au Moniteur du 21 mars, que le document en question a été trouvé dans les cartons du ministère des affaires étrangères.
« Voici le fait dans son détail :
« Le rapport de M. Boucly a été trouvé, pendant les journées du combat, dans un carton placé dans le cabinet de M. Guizot. Le fait s'explique, en ce que M. Hébert, ne voulant pas prendre sur lui de décider la question posée par M. Boucly, en aurait référé à M. Guizot. Celui-ci aurait enfoui le rapport dans ses cartons.
« Cette copie est sur papier à tête, portant ces mots : Parquet du tribunal de première instance de la Seine ; au bas de la première page on lit : A son excellence le Ministre de la justice; enfin, la pièce est signée de la main de M. Boucly.
« L'authenticité de cette copie est complète. Elle existe, telle qu'on vient de la décrire, au ministère de l'instruction publique,

L'original proprement dit est nécessairement au parquet, où il est sans doute facile de le retrouver.»

Le National du 24 mars 1848.

« On a saisi aujourd'hui 30,000 volumes provenant de la bibliothèque de M. L., et dont un certain nombre étaient disséminés dans les mains de personnes qui en ignoraient la valeur. — L'instruction se poursuit. »

Le National du 5 avril 1848.

« On assure que le sieur L., qui a commis dans nos bibliothèques des vols si audacieux, avait été condamné autrefois, en Italie, à deux ans de prison pour des actes du même genre. C'est à la suite de cette condamnation qu'il est venu en France, où il s'est fait passer pour réfugié politique. »

Le National du 24 avril 1848.

« On lit dans la *Gazette des Tribunaux :*
« M. Landrin, commissaire du gouvernement, vient de re-
« quérir une instruction criminelle à l'occasion de détourne-
« ments de manuscrits commis à la Bibliothèque nationale. »

Le National du 2 mai 1848.

« Il paraît que les poursuites ordonnées par M. Landrin, procureur de la République, pour arriver à la découverte de manuscrits, qu'on disait appartenir à la Bibliothèque nationale, ont été couronnées de succès, et que des ouvrages très-importants ont été retrouvés et mis sous la main de la justice [1].»

---

[1] Le *National* ne s'est pas arrêté, comme d'autres journaux, dans ses attaques contre moi. Il m'a poursuivi encore dans des articles dont on m'a parlé, mais dont on ne m'a pas envoyé l'extrait. La lettre suivante, publiée dans l'*Illustration* du 9 décembre 1848, en fournira la preuve :

« Monsieur le Rédacteur,

« Le *Journal des Débats* du 30 novembre annonçait, sur la foi d'une lettre écrite de Londres, que l'affaire de M. Libri touchait à sa fin, et qu'il ne « resterait rien de l'échafaudage de calomnies dressé contre ce savant. » Un journal de

La Réforme du 22 mars 1848.

« M. Libri, qui avait été dénoncé au ministre de la justice pour soustraction de livres et manuscrits précieux dans les bibliothèques, s'est sauvé en Angleterre ; il était membre de l'Académie des sciences (section de géométrie), professeur au Collége de France, professeur à la Faculté des sciences. Il était arrivé à ces trois positions par l'élection, mais par l'élection corrompue, telle qu'on la pratiquait sous l'ex-monarchie. »

Paris, qui a eu le grand malheur, croyons-nous, de se prêter avec plus de passion que de justice et de réflexion à donner cours aux accusations qui font l'objet de l'instruction judiciaire poursuivie depuis huit mois contre M. Libri, ce journal, qui devrait avoir appris à détester la calomnie et les calomniateurs, proteste contre les renseignements recueillis par le *Journal des Débats*, en ces termes :

« Le *Journal des Débats* serait mieux instruit s'il n'allait pas puiser ses ren-
« seignements à Londres. Voici les faits certains que nous pouvons lui appren-
« dre : L'instruction dirigée contre M. Libri est sur le point d'être terminée ;
« si elle ne l'est point encore, c'est uniquement par suite des nombreuses et
« minutieuses investigations qui ont dû être faites dans les bibliothèques de
« de Paris. Nous nous croyons assez bien informé pour déclarer que ces re-
« cherches donneront probablement un résultat contraire de tous points à ce-
« lui qu'annonce le *Journal des Débats*. »

« Je connais, Monsieur, aussi bien que le journal en question les nombreuses et minutieuses investigations faites dans les bibliothèques de Paris. Les recherches n'ont pas amené ce que ce journal espère Le fameux rapport de M. Boucly, qui a été l'origine de l'enquête, a dû être abandonné, malgré le zèle des personnes chargées de contrôler tous les livres et de lire tous les papiers et toutes les lettres de M. Libri.

« La réponse de M. Libri, publiée à la fin d'avril dernier, a convaincu tous les hommes honnêtes et impartiaux, et déconcerté même l'ardeur des commissaires inquisiteurs. On s'est rejeté depuis, à la vérité, sur des suppositions qui n'avaient pas été articulées dans le rapport Boucly ; on a annoncé des découvertes non prévues ; mais il faut attendre que ces nouvelles accusations se produisent, et je ne crois pas m'aventurer en disant qu'elles iront rejoindre les dénonciations anonymes qui ont servi de thème à ce fameux rapport.

« Puisque le journal en question sait tant de choses, puisque la justice n'a rien de caché pour lui, il apprendra bientôt que M. Libri proteste contre le mode d'instruction suivi à son égard ; contre le choix des commissaires, jeunes gens un peu étourdis, qui s'étaient déclarés d'avance ses adversaires ; contre les procédés de ces jeunes gens, qui ont pu, depuis huit mois, entrer chez lui, en sortir, emporter des papiers et des livres, les rapporter ou en remporter sans aucune garantie pour la justice ; contre la présence à son domicile, au moment des séances de l'enquête, de personnes étrangères et hostiles, et contre bien d'autres *irrégularités*.

« Je répète donc, monsieur, que le journal en question a tort de faire son affaire personnelle de l'affaire contre M. Libri, et qu'il s'ôte par là le droit de se plaindre quand on l'accuse, lui et ses amis, de beaucoup de choses dont il cherche à se défendre, et pour lesquelles je me porterais moi-même sa caution, sachant que ses façons d'agir ne répondent pas toujours à l'honnêteté de ses principes et de ses intentions.

« Recevez, etc.   P. »

La Réforme du 24 mars 1848.

« L'instruction ordonnée sur la réquisition de M. Landrin, commissaire du gouvernement, concernant les faits relatifs à M. Libri, dont nous avons parlé dans notre numéro d'hier, est confiée à M. Hatton, juge d'instruction, et se suit activement. Une perquisition a été, ce matin, opérée par MM. Landrin et Hatton, au domicile de M. Libri et chez une personne inculpée de complicité. Certains documents saisis font espérer qu'on pourra retrouver plusieurs des manuscrits dérobés. »

La Réforme du 19 avril 1848.

« Encore un nouveau scandale qui nous a été légué par le gouvernement déchu. L'affaire Libri a prouvé avec quelle audace quelques *satisfaits* pillaient les richesses de nos archives. Un des conservateurs de la Bibliothèque nationale vient d'être surpris, dit un journal, en flagrant délit de dilapidation. Par suite d'un mandat, etc. »

La Réforme du 24 avril 1848.

« M. Landrin, commissaire du gouvernement, vient de requérir une instruction criminelle à l'occasion des soustractions de manuscrits commises à la Bibliothèque nationale. »

Le Constitutionnel du 20 mars 1848.

« *Le Moniteur* publie aujourd'hui un rapport de M. Boucly, procureur de la République, à M. Hébert, ministre de la justice, en date du 4 février. Ce document, trouvé au ministère des affaires étrangères, est d'une assez grande étendue; il est tout entier relatif à des investigations faites sur diverses plaintes qui accusaient M. Libri, membre de l'Institut, d'avoir soustrait, dans diverses bibliothèques publiques, des livres et manuscrits précieux, afin d'en opérer la vente à son profit.

« Après avoir énuméré les indices accusateurs qui s'élèvent contre M. Libri, ce rapport se termine en ces termes... (Suit la citation.)

« Le journal officiel n'ajoute rien à la publication de ce document. »

— 182 —

Le Constitutionnel du 24 mars 1848.

« Nous avons publié une partie du rapport de M. Boucly, adressé à M. Hébert, garde des sceaux, sur les soustractions de manuscrits et livres précieux imputées à M. Libri, membre de l'Académie des sciences, et inspecteur des bibliothèques. Nous avons en même temps annoncé, d'après *le Moniteur*, que le document judiciaire relatif à M. Libri avait été trouvé dans les cartons du ministre des affaires étrangères.

« Voici comment, ce matin, *le Moniteur* raconte le fait dans son détail... (Suit la citation.)

« Les journaux judiciaires annoncent, au sujet de l'affaire de M. Libri, que l'instruction ordonnée sur la réquisition de M. Landrin a été confiée à M. Hatton, juge d'instruction. Avant-hier, etc... (Voir *le Droit* et *la Gazette des Tribunaux*.)

« Ces perquisitions ont amené la découverte de plus de 30,000 volumes provenant de vols effectués par M. Libri dans les bibliothèques publiques.

« Un journal annonce que de nombreuses commissions rogatoires, etc... (Voir la *Gazette des tribunaux*.)

« D'un autre côté *le Droit* s'exprime ainsi sur le départ de M. Libri :

« On raconte qu'à une des dernières assemblées de l'Académie « des sciences, etc... » (Voir le *Droit* du 23 mars.)

Le Siècle, 20 mars 1848.

(Analyse du rapport Boucly, terminée par cette réflexion :)

« Après avoir analysé le document officiel publié par *le Moniteur*, il nous suffira d'ajouter que M. Libri, bien qu'étranger, est un des hommes qui sont entrés le plus avant dans les bonnes grâces du dernier gouvernement, et qui ont eu le plus de part à sa faveur. Il est vrai qu'on se servait de lui pour attaquer les hommes de l'opposition, pour diffamer *l'illustre* secrétaire perpétuel de l'Académie des sciences, M. Arago, et pour outrager les princes et les peuples de l'Italie qui aspiraient à la liberté. »

Le Siècle, 22 mars 1848.

(Donne l'anecdote de l'Académie des sciences textuellement comme elle est dans le *Droit* du 23 mars.)

La Liberté, 24 mars 1848.

« Une perquisition opérée aujourd'hui par M. Landrin, commissaire du gouvernement près le tribunal de la Seine, et par M. Hatton, juge d'instruction, dans le logement que M. Libri occupait à la Sorbonne, a procuré, dit-on, la saisie de pièces qui ne laissent aucun doute sur la réalité des soustractions imputées à M. Libri. Les indices qui ont été recueillis font, à ce qu'on assure, espérer qu'on retrouvera une partie notable des manuscrits précieux enlevés dans nos bibliothèques. On sait que M. Libri est parti pour l'Angleterre. »

Liberté, 24 mars 1848.

« *Le Moniteur* d'hier 22 mars contient une note ainsi conçue… (Suit la citation.)

« Cette note pourrait sembler en contradiction avec ce qui a été dit au *Moniteur* du 21 mars, que le document en question a été trouvé dans les cartons du ministre des affaires étrangères.

« Voici le fait dans son détail :

« Le rapport de M. Boucly a été trouvé, pendant les journées du combat, dans un carton placé dans le cabinet de M. Guizot. Le fait s'expliquerait en ce que M. Hébert, ne voulant pas prendre sur lui de décider la question posée par M. Boucly, en aurait référé à M. Guizot. Celui-ci aurait enfoui le rapport dans ses cartons.

« Cette copie est sur papier à tête portant ces mots : *Parquet du tribunal de première instance du département de la Seine*. Au bas de la première page, on lit : *A son Excellence Ministre de la justice* ; enfin la pièce est signée de la main de M. Boucly.

« L'authenticité de cette copie est complète ; elle existe, telle qu'on vient de la décrire, au ministère de l'instruction publique. L'original proprement dit est nécessairement au parquet, où il sera sans doute facile de le retrouver. »

La Liberté, 4 avril 1848.

« On assure que le sieur Libri, qui a commis dans nos bibliothèques des vols si audacieux, avait été condamné en Italie pour des actes du même genre. C'est à la suite de cette condamnation qu'il est venu en France, où il s'est fait passer pour réfugié politique. »

La Liberté, 2 mai 1848.

« Un journal annonce que les poursuites ordonnées par M. Landrin, procureur de la République, pour arriver à la découverte de manuscrits qu'on disait appartenir à la Bibliothèque nationale, ont été couronnées de succès, et que des ouvrages très-importants ont été retrouvés et mis sous la main de la justice.

La Démocratie pacifique, 20 mars 1848.

« Les détails qu'on va lire sont extraits d'une pièce trouvée dans les cartons du ministère des affaires étrangères, et publiée ce matin dans *le Moniteur*. Ils prouvent une fois de plus que l'homme n'a pas deux consciences, et que la corruption politique est incompatible avec l'honneur dans la vie privée.... (Suit le rapport de M. Boucly.)

« M. Libri s'est sauvé en Angleterre ; il était membre de l'Académie des sciences (section de géométrie), professeur au Collége de France et à la Faculté des sciences. Il était arrivé à ces trois positions par l'élection, mais par l'élection corrompue, telle qu'on la pratiquait sous la monarchie. »

La Démocratie pacifique, du 24 mars 1848.

(Note identique à celle de *la Liberté* du même jour, avec ce titre :

« Si librum reddidisset. »)

Gazette des Tribunaux, 21 mars 1848.

« Depuis quelques années, de vagues rumeurs circulaient dans le public sur des soustractions qui auraient été commises dans les bibliothèques de l'Etat. On prétendait que des éditions précieuses, que des manuscrits d'un grand prix avaient disparu et avaient été vendus à l'étranger. Le document suivant permet de connaître la vérité sur ces fraudes criminelles ; c'est un rapport adressé par M. le procureur du roi Boucly à M. le garde des sceaux Hébert, et qui a été trouvé dans les cartons du ministère des affaires étrangères. Ce document, que nous croyons devoir publier en entier, est ainsi conçu... » (Suit le *Rapport* de M. Boucly.)

Gazette des Tribunaux, 23 mars 1848.

« La *Gazette des tribunaux* a publié, d'après *le Moniteur*, un rapport adressé par M. Boucly, ancien procureur du roi, à M. Hébert, garde des sceaux, relativement aux soustractions de manuscrits et livres précieux imputées à M. Libri. Une note insérée aujourd'hui dans *le Moniteur* déclare que ce rapport judiciaire n'a pas été tiré des archives du ministère des affaires étrangères. Il paraît que cette pièce, communiquée par M. Hébert à M. Guizot, a été, au moment où la foule s'est introduite dans l'hôtel du boulevard des Capucines, trouvé dans le cabinet de l'ex-président du Conseil, et que c'est par le citoyen qui s'en est alors emparé, qu'elle a été communiquée au *Moniteur* [1].

« Quoi qu'il en soit, dès que le commissaire du gouvernement près le tribunal de la Seine, M. Landrin, a eu connaissance des inculpations qui pesaient contre M. Libri, il a requis qu'il fût procédé à une information qui a été confiée à M. Hatton, juge d'instruction. On assure que les deux magistrats ont opéré aujourd'hui une perquisition, d'abord dans le logement occupé à la Sorbonne par M. Libri, et ensuite chez une personne impliquée dans la poursuite comme complice de la spoliation de nos bibliothèques. M. Libri a, dit-on, quitté Paris depuis quinze jours, après avoir fait enlever sa bibliothèque. Toutefois, on prétend que la perquisition a amené la saisie de pièces qui prouvent les soustractions imputées à M. Libri, et qui donnent l'espoir de retrouver la plupart des manuscrits détournés.

« On ajoute que M. Hatton, juge d'instruction, a ensuite décerné de nombreuses commissions rogatoires, qui ont été expédiées particulièrement à Montpellier, à Carpentras, à Troyes, à Auxerre, à Poitiers, à Grenoble, à Lyon. Plusieurs témoins ont été en même temps appelés dans le cabinet du juge, qui a re-

[1] C'est là effectivement ce qu'ont voulu faire croire les personnes qui s'étaient emparées de la pièce et ce qu'elles ont répandu dans Paris. Mais d'abord on sait que le ministère des affaires étrangères n'a pas été envahi par le peuple, comme d'autres établissements, et qu'il n'a été envahi que par quelques journalistes dont on saurait facilement les noms dans les bureaux du *National*. D'ailleurs, *le citoyen qui s'en était emparé* (on appelait à cette époque *citoyens* les gens qui *s'emparaient* de quelque objet appartenant à l'État) pouvait bien *communiquer* cette pièce au *Moniteur*, mais elle ne pouvait être publiée dans le journal officiel que par l'ordre du Gouvernement provisoire. Pourquoi ne pas dire qui a donné cet ordre? Faut-il que je raconte cette histoire dont je connais tous les détails ? C'est cet empressement du gouvernement à publier, dans le *Moniteur*, une pièce dont *un citoyen s'était emparé*, qui a fait dire à un homme haut placé : « qu'on avait profité d'un vol pour commettre une lâcheté. »

cueilli les déclarations de MM. Techner fils, libraire ; Carteron, employé aux Archives ; Tripier, garde des archives de l'ancienne liste civile ; Tilliard, libraire ; Lacabane, employé de la Bibliothèque nationale ; Chauchard, sous-bibliothécaire du ministère de l'instruction publique ; Scott, marchand d'estampes ; Moreau, restaurateur de livres ; Simonin, réparateur et laveur de livres et gravures.

« D'autres témoins, au nombre desquels figure M. Allard, chef du service de sûreté, sont assignés pour être entendus demain.

« M. Libri, contre qui un mandat d'amener avait été décerné, est arrivé en Angleterre, par Folkestone. »

Gazette des Tribunaux, 25 mars 1848.

« L'instruction relative aux soustractions de livres et de manuscrits des bibliothèques de l'Etat, imputées à M. Libri, s'est poursuivie aujourd'hui ; de nouvelles perquisitions ont eu lieu, et de nombreuses saisies ont été opérées. Un des commissaires spéciaux du bureau des délégations de la préfecture de police, M. Foucault, s'étant présenté porteur de mandats de M. le juge d'instruction Hatton, au domicile du sieur C..., rue de l'Est, y a trouvé 30 volumes paraissant avoir été soustraits dans les bibliothèques publiques, lesquels ont été placés sous les scellés. Le même commissaire de police a saisi, dans le domicile abandonné par M. Libri, rue d'Enfer, 45, 10,000 volumes, et 20,000 autres dans un second appartement, qu'il avait loué quelques maisons plus bas, rue d'Enfer, 78. Chez un sieur V..., relieur, on a également saisi 30 volumes précieux que M. Libri lui avait confiés pour en faire, suivant la prévention, dénaturer la reliure, et enfin, chez un autre relieur, deux caisses de livres qui lui avaient été remises dans le même but, ont été mises sous le scellé, après le procès-verbal dressé de leur contenu. »

Gazette des Tribunaux, 23 avril 1848.

« M. Landrin, commissaire du gouvernement, vient de requérir une instruction criminelle à l'occasion de détournements de manuscrits commis à la Bibliothèque nationale. »

Le Droit, 22 mars 1848.

« Ce rapport constate les soustractions les plus criminelles commises dans les bibliothèques publiques, et imputées à M. Libri.

« Nous ne pouvons qu'analyser cette pièce, qui est fort longue. En voici la substance... » (Suit la citation.)

Le Droit, 23 mars 1848.

« L'instruction ordonnée sur la réquisition de M. Landrin, commissaire du gouvernement, concernant les faits relatifs à M. Libri, dont nous avons parlé dans notre numéro d'hier, et confiée à M. Hatton, juge d'instruction, se suit activement. Une perquisition a été, ce matin, opérée par MM. Landrin et Hatton, au domicile de M. Libri et chez une personne inculpée de complicité. Certains documents saisis font espérer qu'on pourra retrouver plusieurs des manuscrits dérobés.

« Divers témoins ont été entendus aujourd'hui par le juge d'instruction Hatton. On croit que M. Libri a quitté Paris dans la journée d'hier.

« On nous communique, relativement à ce personnage, un fait qui n'aurait que quelques jours de date, et que nous avons tout lieu de croire exact. On raconte qu'à une des dernières assemblées de l'Académie des sciences, M. Libri se serait présenté dans le sein de l'Académie. Son arrivée aurait produit sur ses collègues déjà réunis une impression pénible. Un membre aurait aussitôt pris une feuille de papier, et y aurait écrit à peu près ce qui suit : « On a droit de s'étonner que M. Libri ait le courage de venir siéger dans une réunion d'hommes honorables. » Le papier aurait circulé de main en main, et serait enfin arrivé dans celles de M. Libri, couvert des signatures de tous les assistants. Celui-ci se serait immédiatement levé et aurait fui honteusement. »

Le Droit, 24 mars 1848.

« Hier, en exécution d'une ordonnance délivrée par M. Hatton, juge d'instruction, M. Foucault, commissaire de police, a procédé à diverses perquisitions dans le domicile de plusieurs personnes désignés comme ayant reçu en dépôt de M. Libri des ouvrages provenant des soustractions commises par lui.

« Ces perquisitions ont été couronnées d'un plein succès; ainsi, rue de l'Est, 30 volumes pris dans une bibliothèque ont été retrouvés; un même nombre d'ouvrages, également volés, ont été découverts chez un relieur, auquel ils avaient été confiés pour qu'il changeât leurs couvertures ; enfin, sans parler de plusieurs caisses remplies de livres, laissées rue Saint-Jacques, on a mis sous les scellés, dans une maison rue d'Enfer, 45, 10,000 volumes provenant de vols de même nature, et encore rue d'Enfer, 78, 20,000 autres volumes [1]. »

Le Corsaire, 23 mars 1848.

« La révélation des vols de livres et de manuscrits commis par M. Libri, membre de l'Institut, nous offre un nouvel exemple de la prédestination de l'influence fatale de certains noms.

« Si c'est l'aveugle hasard qui a présidé à l'appellation de cet homme, nominatif pluriel d'un substantif latin, avouez que c'est bien singulier.

« LIBRI ! C'est précisément ce qui l'a perdu ! »

Le Charivari, 27 mars 1848.

« Un inventaire que s'est permis de faire la justice chez M. Libri, qui, en partant, avait pourtant bien recommandé à son portier de ne confier sa clef à personne, vient de nous apprendre

---

[1] *Le Droit* est un journal spécial et sérieux : à l'époque où il a publié l'article que je reproduis ici, il était dirigé par un savant jurisconsulte qui depuis, en qualité de *procureur de la République*, a présidé à l'instruction dirigée contre moi. C'est ici surtout que l'on reconnaît les tristes effets de cette préoccupation qui a porté tant de personnes, même des jurisconsultes du plus grand mérite, à ne pas me considérer comme *accusé*, mais à me regarder comme *coupable*, dès que le *Moniteur* eut parlé contre moi au nom du Gouvernement provisoire. Que trouve-t-on en effet dans cet article du *Droit ?* Les fables les plus absurdes y sont présentées comme des vérités incontestables. On n'y parle que de *volumes pris dans une bibliothèque*, d'ouvrages *également volés*, de 10,000 *volumes provenant de vols*, de 20,000 *autres volumes*, etc., etc.! J'apprends de bonne source que les experts eux-mêmes ont renoncé actuellement à ce système d'exagération fabuleuse, et qu'après avoir contribué à propager de telles calomnies, ils se jettent aujourd'hui sur quelques fragments de la valeur d'une trentaine de francs, d'origine suspecte, qu'on aurait trouvés chez moi ! J'ai déjà répondu surabondamment à ces imputations (pag. 33 et suiv.). Il est bon cependant de faire remarquer que, tandis que la *Gazette des Tribunaux* (voyez ci-dessus, pag. 186), annonçant les mêmes bruits, se tenait dans la réserve qui convient aux jurisconsultes et introduisait dans son récit des formes dubitatives, telles que *volumes paraissant avoir été soustraits*, des faits imputés *suivant la prévention*, etc., *le Droit*, au contraire, annonçait tout d'une manière positive, comme si ces calomnies eussent été des faits déjà démontrés. Ajoutons qu'après la publication de ma Réponse au Rapport de M. Boucly, la *Gazette des Tribunaux* publia un extrait de mon écrit, l'appuyant ainsi de toute son autorité, procédé que j'ai su apprécier autant qu'il le méritait. Je dois regretter que *le Droit* n'ait jamais accueilli aucune de mes réclamations.

que la bibliothèque dudit Libri s'élevait à 30,000 volumes,
lesquels ont été empruntés à différentes bibliothèques publiques.
L'amour des livres est une belle chose, mais il ne faut pas le
pousser jusqu'au fanatisme. Il est vrai que M. Libri était Italien, et les passions sont bien plus vives chez les habitants du
midi de l'Europe....

« M. Libri connaissait bien son affaire, et la preuve, c'est qu'il
a fallu une révolution pour l'empêcher de continuer son petit
commerce. Et pourtant il était libéral, car il s'était dit que la
meilleure manière de faire circuler les idées, c'était de faire
voyager les livres. »

Après avoir pris par les articles précédents une faible idée de l'acharnement avec lequel la presse française en masse s'est ruée sur moi, on se demandera quels ont été les motifs qui l'ont portée à me prendre pour objet d'une si longue et si ardente persécution, sans vouloir jamais admettre aucune réponse, aucune rectification. Un tel acharnement si persistant, et dont rien n'avait encore offert d'exemple, tient au concours d'une multitude de circonstances. L'article de la *Bibliothèque de l'Ecole des Chartes*, que j'ai reproduit précédemment (pag. 17-18), prouve que j'avais dans cette Ecole, et particulièrement dans les experts, des ennemis qui se prévalaient de la position que M. Carnot leur avait faite pour colporter les bruits les plus absurdes contre moi. On a vu aussi (pag. 7) que d'autres personnes avaient *agi*. Aux yeux de beaucoup de gens, après Février bien entendu, mon départ n'était rien, *ce n'était qu'un Italien de moins* (voyez ci-dessus, page 178). Pour beaucoup d'autres, m'attaquer, me calomnier, était un moyen de flatter les dictateurs de Février (voyez ci-dessus, page 7). Puis il y avait les gens qui voulaient s'emparer de mes places. Tout cela pourtant n'aurait pas suffi pour expliquer une persistance si rare dans un pays où les impressions les plus vives s'effacent en quelques jours. Ce que voulaient surtout les vainqueurs de Février en me frappant, c'était frapper le parti conservateur et s'attaquer même indirectement à M. Guizot. Ce but, auquel d'anciens conservateurs eux-mêmes n'ont pas craint de prêter naïvement les mains, a été bien compris par la presse étrangère, qui, jugeant sans passion, voit bien le fond des choses (lisez ci-dessus, pag. 10-11). Plusieurs journaux français dont on ne m'a pas envoyé les extraits, mais qui m'ont été signalés, dévoilaient franchement leurs desseins. A défaut de ces journaux, les extraits suivants des correspondances envoyées de Paris au *Times* et au *Morning-Chronicle*, et publiées à cette époque par ces deux organes si connus de la presse anglaise, feront bien comprendre à qui s'adressaient surtout les calomnies dont j'étais l'objet, et mettront clairement en évidence le caractère politique de la persécution dirigée contre moi. Montrer que les gens qui me calomniaient osaient rêver de porter atteinte à la réputation de l'homme pour lequel la France n'aura jamais assez d'admiration et de respect, c'est infliger à mes ennemis la punition qu'ils méritent.

Extrait du Morning Chronicle *du 22 mars* 1848.

(Correspondance de Paris.)

« On a découvert ici une affaire scandaleuse qui produit une pénible sensation dans le monde littéraire. Dans le *Moniteur* d'hier se trouve un document trouvé parmi les papiers que M. Génie, secrétaire de M. Guizot, a laissés au ministère des affaires étrangères. C'est un rapport adressé par M. Boucly, procureur du roi, au ministre des affaires étrangères, relativement à quelques accusations portées contre M. Libri, membre bien connu de l'Institut et professeur de l'Université, qui aurait soustrait des livres dans des bibliothèques publiques. M. Libri avait la confiance de M. Guizot et de M. Duchâtel ; il était fréquemment employé par ces deux ministres pour faire des recherches dans les bibliothèques publiques ; il avait, par conséquent, libre accès à toutes les collections les plus précieuses de France, et il profita de l'occasion qui lui était ainsi fournie pour soustraire des ouvrages précieux des bibliothèques de Paris, de Carpentras, de Montpellier, de la Chartreuse de Grenoble et d'autres endroits pour une valeur qui s'élève, selon les calculs que l'on en fait, à trois ou quatre cent mille francs. La date du rapport remonte au 4 février dernier. Plusieurs des ouvrages ont été vendus en vente publique à Paris, et quelques-uns sont entrés au British Museum. Un Psautier manuscrit, appartenant à la Chartreuse de Grenoble, se trouvait parmi les objets volés et a été acheté par un amateur éminent de Londres, au prix de 280 livres sterling. Ce qui jette encore plus d'intérêt sur cette affaire, c'est que M. Libri était l'ami intime de M. Guizot et a été son confident jusqu'au dernier moment, quoique M. Guizot ait été parfaitement instruit des soupçons dirigés contre lui ; car le gouvernement avait, depuis plus de deux ans, des informations à ce sujet. Les amis de M. Guizot ont toujours dit de lui, avec un orgueil bien légitime, qu'il était pur, indifférent à l'argent, et qu'il quitterait le ministère aussi pauvre qu'il y était entré. Je crois que M. Guizot mérite à cet égard toute la confiance qu'on veut lui donner. J'entends dire qu'il quitte la France sans fortune. Mais si M. Guizot était indifférent à l'argent, il l'était aussi quant à l'intégrité de ceux qui l'entouraient. Il est bien reconnu que M. Guizot ne s'inquiétait pas de ce qu'était la conduite d'un homme, pourvu qu'il fût un instrument convenable à ses desseins. Il n'y eut jamais de ministres qui eût autour de lui des agents plus corrompus ou moins scrupuleux : tant que les délits restaient inconnus au public, peu importait à M. Guizot quelle fût la conduite privée d'un agent. Ses relations avec M. Libri prouvent qu'il ne se sentait pas souillé par des rapports journaliers avec un homme soupçonné d'un vol déshonorant.

Jusqu'au 24 février, M. Libri a été en communication journalière avec M. Guizot. C'était lui qui écrivait dans *le Journal des Débats* les articles dans lesquels la politique italienne de M. Guizot était défendue, et pour les faire, il avait à sa disposition toute la correspondance la plus secrète du ministre. C'était lui aussi qui écrivait les articles de la *Revue des deux Mondes*, pour défendre l'administration de M. Guizot. L'exposé de cette affaire a produit une très-pénible sensation ici, et cette sensation est autant celle du regret pour la tache qu'en reçoit la réputation de M. Guizot que pour le déshonneur de M. Libri lui-même. M. Libri a été averti de cette découverte par une personne de sa connaissance, qui occupe maintenant un poste important au ministère des affaires étrangères. Il a immédiatement quitté la France, et est maintenant en Angleterre. »

Extrait de la correspondance de Paris du journal le Times *du 24 mars 1848.*

« Le scandale que produit le vol considérable de livres et de manuscrits enlevés aux bibliothèques publiques de la France par un savant, membre de l'Université et de l'Institut [1], employé par le dernier ministère pour inspecter ces établissements, cause plus de sensation qu'on n'aurait dû s'y attendre au milieu de tant d'agitation. Mais c'est un fait affligeant. Le rapport de l'ex-procureur du roi, trouvé dans les papiers du ministère des affaires étrangères, laisse peu de doute à ce sujet. Ce qui est inexplicable, c'est que ces pertes étaient connues de la police, que le coupable était désigné depuis deux ans, et que pourtant il continuait à être employé. On croit fermement ici que le ministère du roi et ses agents étaient tellement dans la dépendance les uns des autres, par leur culpabilité mutuelle, qu'ils prenaient tous *carte blanche* pour faire ce qui leur convenait : aucun n'osait jeter la première pierre. Guizot est presque la seule exception; son impopularité n'a pas produit une seule imputation contre son intégrité personnelle ; mais pourtant il ne pouvait pas ignorer ce qui se passait autour de lui. On s'attend à d'autres éclats plus graves. Une foule de gens sont compromis par la

---

[1] Dans un article publié la veille, le *Times*, annonçant les calomnies qu'on répandait contre moi, m'avait nommé en toutes lettres.

correspondance laissée dans différents bureaux, et que la catastrophe subite n'a pas donné le temps de détruire. Des preuves de vénalité, de corruption, d'avidité sordide, d'inconcevable bassesse sont entre les mains des républicains. Ils se réservent d'écraser les coupables s'ils osent se présenter aux élections de l'Assemblée. Il paraît qu'on a fait prévenir quelques-uns d'entre eux qu'on en savait assez pour rendre prudent leur éloignement de France, de peur qu'il n'arrive quelque chose de pis. »

CATALOGUE

**De deux cent trois volumes provenant presque tous des principales
bibliothèques publiques de la France et de l'Italie, dont ils portent
encore l'estampille plus ou moins visible, avec l'indication des
libraires qui les ont vendus [1].**

---

*Livres portant l'estampille de la Bibliothèque royale
(nationale) de Paris.*

Vendus par MM. Payne et Foss, de Londres.

Restaut. Traité de l'orthographe françoise. *Poitiers*, 1770,
in-8, mar. rouge.

> Estampillé *Bibliothèque royale.*

Ausimo (Nic. de). Supplementum. *Venet., Spira*, circa 1470,
in-fol., mar. rouge.

> Estampillé *Bibliotheca regia*, avec cette marque de la bibliothèque : D. 4696.
> C'est là probablement la première édition de la célèbre Pisanella. Elle est si
> rare qu'elle a échappé à M. Brunet, qui en cite d'autres postérieures (voyez le
> *Manuel*, tom. IV, p. 568).

Ramelli. Le Diverse machine. *Parigi*, 1588, in-fol, fig.,
mar. rouge, tr. dor.

> Estampillé *Bibliotheca regia*. Magnifique exemplaire, relié par Decame, d'un
> livre important et rare que j'ai payé plus de 100 francs, comme on le verra plus
> loin, page 214.

Thrésor de la langue françoise, reveu et augmenté par J.
Nicot. *Paris*, 1606, in-fol., mar. rouge. Aux armes de France
sur les plats et sur le dos.

> Très-bel exemplaire. Ce volume ne porte pas d'estampille, mais pour tous

---

[1] Comme je l'ai dit plus haut (page 57 et 74), tous ces volumes ont été adressés à M. le ministre de l'instruction publique à Paris, avec les factures descriptives des personnes qui me les ont cédés; factures que l'on trouvera plus loin
(pag. 215 et suiv.). Au moment où j'en ai préparé le catalogue pour l'impression, les livres n'étaient pas sous mes yeux. Je n'ai jamais vu les volumes achetés à Paris, dont on m'a seulement envoyé la liste que je reproduis ici, et quant
à ceux que j'avais trouvés à Londres, craignant que, si je les envoyais à Paris
par les voies ordinaires, ils ne fussent saisis comme on a saisi tout ce qui
m'appartenait, j'ai dû profiter d'une occasion qui s'est depuis longtemps offerte
pour les faire déposer à Paris en lieu sûr. Rédigeant ce *Catalogue* sans avoir
les livres auprès de moi, et devant le faire d'après des inventaires abrégés, je
n'ai pas pu y indiquer des particularités ou y ajouter des remarques de tout genre
qui l'auraient rendu plus utile à ma défense et plus instructif. Du reste, je n'ai
nullement eu l'intention de faire ici une œuvre bibliographique, et je prie le
lecteur d'excuser les inexactitudes que ce catalogue pourrait contenir, et les
fautes d'impression inévitables dans tout ouvrage publié loin de l'auteur. Je
dois faire remarquer que des libraires anglais (on le verra dans leurs factures)
considèrent souvent comme des in-12 les petits in-8 anciens. J'ai, dans ce catalogue, rétabli les formats lorsque cela m'a semblé nécessaire.

ceux qui voudront l'examiner, il deviendra évident que ce livre est, *comme beaucoup d'autres, sorti de la Bibliothèque royale avant d'être estampillé*. Il y a sur le dos un fragment d'une étiquette portant des marques qui indiquent la place occupée autrefois par ce volume dans la Bibliothèque d'où il est sorti. Ce livre m'a coûté plus de 50 francs. Voyez plus loin, page 214.

LOMIERUS. De bibliothecis. *Zutphaniæ*, 1669, in-8, mar. rouge. Aux armes de France.

Estampillé *Bibliotheca regia*.

THYSII Roma illustrata. *Elzevir*, 1657, in-12, mar. rouge.

Avec deux estampilles; l'une porte : *Regii Cimelii* [1], l'autre est effacée.

Vendus par M. RODD, de Londres.

Traité du gouvernement de l'Église, etc., traduit du latin de Justin FEBRONIUS. *Venise*, 1767. 3 vol. in-12, mar. rouge.

Les plats et le dos de la reliure portent des traces d'un travail destiné à cacher les *armes de France* sur lesquelles on a collé d'autres morceaux de maroquin rouge. Une estampille a été grattée, et un morceau de papier collé sur le titre de chaque volume ; et pourtant on peut reconnaître encore l'estampille de la Bibliothèque royale. Sur les gardes des deux premiers volumes, on a écrit : E 1447 P. Cette même marque a été grattée sur le troisième volume. Ces livres ont passé par la bibliothèque du duc de Sussex, oncle de la reine actuelle d'Angleterre, et portent ses armes sur les gardes.

Satires de JUVÉNAL, traduites en français par M. M... *Paris*, 1779, in-4°, mar. rouge [2]. Aux armes de France sur les plats.

Il se trouve deux estampilles sur le titre, l'une est grattée, l'autre porte ces mots *Bibliothèque royale* un peu effacés. Sur les gardes il y a cette marque Y 1384 C.

Chronicum Regum, etc. Paulo CONSTANTINO autore. *Basileæ*, 1534, in-fol. v.

Avec deux estampilles, l'une grattée, et l'autre avec les mots *Bibliotheca regia* encore visibles. Un coin du premier feuillet blanc a été déchiré. Il y a sur le dos deux G entrelacés, avec une couronne.

Livres portant l'estampille de la bibliothèque Mazarine.

Vendu par M. RODD, de Londres.

GUARINI erotemata. *Ferrariæ*, 1509, in-8, mar. bleu, fil., tr. d.

Charmant exemplaire d'ancienne reliure d'un livre rare qui s'est vendu

[1] C'est la première fois que j'ai vu cette estampille *Regii Cimelii*. Ce livre est évidemment sorti de la Bibliothèque nationale. Quant à l'autre estampille effacée, j'ai déjà dit, et on le verra mieux par les factures descriptives des libraires publiées plus loin (pag. 213 et suiv.), que toutes les estampilles effacées, grattées, enlevées, etc., etc., se trouvaient dans ce même état au moment où j'ai fait l'acquisition des livres.

[2] Excepté le *Ramelli*, tous les livres en maroquin provenant de la Biblio-

127 francs chez M. Larcher: porte au commencement et à la fin l'estampille
de la Bibliothèque Mazarine. Sur le dernier feuillet il y avait une note écrite à
la main qu'on a cherché à faire disparaître. Sur les gardes on voit l'écusson du
duc de Sussex, de la bibliothèque duquel ce volume est sorti, à la vente qui a
eu lieu il y a peu d'années de sa bibliothèque. M. Rodd a écrit une longue
note sur les gardes pour constater la vente qu'il m'a faite de ce volume.

Cédé par M. Merlin, de Paris.

Euclidis geometricorum elementorum libri XV, cum comm.
Campani, Theonis, Hysiclis. *Parisis in officina Henrici
Stephani*, 1506, in-fol., anc. rel., fig. géométr.

Vendu par M. Abry, de Paris.

Réflexions importantes et appollogiques (*sic*)... (et autres pièces)
in-8.

Ce volume, qui porte l'estampille de la bibliothèque Mazarine, a sur le dos
pour étiquette : *Recueil n° 12. 2 P.*

*Livre portant l'estampille de la bibliothèque
de l'Institut.*

Vendu par MM. Payne et Foss, de Londres.

Gorii Monumenta libertorum et servorum Livio Augusto...
Florent., 1727, in-fol. v. f.

Bel exemplaire de la bibliothèque Soubise; estampillé *Bibliothèque de l'Institut
national.*

*Livres portant l'estampille de la bibliothèque
de la Sorbonne.*

Vendus par MM. Payne et Foss, de Londres.

Maçon (le). Les funérailles de Sodome et de ses filles. *Londres,
R. Field*, 1600, in-12, mar. bleu, anc. rel.

Livre rare; estampillé *Bibliothèque de Sorbonne.*

Gilles. Histoire ecclésiastique des églises vaudoises. *Genève,*
1656, in-4°.

Estampillé au commencement et à la fin *Bibliothèque de Sorbonne.*

Cédés par M. Merlin, de Paris.

J. Bayeri Rhainani Uranometria. *Sans lieu ni date*, volume de planches en taille-douce, gr. in-fol., vél.

thèque nationale, et qui se trouvent dans ce *catalogue*, sont revêtus de ces belles
reliures anciennes que tous les amateurs connaissent.

Histoire de Clément XI, pape, par REBOULET. *Avignon*, 1752, 2 tom. en un vol. in-4, v. m.

Della poetica di Fr. PATRICI, la Deca istoriale. *Ferrara*, 1586, in-4, vél.

J. H. MEIBOMII Mæcenas. *Lugduni Batavorum, Jean et Daniel Elzevir*, 1653, in-4 cart., vél.

De Vitâ et morte illustr. sanct. principis Jacobi marchionis badensis et hachburg, etc. Orationes duae, etc. Avet. J. Pistorio-Nidans. *Coloniæ*, 1591, in-4, vél.

Histoire des six auteurs anciens : Spartien, Capitolin, Lampride, Gallican, Pollion et Vopiscus, par M. de M. A. de V. (Michel DE MAROLLES, abbé de Villeloing). *Paris*, 1667, in-8, v. m.

L'Imitation de Jésus-Christ, trad. par DUMAS. *Paris*, 1705, in-8, v. f., fig.

Le Nouveau-Testament grec, lat. et franç. In-8 à 3 colonnes. (Le titre manque.) In-8, v. b.

De antiquitate et dignitate Scholæ medicæ Parisiensis panegyris, auct. Gabr. NAUDÆO. *Lut. Parisiorum*, 1628, in-8, cart.

J. SCALIGERI Conjectanea in M. Terentium Varronem de lingua latina, etc. Terentii Varronis Fragmenta. *Sans lieu ni date*. 2 tom. en un vol. in-8, fil., anc. vélin.

Dissertationum de Acidulis sectiones duae, auth. Melchiore LEBREGIO. *Argentorati* (1627), in-12, vél.

Théorie de l'intérêt de l'argent. *Paris*, 1780, in-12, bas. m.

Vie de Marie Lumagne, institutrice des Filles de la Providence, etc., par COLLIN. *Paris*, 1744, in-12, v. b.

Historia della disunione del regno di Portogallo dalla corona di Castiglia, da Gio. Bat. Birago Avogato, con l'appendice di una scrittura d'un ministro di Spagna. *Amsterdam*, 1647, 2 parties en un vol. pet. in-8, vél.

Livres portant l'estampille de la bibliothèque de l'Arsenal.

Vendus par M. RODD, de Londres.

CHIZZUOLA, Risposta alle bestemmie di Paolo Vergerio. *Venttia* (sic), 1562, in-4, veau fauv. aux armes de de Thou sur les plats.

Sur le titre, à la page 115 et à la fin, il se trouve des estampilles portant *Bibliothèque de l'Arsenal* avec *l'aigle impériale*.

Cédés par M. MERLIN, de Paris.

Recueil de pièces concernant la thèse de l'abbé de Prades. *Sans nom de lieu*, 1753, 3 part. en un vol. in-4, v. m.

P. D. HUETII de interpretatione libri duo. *Parisiis*, 1661, in-4, bas.

De l'Inspiration des livres sacrés, par de Botteville. *Rotterdam*, 1669. Réponse au livre intitulé : Sentiments de quelques théologiens de Hollande sur l'histoire antique du Vieux-Testament, par le même. *Même lieu*, 1686. Rich. SIMONIS Opuscula critica adversus Isaac Vossium. *Edimburgi*, 1685, 3 tom. en un vol. in-4, v. f.

Onus Ecclesiae. Auct. D. Johan. episc. Chinensis (*Coloniae*, 1531). Folium populi a Papiano. *Ingolstadii*, 1533, deux tom. en un vol. pet. in-fol., v. br., fig.

Dans ce volume, l'estampille de l'Arsenal est accompagnée de celle des Barnabites de Saint-Éloi.

Sermons de saint Léon, pape, surnommé le Grand, traduits sur l'édition latine du P. Quesnel. *Paris*, 1701, in-8, v. fauv.

M. ANCYRANI Disquisitiones II de residentia canonicorum. De Clericis non residentibus, de Tactibus impudicis, de Sphalmatis virorum in re literaria illustrium. *Parisiis*, 1695, 4 part. en un vol. in-8, v. b.

Sur les plats on voit la devise dorée des Frères mineurs de Paris.

J. W. Viringi, de Jejuniis et abstinentiâ medico-ecclesiasticis Lib. V. *Regiaci Atrebatium*, 1697, in-8, vél.

Essay de Psaumes et Cantiques mis en vers (par Mlle CHERON), et enrichis de figures (gravées par Louis Chéron). *Paris*, 1694, in-8, v. b.

Ce volume ne porte pas moins de cinq estampilles de l'Arsenal.

Le Nouveau-Testament, traduit en français. *Mons*, 1667, in-12, chagrin.

Deffence pour Estienne Pasquier contre Fr. Garasse. *Paris*, 1624, in-8, vélin.

Outre l'estampille de l'Arsenal, ce volume porte aussi celle des Barnabites de Saint-Éloi de Paris; plus un cachet en cire à la fin, avec la devise *Columba amoris*.

Théorie de l'intérêt de l'argent. *Paris*, 1780, in-12, v. m.

Le Chemin de l'Amour divin, par M***. *Paris*, 1746, in-12, v. m.

Le Pyrrhonien raisonnable, par l'abbé de***. *La Haye*, 1765, in-12, v. m.

Les Livres de saint Augustin, de la manière d'enseigner les principes de la Religion chrétienne, etc. *Paris*, 1678, in-12, v. b.

Histoire de l'état présent de l'Eglise grecque et de l'Eglise arménienne, par le chevalier RICAUT, traduit de l'anglais par ROSEMOND. *Middelbourg*, 1692, in-12, v. b.

Consultation sur la diminution de nombre des festes, ordonnée par l'évêque de Saintes, etc. *Paris*, 1670, in-12, v. b.

Ce volume porte l'estampille du séminaire de St-Sulpice avec celle de l'Arsenal.

Discours sur les Ordres sacrés, par GODEAU, évêque de Vence. *Lyon*, 1669, petit in-12, vél.

Instruction sur les égarements de l'esprit humain. *Paris*, 1779, in-12, v. m.

Exercices de retraite, avec des paraphrases sur les Psaumes. *Paris*, 1778, v. éc.

Livres portant l'estampille du dépôt général de la Guerre.

Cédés par M. MERLIN, de Paris.

Géographie des Grecs analysée par GOSSELIN, député. *Paris*, 1790, in-fol., cart.

Description géographique de la Russie (Géorgie), (en allemand). *Konigsberg*, 1798, in-8, 2 vol., dem.-rel.

Livre portant l'estampille de l'École royale militaire.

Cédé par M. MERLIN, de Paris.

Manuel de trigonométrie pratique, par l'abbé DELAGRIVE. *Paris*, 1754, in-8.

Livres portant l'estampille du ministère des cultes.

Cédés par M. MERLIN, de Paris.

Justini FEBRONII Commentarius in suam retractationem. *Francofurti ad Mœnum*, 1781, in-4, v. marbr.

Conclavi de' Pontefici romani. *Sans nom de lieu*, 1668, pet. in-12, v. b., armoiries.

Trois estampilles, dont deux des Barnabites et une du ministère des cultes.

Livres portant l'estampille de la bibliothèque du ministère des manufactures et du commerce.

Cédés par M. MERLIN, de Paris.

Conférence des ordonnances de Louis XIV, avec les anciennes

ordonnances du royaume, etc., par **J.-H. Bornier**, etc. *Paris*, 1755, 2 vol. in-4, v. marbr.

Éléments de la philosophie rurale. *La Haye*, 1767, in-12, v. m. fil.

Livre portant l'estampille de la bibliothèque des Arts et Métiers.

Cédé par **M. Merlin**, de Paris.

Almanach du Commerce pour l'année 1825, gr. in-4, v. f.

Livre portant l'estampille de la bibliothèque du Prytanée.

Vendu par **M. Barnes**, de Londres.

Ruffi *Ephesii* et **Sorani** (varia) græcè. *Paris.*, 1554, in-8.
Sur le cachet on lit *Bibliothèque Prytanée.*
C'est pour répondre à une insinuation dont il a été question à la page 63, que j'ai acheté ce volume portant estampille du Prytanée. On pourrait s'en procurer plusieurs autres à Londres avec la même estampille.

Livre portant l'estampille de la bibliothèque du Corps-Législatif.

Cédé par **M. Merlin**, de Paris.

Ath. Kircherii Iter extaticum. *Romæ*, 1557, in-4, v. b.

Livres portant l'estampille de la bibliothèque du Tribunat.

Cédés par **M. Merlin**, de Paris.

Festa reale, la Tromba di Parnasso, la Selva di Diana, opere di M. **Costa**, Romana. *Parigi*, 1647, 3 part. en 1 vol. in-4, vél.

De regibus Siciliæ et Apuliæ, etc., ex bibl. Marq. **Freheri** cum præfatione ejusdem. *Hanovriæ*, 1611, in-4, vél.

Traité du poème épique par **Marolles**, *Paris*, 1662, in-4, vél.

Commentaires de Blaise de **Montluc**. *Paris*, 1617, in-8°, vel.

Thrésor de l'histoire générale de notre temps, par **Loisel**. *Paris*, 1626, in-8, vél.

Histoire du règne de Henry VII, roi d'Angleterre, trad. de l'anglais de T. Bacon. *Paris*, 1627, in-12, vél. port.

And. Dom. **Flocci**, de potestatibus Romanorum libri duo. *Antwerpiæ, C. Plantin*, 1561, in-8, vél.

P. **Pomponati** Mantuani, de naturalium effectuum causis sive de incantationibus, etc. *Basileæ*, 1556, in-8, v. br. fil.

Recueil de pièces concernant l'histoire de Louis XIII. *Paris*, 1716, 3 vol. in-12, v. b.

Recueil de pièces intéressantes pour servir à l'histoire de France, etc., trouvé dans les papiers de l'abbé DE LONGUERUE. *Genève*, in-12, v. f.

Des processions de l'Eglise et de leur antiquité, etc. *Paris*, 1705, in-12, v. b.

Le différend des Barberins avec le pape Innocent X, par P. LINAGE de Vauciennes. *Paris*, 1678, in-12, v. b.

Histoire générale de la Compagnie de Jésus, supplément. *Paris*, 1764, 2 tom. en 1 vol. in-12, v. marb.

Le Soldat suédois, ou Histoire de ce qui s'est passé depuis la venue du roy de Suède en Allemagne jusqu'à sa mort. *Rouen*, 1633, in-12, cart.

Histoire de Ptolémée Auletes, par BAUDELOT de Dairval. *Paris*, 1698, in-12, cart. fig.

Histoire de la conjuration de Portugal. *Paris*, 1689, in-18, v. b.

Lettres philosophiques, par M. de VOLTAIRE. *Amsterdam*, 1734, in-18, v. b.

Th. JANSSONII ab Almclovem Inventa nov. antiqua. Rerum inventarum Onomasticon. *Amstelodami*, 1684. 2 part. en 1 vol. in-18, v. b.

Q. Sept. Flor. TERTULLIANI liber de Pallio, A. Salmatius recensuit explicavit, etc. *Lugd. Batavorum*, 1656, in-8, vél.

Furni novi philosophici sive descriptio artis distillatoriæ, etc., par I. R. GLAUBERUM. *Amsterdam*, 1651, 6 part. en 1 vol. in-12, vél.

Remarques sur l'estat des provinces unies des Païs-Bas, par le chevalier TEMPLE. *La Haye*, 1674, in-12, vél.

La Gnomonique ou Méthodes universelles pour tracer des horloges solaires, etc., par M. DE LA HIRE. *Paris*, 1698, in-12, v. b. fig.

Histoire du siège du chasteau de Namur (par DEVEZE). *Paris*, 1692, in-12, cart.

Mémoires contenant ce qui s'est passé en France de plus considérable, depuis l'an 1608 jusqu'à l'année 1636. *Paris*, 1685, in-12, v. b.

Les divers Caractères des ouvrages historiques avec le plan d'une nouvelle histoire de Lyon, etc., par le P. MENESTRIER. *Lyon*, 1694, in-12, v. b.

Lettres sur la question Si les Thérapeutes étaient chrétiens. *Paris*, 1722, in-12, v. b.

Mémoires d'Estat contenant les choses plus remarquables arrivées sous la régence de Marie de Médicis, par A. d'ESTRÉES. *Paris*, 1666, in-12, v. b.

Mémoires et Lettres du comte de Montbar sur les affaires de Hollande. *Jouxte l'imprimé à Utrecht*, 1673, 2 part. en 1, fig.

Mémoires de M. L. D. D. N. (Mme la duchesse de NEMOURS), contenant ce qui s'est passé en France pendant la guerre de Paris, etc. *Lyon*, 1710, in-12, v. b.

Discours du droict de la succession royale au royaume de Portugal, et de la légitime succession du roy don Anthoine. *Paris*, 1607, in-12, vél.

Description de l'abbaye de la Trappe. *Paris*, 1671, in-12, vél.

Mémoires d'Estat par VILLEROY et suite à ces Mémoires. *Paris*, 1665, 3 vol. in-12, anc. rel. à compart.

Ordonnance de Louis XIV donnée au mois d'avril 1667. *Paris*, 1667, in-24, v. b.

Livres à double estampille.

Cédés par M. MERLIN, de Paris.

SORBONNE ET TRIBUNAT.

Gasp. SCIOPPII Astrologia ecclesiastica ; access. Astrum inexstinctum. *Ex officina Sangeorgiana*, 1634, in-4, v. b., fil. et armes.

Le Poëme de Fontenoy, par VOLTAIRE, et autres poésies. *Paris*, 1745, in-4, cart.

Oribasii medici Opera quæ extant omnia., J.-B. RASARIO interprete. *Basileæ*, 1557, 3 tom. en un vol. in-8, vél., fig.

TRIBUNAT ET MISSIONS ÉTRANGÈRES.

Theatrum botanicum Gaspari BAUHINI etc. *Basileæ*, 1623, in-4, vél.

La Grandeur de nos Roys (par Théoph. DUIAY). *Paris*, 1615, in-8, vél.

TRIBUNAT ET SÉMINAIRE SAINT-SULPICE.

De l'Egalité des deux sexes. *Paris*, 1673, in-8, v. b.

TRIBUNAT ET SAINT-DENIS.

Le Storie della Città di Firenze di Jacopo NARDI. *Firenze*, 1584, in-4, vél.

TRIBUNAT ET SAINT-GERMAIN.

Martini HANCONII Frisiæ, seu de viris rebusque Frisiis illustribus libri duo. *Francofurti*, 1620, in-4, cart., fig., et blasons.

TRIBUNAT ET BARNABITES.

Matth. VOSSII Annalium Hollandiæ Zelandiæque libri quinque. *Amsterdam*, 1635, in-4, vél.

TRIBUNAT ET FEUILLANTINES.

La conduite de D. Jean de la Barrière, instituteur des Feuillans, durant les troubles de la Ligue. *Paris*, 1699, in-12, v. b.

TRIBUNAT ET SAINT-VICTOR.

La Campagne royale ès années 1667 et 1668. *Paris*, in-12, v. f., portr.

Livre à double estampilles

Vendu par M. BARNES, de Londres.

TRIBUNAT ET SAINT-SULPICE.

LAPINII Justi : Florentina Lingua. *Florentia*, 1574, in-8, vél.

Sur le titre il y a deux cachets l'un au-dessus de l'autre. Le premier porte: *Bibliothèque du Tribunat*, et le second : *Biblio. du sémin. St-Sulp.;* il y a aussi cette marque : D" N° 449.

Livres portant l'estampille de la bibliothèque de l'Université.

Cédés par M. MERLIN, de Paris.

De la plus solide de toutes les Dévotions, etc., par M. J.-B. THIERS. *Paris*, 1702, in-12, v. m. (le tome II).

Le Voyage du Parnasse. *Rotterdam*, 1716, in-12, v. f.

Outre l'estampille de la bibliothèque de l'Université, ce volume porte celle de la bibliothèque Montempuis.

Livre portant l'estampille de la bibliothèque de l'École de santé de Paris, 14 frimaire an III.

Vendu à M. CHABAILLE, par MALORÉ, bouquiniste vis-à-vis de l'Institut, à Paris.

Dittionario italiano e francese. Dictionnaire italien et français, par Nathanael DUEZ. *Leyde, J. Elsevir*, 1660, in-8 à 2 col., v. b.

Livres portant l'estampille de la bibliothèque de la Faculté de médecine de Paris.

Cédés par M. MERLIN, de Paris.

La Pratique du théâtre, par Fredelin, abbé d'AUBIGNAC. *Paris*, 1669, in-4, v. b.

Histoire de l'Eucharistie, par Mass. LARROQUE, ministre. *Amsterdam, D. Elsevir*, 1671, in-8, v. b.

Marcelli Ancyrani Disquisitiones II, de residentiâ canonicorum, etc. *Parisiis*, 1695, in-8, vél.

Livre portant l'estampille de l'Hôtel-de-Ville de Paris.

Cédé par **M. MERLIN**, de Paris.

La Vie de Stanislas Leczinsky, par M***. *Paris*, 1769, in-12.
v. f.

*Livre portant l'estampille de la mairie de Moulins,
département de l'Allier.*

Vendu à **M. CHADAILLE**, par **M. ROBIN**, bouquiniste, quai desOrfévres,
à Paris.

AULI GELLII Noctes atticæ. *Genevæ*, 1621, in-16, vél.

*Livre portant l'estampille de la Bibliothèque publique
de Lyon.*

Vendu par **M. H.-G. BOHN**, de Londres.

Les Loups ravissants. *Paris, Vérard, sans date*, in-4, fig., mar.
bleu à compart., tr. dor., par Koehler.

Avec cette estampille sur le titre : *Ex Biblioth. publ. colleg. Lugdun.*

Ce livre très-rare, que, comme on le verra par la facture (page 220), j'ai payé
550 fr., chez M. J.-H. Bohn, avait été vendu, aux enchères, le 15 juillet 1848,
chez MM. Sotheby et C^u, à Londres. Le catalogue imprimé porte que c'est là la
seconde partie d'une collection de livres rares et de choix envoyés de Paris pour
être vendus (*consigned from Paris*).

Ce volume porte sur les gardes une note autographe de M. Bohn, qui en
constate la provenance.

Livre portant l'estampille du musée Calvet d'Avignon.

Cédé par **M. DURAND** [1], libraire de Paris.

VIGENÈRE. Traité des chiffres. *Paris*, 1586, in-4, dem.-rel.

Livre portant l'estampille du Musée de Marseille.

Cédé par **M. MERLIN**, de Paris.

Henricea ad christ. Galliæ et Navarræ regem Henricum IV,
Balt. **VIAS**, Massiliensis. *Aquis sextiis*, 1606. — Silva Regia
ad Ludovicum justum, etc., eod. auct. *Lutetiæ, sine anno*, titr.
grav. et beau portrait de Louis XIII jeune. 2 part. en 1 vol.
in-4, v. b.

---

[1] Voyez ci-dessus, page 31.

Livre portant l'estampille de la grande bibliothèque de Toulouse.

Cédé par M. Cretaine [1], libraire de Paris.

Celebratissimi patris domini Bonaventure tert. lib. Sententia-
rum. *Par.*, J. Regnault, *sine anno*, in-8 goth., v. f.

Livres portant l'estampille de la bibliothèque du district d'Amiens.

Cédés par M. Merlin, de Paris.

Honorati FABRI soc. Jes. theol. Tractatus duo de Plantis et de
Generatione animalium, de homine. *Parisiis*, 1666, in-4, v.
marbr.

C. PORÉE e soc. Jes. Tragœdiæ, editæ opera P. C. L. Griffit.
Lutetiæ Parisiorum, 1745, in-12, v. marbr.

Livre portant l'estampille de la bibliothèque du district de Metz.

Cédé par M. Merlin, de Paris.

P. Virgilii Maronis Æneidos, D. Joanne Mattheo WOCKERO
(edente). 1513, in-fol., v. f.

Livres portant l'estampille de la bibliothèque Palatine de Florence.

Vendus par MM. Payne et Foss, de Londres.

Reges, Reginæ angliae, etc. *Londini*, 1603, in-4.
Estampillé *Bibl. Cæs. Med. Palat.*

STROZZI Poemata varia, in-12. *Neapoli*, 1689, mar. rouge,
aux armes de Médicis.
Estampillé *Bibl. Cæs. Med. Palat.*

Vendu par M. Rolandi, de Londres.

Lettere del Card. Gio. de' MEDICI. *Roma*, 1752, in-4, vél.
Avec deux cachets sur le titre ; le premier portant les lettres *M. L. (Marie-
Louise)* surmonté d'une couronne, et le second *Bibl. Cæs. Loth. Palat.*

[1] Voyez ci-dessus, page 48.

Livre portant l'estampille de la Bibliothèque publique de Ferrare.

Vendu par M. BARNES, de Londres.

BEMBO Asolani. *Venetia, Aldo,* 1505, in-4., v.

Les capitales sont en or et en couleurs. Un cachet sur la troisième feuille est presque effacé, mais cependant, en le regardant avec attention, on peut y lire : *Della libreria pubblica di Ferrara.*

Livre portant la marque de la Bibliothèque publique de Parme.

Vendu à Londres, par M. ASHER, libraire de Berlin.

SANTA-MARIA (Ang. Gabr. da) Bibliotheca degli scrittori di Vicenza. *Vicenza,* 1772-82, 6 vol. in-4, v.

La marque de cette bibliothèque est gravée sur la couverture de chaque volume, en lettres d'or.

Livres avec des estampilles grattées ou effacées[1].

Vendu par MM. PAYNE et Foss, de Londres.

SYRIANUS in Aristoteles lib. Metaphysicis. *Acad. Venetiai,* 1558, in-4.

Avec deux cachets, le premier porte *Biblioth. cler. Reg. S. Mich. Flor.;* le second cachet est gratté.

Vendus par M. RODD, de Londres.

RUIZIUS VALLISIUS. Regulæ intelligendi. *Constantiæ,* 1598, in-8., v.

Avec un cachet effacé sur le titre.

Imagines Philostrati. *Venetiis,* 1535, in-8, vél.

Avec un cachet gratté sur le titre.

[1] Si j'ai rassemblé un certain nombre de livres dont les estampilles avaient été enlevées, grattées ou effacées, ou qui portent des traces d'une opération chimique destinée à faire disparaître une marque quelconque, ce n'est pas seulement pour montrer qu'il existe depuis longtemps dans le commerce des masses de livres avec des estampilles ou des marques effacées ou enlevées et qui proviennent de bibliothèques publiques, comme, par exemple, certains ouvrages sortis de la Bibliothèque nationale de Paris, qui sont enregistrés au commencement de ce catalogue. En réunissant les volumes décrits sous cette rubrique, j'ai voulu prouver aussi qu'on avait enlevé ou gratté des estampilles ou des marques sur des livres qui n'avaient jamais appartenu à aucun établissement public. Souvent cela s'est fait sans aucun motif particulier. Parfois, des estampilles ont été enlevées pour rendre plus propres des livres rares qu'elles salissaient, et comme beaucoup de ces estampilles se ressemblent, il en résulte que la marque laissée par une estampille très-innocente peut, après un grattage ou un lavage, offrir une similitude parfaite avec les estampilles de certaines bibliothèques publiques. Parmi les livres de cette catégorie que j'ai rassemblés, on en trouvera quelques-uns sortis très-légitimement d'établissements connus et dont on a ex-

Vendu par M. Barnes, de Londres.

Lunario y Pronostico. *Barcelona*, 1620, in-8, vél.

Il y a une estampille sur le titre, mais presque effacée.

C. Suetonii Vitæ. *Florentiæ*, 1595, in-8, vél.

Sur la seconde page il y a une estampille effacée.

Miræi Stemmata. *Bruxellæ*, 1626, in-8, v. f.

Une marque au bas du titre a été effacée avec un acide.

Origines de Caen (par Huet). In-8, v. f.

Sur la première page il y a un cachet presque effacé.

T. Livii Decas tertia. *Venet., Aldus*, 1519, in-8, vél.

Le titre a été gratté et l'on a collé dessus un morceau de papier.

Tomasi Vita del Valentino. *Monte Chiaro*, 1670, v. b.

Avec un cachet presque invisible sur le titre.

Aristotelis Æconomicorum. *Venet.*, 1540, in-8.

On a abîmé le titre pour détruire quelque marque.

Valvasone, della caccia. *Bergamo*, 1591, in-4, vél.

Avec une estampille grattée sur le titre et une autre estampille coupée au troisième feuillet.

Mat. Bossi de Veris .... gaudiis. *Florentiæ*, 1491, in-4, dem. rel.

Avec une estampille grattée sur la première feuille. Ce volume a appartenu successivement à M. Roscoe et au duc de Sussex.

Castiglione, del Cortigiano. *Venezia*, 1556, in-8, vél.

Avec un cachet effacé sur le titre.

Capelloni, Ragionamenti. *Genova*, 1576, in-4°, dem.-rel.

Avec deux estampilles à moitié effacées au commencement et deux à la fin.

Cornazano de re militari. *Venezia*, 1536, in-8.

Avec un cachet presque effacé sur le titre.

sayé de faire disparaître les estampilles, parce que probablement l'effet n'en était pas agréable à l'œil. De ce nombre sont les *Diporti del Crescente* et les *Capricci del Gelli*, que m'a vendus M. Rolandi de Londres, volumes sur lesquels on a tenté d'effacer l'estampille du *British Museum*, accompagnée de l'autre estampille portant les mots *Duplicate for sale* (double, à vendre), qui est apposée invariablement sur tous les livres vendus ou échangés par cet établissement. J'ajouterai qu'on connaît, au *British Museum*, les volumes dont cet établissement s'est défait à toutes les époques, en les marquant toujours de l'estampille *Duplicate for sale*. On concevrait qu'avec de telles garanties et une telle exactitude le *British Museum* pût, si l'occasion s'en présentait, réclamer un livre qui lui aurait appartenu. Mais comment admettre que des établissements qui, à toutes les époques, auraient vendu ou échangé des livres ou d'autres objets, non-seulement sans les marquer d'une double estampille et sans en tenir aucune note, mais même sans qu'ils portassent aucune estampille quelconque (voyez plus loin, pag. 262, 264, 509, 515, 516), pussent, après un temps indéfini, être admis à réclamer ces objets, et même (chose tout à fait inouïe) à faire planer des soupçons sur les amateurs qui en seraient devenus légitimement possesseurs ?

Lettere dell' India Orientale. *Venezia*, 1580, in-8, vél.
Avec deux cachets, dont un est effacé sur le titre.

HORATIUS. *Venet.*, *Aldus*, 1555, in-8, dem.-rel.
Avec un cachet gratté sur le titre, et un morceau de papier collé à la fin.

CASTIGLIONE, il Cortigiano. *Venet.*, 1565, in-12, v.
Avec deux cachets au commencement et un à la fin, presque effacés.

PONTANUS, de Stellis. *Florentia*, 1514, in-8, vél.
Avec un cachet presque effacé sur le titre.

TRISSINO, la Sophonisba. **P. Alex. Pog. Benacensis**, etc., in-8, vél.
Avec une estampille grattée sur le titre.

Vendus par M. ROLANDI, de Londres.

BARGAGLI, Trattenimenti. *Venetia*, 1591, in-4, vél.
Avec un cachet gratté sur le titre.

LAMI, Notizie. *Roma*, 1777, in-8, vél.
Avec un cachet gratté sur le titre.

DELLA PORTA, Vita di S. Homo Bono. *Cremona*, 1584, in-8, cart.
Avec un cachet effacé sur le titre.

Ro, Lettere. *Milano*, 1621, in-8, cart.
Avec un cachet gratté sur le titre.

Compendio della storia di F. Guicciardini. *Fiorentia*, s. d., in-4, vél.
Avec un cachet gratté sur le titre.

Dialogo dell' Arno e del Serchio. *Perugia*, 1612, in-4, vél.
Avec un cachet gratté et un morceau coupé sur le titre.

Raccolta di Leggi (publiées à Florence au seizième siècle par les Giunti et par Torrentino), in-4, vél.
Avec un cachet effacé sur le titre. Recueil d'opuscules rares et intéressants.

CARO, Rime. *Venetia*, 1572, in-4, dem.-rel.
Avec de l'écriture à moitié effacée sur le titre.

Scelta di Lettere. *Venetia*, 1582, in-8, vél.
Avec deux cachets sur le titre, d'autres dans l'intérieur, et une ligne grattée sur le titre.

Diporti del Crescente. *Bruss.*, 1656, in-4, vél.
Avec un cachet sur le titre et d'autres cachets effacés à l'intérieur. Ce recueil de poésies composées en italien par un prince allemand est très-rare.

GELLI, Capriccii. *Venezia*, 1550, in-8, vél.
A la fin et derrière le titre, il y a des estampilles à moitié effacées.

14

Cédés par M. **Merlin**, de Paris.

Oppiani, De Venatione, ad G. Boverium. *Lutetiæ*, 1555, in-4.
De la bibliothèque Colbert.

Hist. philosophique de la Religion. *Liège*, 1779, in-12 (t. II).

Varia Privilegia societatis Jesu, Litteræ apostolicæ, etc., in-12.
Romæ, 1587 (avec plusieurs sceaux et cachets originaux).

Livres dont les cachets sont coupés.

Vendus par M. **Rodd**, de Londres.

Oratores Græci. *Venetiis, apud Aldum*, 1513. 2 part. en un vol.
in-fol., mar. bl.
Ancre aldine sur les plats ; au commencement du livre un cachet a été coupé.

Tasso, Gerusalemme conquistata. *Roma*, 1593, in-4, dem.-
rel.
Un grand morceau du titre a été coupé, et on y a substitué un morceau de
papier.

Vendus par M. **Barnes**, de Londres.

Seneca, de Benefizii. *Fiorenza*, 1574, in-8, vél.

Mendez de Haro, El Fenix. *Madrid*, 1628, in-8, vél.
Une partie du titre a été enlevée.

L. **Flavio**, Fasti volgari. *Venezia*, 1553, in-8, vél.
Une partie du titre a été déchirée.

Menavino, Costumi de' Turchi. *Fiorenza*, 1551.—**Spandugino**, Commentari. *Fiorenza*, 1551, in-8, v.
Il y a quelques traces de grattage sur le titre du premier ouvrage ; et sur le
titre du second ouvrage on a collé un morceau de papier pour remplir la place
de quelque cachet enlevé.

Hordal, Historia Aurelianensis Puellæ. *Ponti Mussi*, 1612,
in-4. vél.
Le haut du titre a été coupé ; sur les gardes est écrit un numéro (2038 et
quelques autres marques de bibliothèque). Il y a aussi quelques notes manu-
scrites sur le second feuillet.

Epistolarum formulæ, etc. *Daventri*, 1500, in-4, dem.-rel.
Une partie de la dernière feuille est coupée.

Balzac, Lettres. *Amsterdam, Elzevir*, 1661, in-12, vél.
Le bas du titre est coupé.

Doni, La Libraria. *Vineg.*, 1580.—**Doni**, Seconda Libraria.
Vineg., 1551, in-12, vél.
Le titre du premier ouvrage est déchiré et l'on voit encore les restes d'un
cachet.

Vendu par M. **Rolandi**, de Londres.

Cirni, Commentarii. *Roma*, 1567, in-4, cart.
Avec deux morceaux enlevés sur le titre, auxquels on a substitué du papier
plus moderne portant une estampille.

Cédés par **M. Merlin**, de Paris.

Campagnes de Louis XIV, etc., par M*** (Pellisson). *Paris,*
1730, in-12.

Oppiani Poetæ cilicis, de Venatione, de Piscatu, etc. *Lugd.
Batav.*, 1597, in-12.

Apologie pour messire H. L. Chastaignier (par l'abbé de
Saint-Cyran). 1665, in-12.

Recueil de pièces touchant l'histoire de la Compagnie de Jésus,
par J. Jouvenci, in-12.

Varia [1].

Vendus par MM. **Payne** et **Foss**, de Londres.

De Turco Papismo. *Londini*, 1604, pet. in-8, mar. bl.
> Avec cinq estampilles de la *bibliothèque Rickard*.

Anthologia Græca. *Venet.*, *Aldus*, 1551, in-8, mar. rouge.
> Estampillé : *Bibliotheca à card. H. Casau. D. O. Præd.* Probablement ce
> livre provient de la célèbre *Bibliotheca cusanatica* de Rome.

Jurieu. Abrégé de l'histoire du concile de Trente. *Amst.*, 1683,
2 vol. in-12.
> Estampillé : *Bibl. S.-Vict.*

Pasquille, Les Visions. 1547, in-12, mar. rouge.
> Estampillé : *Bibl. S.-Vict.*

Bevergii *Institutiones chronologicæ. Londini*, 1669, in-4.
mar. rouge.
> Aux armes de Colbert : avec cette légende sur le titre : *Domus professæ Pa-*
> *risiensis societatis Jesu*, et l'autographe d'Auquetil du Perron.

Munkerus, De intercolatione variarum Gentium. *Lugd. Batav.*,
1680, in-12, mar. rouge.
> Aux armes de Colbert; avec cette inscription : *Colleg. Paris. societ. Jesu.*

Vendus par **M. Barnes**, de Londres.

Joannis Avrati Poemata. *Lutetiæ Parisiis*, 1596, 3 part.,
in-8, vél.

___

[1] On s'étonnera peut-être que j'aie donné place dans ce catalogue à des livres
provenant de la collection de *Colbert*, ou de la bibliothèque des *Jésuites*. Mais je
prie le lecteur de songer que j'ai affaire aux experts et non pas à des connaisseurs de livres, et que je suis obligé souvent de repousser les plus ridicules accusations (voyez la lettre déjà publiée à la page 62). Si j'ai joint à ces livres quelques volumes qui portent l'estampille de la bibliothèque *Colonna*, de la collection *Richard*, etc., etc., c'est que j'avais cité ces estampilles dans ma *Réponse* au
rapport de M. Boucly (§ 31), et que j'ai profité de cette circonstance pour les
mettre sous les yeux des personnes qui seraient chargées d'examiner cet envoi.
En voyant certaines estampilles toutes barbouillées ou répétées vingt fois dans
l'intérieur d'un volume, chacun comprendra qu'on ait été porté très-naturelle-
ment à tâcher de les faire disparaître des livres qu'elles salissaient.

Sur le titre il y a une inscription montrant que ce volume a appartenu à la bibliothèque des Jésuites.

ZARATE, La Invencion de la Cruz. *Madrid,* 1648, in-4, vlé.
Avec une estampille sur le titre.

J. N. Saulii CARREGA Epistolarum Appendix. *Venet.,* 1613, in-4, vél.
Sur le titre on a écrit *Bibliotheca Colbertina.*

CIAMPOLI Opere. *Venet.,* 1766, in-12, vél.
Ce volume renferme beaucoup d'estampilles de la bibliothèque Colonna.

Vendus par M. ROLANDI, de Londres.

SCARFO, Lettere. *Venezia,* 1739, in-4, vél.
Avec un cachet sur le titre.

L. EMPORIO delle Glorie Palermitane. *Palermo,* 1704, in-4, vélin..
Avec deux cachets sur le titre et beaucoup de cachets à l'intérieur.

Vendus par M. AUBY, libraire à Paris.

C. VELLEIUS PATERCULUS. *Venetiis, Aldus,* 1571, in-8, vél.
Avec estampille du séminaire de S.-Sulpice.

Histoire de Perse. 3 vol. in-12, v. m.
Avec ce cachet : P. S. sur un fond noir.

Voici les factures signées par les diverses personnes de qui j'ai fait l'acquisition des ouvrages décrits dans le Catalogue précédent. Les *factures originales* ont été remises à M. le Ministre de l'instruction publique, avec les livres estampillés.

Bought of Payne et Foss.

1er septembre 1848.   L.   s.   d.

RESTAUT, Traité de l'Orthographe françoise.
In-8. *Poitiers,* 1771, red mor.
Stamped : Bibliothèque royale [1] . . . .   »   18   »

De Turco Papismo. In-12. *Londini,* 1604, blue
mor.
Avec cinq estamp. de la bibliothèque Richard   1   1   »

Anthologia græca. In-12. *Venet., Aldus,* 1551,
red mor.
Stamped bibliotheca à Card. H. Casan D. O. Præd.   1   7   »

SYRIANUS in Aristoteles lib. Metaphysices. In-4.
Acad. *Venet.,* 1558.
Two stamps. 1 biblioth. Cler. Reg. S. Mich. Flor. 2. a stamp
erased (grattée).   1   11   6

480 Ausimo supplementum. In -folio. *Venet.*
Spira, circa 1470, red. mar.
Stamped : bibliotheca regia. (D. 4696). . . . .   »   18   »

2368. GORII, Monumentum libertorum et servorum Liviæ Augustæ. In-fol. *Florent.,*
1727.
Stamped : bibliothèque de l'Institut national   1   11   »

2979. JURIEU. Abrégé de l'histoire du concile
de Trente, 2 vol. in-12. *Amst.,* 1683.
ṣı Stamped : bibl. S. Vict. . . . .   »   5   »

3448. MAÇON (LE). Les Funérailles de Sodome
et de ses filles. In-12. *Londres.* R. Field,
1600. Blue morocco.
Stamped : bibliothèque de Sorbonne.   2   2   »

---

[1] Les prix marqués dans les factures anglaises sont en *livres sterling* , *schellings* et *pences.* On sait que la livre sterling vaut un peu plus de vingt-cinq francs, le schelling un peu plus de un franc vingt-cinq centimes, et le pence un peu plus de dix centimes. Dans les factures françaises, le prix est marqué en francs et centimes.

L.   s.   d.

4126. PASQUILLE. Les Visions. In-12, 1547,
    red mor.
Stamped : bibl. S.-Vict. . . . .   » 18 »

4728. RAMELLI, Le diverse machine. In - fol.
    Parigi, 1588, red mor.
Stamped : bibliotheca Regia. .̇ . . . . ,. . . .   4 4 »

4766. Reges, Reginæ, etc. In-4. *Londini*, 1603.
Stamped : bibl. Caes. Med. Palat . . . . ,. . .   » 7 6

5304. STROZZÆ Poemata varia. In-12. *Neapoli*, 1689, red mor. Medici arms.
Stamped : bibl. Caes. Med. Palat. . . . .   » 10 6

Thrésor de la Langue françoise, reveu et augmenté par J. NICOT. *Paris*, 1606. In-fol. red
    mor.
Royal arms, sides et back : remains of a paper library mark
passed on the back. . . . .̇ . . . .   2 2 »

BEVEREGII Institutiones ˊ chronologicæ. Red
    moroc, Colbert's arms. In-4. *Londini*, 1669.
Autograph of Anquetil du Perron. « Domus professæ Parisien-
sis Societatis Jesu.» . . . .   » 12 »

GILLES, Histoire ecclésiastique des Eglises vaudoises. In-4. *Genève*, 1656.
Stamps beginning and end : Bibliothèque de Sorbonne. . . . . . .   1 1 »

LOMIERUS, De Bibliothecis. In-12. *Zutphaniæ*,
    1669, red mor. royal arms.
Stamped : bibliotheca Regia. . . . .   » 10 6

MUNCKERUS, De Intercolatione variarum gentium. In - 12. *Lugd. Bat.*, 1680, red mor.
    Colbert's arms.
Colleg. Paris. Societ. Jesu. . . . .   » 15 »

THYSII Roma illustrata. In-12. *Elzevir*, 1657,
    red. mar.
Two stamps : 1 Regii Cimelii, the other obliterated . . . .   » 9 »

21 1 6
Disct. 2 1 6

Liv. st. 19 » »

Duplicate :

Signé : Henry Foss.

London, august 24 1848.

Bought of P. Rolandi.

Foreign bookseller, 20 Berners-Street.

Vendu à M. Libri.

	L.	s.	d.

RUSSO, Pratica. *Palermo*, s. d., in-4, dem.-rel.
Avec un nom effacé sur le titre. . . . .   »   2   »

BARGAGLI, Trattenimenti. *Venetia*, vél., 1590, in-4.
Avec un cachet gratté sur le titre. . . . .   »   2   »

SCARFO, Lettera. *Venezia*, 1739. in-4, vél.
Avec un cachet sur le titre. . . . .   »   1   6

Lettere del card. GIO. DE MEDICI. *Roma*, 1752, in-4, vél.
Avec deux cachets sur le titre. Le premier, avec M. L. et le second avec Bibl. Caes. Loth. Palat. . . . .   »   5   6

L'Emporio delle Glorie Palermitane. *Palermo*, 1704, in-4, vél.
Avec deux cachets sur le titre et beaucoup de cachets à l'intérieur. . . . .   »   3   »

LAMI, Notizie. 1777, in-8, vél.
Avec un cachet gratté sur le titre. . . . .   »   1   6

DELLA PORTA, Vita di s. Homo Bono. *Cremona*, 1584, in-8, cart.
Avec un cachet effacé sur le titre. . . . .   »   2   »

RO, Lettere. *Milano*, 1629, in-8, cart.
Avec un cachet gratté sur le titre. . . . .   »   1   »

Compendio de la Storia di F. Guicciardini. *Fiorentia*, s. d., in-4., vél.
Avec un cachet gratté sur le titre. . . . . . , ...   »   2   6

CIRNI, Comentarii. *Roma*, 1567, in-4, cart.
Avec deux morceaux enlevés sur le titre, auxquels on a substitué un autre cachet moderne. . . . .   »   3   »

Dialogo dell'Arno e del Serchio. *Peruge*, 1692, in-4.
Avec un cachet gratté et un morceau coupé sur le titre. . . . . .   »   2   »

Raccolta di Leggi, publié à Florence au seizième siècle par les Giunti et par Torrentino, in-4, vél.
Avec un cachet effacé sur le titre. . . . .   »   10   »

CARO, Rime. *Venetia*, 1572, dem.-rel.
Avec de l'écriture à moitié effacée sur le titre, in-4°. . . . . .   »   3   »

Scelta di Lettere. *Venezia*, 1582, in-8, vél.
Avec deux cachets sur le titre, d'autres dans l'intérieur, et une ligne effacée sur le titre. . . . .   »   2   6

	L.	s.	d.

Diporti del Crescente. *Bruss.*, 1656, in-4, vél.

Avec un cachet sur le titre, et d'autres cachets effacés à l'Intérieur. . . . . » 2 »

GELLI, Caprici. *Venezia*, 1550, vél.

Avec des cachets à la fin et derrière le titre à moitié effacés. . » 3 6

2 8 »

Received : this is a duplicate copy.

Signé : ROLANDI.

Bought of Orson Barnes.

	L.	s.	d.

1. JOANNIS AVRATI Poemata. *Lutetiæ Parisiis*,
1596, 3 part., in-8, vél.

On the title page there is an inscription which shows it belonged
to the Jesuist library. . . . . » 3 »

2. Lunario y Pronostico. *Barcelona*, 1620,
in-8, vél.

There is a library's stamp on the title page, but it is erased. . . » 2 6

3. C. SUETONII Vitae, etc. *Florentiæ*, 1595,
in-8, vél.

On the second page, there is a library's stamp obliterated. . . . » 2 »

4. BEMBO Asolerii. *Venetia*, *Aldo*, 1505, in-8.
With the Capitals in gold and Colors.

A stamp is in the third leaf almost obliterated, but stil one
can read. Della... di Ferrara. . . . . » 5 6

5. ZARATE, La invencion de la Cruz. *Madrid*,
1648, in-4, vél.

With a stamp in the title page. . . . . » 3 6

6. SENECA, De Benefizi. *Fiorenza*, 1574, in-8, vél.

It seems as if stamp had been taken off from the title page . . . » 1 6

7. MENDEZ DE HARO, El Fenix. *Madrid*, 1628,
in-8 vél.

Part of the title has been torn off. . . . . » 2 6

8. MIRÆI Stemmata. *Bruxellæ*, 1626, in-8, calf.

A... mark at the bottom of the title page has been destroyed
with some acid. . . . . » 1 6

9. IL FLAVIO, Fasti volgari. *Vinegia*, 1553,
in-8, vél.

Part of the title page has been torn off. . . . . » 2 »

10. Origines de Caen (par HUET). In-8, calf.

On the first leaf there is a stamp nearly obliterated. . . . . . . , » 1 6

| | L. | s. | d. |

11. RUFFI EPHESII et SORANI (varia), græcè. *Paris.*, 1554, in–8, calf.

On the stamp there is : Bibliothèque Prytanée. . . . . » 5 »

12. MENOVINO, Costumi de Turchi. *Fiorenza,* 1551. The same volume.

— SPANDUGINO, Commentari. *Fiorenza*, 1551, in–8, calf.

On the title page of the first work in the middle a stamp seems to have been scratched out as well as at the bottom, and on the title page of the second work, a piece of paper has been stuck to supply the place of something destroyed. . . . . » 1 »

13. T. LIVII Decas tertia. *Venet.*, *Aldus*, 1519, in–8, vél.

Something has been scratched off the title page, and a piece of paper pasted to hide it. » 2 »

14. TOMASI, Vita del Valentino. *Montechiaro,* 1670, calf.

Two parts in one volume. With a stamp almost invisible on the title page. . . . . » 1 6

15. ARISTOTELIS OEconomicorum. *Venet.*, 1540, in–8; un bound.

The title page has been spoiled to destroy some mark. . . . . . . » » 6

16. VALVASONE, della Caccia. *Bergamo*, 1591, in–4, vél.

With a stamp scratched out on the title page and one cut off from the third leaf. . . . . » 1

17. MAT. BOSSI, De veris... gaudiis. *Florentiæ,* 1491, in–4, half. bound.

With a stamp on the first leaf erased. . . . . » 3 »

18. CASTIGLIONE, del Cortigiano. *Venezia*, 1556, in–8, vél.

With a stamp effaced on the title page. . . . . » 1 6

19. HORDAL, Historia Aurelianensis Puellæ. *Ponti Mussi*, 1612, in–4, vél.

The top of the title page has been cut off, and on the inside of the cover there is a number (2308) and some other marks, also some writing on the second leaf. . . . . » 5 »

20. CAPELLONI, Ragionamenti. *Geneva*, 1579, half bound.

With two stamps at the beginning, and two at the end hardly visible. . . . . » 2 »

21. Epistolarum formulæ, etc. *Davetrie*, 1500, half bound.

Part of the last leaf is cut off. . . . . » 1 6

	L.	s.	d.

22. Cornazano, De re militari. *Venezia*, 1536, in-8, vél.

With a stamp on the title page, almost effaced. . . . .　　» » »

23. Lettere dell India Orientale. *Venezia*, 1780, in-8, vél.

. With two stamps on the title page, one of which is effaced . . . .　　» 2 »

24. Horatius. *Venet.* , *Ald.*, 1555, in-8, half bound.

With a stamp almost effaced on the title page, and a piece of paper pasted on the end. . . . .　　» 6 6

25. Castiglione, Il Cortigiano. *Venet.*, 1565, in-12, calf.

With two stamps at the beginning and one at the end almost effaced. . . . .　　» 1 »

26. J. N. Saulii Carregae, epistolarum appendix. *Venet.*, 1613, in-4, vél.

On the title page there is written : Bibliotheca Colbertina. . . .　　» 1 »

27. Balzac, Lettres. *Amsterdam, Elzevier*, 1661, in-12 vél.

The bottom of the title page is cut off. . . . .　　» 2 »

28. Pontanus, de Stellis. *Florentiæ*, 1514, in-8, vél.

With a stamp almost effaced on the title page. . . . .　　» 3 6

29. Lapinii Inst. floren. Linguæ. *Florentiæ*, 1574, in-8, vél.

On the title page, there are two stamps one above the other. On the one is written : Bibliothèque du Tribunat, and on the other : Bibliot. du séminaire Saint-Sulpice. There is also a number. (D" N. 449). . . . .　　» 2 6

30. Trissin, La Sophonisba P. Alex., Brag. Benacens. Etc. in-8, vél.

With a stamp scratched out on the title page. . . . .　　» 1 »

31. Doni, la Libraria. *Vin.*, 1580. — Doni, seconda Libraria. *Vin.*, 1551, in-12, vél.

The title page of the first part is torn. . . . .　　» 2 6

32. Ciampoli Opere. *Venet.*, 1676, in-12, vél.

With many stamps of the Colonna library. . . . .　　» 1 »

Liv. st. 3 　14 6

Diset. . . . . . . »　14 6

Liv. st. 3 　» »

L.   s.   d.

The above is a duplicate list of the books I sold
to M. G. Libri on the 2 sept. 1848.

Signé : ORSON BARNES.

---

23 Gt.-Queen street, London.

Bought of Th. Rodd.

1. RUIZIUS VALLISIUS , regulæ intelligendi.
   Constantia, 1598, in-8, vél.

   With a stamp obliterated on the title. . . . .   » 2 6

2. Traité du gouvernement de l'Eglise, etc., traduit du latin de Justin FEBRONIUS. *Venise*,
   1767, 3 vol. in-12, red. marroco.

   The sides and backs of the binding bear traces of having been
   altered. On the title of each volume, a stamp has been scratched
   out, and a piece of paper pasted upon it. On the blank leaf of the
   two first volumes there is $\frac{\text{E. 1447 p.}}{\text{B}}$ The same mark on the third
   volume has been erased. These volumes came from the sale of the
   duke of Sussex's library, and each has his arms on the cover inside. . . . .   » 9 »

3. Satires de JUVENAL, traduites en français par
   M. M... *Paris*, 1779, in-4, red. marocco
   royal arms of France on the sides.

   On the title page there are two stamp one almost erased, the
   other having the words: Bibliothèque ro....e on the blank leaf there
   is $\frac{\text{Y 1384}}{\text{C.}}$ . . . .   » 7 »

4. Chronicum regum, etc., Paulo CONSTANTINO
   autore. *Basiliæ*, 1534, in-fol.

   Witht wo stamps; one almost erased, end the other with the words:
   Bibliothecæ re....ae. A corner of the first blank leaf has been torn.
   Bound in calf and on the back has ɢG with a crown. . . . . . .   » 4 6

5. Noticia universal del Cataluna. Without date.
   DESCLOT, historia de Cataluna. *Barcelona*,
   1616, in-4, calf.

   Witht arms on the sides. On the title there is written by hand :
   Collegii Paris. Societat. Jesu.. . . . .   » 6 »

6. CHIZZUOLA, Risposta alle bestemmie di Paolo
   Vergerio. *Venttia* (sic), 1562, in-4, calf.
   arms of Thuarms on the sides.

   On the title, at the page 115 and at the end there are stamps bea-
   ring the inscription : Bibliothèque de l'Arsenal. . . . .   » 12 »

7. Oratores Græci. *Venetiis, apud Aldum*, 1513, 2
   part. in one volume in-fol. in blue marocco.
   Aldine anchor on the sides.

	L.	s.	d.

At the beginning a stamp as been cut out of the leaf et a...piece of paper put in itead............................. 1 14 »

8. Tasso, Gerusalemme conquistata. *Roma*, 1593, in-4, half-bound.

A large part of the title page has been cut off and another piece of paper substituted. ....,..... » 4 »

9. Imagines Philostrati. *Venetiis*, 1535, in-8, vél.

With a stamp almost erased on the title. .... » 3 9

Liv. st. 4 2 6
Diset.....» 8 .6

Liv. st. 3 14 »

Iacknowledge that the above mentioned books have been sold by me to M. Libri, and that they are exactly as described in the present duplicate list.

Jor Thomas RODD.
Signé : F. ROBERTS.

London, 9 Newport street, 20 sept. 1848.

London, august. 28 1848.

Monsieur Libri,

Bought of Henry George Bohn, 45, and York-Street, Covent-Garden, please to observe the christian name and address.

Les Loups ravissants, small 4°. Paris, Verard, sans date, blue morocco in compartments bound by Koehler with this librari mark on the title : *Ex biblioth. pub. colleg. Lugdun* .... Liv. 14

Signé, HENRI G. BOHN.

Paid per receipt.

DUPLICATA.

Je, soussigné, déclare avoir vendu à M. Libri un exemplaire de Santa Maria, scrittori Vicentini, *Vicenza*, 1772, 6 vol. 4°, relié en veau, avec l'estampille de la Bibliothèque de Parme sur la couverture.

Signé, A. ASHER.

Londres, 1er novembre 1849

Livres portant l'estampille de la bibliothèque de l'Ecole de santé de Paris, 14 frimaire an III.

Vendu à M. CHABAILLE, par M. MALORÉ, bouquiniste vis-à-vis de l'Institut, à Paris.

Dittionnario italiano e francese. Dictionnaire italien et français, par Nathanael DUEZ. part. I

et II. *Leyde, J. Elsevier,* 1660, in-8 à 2 col.,
v. f. . . . . 2 fr. » c.

Livres portant l'estampille de la mairie de Moulins,
département de l'Allier.

Auli Gellii Noctes atticæ. *Genevæ,* 1621, in-16,
vélin . . . . » 50

Vendu par M. Robin, bouquiniste, pont Saint-Michel et quai des Orfévres.

Reçu de M. Libri la somme de deux francs cinquante centimes, montant des deux volumes ci-dessus.

Signé, CHABAILLE,
33, rue de l'Est.

Paris, ce 18 décembre 1848.

Rue Basse-du-Rempart, 56, dans la cour, près la rue Caumartin, ci-devant boulevard des Capucines, 23.

ABRY   (*Par duplicata.*)

Vend et achète toutes sortes de Livres, les Bibliothèques, etc., tient les Ouvrages rares et précieux, se charge de leur restauration et de toutes les commissions.

Paris, le 28 novembre 1848.

Vendu à M. Libri.

Réflexions importantes et appologiques (*sic*) et au-
tres pièces in-8.
Estampille de la bibliothèque Mazarine. . . . .   5 fr. » c.
C. Velleius. *Aldus,* 1571, in-8.
Estampille du séminaire Saint-Sulpice.   5   »
Histoire de Perse, 3 v. in-12.
Avec cachet P. S. sur un fond noir.   5   »

Pour acquit. 11   »

Signé, ABRY.

Livres vendus à M. Libri, par R. Merlin, ancien
libraire, à Paris [1].

[1] Plusieurs ouvrages sont indiqués *pour mémoire.* Le vendeur en fait réserve pour les remettre lui-même aux établissements auxquels ils peuvent appartenir.

Livres portant l'estampille de la biblioth. de l'Arsenal.

	fr.	c.

1. Recueil de pièces concernant la thèse de l'abbé de Prades. *Sans nom de lieu,* 1753, 3 part. en un vol. in-4. v. m. . . . . **1** »

2. P. D. Huetii De interpretatione libri duo. *Parisiis.* 1661, in-4, bas.

3. De l'inspiration des livres sacrés, par de Botteville. *Rotterdam.* 1699. — Réponse au livre intitulé : Sentiments de quelques théologiens de Hollande sur l'histoire critique du vieux Testament, par le même, *Même lieu,* 1686. — Rich. Simonis Opuscula critica adversus Isaac Vossium. *Edinburghi,* 1685. 3 tom. en 1 vol. in-4. v. f. **2 50**

4. Onus Ecclesiæ , auct. D. Johan. episc. chinensis. *Coloniæ,* 1530. — Folium populi, à P. Apiano. *Ingolstadii,* 1533. 2 t. en un vol. pel. in-fol. v. b. fig. . . . . **5** »

Dans ce volume, l'estampille de l'Arsenal est accompagnée de celle des Barnabites de Saint-Éloi.

5. Sermons de S. Léon, pape, surnommé le Grand, trad. sur l'édition latine du P. Quesnel. *Paris,* 1701, in-8. v. f. . . . . **1** »

6. M. Ancyrani Disquisitiones II , de residentia canonicorum, de clericis non residentibus, de tactibus impudicis, de sphalmatis virorum in re literaria illustrium. *Parisiis,* 1695; 4 part. en un vol. in-8. v. b. **1 50**

Sur les plats, on voit la devise dorée des Frères mineurs de Paris.

7. J. W. Viringi de Jejuniis et abstinentia medico-ecclesiasticis lib. V. *Regiaci Atrebatium,* 1697, in-8, vél. . . . . **1** »

8. Essay des Psaumes et cantiques mis en vers (par Mlle Chéron) et enrichis de figures (gravées par L. Chéron.) *Paris,* 1674, in-8. v. b. **1 50**

Ce volume ne porte pas moins de cinq estampilles de l'Arsenal.

9. Le Nouveau-Testament , traduit en français. *Mons,* 1667, 2 part. en un vol. petit in-8, ch. **1 50**

10. Deffence pour Estienne Pasquier contre Fr. Garasse. *Paris,* 1624, in-8, vél. **1 50**

Outre l'estampille de l'Arsenal, ce volume porte aussi celle des Barnabites de Saint-Éloi de Paris, plus un cachet en cire à la fin avec la devise : *Columba amoris.*

	Fr.	c.

11. Théorie de l'intérêt de l'argent. *Paris*, 1780. in-12, v. m. . . . . » 75

12. Le Chemin de l'amour divin, par M***. *Paris*, 1746, in-12, v. m. . . . . » 75

13. Le Pyrrhonien raisonnable, par l'abbé de ***. *La Haye*, 1765, in-12, v. m. . . . .
Catalogue Nyon, n. 1315.

14. Les livres de saint Augustin, de la manière d'enseigner les principes de la Religion chrétienne, etc., *Paris*, 1678, in-12, v. b. . . . 1 »

15. Histoire de l'état présent de l'Eglise grecque et de l'Eglise arménienne, par le chevalier Ricaut, trad. de l'anglais par Rosemond. *Middelbourg*, 1692, in-12. v. b. . . . . » 50

16. Consultation sur la diminution des festes, ordonnée par l'évêque de Saintes, etc., *Paris*. 1670, in-12, v. b. . . . . » 50
Ce volume porte l'estampille du séminaire de Saint-Sulpice avec celle de l'Arsenal.

17. Discours sur les ordres sacrés, par Ant. GODEAU, évêque de Vence. *Lyon*, 1669, pet. in-12, vél. . . . . » 50

18. Instruction sur les égarements de l'esprit humain. *Paris*, 1779, in-12, v. m. . . . . . . » 50

19. Exercices de retraite avec des paraphrases sur les Psaumes, etc. *Paris*, 1778, v. éc. . . . » 75

Livre portant l'estampille de la bibliothèque Mazarine.

20. EUCLIDIS Geometricorum elementorum libri XV, cum comm. Campani, Theonis, Hysiclis. *Parisiis*, in officina Henrici Stephani, 1516, in-fol., fig. géométr. . . . . Mémoire.

Livres portant l'estampille de la bibliothèque de la Sorbonne.

21. J. BAYERI Rhainani, J.-C. Uranometria. *Sans lieu ni date*, vol. de planches gravées en taille-douce, in-fol., vél. . . . . 4 »

22. Histoire de Clément XI, pape, par REBOULET. *Avignon*, 1752. 2 tom. en un vol. in-4, v. m. 3 »

23. Della Poetica di Fr. PATRICI, la Deca historiale. *In Ferrara*, 1586, in-4, vél. 1 50

24. MEIBOMII Mœcenas. *Lugduni Batavorum*,

	Fr.	c.

Jean et *Daniel Elsevier*, 1653, in-4, cart.
vél. . . . . **3** »

25. De Vita et morte illustr. sanct. principis Jacobi
marchionis Badensis et Hachburg., etc.,
orationes duæ, etc., auct. J. PISTORIO NI-
DANS. *Coloniæ*, 1591, in-4, vél. . . . . **1** »

26. Histoire des six auteurs anciens : Spartien, Capitolin, Lampride, Gallican, Pollion et Vopiscus, par M. de V. M. de V. (Michel de
MAROLLES, abbé de Villeloing). *Paris*, 1667,
in-8, v. m. **1** »

27. L'Imitation de Jésus-Christ, trad. par DUMAS.
Paris, 1705, in-8, fig., v. b. . . . . **1** »

28. Le Nouveau-Testament grec, lat. et franç.,
in-8, 1705, à 3 col., v. b. . . . . **1** »

Le titre manque.

29. De antiquitate et dignitate Scholæ medicæ parisiensis Panegyris, auct. Gabr. NAUDOEO.
Lut. Parisiorum, 1628, in-8, cart. . . . . **1** »

30. J. SCALIGERI Conjectanea in M. Terentium
Varronem de lingua latina, etc. — M. TE-
RENTII VARRONIS fragmenta. *Sans lieu ni
date*, 2 tom. en un vol. in-8, fil. anc. rel. . **1** 50

31. Dissertationum de Acidulis sectiones duæ,
auth. Melchiore LEBREGIO. *Argentorati*,
1627, pet. in-8, vél. . . . . **1** »

32. Théorie de l'intérêt de l'argent. *Paris*, 1780,
in-12, bas. m. **1** 75

32 bis. Vie de Marie Lumagne, institutrice des Filles
de la Providence, etc., par COLLIN. *Paris*,
1744, in-12, v. b. **1** 75

33. Historia della disunione del regno di Portogallo della corona di Castiglia, da Gio. Batt.
BIRAGO AVOGATO, con l'appendice di una
scrittura d'un ministro di Spagna. *Amster-
dam*, 1642, 2 parties en un vol., pet. in-8. vél. **3** »

Livres portant l'estampille de la biblioth. de l'Université.

34. La plus solide de toutes les Dévotions, par J. B.
THIERS. *Paris*, 1702, in-12, v. m. (tom. II). »

35. Le voyage du Parnasse. *Rotterdam*, 1706, in-12. **1** 50

Outre l'estampille de la bibliothèque de l'Université, ce volume
porte celle de la bibliothèque Moutempuis. . . . . » 1 50

Livres portant l'estamp. du dépôt général de la Guerre.

36. Géographie des Grecs, analysée par GOSSELIN,
    député. *Paris*, 1790, pet. in-fol., cart. . . .
37. Description géographique de la Russie, (Géor-
    gie,) (en allemand.) *Kœnigsberg*, 1798, 2 vol.
    in-8., dem.-rel. . . . .

Livre portant l'estampille de l'Ecole royale militaire.

38. Manuel de trigonométrie pratique, par l'abbé
    LAGRIVE. *Paris*, 1754, in-8.   1   50

Livres portant l'estampille du ministère des cultes.

39. Justini FEBRONII Commentarius in suam re-
    tractationem, *Francofurti ad Mœnum*, 1781,
    in-4, v. m.   Mémoire.
40. Conclavi de' Pontefici romani. *Sans nom de lieu*,
    1668, pet. in-12. v. b. Armoiries.   Mémoire.

Trois estampilles, dont deux des Barnabites et une du ministère
des cultes.

Livre portant l'estampille de l'Hôtel-de-Ville de Paris.

41. La Vie de Stanislas Leczinsky, par M***.
    Paris, 1769, in-12, v. f.   1   25

Livres portant l'estampille de la bibliothèque du minis-
tère des manufactures et du commerce.

42. Conférence des ordonnances de Louis XIV
    avec les anciennes ordonnances du royaume,
    etc., par J. H. BORNIER, etc. *Paris*, 1755,
    2 vol. in-4, v. m.   Mémoire.
43. Eléments de la philosophie rurale. *La Haye*,
    1767, un vol. in-12, v. m., fil.   Mémoire.

Livre portant l'estampille de la bibliothèque des Arts
et Métiers.

44. Almanach du commerce pour l'année 1825,
    gr. in-8, v. rac.   Mémoire.

Livres portant l'estampille de la Bibliothèque du district d'Amiens.

45. Honorati FABRI Soc. Jes. theol. Tractatus duo
de plantis et de generatione auimalium, de
homine. *Parisiis.* 1666, in-4, v. m. 2 50
46. PORÉE e Soc. Jes. tragœdiæ editæ opera P. C.
L. Griffet. *Lutetiæ Parisiorum.* 1745, in-12,
v. m. . . . .   » 75

Livres portant l'estampille du musée de Marseille.

47-48. Henricea ad Christ. Galliæ et Navarræ regem Henricum IV, BALT. VIAS Massiliensis.
Aquis Sextiis, 1606. — Silvæ regiæ ad Ludovicum Justum, etc.; cod. auct. *Lutetiæ, sine
anno.* 2 part. en un vol. in-4, v. br., titre
gravé, et beau portrait de Louis XIII jeune. .   5 »

*Livre portant l'estampille de la Bibliothèque du district
de Metz.*

49. P. VIRGILII MARONIS Æneïdos, D. Joanni
Matheo WOLKERO. 1513, in-fol. . . . .   7 »

*Livres portant l'estampille de la bibliothèque
de la Faculté de médecine de Paris.*

50. La Pratique du théâtre, par Fredelin, abbé
d'AUBIGNAC. *Paris,* 1669, in-4, vol. bro. . . .   2 »
51. Histoire de l'Eucharistie, par Matt. LARROQUE,
ministre. *Amsterdam. D. Elzevier,* 1671, in-8,
v. br. 1 50
52. MARCELLI ANCYRANI Disquisitiones duæ de
residentia canonicorum, etc. *Parisiis,* 1695,
in-8, vél.   1 50

Livres à double estampille.

SORBONNE ET TRIBUNAT.

53. Gasp. SCIOPPII Astrologia ecclesiastica; access.
astrum inextinctum. *Ex officina San Geor-
giana.* 1634, in-4, v. br., fil. et armes. . . .   3 »
54. Le poëme de Fontenoy, par VOLTAIRE, et autres poésies. *Paris,* 1745, in-4, cart. . . . .   1 »

55. Oribasii medici Opera quæ extant omnia, J.-B.
Rasario interprete. *Basileæ*, 1557, 3 tom.
en un vol. in-8, vél., fig.   1   »

TRIBUNAT ET MISSIONS ÉTRANGÈRES.

56. Theatrum botanicum Gaspari Bauhini, etc.
Basileæ, 1623, in-4, vél.   3   »

57. La Grandeur de nos Roys (par Théop. Daniay).
Paris, 1615, in-8, vél. . . . . :   1   »

TRIBUNAT ET SEMINAIRE SAINT-SULPICE.

58. De l'égalité des deux sexes. *Paris*, 1673, in-8,
v. b.   1   » :

TRIBUNAT ET SAINT-DENIS.

59. Le Storie della città di Firenze di Jacopo Nardi.
Firenze, 1584, in-4, vél.   1   50

TRIBUNAT ET SAINT-GERMAIN.

60. Martini Hanconii Frisiæ, seu de viris rebusque Frisis illustribus libri duo. *Francofurti*,
1620, in-4, cart., fig. et blasons..   2   »

TRIBUNAT ET BARNABITES.

61. Math. Vossii Annalium Hollandiæ Zelandiæque libri quinque. *Amsterdam*, 1635, in-4, vél.   2   »

TRIBUNAT ET FEUILLANTINES.

62. La Conduite de D. Jean de la Barrière, instituteur des Feuillans, durant les troubles de la
Ligue. *Paris*, 1699, in-12, v. b.   1   »

TRIBUNAT ET SAINT-VICTOR.

63. La Campagne royale ès années 1667 et 1668.
Paris, 1668, in-12, v. f., portrait. . . . .   »   75

Livres avec l'estampille de la bibliothèque du Tribunat.

64. Festa reale, la Tromba di Parnasso, la Selva di
Diana, opere di M. Costa, Romana. *Pa-
rigi*, 1647, trois part. en un vol. in-4, vél. . .   1   »

65. De regibus Siciliæ et Apuliæ, etc. ex biblioth.
Marq. Freheri, cum præfatione ejusdem. *Hanovriæ*, 1611, in-4, vél.   2   50

66. Traité du poëme épique, par Marolles. *Paris*.   1   50
1662, in-4, vél.   3   50

67. Commentaires de Blaise de Montluc. *Paris*.
1617, in-8, vél.   3   50

68. Thrésor de l'Histoire générale de notre temps, par LOISEL. *Paris*, 1626, in-8, vél.   1   50

69. Histoire du règne de Henry VII, roi d'Angleterre, trad. de l'anglais de Fr. BACON. *Paris*. 1627, in-8, vél., portr.   1   50

70. And. Dom. FLOCCI, De potestatibus Romanorum libri duo. *Antwerpiæ, C. Plantin*, 1568, in-8, vél.   1   50

71. P. POMPONATII Mantuani, De naturalium effectuum causis, sive de incantationibus, etc. *Basileæ*, 1556, in-8, v. b. fil., anc. rel. . . .   »   75

72. Recueil de pièces concernant l'Histoire de Louis XIII. *Paris*, 1716, 3 vol. pet. in-8, v. b.   3   »

73. Recueil de pièces intéressantes pour servir à l'histoire de France, etc. trouvé dans les papiers de l'abbé de Longuerue. *Genève*, 1769, in-12, bas.   2   »

74. Des Processions de l'Eglise et de leur antiquité, etc. *Paris*, 1716, 3 vol. pet. in-8, v. b.   3   »

75. Le Différend des Barberins avec le pape Innocent X, par D. LINAGE DE NANCIENNES. *Paris*, 1678, in-12, v. b.   1   »

76. Histoire générale de la Compagnie de Jésus. Supplément. *Paris*, 1764, 2 tom. en un vol. in-12, v. m.   2   »

77. Le Soldat suédois, ou Hist. de ce qui s'est passé depuis la venue du roy de Suède en Allemagne jusqu'à sa mort. *Rouen*, 1633, in-12, cart.   »   50

78. Histoire de Ptolémée Aulètes, etc. (par BAUDELOT de Dairval). *Paris*, 1698, in-12, fig., vél. vert.   2   »

79. Histoire de la conjuration de Portugal. *Paris*, 1689, in-12, v. b. . . . .   »   75

80. Lettres philosophiques, par M. de VOLTAIRE. *Amsterdam*, 1734, petit in-12, v. b.   1   »

81. T.-H. JANSSONII ab Almeloren Inventa nov. antiqua ; rerum inventarum Onomasticon. *Amstelodami*, 1684, 2 part. en un vol. pet. in-8, v. b.   1   50

82. Q. Sept. Flor. TERTULLIANI liber de Pallio ; Cl. Salmasius recensuit, explicavit, etc. *Lugd. Batavorum*, 1656, in-8, vél.   2   »

83. Furni novi philosophici, sive Descriptio artis distillatoriæ, etc., par J. B. GLAMBERUM.

Amstelodami, 1651, 6 part. en un vol. pet.
in-8, vél.   1   50

84. Remarques sur l'état des provinces unies des
Pays-Bas, par le chevalier TEMPLE. *La
Haye*, 1674, in-12, vél.   1   50

85. La Gnomonique, ou méthodes universelles pour
tracer des horloges solaires, etc., par M. De
la Hire. *Paris*, 1698, pet. in-12, v. b., fig. .   1   »

86. Histoire du siége du chasteau de Namur (par DE-
VEZE). *Paris*, 1692, pet. in-12, v. b., cart.   »   50

87. Mémoires contenant ce qui s'est passé en
France de plus considérable depuis l'an
1608 jusqu'en l'année 1636. *Paris*, 1685,
pet. in-12, b. v.   1   »

88. Les divers caractéres des ouvrages historiques,
avec le plan d'une nouvelle Histoire de Lyon,
etc., par le P. MENESTRIER. *Lyon*, 1694,
in-12. v. b.   3   »

89. Lettres sur la question Si les Thérapeutes
étaient chrétiens. *Paris*, 1722, in-12, v. b.   1   »

90. Mémoires d'Estat contenant les choses les plus
remarquables arrivées sous la régence de
Marie de Médicis (par A. d'ESTRÉES).
Paris, 1666, in-12, v. b.   1   »

91. Mémoires et Lettres du comte de Montbas sur les
affaires de Hollande. *Jouxte l'imprimé à
Utrecht*, 1673, 2 part. en 1 vol. pet. in-12.   1   »

92. Mémoires de M. L. D. D. N. (Mme la duchesse de
NEMOURS), contenant ce qui s'est passé en
France pendant la guerre de Paris, etc. *Lyon*,
1710, pet. in-12, v. b. . . . .   »   50

93. Discours du droit de la succession royale au
royaume de Portugal et de la légitime succession du roi Dom Anthoine. *Paris*, 1607,
pet. in-12, vél.   1   »

94. Description de l'abbaye de la Trappe. *Paris*,
1671, pet. in-12, vél . . . .   »   75

95. Mémoires d'Estat, par VILLEROY, et suite à ces
Mémoires. *Paris*, 1665, 3 vol. in-12, anc.
rel. compart.   3   »

96. Ordonnance de Louis XIV donnée au mois d'a-
vril 1667. *Paris*, 1667, in-24, v. b.   2   »

Livre avec estampille de la bibliothèque
du Corps-Législatif.

97. Ath. KIRCHERII, Iter extaticum. *Romæ*, 1557,
    in-4⁰ . . . .   3 »

Livres avec des cachets coupés.

98. Campagnes de Louis XIV, etc., par M***
    (PELLISSON). *Paris*, 1730, in-12 . . . . .   1 »
99. OPPIANI Poetæ Cilicis, de Venatione, de Pis-
    catu, etc. *Lug. Batav.*, 1597, in-12. . . .   1
100. Apologie pour messire H.-L. Chastaigne (par
    l'abbé de SAINT-CYRAN). *Sans nom de lieu*,
    1615, in-12. . . . .   2 50
101. Recueil de piéces touchant la Compagnie de Jésus,
    par J. Jouvenci, in-12, v. f. . . . .   » 50

Livres avec des légendes ou des cachets effacés.

102. OPPIANI de Venatione ad G. Boverium, in-4. *Lu-*
    tetiæ, 1555. (Bibl. Colbert.). . . . .   5 »
103. Histoire philosophique de la Religion. *Liège*,
    1779, in-12 (tom. II). . . . .   » 50
104. Varia Privilegia Societatis Jesu, Litteræ aposto-
    licæ, etc. *Romæ*, 1587, in-12, vél. 10
    Plusieurs sceaux et cachets originaux.

                         Total. . . 163 50

Reçu de M. Libri, par les mains de M. le baron de Friddani,
la somme de cent soixante-trois francs cinquante cent., montant
du mémoire dont le détail est ci-dessus et des autres parts.

Paris, 19 janvier 1849.

Signé : R. MERLIN.

Liste de pièces achetées chez MM. Waller and Son, libraires de Londres. Fleet-street, n° 188.

13. BARRAS. P. A. S. [1]. **30 prairial an III de la République.**

Cette pièce est de Truphème, avec de l'écriture de Barras; elle est adressée au Comité de salut public. Elle porte beaucoup de notes des bureaux. On y voit les n°s d'ordre 2356, 1077, etc.

16. JOSEPH II, empereur d'Allemagne. L. S. 19 avril 1765.

Ce sont les lettres de créance adressées au roi de France pour la nomination du comte de Staremberg, ambassadeur à la cour de France. Cette lettre, signée de l'empereur, doit être sortie des archives du ministère des affaires étrangères. Il s'y trouve un grand sceau.

17. BERRY (duc de), fils de Charles X. L. S. 10 janvier 1815 [2].

Lettre adressée au baron Louis, ministre des finances, avec des notes des bureaux.

22. CAROLINE (Marie-A. Bonaparte), sœur de l'empereur Napoléon. L. S. 13 brumaire.

Lettre adressée au ministre des finances.

23. ELISA (M.-Anne Bonaparte), sœur de l'empereur Napoléon. L. S., avec souscription A. 15 juin 1810.

Adressée à M. de Fontanes, grand-maître de l'Université, pour lui recommander M. Piazzini, qui demandait à être nommé définitivement professeur d'astronomie à l'Université de Pise. Cette lettre porte la note suivante des bureaux : 1re division, n° 9502.

24. BONAPARTE (Louis), frère de l'empereur Napoléon. L. S. 19 floréal an XIII.

Adressée au ministre de l'Intérieur. On y voit ces notes des bureaux : 3e division, n° 966, 4e bureau.

25. JOACHIM (Murat), beau-frère de l'empereur Napoléon. L. A. S. 29 ventôse an XII.

Lettre très-curieuse, adressée au ministre du trésor public, dans laquelle Murat semble demander que l'action de la justice n'ait pas son cours à l'égard d'un fonctionnaire qui aurait manqué à l'honneur.

30. LABORDE (le comte de). L. A. S. 14 juillet 1817.

Au ministère de la justice. 23 A.

36. SÉGUR (comte de). L. A. S. 12 mai 1815.

[1] Ces différentes pièces sortent des archives de divers ministères ou des administrations publiques de Paris; elles portent toutes ces mots écrits par les vendeurs sur chaque pièce qu'ils m'ont cédée : « Sold by us to M. Libri, jan. 5 th. 1849. W. Waller and Son, 188 Fleet street London; c'est-à-dire : *Vendu par nous à M. Libri, le 5 janvier* 1849, *W. Waller et fils, Fleet street*, 188, *à Londres*. Comme on l'a vu (page 38) ces quarante pièces que j'ai envoyées à M. le ministre de l'instruction publique sont un choix fait sur un nombre très-considérable de pièces du même genre, provenant de la plupart des établissements publics de France et que j'ai acquis des mêmes libraires. Les numéros qui accompagnent chaque pièce sur cette liste indiquent l'ordre que ces pièces occupent dans la facture générale des autographes que m'ont vendus MM. Waller and Son. On pourra lire plus loin (page 255-257) les pièces portant les numéros 17, 22, 23, 24, 25, 73 et 112, que j'ai cru devoir publier.

[2] L. signifie *lettre*; P. *pièce*; A. *autographe*; S. *signée*.

Cette lettre, qui porte une note des bureaux ainsi conçue : 1re division, n° 5489, est adressée à un ministre qui est désigné seulement par son titre, Monsieur le duc. M. de Ségur y sollicite une place d'inspecteur général de l'Université, en faveur de M. Aignan, membre de l'Institut.

37. LANNES (maréchal). L. A. S. 10 frimaire an VIII.

Lettre adressée au général Bonaparte, consul de la République. Elle porte le n° 81, et le haut en est coupé, de manière cependant à laisser subsister quelque trace d'une note qu'on a enlevée.

44. POZZO DI BORGO. L. S. 16 août 1815.

Lettre adressée au baron Louis, ministre des finances, avec une note autographe du baron Louis.

56. FAIN (baron). L. A. S. 23 septembre 1832.

Adressée au directeur général des postes, de la part du roi Louis-Philippe, pour donner des ordres relatifs au départ de quelques estafettes.

62. LAURISTON (maréchal). L. S. 28 mai 1834.

Cette lettre, adressée par le maréchal de Lauriston au garde des sceaux (M. de Peyronnet), porte le n° 610, 5, 6.

63. LAURISTON (maréchal). L. S. 28 janvier 1818.

Adressée au ministre de la justice. Elle porte cette note des bureaux : 85. R².

64. DOUDEAUVILLE (duc de). L. A. S. 17 décembre 1822.

Adressée au garde des sceaux.

65. FOUCHÉ (ministre de la police). L. S. 19 pluviôse an X.

Cette lettre, adressée au ministre de la guerre, porte une *estampille* ovale en rouge, où l'on lit : *Secrétariat particulier*.

68. ROVIGO (duc de). L. S. 21 décembre 1810.

Adressée au ministre de la guerre, et portant une *estampille* ovale en rouge où l'on lit : *Secrétariat particulier*.

69. RAGUSE (duc de). L. S. 18 juillet 1814.

Lettre adressée au chancelier de France, portant le n° 43 comme note des bureaux.

70. REGGIO (duc de). L. S. 25 février 1811.

Adressée au ministre de la justice, et portant une note avec cette indication G. et D.

71. ROVIGO (duc de). L. S. 21 décembre 1810.

Cette lettre porte pour indication *Police générale*, n° 3080, 10. R. D.

72. SOULT (maréchal). L. S. 28 prairial an XIII.

Adressée au ministre de la guerre.

73. BORGHESE (Camille), beau-frère de l'empereur Napoléon. L. A. S. 20 juillet 1813.

Lettre adressée à M. le comte Fontanes, grand-maître de l'Université, pour recommander la nomination du célèbre Botta à une place d'inspecteur général de l'Université.

84. MARMONT (maréchal). L. S. 24 mai 1819.

Adressée au garde des sceaux, et cotée 3008.

86. MARMONT (maréchal). L. S. 27 mai 1819.

Adressée au garde des sceaux.

94. Duroc (maréchal). L. A. S. 5 messidor an XIII.

Lettre du grand-maréchal du Palais au ministre de la justice, portant ces notes des bureaux, 5521 A² R¹.

98. Barras (comte de). P. A. S. 17 pluviôse an V.

Cette lettre, adressée par Pelicier au président du Directoire exécutif, est renvoyée au ministre de l'intérieur. Elle porte les n°ˢ 856 et 1750.

99. Boissy d'Anglas. L. A. S. 4 juillet 1812.

Lettre adressée au ministre de la justice, avec cette note des bureaux : 232 II⁴.

103. Moncey (maréchal). L. S. 11 avril 1807.

Au ministre de la guerre, portant le n° 830.

110. Junot (duc d'Abrantès). L. S. 16 thermidor an II.

Adressée au ministre de la guerre, avec les n°ˢ 1561, 3384, 5935.

111. Reynier. L. S. 20 octobre 1812 et 5 vendémiaire an XIII.

Le grand-juge, ministre de la justice, au ministre de la guerre. Avec une *estampille* en rouge, portant ces mots : *Secrétariat particulier*.

111 *bis*. Reynier. L. S. 10 vendémiaire an XIII.

Lettre du ministre de la justice au ministre de la guerre, avec cette *estampille* ovale en rouge : *Secrétariat particulier*.

112. Peyronnet (de). L. S. 8 octobre 1824.

Arrêté original de M. de Peyronnet, ministre de la justice, pour accorder une prolongation de congé. Cette pièce est accompagnée d'une petite note séparée.

113. Merlin. L. S. 27 nivôse an IV.

Le ministre de la police générale écrit au ministre de la guerre, au sujet d'un prince polonais au service de l'Autriche, qui était retenu à Vesoul, et dont la présence excitait du trouble.

114. Maret (duc de Bassano). L. S. 9 janvier 1812.

Adressée au duc de Feltre. Cette lettre porte une *estampille* ovale, avec ces mots : *Secrétariat particulier*.

115. Garat. L. S. 5 mars 1793.

Lettre du ministre de la justice au ministre de la guerre.

116. Decrès. L. S. 8 octobre 1811.

Le ministre de la marine au ministre de la guerre. *Estampille* ovale en rouge avec ces mots : *Secrétariat particulier*.

118. Abrial. L. S. 10 thermidor an X.

Lettre du ministre de la justice au ministre de la guerre, portant une *estampille* ovale en rouge, avec ces mots : *Secrétariat particulier*.

119. Rovigo (duc de). L. S. 15 février 1812.

Le ministre de la police générale au ministre de la justice, avec cette note des bureaux : 20. R. D.

123. Oudinot (maréchal). L. S. 6 août 1814.

Lettre adressée au chancelier du royaume, portant cette note : n° 855 II⁴.

124. Fouché. L. S. 10 juin 1815.

Lettre du ministre de la police générale au ministre de la guerre, pour dénoncer l'approvisionnement incomplet de Boulogne. Cette pièce porte une *estampille*, qui est un carré long en rouge avec ces mots : *Secrétariat général, vu le 11 juin.*

Deux pièces autographes, contenues dans le catalogue imprimé des autographes de M. Charles Hodges, vendus chez MM. Puttick et Simpson, à Londres, le 18 décembre 1848 et jours suivants [1].

189. CONDORCET (M.-J.-A.-N.), philosopher. L. A. S., 2 pag. in-4° 21 janvier 1792.

407. LAGRANGE (Jean-Louis), mathematician. L. A. S., 2 pag. in-4° Berlin, 29 juin 1772.

[1] Outre ces deux lettres que j'ai adressées à M. de Falloux, j'ai acheté à cette même vente, par l'entremise de MM. Payne et Foss, un assez grand nombre d'autres pièces provenant des établissements publics de France. Comme je l'ai dit plus haut (page 38), et comme on le verra mieux encore par la lecture des pièces elles-mêmes (voyez pages 238-239), les lettres de Condorcet et de Lagrange ont été adressées à l'Académie des sciences de Paris et ont dû être enlevées des archives de cet établissement. Les numéros 189 et 407 sont ceux que ces deux pièces portent dans le catalogue imprimé de la vente Hodges. J'ai déjà dit qu'aucune des pièces que je signale dans cet écrit n'avait jamais été en ma possession.

Voici les pièces dont il a été question plus haut (page 231).

Le garde des sceaux, Ministre secrétaire d'Etat au département
de la Justice,

Arrête ce qui suit :

Il est accordé à M. Levêque, expéditionnaire à notre Cabinet particulier, une prolongation de congé jusqu'au 15 novembre prochain.

Paris, le 8 octobre 1824.

Signé, Comte DE PEYRONNET.

Cabinet du prince gouverneur général.

Turin, le 20 juillet 1813.

Monsieur le comte Fontanes,

M. le chevalier Charles Botta, membre du Corps législatif, aspire à une place d'inspecteur général de l'Université impériale, et il réclame mon appui auprès de vous pour ajouter quelques probabilités au succès de sa demande. Les importants services rendus ici par M. Botta dans les temps les plus difficiles ; une grande réputation de probité et son mérite littéraire doivent lui donner des droits à la confiance du gouvernement ; je réclame en sa faveur que vous vouliez apprécier ceux qu'il peut avoir à votre bienveillance.

Je vous renouvelle avec infiniment de plaisir, M. le comte, l'assurance de mes sentiments, ainsi que celle de ma haute considération.

Signé, CAMILLE.

S. Exc. Mgr. le comte Fontanes, sénateur, grand-maître de l'Université impériale.

Le général en chef, gouverneur de Paris, au ministre du Trésor
public.

Au Gouvernement de Paris, le 27 ventôse an XII.

Le citoyen Agar, qui a eu l'honneur de vous voir hier, citoyen Ministre, m'a dit que vous aviez bien voulu lui promettre, sinon de vous montrer indulgent, du moins de ne pas vous montrer trop sévère dans l'affaire à laquelle il s'intéresse. Je désirerais fortement qu'il fût possible d'assoupir entièrement cette affaire malheureuse, au moyen de l'offre que fait le citoyen Agar, de payer à l'instant, de ses propres fonds, toutes les sommes qui pourront être réclamées. Ce serait épargner beaucoup de chagrins à une famille nombreuse et respectable. Si vous n'accordez pas cette grâce que je vous demande, je vous prie au moins de suspendre votre rapport au gouvernement, jusqu'à ce que le citoyen Agar ait pu faire venir du département du Lot des renseignements qui lui manquent.

J'espère que vous ne me refuserez pas un délai qui me semble ne pouvoir rien compromettre. Je compte sur vos dispositions obligeantes, et vous prie d'être assuré de ma reconnaissance.

J'ai l'honneur de vous saluer.

Signé, J. MURAT.

P. S. Puis-je espérer que vous voudrez bien ne pas faire votre rapport, ni ordonner des poursuites sans que j'en sois prévenu ?

S. A. I. le prince Louis transmet et recommande la pétition de M. l'abbé Jumel, qui sollicite le titre de conservateur des livres du château de Compiègne.

3ᵉ DIVISION.

Envoyé le 21 floréal.
Nº 996.

2ᵉ Bureau.

Saint-Leu, le 19 floréal an XIII.

Monsieur le Ministre,

M. l'abbé Jumel, professeur à Compiègne, désire que je vous recommande la pétition ci-jointe, qu'il présente à Votre Excellence, et par laquelle il sollicite le titre de Conservateur des livres du château de Compiègne.

Je vous serai très-obligé, Monsieur le Ministre, de vouloir bien être favorable, s'il est possible, à la demande de M. Jumel.

Recevez, Monsieur le Ministre, les assurances de ma plus haute considération.

Signé, Louis BONAPARTE.

Monsieur Champagny, ministre de l'intérieur.

Monsieur le comte, grand-maître de l'Université impériale, le sieur Joseph Piazzini, professeur provisoire d'astronomie à l'Académie de Pise, sollicite sa nomination définitive à cette chaire. J'appuie d'autant plus volontiers la demande de ce candidat, qu'entre autres témoignages avantageux de ses connaissances et de sa capacité, il a celui du célèbre Oriani de Milan.

Votre affectionnée,

Signé, ÉLISA.

Paris, 13 juin 1810.

1re Division, n° 9502. — *Répondu le 20 juin.*

Monsieur le comte Fontanes, grand-maître de l'Université impériale, à Paris.

———

Répondu le même jour.

Neuilly, 13 brumaire.

Monsieur le Ministre des finances,

Je vous adresse une demande de M. D'Aligre, mon chambellan, qui depuis longtemps m'a été remise pour que je l'appuyasse près de vous; j'avais espéré vous la remettre moi-même, de légères indispositions m'ont privée de ce plaisir; je prends donc le parti de vous l'envoyer, avec prière de suspendre toute mesure relative à cette affaire jusqu'au retour de l'empereur, qui m'a promis de s'en occuper à cette époque, et de faire droit à la demande de M. D'Aligre, qui me paraît en effet de toute justice.

Recevez, Monsieur le Ministre, l'assurance de ma haute considération.

Signé, CAROLINE.

———

Paris, 10 janvier 1815.

Je vous adresse, Monsieur le baron, l'état des décorations que j'ai accordées, pendant mes deux voyages, à divers employés de l'Administration des finances. Je vous engage à les faire confirmer le plus tôt possible, afin de mettre un terme aux réclamations d'expéditions de brevets qu'on m'adresse journellement.

Recevez, Monsieur le baron, l'assurance de ma très-haute considération.

Signé, Charles FERDINAND.

Monsieur le baron Louis, ministre et secrét. d'Etat des finances.

M. Lefèvre, 12 janvier, n° 180.

———

A messieurs de l'Académie des sciences.

Ce samedi, 21 février 1792.

Messieurs,

Le père de M. Charles, notre confrère, s'est adressé à moi pour demander, en faveur de son fils cadet, une place de sous-lieutenant dans les troupes de ligne. J'ai cru que peut-être l'Académie, à qui M. Charles a été enlevé si jeune, et d'une manière si cruelle, qui estimait ses talents, son patriotisme et son caractère, voudrait bien peut-être s'intéresser pour son frère auprès du ministre de la guerre. Cette démarche honorable pour sa mémoire serait une consolation pour un père malheureux et par la perte d'un fils et par les dangers auxquels l'autre va s'exposer.

L'Académie, qui partagera les sentiments qu'une situation si douloureuse m'a fait éprouver, me pardonnera du moins cette proposition.

Daignez, Messieurs, me permettre de vous renouveler ici les regrets de mon absence involontaire et agréer l'hommage de mon dévouement et de mon respect.

CONDORCET.

Messieurs,

La faveur signalée que vous m'avez faite, en me choisissant pour remplir une place dans votre célèbre Compagnie, me pénètre autant qu'elle m'honore. Moins j'avais de titres pour aspirer à une distinction si flatteuse, plus je dois sentir le prix de vos bontés et plus je dois faire d'efforts pour les mériter. Ma passion pour les sciences et mon attachement pour vous, à qui elles doivent leurs principaux progrès, sont sans doute les seuls motifs qui vous aient engagés à jeter les yeux sur moi et à m'accorder vos suffrages ; et je regarde l'honneur que je viens de recevoir, moins comme une récompense que comme un encouragement. Heureux si je puis, par mes travaux, répondre à vos intentions et justifier votre choix !

Puisse, Messieurs, l'hommage sincère et vrai, que je vous fais ici de mes sentiments, satisfaire en quelque manière au devoir que la reconnaissance m'impose en ce moment ; je vous supplie de le recevoir du moins comme un gage du zèle que j'aurai toute ma vie pour la gloire de votre illustre corps, à laquelle celle des sciences est inséparablement attachée.

Je suis, avec un profond respect,

Messieurs,

Votre très-humble et très-obéissant serviteur,

De la Grange.

A Berlin, ce 29 juin 1772.

Extrait du Catalogue imprimé de la vente des autographes de Madame la marquise de Dolomieu, vente qui a eu lieu le 15 mai 1843, à Paris[1].

66. CABANIS (Jean-Pierre-George), médecin, philosophe et littérateur. N. 1757, M. 1818.

L. aut. sig. au président de l'Institut D'Auteuil, ce 19 floréal an IX, 1 page in-4°, cachet.

69. CAMBACÉRÈS (J.-Jacq.-Régis), archichancelier de l'Empire. N. 1753, M. 1824.

Aux membres de l'Institut national. Paris, 7 vendémiaire an IX. L. S., 2 pages in-4°.

On y a joint un fragment aut. de 4 pages in-8° obl.

86. CHAPTAL (le comte Jean-Antoine), chimiste. N. 1756, M. 1832.

Manuscrit aut. du 16 fructidor an VI... 8 pages in-4°.

[1] Dans cet extrait, comme dans ceux qui suivent, j'ai reproduit fidèlement les catalogues imprimés avec les numéros que portent, dans ce catalogue, les pièces dont il s'agit. Tous ces catalogues imprimés ont été adressés à M. le ministre de l'instruction publique avec les autres documents. Sur les vingt pièces que je donne dans cet extrait du catalogue de madame la marquise de Dolomieu, dix-neuf appartiennent évidemment à l'Institut, et doivent être sorties des archives de cet établissement. J'ignore si la *délibération* du numéro 205 sort des archives de l'Académie des beaux-arts ou des archives de l'Opéra. Ce même catalogue contient beaucoup d'autres pièces qui sont sorties de divers établissements publics, mais je ne les signale pas ici, voulant me borner aujourd'hui, à l'égard de ce catalogue, à ce qui concerne l'Institut. J'ai déjà déclaré (page 41) que je ne citais ce catalogue et les autres catalogues dont on trouvera des extraits dans la suite, que pour montrer que des pièces sorties des établissements publics de France avaient été mises en vente par des personnes dont, avec la meilleure volonté du monde, il serait impossible de mettre la probité en doute. J'ajouterai que, d'après les catalogues imprimés, on ne peut juger de l'origine de certaines pièces que lorsque les indications fournies dans ce catalogue sont suffisantes. Dans un grand nombre de cas, le nom seul de l'écrivain est indiqué dans la description imprimée, et il faudrait connaître au moins le nom de celui auquel la lettre a été adressée pour savoir si elle a pu appartenir à quelque établissement de l'État ou sortir des archives de quelque administration publique. Cela s'applique surtout aux catalogues où, comme dans celui de madame la marquise de Dolomieu, déjà cité, dans celui de M. Collier de Beaubois, dont il sera fait mention plus loin, et dans une foule d'autres, il se trouve des lots nombreux sous les titres génériques de *Académiciens* (ou *Académies*), *Historiens, maréchaux de France, marins, ministres, Missionnaires, Rois, Reines, Souverains étrangers*, etc., etc., et sous le titre encore plus indéterminé de *Divers* qu'on voit plusieurs fois répété dans le catalogue publié par M. Techner des autographes de M. Aimé-Martin (vente du 21 février 1848). Sous ces dénominations, on a rassemblé des multitudes de pièces sans indications suffisantes. Si on avait les pièces sous les yeux, il serait possible de reconnaître la présence d'un nombre plus considérable encore d'autographes sortis des établissements publics et au sujet desquels on ne peut rien affirmer dans l'état actuel de ces divers catalogues. Cependant, encore une fois, outre les extraits qu'on va lire, ces catalogues pourraient me fournir d'autres remarques plus curieuses que je réserve pour une meilleure occasion. J'ajouterai que L. signifie *Lettre* ; Aut. *Autographe*; Sig. *Signée* : N. *Né* ; M. *mort*. Il faut remarquer que les numéros 86, 125, 130, 205, 221, 270, 871, 507 sont des *lots*, et que les pièces qu'ils renferment ne proviennent pas toutes des archives de l'Institut. Dans quelques-uns de ces lots se trouvent des Mémoires autographes lus devant les différentes Académies.

Observations sur les différences qui existent entre l'acide acéteux et l'acide acétique.

L. aut. sig. à M. Peuchet, du 14 avril 1818, in-4.

125. Condorcet (le marquis de), philosophe et littérateur. N. 1743, M. 1794.

Copie aut. de la pièce de vers de Saint-Lambert, intitulée : *les Oiseaux de Vénus*, 2 pages in-4.

— Délibération des commissaires de l'Académie des sciences, du 24 mars 1790, relativement à des prix décernés et à décerner pour des dissertations sur les planètes, et signée de Condorcet, Pingré, Bossut, Cassini et Bailly. Une page et demie in-8.

— Autre fragment aut. d'un projet d'adresse à l'Assemblée nationale, 1 page in-8.

130. Cuvier (George), célèbre naturaliste. N. 1769, M. 1832.

L. aut. sig., 2 pages in-4, sans date.

— Plus une proclamation aut. des prix remportés des sujets de prix proposés (16 juin 1828), 5 grandes pages in-folio.

133. De Candolle (Auguste-Pyrame), célèbre botaniste. N. 1775.

L. aut. sig., au président de l'Institut de Turin, 28 septembre 1808, 2 pages in-4.

Relative à la botanique.

148. Dupuis (Charles-François), auteur de *l'Origine des cultes*. N. 1742, M. 1809.

L. aut. sig., au président de l'Institut. Paris, 23 messidor an XIII, 1 page in-4.

— Il offre son ouvrage qui lui avait été demandé pour la bibliothèque de l'Institut.

203. Gretry, célèbre compositeur. N. 1741, M. 1813.

L. aut. sig., écrite de l'Hermitage de J.-J. Rousseau, ce 8 vendémiaire an IX, 1 page in-4.

— Plus, une délibération des membres de l'Académie de musique, du 25 septembre 1813, et signée de Marsolier, Méhul, Piccini, Nicolo, Kreutzer, Chérubini, Boyeldieu, Plantade, Berton, Pradher, Etienne, Gardel, Rochefort, Paër, etc., relative au cérémonial qui doit être observé aux obsèques de Grétry, 2 pages in-4.

221. Haydn (François-Joseph), célèbre compositeur. N. 1731, M. 1809.

L. sig., au président de l'Institut national, à Paris, de Vienne, le 14 avril 1802... 1 page in-folio.

— Plus un cahier de musique aut. (notes et paroles), 16 pages in-4 obl.

253. Klopstock (Frédéric-Gottlieb), poëte allemand, auteur de la *Messiade*. N. 1724, M. 1803.

L. aut. sig. (en allemand), au président de l'Institut de Hambourg, le 27 juillet 1802. 4 pages in-4.

262. Lagrange (Joseph-Louis), géomètre et mathématicien. N. 1736, M. 1813.

Billet aut. sig., à MM. de la commission des fonds de l'Institut, 1 page in-4.

— Plus 3 pages in-4 aut., sur les mathématiques.

270. Laplace (Pierre-Simon), célèbre géomètre. N. 1749, M. 1827.

L. aut. sig., au citoyen Biot. Paris, ce 30 germinal an VI, 1 page in-8.

Il lui envoie le premier volume de sa *Mécanique céleste*, et il accepte avec reconnaissance l'offre qu'il lui fait de le lire pour lui en indiquer les mots et d'en faire l'analyse.

— Mémoire aut., lu à l'Académie des sciences le 25 novembre 1816, sur l'action réciproque des pendules et sur la vitesse du son dans les diverses substances, 4 pages in-4.

354. MOLÉ (François-René), célèbre comédien. N. 1734, M. 1817.

L. aut. sig., au président de l'Institut national de Bruxelles, 12 germinal an IV de la République, 1 page in-4.

Relative à sa nomination de membre de l'Institut. Curieuse à ce sujet.

365. MOREAU (le jeune), dessinateur et graveur. N. 1741, M. 1814.

L. aut. sig., au président de l'Institut, du 25 brumaire an V de la République, 1 page et demie in-4.

Relative à un tableau de Jules Romain.

371. NAPOLÉON BONAPARTE, empereur. N. 1769, M. 1821.

1° Apostille de 4 lig., aut. et sig. Nap., sur un rapport du ministre de la marine. Pièce in-folio.

— 2° Lettre sig. Bonaparte, du 6 nivôse an VI, adressée au président de l'Institut national.

3° Minute d'une lettre au ministre Gaudin, avec de nombreuses corrections de sa main.

402. PALISSOT DE MONTENOT (Charles), littérateur. N. 1730, M. 1814.

L. aut., sig., aux membres de l'Institut. Paris, 18 brumaire an VI, 3 grandes pages in-4.

453. ROSSINI (Joachimo), célèbre compositeur. N. 1789.

L. aut. sig., à M. le secrétaire de l'Académie des Beaux-Arts. Londres, le 19 mars 1824... 1 page in-4.

Relative à sa nomination de membre de l'Institut.

459. RUMFORT (Benjamin Thompson, comte de), philosophe et économiste. N. 1753, M. 1814.

L. aut. sig., au président de l'Institut national de France. De Munich, 3 septembre 1802..... 3 pages in-4.

460. SAINT-ANGE, poëte, membre de l'Académie française.

L. aut. sig., aux membres de l'Institut national. Paris, ce 25 frimaire an V... 3 pages petit in-folio.

Belle lettre en prose et en vers.

507. TRESSAN (Louis-Elisabeth, comte de), membre de l'Académie française. N. 1705, M. 1792.

Un discours aut. prononcé dans une séance du mois de juin 1776, 4 pages in-folio.

— Plus, une lettre aut. sig., sans date, 2 pages in-4.

Extrait du catalogue imprimé [1] *des autographes de*
M. Collier de Beaubois, *dont la vente a eu lieu à*
Paris les 7, 8 et 9 août 1847, par le ministère de
M. Boulouze, *commissaire - priseur, rue Riche-*
lieu, 69.

1. Académie française.

. . . . . Condorcet. Sig. et 3 lig. aut. au bas de l'extrait
d'un jugement de l'Académie des sciences.

7. Académie des Inscriptions.

. . . . . Gail, lettre aut. sig., in-4, à M. l'abbé Nicole,
(recteur de l'Académie de Paris), 13 avril 1822.

> Il réclame 164 fr. pour deux exemplaires de Thucydide, fournis à l'é-
> poque de la distribution des prix du concours.

23. Azaïs, philosophe, auteur du Système des compensations.

> L. aut.sig., au ministre, Paris, 24 avril 1815, 2 pages in-4.

45. Bezout (Étienne), mathématicien.

> L. aut. sig., au ministre de la marine. Paris, 19 août 1783.

53. Boschowich (Roger-Joseph), savant jésuite italien.

> L. aut. sig., 2 pages in-4, à M. de Sartines, ministre de la marine.

78. Clarke (Jacq.-Guill.), duc de Feltre, ministre, maréchal
de France.

> L. aut. sig., 2 pages in-folio, au ministre...

79. Comédie-française.

> P. sig. par Montrose, Devigny, E. Leverd, Damas, Grandville, Miche-
> lot, 4 pages in-folio. Paris, 9 janvier 1825. Mémoire du Comité d'adminis-
> tration, présenté au duc de Duras, et signalant les abus à réformer et les
> améliorations que nécessite l'état du théâtre. Pièce très-curieuse et très-
> importante, où l'on accuse Talma d'avoir porté préjudice à la tragédie en
> sortant de son emploi pour jouer dans l'*École des vieillards.*

83. Criminels.

. . . . . Lacenaire, l. aut. sig., in-4.

> Il demande son transfèrement, afin de pouvoir se livrer à ses travaux
> littéraires. . . . . . .

97. Dugommier (Jean-François-Coquille), général.

> L. aut. sig., in-folio, au ministre de la guerre.

100. Dumouriez (Claude-François), général.

> P. aut. in-4, à M. Duportail, ministre de la guerre.

---

[1] Excepté la première, qui paraît sortir des archives de l'Académie des sciences,
toutes les pièces signalées dans cet extrait (avec les numéros d'ordre qu'elles occupent dans le catalogue imprimé) proviennent des archives des divers ministères
ou des administrations publiques de Paris. Dans le catalogue original, dont je
donne fidèlement l'extrait, L ou l, signifie *lettre;* P, signifie *pièce;* aut.,
autographe; sig., *signée* ou *signature;* pag., *page.*

118. Généraux.

. . . . . Caffarelli, L. aut. sig., 2 pag. in-folio, au ministre, Burgos, 13 novembre 1811.

. . . . . Latour-Maubourg, l. aut. sig., 2 pag. in-ffolio au ministre. Azinchal, 6 juillet 1811...

119. Généraux.

Pérignon, l. aut. sig., au ministre. Sous Perpignan, 26 juin 1792...

Ramel, l. aut. sig., in-4, au ministre de la guerre. Paris 2 nivôse an V.

Canuel, l. aut. sig., 2 pag. in-4, au ministre de la guerre. 30 mai 1797.

120. Généraux.

. . . . . Chateauneuf-Randon, l. aut. sig., 2 pag. in-4, au citoyen Petiet, ministre de la guerre. Quartier général de Saint-Cloud, 1er ventôse an IV....

Dambarron, l. aut. sig., 4 pag. in-folio, au ministre de la guerre. Quartier général de Bayonne, 10 fructidor an VII...

122. Généraux.

. . . . . Buffon (le chevalier de), fils du grand Buffon, l. aut. sig., 2 pag. in-fol., au ministre. Montbard, 20 mars 1819.

140. Lenoir, lieutenant de police de Paris.

L. autog. sig., in-4, au préfet de police. 7 germinal an XII.

171. Marins célèbres, amiraux, vice-amiraux.

. . . . . Gantheaume, sig. et apost. de 5 lignes sur une pétition, 20 décembre 1815.

Latouche-Treville, l. aut. in-8, et sig. avec 10 lignes aut. sur une pétition...

180. Ministres sous la République.

Delacroix, l. aut. sig., in-4, au ministre de la guerre, 13 thermidor an IV.

. . . . . Tallien, sig. et apost. au bas d'une pétition, 20 nivôse an III.

185. Monge (Gaspard), géomètre, de l'Académie des sciences.

L. aut. sig., au citoyen Desforgues, ministre des affaires étrangères. Paris, 13 juillet an XI. In-folio.

239. Rovigo (René Savary, duc de), général, ministre.

L. aut. sig. Savary, à M. de La Vallette, intendant général des postes. Milan, 25 floréal an XIII.

255. Soulavie (Jean-Louis-Giraud), littérateur.

L. aut. sig., in-4. au citoyen ministre. Paris, 27 brumaire an VII.

Extrait du Catalogue imprimé [1]*, de lettres autographes provenant du cabinet d'un amateur, et dont la vente a eu lieu à la salle Silvestre, à Paris, le 22 mars 1847 et jours suivants, par le ministère de M. ROLIN, commissaire-priseur, rue du Croissant, 20.*

7. ALBITTE (Antoine-Louis), conventionnel.

L. A. S., au ministre. Paris, 18 octobre 1792, 2 pages in-4.

11. ANQUETIL (Louis-Pierre), historien.

L. A. S., au ministre. Paris, 7 avril 1806, 2 pages in-folio.

18. BARBANÈGRE, général de la République et de l'Empire.

L. A. S., au duc de Feltre, ministre de la guerre. Paris, 16 mars 1815, 1 page in-folio.

21. BASIRE (Claude), conventionnel, mis à mort en 1794.

L. A. S., au citoyen Gohier, ministre de la justice. Paris, 19 mai 1793, 1 page in-4.

22. BEAUHARNAIS (Alexandre), général de la République, mis à mort en 1794.

L. A. S., au citoyen Servan, ministre de la guerre. Du quartier général de......, le 6 octobre, l'an Ier de la République, 1 page in-folio.

23. BEAUHARNAIS (le prince Eugène), vice-roi d'Italie.

L. A. S., au ministre de la guerre Berthier. Turin, 18 ventôse an XIII, 6 heures du matin, 1 page in-4.

24. BEAUMARCHAIS (Caron de), auteur dramatique.

L. A. S., au ministre de l'intérieur. Le 26 prairial an V, 4 pages in-4.

29. BERTON (le général), mis à mort à Poitiers en 1822.

L. A. S., au duc de Feltre, ministre de la guerre. De la maison d'arrêt militaire de l'abbaye, le 8 mai 1816, 1 page et demie in-fol.

36. BONAPARTE-NAPOLÉON, empereur.

L. sig. BONAPARTE, avec de nombreuses corrections de sa main, au directeur de l'administration de la guerre.
Datée de Saint-Cloud, 25 prairial an XI, 1 page in-4 avec vignette.
Il le prie de lui présenter pour samedi prochain des projets :
1° Pour faire confectionner douze cent mille rations de biscuit, etc.

2° Pour rassembler à Saint-Omer trois millions de rations d'eau-de-vie, etc.

3° Pour faire construire des fours à Boulogne, etc.. et en quantité suffisante pour la réunion d'une armée de quatre-vingt mille hommes, etc.

---

[1] Les pièces signalées dans cet extrait avec les numéros d'ordre du catalogue proviennent, comme celles dont il a été question plus haut, des archives de l'Institut ou de celles des divers ministères et des administrations publiques de Paris. Parmi ces pièces, les numéros 36, 212, 229 et 276 méritent une attention particulière. Les abréviations ont été déjà expliquées.

4° Pour l'organisation des hôpitaux..... pour le service de ces troupes.

5° Pour assurer les moyens de subsistance en pain, viande, vin, eau-de-vie, pour les camps de Gand, etc., composés chacun de vingt-cinq à trente mille hommes.

6° Pour réunir et confectionner quatre-vingt mille capotes, cent vingt mille paires de souliers, etc., afin de distribuer ces fournitures aux troupes et les mettre à même de faire une campagne d'hiver.

43. BONAPARTE (Louis), ex-roi de Hollande.

L. A. S., au ministre de la guerre. Paris, 15 vendémiaire an XI.

72. CARNOT, conventionnel et ministre.

L. A. S., à la Commission des travaux publics. Du 11 prairial an II, 1 page in-4.

125. DUCIS (Jean-François), poëte dramatique.

L. A. S., au ministre. Paris, 9 nivôse an IV, 1 page in-4. Très-affectueuse et de remerciement.

130. DUROC (le maréchal), duc de Frioul.

L. A. S., au ministre de la guerre. Du 11 mai 1811, 1 page in-folio.

159. FOUQUIER-TAINVILLE, accusateur public près le tribunal révolutionnaire, mis à mort en 1795.

L. A. S., au citoyen procureur général du département de Seine-et-Oise. Paris, 1er frimaire, l'an II de la République, 1 page in-4.

181. GRANET (François-Marius), peintre.

L. A. S., au ministre. Rome, 24 juin 1822, 1 page in-folio.

184. GRÉGOIRE (Henri, l'abbé), conventionnel.

Mémoire aut. sig., au ministre de l'intérieur, relatif à la recherche de plusieurs ouvrages manuscrits qui ont été détournés de plusieurs dépôts publics, 2 pages in-folio.

185. GRETRY (André-Ernest-Modeste), célèbre composit.

L. A. S., à son collègue le citoyen Magis, secrétaire de la troisième classe de l'Institut. Paris, 13 ventôse an V, 1 page in-4.
Il le prie d'offrir à sa classe un exemplaire de son ouvrage sur la musique... «C'est à la classe de l'Institut à laquelle j'ai l'honneur d'appartenir que je dois l'hommage du premier exemplaire, etc. »

212. INSTITUT DE FRANCE, SÉNAT CONSERVATEUR et TRIBUNAT.

Etats de payement émargés par les membres de l'Institut, du Sénat conservateur et du Tribunat, 640 signatures, en date des ans X et XI de la République française, 40 pages in-folio.

229. LAMARQUE (Maximilien), le général.

L. A. S., au duc de Feltre, ministre de la guerre. De Libourne, 18 décembre 1815, 1 grande page in-folio.
Curieuse... « Quelque pénible qu'il soit pour un militaire de voir des soupçons planer sur sa tête, il n'a pas cru devoir rendre sa défense publique; et cependant on le place parmi ceux qui ont trahi... « J'ai toujours habité les camps, et l'on me met à côté de ceux qui ont voté la mort du roi, qui ont fait la loi des suspects, qui ont assiégé les tribunes et égaré l'opinion... » Il termine en priant le ministre de jeter les yeux sur les preuves de son innocence et de les faire parvenir au pied du trône où siégent toutes les vertus.

236. LASALLE (Charles, le général comte de).

L. A. S., au ministre de la guerre; d'Agen, 20 frimaire an XII. Relative au service militaire, 1 page in-folio, avec vignette.

244. LEFEBVRE-DESNOUETTES (Charles), le général.

L. A. S., au ministre de la guerre. Boulogne, 2 mai 1812, 1 page in-folio.

245. LEGOUVÉ, poëte, auteur du *Mérite des femmes*.

L. A. S., au président de l'Institut, 1er floréal an IV, 1 page in-4.
Remerciement pour son admission comme membre de l'Institut national. Il mettra tous ses soins à répondre à un choix si flatteur pour lui.

275. LOUIS XVI, roi de France.

Billet aut. sig., à M. le garde des sceaux. Versailles, 23 mai 1780, demi-page in-8. Cachet.

276. LOUIS XVIII, roi de France.

L. signée et contresignée par l'abbé de Montesquiou, au préfet. Datée de Paris, 11 mars 1815, 1 page in-folio.

Pièce importante par laquelle il lui ordonne de faire, dans son département, un appel à tous les hommes de bonne volonté, qu'il fera armer et enverra, par tous les moyens les plus prompts, au lieu du rendez-vous, organisés en colonnes mobiles..... « Le salut de la patrie dépend de la
« prompte exécution de cette mesure, qui, si elle est bien conduite, peut
« opposer une résistance invincible au tyran qui vient apporter à la
« France tous les fléaux de la guerre civile et de la guerre étran-
« gère, etc. »

320. MEHUL (Etienne-Henri), musicien-compositeur.

Demande aut. sig., au Comité de salut public, en faveur de Georges Jadin, compositeur. En date du 6 nivôse an III.

Cette pièce, d'une page in-folio, est aussi signée par Chérubini, Lesueur, Catel, Grasset, Lesage, Rode, Bouvier, etc.

323. MERCOEUR (Mlle Elisa), poëte.

Supplique aut. sig., en prose et en vers, adressée au ministre, 4 pages pleines in-folio.

Elle lui peint, dans les termes les plus touchants, sa misère, et implore son secours. Avec la réponse du ministre en marge.

338. MORTIER (le maréchal), duc de Trévise.

L. A. S., au ministre de la guerre. Du quartier général de Mouchy-le-Preux, 3 septembre, an II de la République.

380. PONIATOWSKI (le prince Joseph), mar. de France.

L. sig. JOSEPH PRINCE PONIATOWSKI, au duc de Feltre. De Varsovie, 23 juillet 1810. Relative au service militaire, 1 p. in-fol.

430. SERGENT (Louis), représentant du peuple.

L. A. S., à ses collègues du Comité de sûreté générale. Paris, 8 prairial an III de la République, 5 pages in-4.

456. TRESSAN (le comte de), memb. de l'Acad. française.

L. A. S., au ministre. Toulon, 7 mars 1757, 3 pages in-4.

462. VAUQUELIN (Louis-Nicolas), savant chimiste.

L. A. S., au grand-chancelier de la Légion-d'Honneur, 1 page in-4.

469. Vestris ' (Madame), de la Comédie-Française.

L. A. S., au ministre. Paris, 24 frimaire an V, 2 pages in-4.

' Voilà donc soixante-dix-huit pièces autographes provenant des établissements publics de France, et qui sont décrites dans trois catalogues de vente seulement. Aucune de ces pièces, dont plusieurs ont une grande valeur, n'a jamais été en ma possession, comme il est facile de s'en assurer en remontant à la source. Si c'était nécessaire, je pourrais démontrer que, depuis vingt ans, il a été livré aux enchères à Paris, sans que personne s'en soit jamais inquiété, *plusieurs milliers* de pièces autographes, qui n'ont jamais été en ma possession, et qui proviennent toutes des établissements de l'État. Je dois faire remarquer que dans les *Extraits* précédents, il n'a pas été question des autographes provenant de la Bibliothèque nationale. Ils deviendront, s'il y a lieu, l'objet d'un travail spécial dont je possède les éléments et qui, j'ose le croire, ne manquera pas d'un certain intérêt.

Liste de 153 manuscrits qui ont disparu de la bibliothèque de l'Institut de France, et qui sont décrits dans l'ouvrage d'Hænel, publié en 1830, sous le titre de Catalogi manuscriptorum [1]*, etc.*

1. Traduction ancienne d'une partie de la Bible, MS. in-folio, sur peau vélin.

2. Ancienne traduction des Prophètes, MS. du XVe siècle, in-folio, sur peau vélin.

3. Commentaire sur les Psaumes, MS. in-folio, sur peau vélin. Ce manuscrit a autrefois appartenu au duc de Bouillon.

4. Histoire de la Passion de Jésus-Christ, translatée en 1391 du latin en françois, par ordre d'Isabelle de Bavière, MS. in-folio, sur peau vélin.

5. Traduction de la Cité de Dieu, MS. in-folio, sur peau vélin.

7. Missel en latin pour toute l'année, MS. in-folio, sur peau vélin.

8. Missel en latin, MS. in-folio, sur peau vélin.

10. Livre d'église, MS. in-folio, sur peau vélin.

11. Officium S. Sebastiani, MS. in-folio, sur peau vélin.

17. Varii Tractatus theologiæ, MS. in-folio, sur peau vélin.

18. Excerpta varia veterum scriptorum latinorum : Virgilii, Sallustii, Quintiliani, Senecæ, Plauti, etc., MS. in-folio, sur peau vélin.

23. Decretum Gratiani, MS. in-folio, sur peau vélin.

24. Sextus liber Decretalium, MS. in-folio.

25. Sextus liber Decretalium, MS. in-folio.

59. Recueil concernant les affaires de France, in-folio.

120-194. Collection des registres du Parlement de Paris en 74 volumes in-folio. — Les cinq premiers volumes et le 8e volume de cette collection manquent.

223-237. Collection de manuscrits concernant les chanceliers d'Etat et autres grands officiers de la couronne. — Le 9e volume de cette collection manque.

238. Lectura Domini Andreæ super usib. feudorum, MS. in-folio.

244. Coutumes et usages du Beauvoisis, MS. in-folio, sur peau vélin.

253 B. Journal de M. d'Ormesson, MS. in-folio.

260. Le Livre du Trésor de Brunetto Latini, MS. in-folio, sur peau vélin.

283. Catholicon J. de Janua, MS. du XIIIe siècle, in-folio, sur peau vélin.

313. Chronique du monde depuis Adam, MS. in-folio, sur peau vélin.

---

[1] J'ai parlé plus haut (pag. 43, 44) de ces manuscrits qui portent dans le catalogue manuscrit de l'Institut les numéros sous lesquels ils sont désignés dans cette liste. Comme je l'ai déjà dit, dans le catalogue de l'Institut on s'est contenté d'écrire le mot *manque* à côté de chacun de ces manuscrits, dont plusieurs sont véritablement précieux. Il n'y a peut-être pas dix membres de l'Institut qui aient connaissance de ce vide immense qui s'est fait dans leur bibliothèque. On m'assure que tous ces manuscrits ont disparu de 1820 à 1825; mais c'est aux magistrats à prendre des informations exactes là-dessus. J'ajouterai que ce n'est pas un catalogue raisonné que j'ai voulu publier ; j'ai dû me borner à reproduire la liste qui m'a été adressée de Paris par une personne qui en a fait la vérification sur le catalogue même de la Bibliothèque de l'Institut.

314. Histoire universelle, MS. in-folio, sur peau vélin, ayant la forme d'un rouleau.

316. La Fleur historiale, MS. in-folio, sur peau vélin.

317, 318, 319, 320. Vincentii Bellovacensis speculum historiale, MS. en 4 volumes in-folio, sur peau vélin.

321. Traduction française de Tite-Live, faite et présentée au roi Jean par frère Pierre, prieur de Saint-Eloi, de Paris, MS. du XVe siècle, in-folio, sur peau vélin.

324. Chronique de frère Martin, MS. in-folio.

325. Histoire de Gênes et de Jérusalem, MS. in-folio, sur peau vélin, du XIIIe siècle.

Cet ancien manuscrit contient l'histoire de Gênes, depuis la première croisade jusqu'en 1293.

326. Guillaume de Tyr, histoire des croisades, MS. in-folio, sur peau vél.

336. Chronique de France jusqu'à la mort de Charlemagne. MS. in-folio, sur peau vélin, du XVe siècle.

385. Manque le 14e volume d'une collection d'histoires particulières des provinces de France (depuis le n° 372 jusqu'au n° 443). In-folio.

504-505. Manquent le 17e et le 18e volume d'une collection de manuscrits sur les finances (depuis le n° 488 jusqu'au n° 517). In-folio.

Manuscrits in-4°.

1. Evangelium Matthæi, MS. in-4, sur peau vélin.

2. Evangelium Matthæi, MS. in-4, sur peau vélin, du XIIIe siècle.

5. Epistolæ canonicæ, MS. in-4, sur peau vélin.

7. Glosæ, MS. in-4, sur peau vélin.

10. Biblia metrificata, per Petr. DE RIGA, MS. in-4, sur peau vélin.

11 Biblia metrificata, per Petr. DE RIGA, MS. in-4, sur peau vélin.

13. Traité sur les Cantiques, MS. in-4, sur peau vélin.

15. Varii tractactus minores SS. Patrum, MS. in-4, sur peau vélin.

16. Abrégé de la Cité de Dieu, MS. in-4.

21. Epîtres gothiques, MS. in-4.

22. Epîtres gothiques, MS. in-4.

39. Breviarium, MS. in-4.

24. Psalterium, MS. in-4.

26. Heures gothiques, MS. in-4.

27. Office de la Vierge, MS. in-4.

30. Rituel, MS. in-4.

33. Manque le premier volume d'une collection d'anciens traités théologiques, mystiques, sermonnaires, etc., etc., qui comprend depuis le n° 23 jusqu'au n° 63, in-4.

44, 45, 46, 47 48, 55, 56, 27, 58, 63. Manquent 10 volumes de la même collection d'anciens traités théologiques, etc., etc., MSS. in-4.

64. Décrétales de Grégoire IX, MS. in-4, sur peau vélin.

65. Leonis papæ Decretales, MS. in-4, sur peau vélin.

65 *bis.* Clementis papæ Constitutiones, MS. in-4, sur peau vélin.

66. Clementis papæ Constitutiones, MS. in-4, sur peau vélin,

67. Clementis papæ Constitutiones, MS. in-4, sur peau vélin.

68. Decretum Gratiani, MS. in-4, sur peau vélin.

70. Ordonnances synodales de Jean d'Aubigny, évêque de Troyes, 1324, MS. in-4.

72. Precepta synodalia episcopatus Suessionensis cum additionibus, anni 1334, etc., MS. in-4, qui a appartenu à Simon de Bussy, évêque de Soissons en 1406.

77. Statuta varia, MS. in-4.

78. Statuta varia, MS. in-4.

80. Statuts de l'ordre de Saint-Michel, MS. in-4.

83. Tancredi ordo judiciarius, MS. in-4.

98. Coutumes de Meaux, recueillies par Morian, MS. in-4.

104. Ouvrage sur l'ancien droit, MS. in-4.

105. Traité de procédure ancien, MS. in-4.

116. Tractatus logicæ, MS. in-4, sur peau vélin.

117. Tractatus philosophiæ, MS. in-4.

128. Recueil d'ouvrages anciens sur la médecine, MS. in-4, sur peau vélin.

134. Techel liber de animalibus, avibus, lapidibus, etc., MS. in-4, sur peau vélin.

135. Bartholomeus Anglicus, de proprietatibus rerum, MS. in-4.

142. Scripta varia, MS. in-4.

143. Liber magistri Hales de grammaticà, MS. in-4, sur peau vélin.

144. Vers mnémoniques sur la grammaire, MS. in-4, sur peau vélin.

145 (147?). Fables d'Esope, d'Alphonse, du Poge, etc., MS. in-4, avec figures, sur peau vélin.

148. Héroïdes d'Ovide, MS. in-4, sur peau vélin.

149. Ovidii Metamorphoses, MS. in-4, sur peau vélin.

219, 249, 259, 260, 261, 262, 263, 264, 265, 266, manquent ces 10 volumes d'une collection de MSS. in-4 sur l'histoire de France, qui comprennent depuis le n° 204 jusqu'au n° 269.

Manuscrits in-8° et in-12.

1, 2, 3, 4. Manquent ces 4 manuscrits in-8 sur l'Histoire sainte.

5, 6, 7, 8, 9, 10, 11, 12, 13, 14, 15, 16, 17, 18, 19, 20, 21, 22, 23, 24, 25, 27, 28, 29. Manquent ces 24 volumes in-8 de liturgie, livres d'heures, etc.

39, 40, 41, 42. Manquent ces 4 volumes in-8 de liturgie.

46. Cas de conscience, MS. in-8.

48, 49, 50, 51, 53, 54. Manquent ces 6 volumes MSS. in-8, de *Sermones*.

62. Sancti Ambrosii Opera, MS. in-8.

64. SS. Patres, MS. in-8.

65. Epistolæ Hildeberti, MS. in-8.

68. Decretales Gregorii IX, MS. in-8.

83. Cicero, de Officiis, Paradoxa, de amicitià, de senectute, MS. in-8, sur peau vélin.

86. Arcana, MS. in-12.

110. Recueil de Chansons, MS. in-12.

128, 129. Manquent ces deux volumes MSS., du XIIIe siècle, in-8, contenant le Cartulaire de l'abbaye de Saint-Ymier.

L'affaire de la signature de Molière, mise en vente par un marchand d'autographes et réclamée par la Bibliothèque royale après avoir passé par les mains de M. Campenon, membre de l'Académie française et de M. Lalande, secrétaire de la présidence de la Chambre des pairs, a eu beaucoup de retentissement, mais elle n'est qu'imparfaitement connue du public. J'ai pensé qu'il serait bon de faire connaître les faits en les appuyant sur les pièces authentiques qui ont été publiées dans la préface d'un catalogue d'autographes dont la vente a eu lieu dans la salle Silvestre, à Paris, le 16 avril 1846 et jours suivants. On verra par ce catalogue imprimé chez *Fournier, rue Saint-Benoît*, à Paris, mais qui n'a eu nécessairement qu'une publicité fort restreinte, que la Bibliothèque royale, quoique voulant prouver que la pièce avait été soustraite d'une manière illégitime de cet établissement, n'a nullement songé à la réclamer par la voie criminelle. Reconnaissant (voyez plus loin, page 261) qu'on pouvait être détenteur de bonne foi d'objets dont elle aurait été privée d'une façon déloyale, la Bibliothèque royale a soutenu que les objets qui lui appartenaient étaient *inaliénables et imprescriptibles* et que, bien que possédée de bonne foi, cette pièce devait lui être restituée. Le tribunal de première instance avait repoussé cette prétention qui fut accueillie sur appel par la Cour royale. Or, il est résulté de ce procès civil trois faits fort curieux et assez contradictoires. 1° Que pendant que la Bibliothèque royale faisait constater par la Cour royale que tous les objets qui lui appartenaient étaient inaliénables, elle déclarait officiellement dans le *Moniteur* (voyez plus loin, page 261) avoir vendu, en 1823, une masse considérable de vieux parchemins choisis par une Commission et qui ne devaient rien contenir d'intéressant. — 2° Que M. Fossé d'Arcosse et M. Feuillet de Conches ont déclaré qu'à cette même époque on vendait publiquement à la Bibliothèque royale des autographes précieux à raison de 3 à 5 fr. la pièce, et M. Fossé d'Arcosse a déclaré avoir encore entre les mains plusieurs de ces pièces qu'il avait achetées de cette manière par l'entremise de M. Duchesne, aujourd'hui conservateur des estampes à la Bibliothèque royale (nationale). Il a été établi également que d'autres autographes précieux étaient sortis encore plus récemment par voie d'échange ou de vente du même établissement, qu'il y en avait entre les mains de M. de Monmerqué, conseiller à la Cour royale, et qu'une autre signature de Molière, provenant également de la Bibliothèque royale, après avoir passé par les mains de M. Campenon dans celles de M. Auger, membre, comme M. Campenon, de l'Académie française, était devenue, par suite de la vente faite après la mort de M. Auger, la propriété d'un autre amateur de Paris. — 3° Enfin, que pendant qu'on annonçait que tout ce qui avait appartenu à la Bibliothèque royale était *inaliénable*, et qu'on réclamait si vigoureusement une des deux signatures de Molière, on laissait l'autre entre les mains de celui qui la possédait, comme on laissait entre les mains de M. Fossé d'Arcosse les pièces dont il se déclarait possesseur, comme on laissait entre les mains de vingt amateurs connus des objets qu'ils possèdent au su de tout le monde et qui sont sortis du même établissement ; comme on laissait également à M. Cigogne le rarissime *Triumphe de dame Vérolle* dont il a été déjà question (page 54), et que, dans son *Manuel* si connu, M. Brunet annonçait avoir été *volé* à la Bibliothèque nationale en 1794 !

Laisser les uns possesseurs paisibles d'objets notoirement soustraits de la Bibliothèque nationale tandis qu'on intenterait des procès civils aux uns et qu'on s'associerait même dans l'ombre aux poursuites judiciaires dirigées contre les autres, et cela toujours pour un seul et même fait, ce serait avoir deux poids et deux mesures. J'ai à la Bibliothèque nationale d'anciens amis pour lesquels je conserverai toujours un souvenir affectueux. On m'assure, mais je ne le croirai que sur des preuves évidentes, qu'il y a aussi dans cet établissement des personnes qui, avec une certaine réserve, il est vrai, et en restant derrière le rideau, se sont associées à la persécution dont je suis l'objet. Ce qui est certain, c'est que les élèves de l'École des Chartes, chargés d'examiner mes collections, ont annoncé publiquement, comme une preuve de ma prétendue culpabilité, avoir trouvé chez moi des objets provenant de la Bibliothèque nationale. Sans revenir sur ce que j'ai déjà dit à cet égard (pag. 52 et suiv.), je demanderai quel profit on espère retirer d'une telle conduite ? Croit-on donner le change à l'opinion, faire passer sur le compte d'un *Italien*, d'un absent, les immenses déprédations commises à différentes époques dans cet établissement, et rendre cet absent responsable des masses de livres, d'autographes et d'objets *de toute nature* que la Bibliothèque nationale a perdus? Sans juger cette conduite sous le rapport de l'*honnêteté*, mais en la considérant uniquement sous celui de l'*utilité*, ne voit-on pas que l'on ne ferait que provoquer par là une réponse qui serait une histoire détaillée de toutes les pertes éprouvées par cet établissement, avec toutes les circonstances propres à éclairer le public et la justice ? Les dissensions intestines de la Bibliothèque nationale, ce que les divers conservateurs ont écrit et surtout ce qu'ils ont dit les uns contre les autres, tout cela a déjà fait naître beaucoup de défiance dans le public, qui ferait un accueil favorable à tout ce qui viendrait satisfaire sa curiosité. Sans faire aucune application personnelle, je prendrai la liberté de rappeler que l'administration des postes refusa pendant longtemps d'admettre que des soustractions de lettres et de valeurs considérables pussent avoir lieu par le fait de certains employés. Elle répondit par des refus obstinés à toutes les réclamations qui lui furent adressées à ce sujet. On alla même jusqu'à supposer que certains négociants avaient pu feindre des pertes pour cacher le véritable état de leurs affaires. Enfin, la vérité se fit jour, et l'on a su à quoi s'en tenir sur l'origine de ces soustractions. Croit-on que ce soit dans l'administration des postes seulement que des employés peu ou point rétribués, que des personnes appelées du dehors pour des travaux extraordinaires et qui ne recevaient qu'une faible indemnité aient pu chercher, à une époque quelconque, à profiter des trésors qui étaient mis sans contrôle à leur disposition? Je ne dis rien que je ne puisse au besoin appuyer sur des documents.

Voici la préface du catalogue dont je viens de parler, et dans laquelle on raconte en détail l'affaire de l'autographe de Molière.

« Si MM. les amateurs reportent leur pensée vers nos précédents catalogues, ils se souviendront que la quittance de Molière, par nous mise en vente en 1844, a déjà été l'objet d'une discussion contradictoire devant le tribunal civil de la Seine, lequel avait débouté de ses prétentions la Bibliothèque royale. Cette même quittance devait occuper, dans ces derniers temps, la Cour royale de Paris, par suite de l'appel formé ès-nom de la Bibliothèque, par M. Naudet, son directeur.

En effet, les audiences des 27 décembre et 3 janvier dernier, en la première Chambre, présidence de M. le premier président Séguier, ont été consacrées à l'examen de cette importante question. Elle était digne, à tous égards, de la sollicitude de la justice et du public. D'une part, des dols avaient, dit-on, été commis à la Bibliothèque, et il importait d'en atteindre les auteurs. — Des dols, disons-nous, — du moins MM. les conservateurs croyaient-ils pouvoir l'insinuer; car, en cette affaire, c'est surtout par insinuations qu'ont procédé nos adversaires. D'une part, il était important de savoir, une bonne fois pour toutes, si, contrairement à l'arrêt du tribunal de première instance, les meubles, jusqu'ici considérés comme aliénables, du domaine de l'État, seraient désormais assimilés au domaine de la liste civile, qui n'est qu'usufruitière ; au domaine public , qui est *de plano* inaliénable et imprescriptible.

La Cour royale a décidé, par son jugement dans l'espèce, *que les manuscrits et autographes de la Bibliothèque royale sont inaliénables et imprescriptibles, comme faisant partie du domaine public ; que la vente de tels manuscrits ou autographes est nulle, et que le détenteur ne peut exciper de sa bonne foi.*

Nous demandons à MM. les amateurs la permission de reprendre succinctement, pour plus de clarté, les faits à leur origine.

La quittance de Molière dont il s'agit était, depuis 1825, dans les mains de l'un des membres les plus vénérables de l'Académie française, feu M. Campenon. Plusieurs conservateurs, qui visitaient cet académicien, ont vu chez lui cette pièce, qu'il montrait à qui la voulait voir. Les conservateurs ne s'émurent point alors. Ce ne fut qu'en 1844, lorsque nous annonçâmes la vente de cette pièce dans la collection provenant du cabinet de M. Lalande , que M. Naudet, devenu directeur de la Bibliothèque, forma opposition, et que le tribunal de première instance fut appelé à décider sur la question. Voici le certificat que nous présentâmes au tribunal pour établir notre propriété.

« Je soussigné déclare, pour servir à qui de droit, qu'au mois d'avril 1838, j'ai acquis de M. Campenon, membre de l'Académie française, et par voie d'échange, une quittance de Molière sur parchemin, datée de Paris le 7 août 1669, pour une somme à lui payée pour avoir joué, à Saint-Germain-en-Laye, devant Louis XIV, le Tartufe et l'Avare, en lui donnant, en remplacement de cette pièce, une vingtaine d'autres lettres autographes, parmi lesquelles il s'en trouvait de saint Vincent de Paul, de saint François de Sales, de Turenne, du Grand Condé, etc. ; et qu'en novembre 1843, j'ai recédé cette pièce à M. Charon, avec un certain nombre d'autres.

« Paris, 24 juillet 1844.

« *Signé*, LALANDE. »

M. Lalande était de la plus parfaite bonne foi dans son acquisition, de la plus parfaite bonne foi dans la rétrocession qu'il nous avait faite ; notre personnelle bonne foi était également de toute évidence, et nos adversaires eux-mêmes ne l'ont pas mise en doute. Il ne s'agissait donc point là d'un manuscrit d'origine douteuse, détenu par abus ou par capitulation de conscience ; c'était un achat fait en plein soleil ; il y avait trois possesseurs successifs connus, et la possession en dehors de la Bibliothèque remontait à vingt et un ans. En vain chercherait-on, toujours par insinuation, à faire perdre de son importance au témoignage de M. Lalande ; mais comment infirmer celle du témoignage de la veuve respectée de M. Campenon, dont voici le certificat écrit et signé de sa main :

« Je soussignée, J.-B. Clanchy de Monvalon, veuve de M. Campenon, de l'Académie française, certifie qu'il est à ma connaissance que mon mari possédait une quittance sur parchemin de J.-B.-P. Molière, de la somme de cent quarante-quatre livres, pour représentation des comédies de l'*Avare* et du *Tartufe* devant la cour, à Saint-Germain-en-Laye, en date du 7ᵉ jour d'août 1669 ;

« Que je lui ai toujours entendu dire qu'il avait acquis cette pièce et plusieurs autres parchemins du même genre dans une vente publique qui avait eu lieu à la Bibliothèque royale, sous l'administration de M. Dacier.

« Je certifie de plus que cette pièce n'a jamais porté ni timbre ni estampille, et qu'en 1837 ou 1838, M. Campenon s'en est dessaisi par échange contre d'autres pièces autographes.

« En foi de quoi j'ai signé le présent certificat.

« Paris, le 30 décembre 1845.

« *Signé*, J.-B. CLANCHY DE MONVALON,
« veuve Campenon.»

L'origine de la pièce, la possession de M. Lalande, étaient donc justifiées et incontestables ; et il fallait qu'elles le fussent, car nos adversaires eussent franchement crié au vol et attaqué le voleur, s'il y eût eu réellement un voleur. Mais il n'y en avait pas : il n'y avait eu qu'un vendeur autorisé dans la personne de l'un des conservateurs de la Bibliothèque. Il y aurait, en effet, un oubli insigne de la vérité à soutenir le contraire, quand il est de notoriété qu'en 1825, le vénérable M. Dacier, le prédéces-

seur de M. Champollion-Figeac au département des manuscrits
de la Bibliothèque royale, vendait de cinq à deux francs les
parchemins doubles à qui en voulait acheter; quand il est de
notoriété que l'un des conservateurs, alors simple employé,
M. Duchesne aîné, en a vendu, et un grand nombre, par ordre
de M. Dacier; quand il est de notoriété que les comptes de ces
ventes étaient tenus par le même M. Duchesne et par M. Pau-
lin-Pâris, aujourd'hui membre de l'Institut, et sous-conserva-
teur à la Bibliothèque royale; quand il est de notoriété que
M. Fossé d'Arcosse, M. le marquis de Flers, M. Guilbert de
Pixérécourt, que MM. Campenon et Auger, de l'Académie française, ont acquis à cette espèce de marché; quand il est de
notoriété enfin que plus récemment M. de Monmerqué, aussi
distingué par ses talents que respectable par son caractère, a
également acquis des pièces historiques de la Bibliothèque
royale par voie d'échange, ce qui n'est en résumé qu'un mode
de marché (par voie *d'échange*, point acquis au procès). Or, ce
mode de marché se renouvelle sans cesse dans cet établissement, et, en définitive, au grand avantage de l'établissement
lui-même, qui s'enrichit en se dédoublant.

Qu'on lise les déclarations suivantes qui étaient entre les
mains de M. Chaix-d'Est-Ange, et que les limites de sa plai-
doirie, si admirable, comme toujours, ne lui ont pas permis de
lire, et l'on jugera de la loyauté de notre récit.

Lettre de M. le comte d'Hauterive, membre de la Cham-
bre des députés et sous-directeur au département des
affaires étrangères, à M. Charon, ancien libraire-re-
lieur, à Paris.

« Vous vous êtes adressé à moi, Monsieur, pour savoir s'il
n'était pas à ma connaissance que M. Campenon ait possédé une
quittance signée de Molière.

« Je ne puis que vous répéter ici ce que j'ai eu l'honneur de
vous dire à ce sujet, savoir : qu'ayant eu moi-même occasion
d'acquérir, il y a environ dix ans, un petit volume portant sur
sa première page une signature qu'on m'affirmait être celle de
Molière, je fus trouver M. Campenon, qu'on m'avait assuré en
posséder une véritable, et qui voulut bien me montrer, en effet,

une quittance sur parchemin, que je crois être la même que celle que vous m'avez présentée. Il ajouta qu'il l'avait achetée, il y avait déjà longtemps, dans une vente de vieux parchemins faite par la Bibliothèque royale, sous l'approbation de M. Dacier.

« J'ai appris depuis que M. Campenon avait consenti à se dessaisir de cette pièce en faveur de M. Lalande, alors secrétaire de la présidence de la Chambre des pairs.

« Voilà tout ce que je sais de cette affaire, et tout ce que je puis en dire.

« Recevez etc.,

« *Signé* : Comte d'HAUTERIVE. »

Lettre de M. Feuillet de Conches, sous-directeur au ministère des affaires étrangères, à M° Chaix-d'Est-Ange, avocat, membre de la Chambre des députés.

« Paris, 2 janvier 1846.

« Monsieur,

« Je regretterais vivement d'avoir à paraître en aucune façon contradictoirement dans une affaire où la Bibliothèque royale fût intéressée. Je connais la plupart des conservateurs ; je n'ai jamais eu qu'à me louer de la bonne grâce avec laquelle ils m'ont ouvert leur dépôt, fourni des renseignements, indiqué des ressources. M. Naudet, particulièrement, a été pour moi, dans tous les temps, la bonté même. Mais je ne crois pas manquer aux sentiments de gratitude que je dois à la bienveillance de ces savants, en portant devant vous un témoignage que je porterais devant eux. D'ailleurs, dans l'affaire dont vous m'entretenez, tout le monde est de bonne foi, accusateur et accusé. Le directeur de la Bibliothèque poursuit la réintégration de la quittance de Molière, parce qu'il croit qu'elle appartient à la Bibliothèque ; qui le connaît sait à merveille que ce n'est pour lui qu'une affaire de conscience ; mais, quand des témoignages irrécusables lui auront prouvé que la pièce en litige a depuis longtemps et légalement cessé d'appartenir au domaine de l'Etat, il sera le premier à retirer sa plainte. Et, d'abord, il paraît évident que la pièce en question, relative au payement d'une somme pour représentation du *Tartufe* et de l'*Avare* devant Louis XIV, au palais de Saint-Germain, provient de la Bibliothèque royale. Du moins, feu M. Campenon, l'un des quarante de l'Académie française, entre les mains de qui je l'ai vue maintes fois, il y a neuf ou dix ans, m'a dit l'avoir achetée au département des manuscrits de la Bibliothèque, où M. Dacier, alors conservateur, aliénait, au profit de ce dépôt, les quittances doubles sur parchemin provenant des vieux résidus de la Cour des comptes, achetés, puis revendus à l'Etat, par Caron de Beaumarchais. M. Campenon l'avait payée cinq francs. Mais cette pièce n'était pas la seule de Molière qu'il eût achetée. M. Dacier lui en avait cédé une primitivement au même prix, et M. Campenon l'avait cédé à son tour à son confrère d'Académie, M. Auger, le commentateur de Molière. A la vente de M. Auger, cette quittance passa de mains en mains jusque dans celles d'un amateur que je pourrais nommer au besoin et qui la garde dans sa collection. Ce n'est pas tout ; M. Campenon, alors un des rares amateurs d'autographes, qui trouvent aujourd'hui de si nombreux disciples, acquit de la Bibliothèque bien d'autres parchemins : la Béjard par exemple, François Iᵉʳ, la maréchale d'Ancre, Quinault, La Fontaine, etc. Je me rappelle encore les prix qu'il paya ces pièces que j'ai vues chez lui : ces prix variaient de deux à cinq francs.

« Aucune de ces pièces, le parchemin en litige non plus que les autres, ne portait de timbre intact ou effacé. M. Campenon était un homme de probité scrupuleuse, et il eût à coup sûr exigé de M. Dacier ou de son remplaçant en son absence, une pièce authentique prouvant la légitimité de l'acquisition, si le parchemin, par une marque quelconque, eût porté le caractère d'une pièce publique. D'ailleurs, le timbre de la Bibliothèque royale est à l'encre d'impression, et tout le monde sait que la science la plus adroite serait impuissante à l'enlever sans qu'il en restât des traces fort apparentes. M. Campenon avait, disait-il, acheté sans scrupule, parce que M. Dacier lui avait affirmé être autorisé par le ministre de l'intérieur à aliéner les doubles inutiles des papiers et parchemins de la Cour des comptes, dont la quittance de Molière faisait partie. Mon ami, M. Duchesne aîné, aujourd'hui conservateur des estampes, alors un des premiers employés de la Bibliothèque, et qui a vendu de ces mêmes parchemins du dépôt, non à moi, mais à notre ami commun, M. Fossé d'Arcosse, conseiller référendaire à la Cour des comptes, par ordre et pendant l'absence de M. Dacier ; M. Duchesne, dis-je, m'a répété à moi-même que c'est par cette même lettre du ministre que M. Dacier se croyait suffisamment autorisé à aliéner les doubles inutiles, et que le produit de ces ventes suppléait en partie à la modicité des fonds affectés alors à la reliure des manuscrits.

« J'ai beaucoup fait d'échanges avec M. Campenon. Je désirais vivement qu'il me cédât son Molière. Il l'excepta toujours de nos marchés ; mais M. Lalande, un amateur alors fort zélé, lui offrit une telle quantité de pièces historiques précieuses en échange de sa pièce favorite, qu'il la lui céda. M. Lalande la revendit cinq ou six ans après à M. Charon. Tels sont les faits qui sont à ma connaissance et dont je déposerais sous serment devant la Cour, s'il pouvait y avoir lieu. Je puis ajouter que nombre d'autres amateurs ont acheté des autographes dans le même temps, à la Bibliothèque : feu M. Gilbert de Pixérécourt, M. le marquis de Flers, M. Fossé d'Arcosse. Je le tiens de leur bouche. Je crois aussi de ce nombre M. le marquis de Château-giron. Le témoignage de ces trois derniers peut être invoqué.

« Veuillez recevoir, etc.

« *Signé*, FEUILLET DE CONCHES. »

Lettre de M. Fossé d'Arcosse, conseiller-référendaire honoraire à la Cour des comptes, à Me Chaix-d'Est-Ange, avocat, membre de la Chambre des députés.

« Paris, 29 décembre 1845.

« Monsieur,

« M. Charon, en m'apprenant la remise à huitaine du jugement de l'affaire de la quittance de Molière, me pria de vous écrire directement ce que je puis vous affirmer relativement à cette affaire qui intéresse tous les collecteurs d'autographes, au nombre desquels je suis compté comme un des premiers qui se soient occupés de ce genre de collections.

« En ce qui concerne la quittance en elle-même, je n'ai acquis d'autre certitude que celle de l'existence de cette pièce entre les mains de M. Campenon, et du désir qu'eut longtemps M. Lalande d'obtenir de lui au moyen d'un échange, échange dont il m'entretenait chaque fois que je le voyais, jusqu'à ce qu'enfin, le rencontrant un jour sur le quai Voltaire, il m'exprima en termes fort vifs toute sa joie d'avoir enfin terminé un échange avec M. Campenon, quoique ce ne fût pas sans de grands sacrifices de sa part : ce sont ses expressions. Il me serait impossible de préciser aucune date ; mais j'atteste sur l'honneur l'exactitude de ce que je rapporte là.

« Quant aux ventes faites par la Bibliothèque royale, voici ce qui est à ma connaissance, et qu'au besoin j'attesterais sous serment devant la Cour.

« M. Duchesne, aujourd'hui conservateur des estampes à la Bibliothèque royale, avec lequel j'ai l'avantage d'être lié depuis plus de quarante ans, sachant que je recherchais les signatures autographes, me prévint de la vente qui se faisait à la Bibliothèque, de parchemins portant la signature de personnages illustres [1] à différents titres ; et j'acquis, par son obligeante entremise, à raison de trois francs pièce, un assez grand nombre de ces signatures, dont malheureusement le détail est sorti de ma mémoire, mais parmi lesquelles toutefois se trouvaient celles des rois de France, Charles VIII et François Ier, qui sont encore entre mes mains. La première, celle de Charles VIII, est apposée sur une ordonnance du 13 novembre 1497 pour régler les comptes de la dépense des funérailles du duc de Savoie, oncle du roi, et du comte de Montpensier, son cousin ; et la seconde, celle de François Ier, l'est sur une déclaration donnée à Romorantin, le 14 mars 1520, pour régulariser la remise des deniers

---

[1] Pour qu'on puisse avoir à la fois sous les yeux toutes les pièces relatives à cette affaire, je crois devoir reproduire de nouveau le passage suivant du *Moniteur universel* du 28 juillet 1845, que j'ai déjà cité :

« Parmi les observations qui ont été portées à la tribune au sujet de la Bi« bliothèque du roi, il est une assertion qui ne peut pas rester sans réponse, « parce qu'elle compromet des intérêts soumis en ce moment à la décision de la « justice. Il n'est pas possible qu'un autographe de Molière ait disparu par l'ef« fet d'une mesure ordonnée par le ministre de l'intérieur en 1825, et qu'il ait « été vendu avec de vieux papiers.

« Le ministre de l'intérieur, par décision du 20 janvier 1825, autorisa l'ad« ministration de la Bibliothèque royale à vendre, après examen, des parche« mins jugés sans valeur. Le triage fut fait par des personnes dont le savoir et « la probité sont au-dessus de toute contestation, et la signature de Molière ne « fut pas confondue avec les écritures jetées au rebut. On mit à part, avec soin, « quatre pièces qui portaient cette signature, et de ce nombre est celle dont « M. Lherbette a parlé, et que des hommes de lettres ont vue et copiée à la « Bibliothèque royale.

« Cet établissement n'a pu en être dépossédé que par un acte illégitime qui, « sans porter atteinte à la bonne foi des détenteurs, doit au moins vicier la pos« session dans son origine.

« L'administration ne cessera pas de poursuivre la revendication du droit de « la Bibliothèque royale jusqu'à la dernière limite des voies de justice. Le droit « de propriété de l'État est engagé, et les débats ne peuvent que mettre dans « tout leur jour la sollicitude vigilante et éclairée qui, alors comme aujourd'hui, « présidait, dans l'administration de la Bibliothèque, à la gestion des intérêts de « ce grand dépôt national. »

royaux faite entre les mains de son beau-frère, le duc d'Alençon. Ces deux pièces ne portent aucune estampille de la Bibliothèque, et je me rappelle très-bien que les autres n'en portaient pas non pius, ce point ayant fixé mon attention dans le temps, par ce motif que mes fonctions de comptabilité publique m'avaient habitué à rechercher en toute chose l'ordre méthodique.

« Vous fixer l'époque de cette vente, c'est ce qui n'est pas en mon pouvoir ; tout ce que je me rappelle, c'est qu'alors le respectable M. Dacier, directeur de la Bibliothèque, était déjà retenu dans son lit par les infirmités qui mirent fin à son existence.

« Je souhaite, Monsieur, que ces renseignements puissent vous être de quelque utilité dans la cause confiée à votre talent si éminent, et je saisis avec un vif empressement l'occasion de vous assurer de la haute et profonde considération avec laquelle j'ai l'honneur d'être, etc.

« *Signé :* FOSSÉ D'ARCOSSE. »

M. Lalande et nous, avions acquis avec d'autant plus de confiance, lui de M. Campenon, nous de lui, que la pièce ne portait aucun timbre, aucune marque ni estampille quelconque qui en fît une pièce d'archives ; car on comprend que les pièces destinées par la Bibliothèque à rester toujours dans ses dépôts soient revêtues d'un timbre, tandis qu'on n'en met aucun à celles qui peuvent devenir monnaie d'échange. La pièce en question n'avait été à la Bibliothèque royale l'objet d'aucun enregistrement complet ou partiel. Tout le monde sait que la Bibliothèque, indépendamment des quittances de Molière précédemment vendues, en possède encore quatre autres. Les seuls titres que pût nous opposer, dans l'espèce, prescription à part, la Bibliothèque, étaient une déclaration de M. Guérard, de l'Institut, l'un des sous-conservateurs du dépôt, attestant qu'il avait découvert la pièce dans les parchemins classés par lui en 1823, et la mention de ladite quittance au livre sur Molière, écrit par M. Taschereau en 1824. Mais en définitive, quelque honorable que soit le témoignage d'un tiers, rien peut-il suppléer à l'existence d'un timbre dont l'administration conservatrice est tenue de frapper toute propriété du dépôt destinée à ne point être aliénée ? Ensuite oublie-t-on qu'il s'agit d'un fait remontant à

1823 ou 1825, époque où M. Guérard n'était encore qu'un tout jeune homme et simple élève de l'Ecole des Chartes? Le triage des pièces dont sa jeune inexpérience était chargée, son expérience d'aujourd'hui l'avouerait-elle? — Ces 750 kilogrammes de parchemin dits de rebut et vendus de l'aveu de la Bibliothèque, à 2 fr. 20 cent. le demi-kilogramme, à MM. Pochard et Henri, n'étaient-ils bien tous en effet que des rebuts? Non assurément. Que de pièces historiques et littéraires des mains attentives n'y ont-elles pas glanées! C'est là que se sont trouvés des autographes de La Bruyère, de Quinault, de Racine, de Boileau, de la femme de Molière, etc. : mieux que cela, *une autre quittance de Molière* lui-même, dont un de nos habiles artistes est possesseur, une quittance de Molière dont on mène aujourd'hui si grand bruit!!! Belle occasion pour la Bibliothèque de faire un nouveau procès! Elle a vendu : n'est-il pas tout simple qu'elle se fasse rendre?

Et disons-le à la décharge des classeurs du dépôt, une signature de Molière n'était pas, en 1825, ce qu'elle est aujourd'hui, une rareté autographique que les amateurs se disputeraient à la chaleur des enchères. Les collecteurs étaient alors une rareté plus grande encore. Et puis, des pièces historiques du roi Charles VII et du maréchal Pothon de Xaintrailles, des rois Charles VIII, Louis XI, Louis XII, François Ier, de Philippe de Comynes, et de tant d'autres gloires de la France, dont la Bibliothèque disposait alors sans scrupule, n'étaient-ce donc que des rebuts à côté d'une signature de notre poëte comique, tout grand d'ailleurs qu'il puisse être? Non, mais on ne veut pas avouer un oubli ou une négligence; M. le directeur aime mieux crier au vol; il aime mieux même accuser de faux sans oser nommer un faussaire, car on a été jusqu'à alléguer qu'une altération criminelle aurait, sur la pièce, enlevé un timbre qui, bien évidemment, n'y avait jamais été apposé. Le certificat suivant de l'un de nos premiers chimistes, M. Payen, qui a expérimenté sur des pièces analogues, en fait foi :

Lettre de M. PAYEN *, professeur de chimie au Conservatoire des Arts et Métiers, à M. Chaix-d'Est-Ange.*

« Paris, le 2 janvier 1846.

« Monsieur,

« Vous me demandez si la quittance sur parchemin, signée J.-B.-P. Molière, a porté un timbre semblable à ceux qu'on emploie sur les manuscrits de la Bibliothèque royale et qu'on aurait effacé.

« Je ne crois pas que cette pièce ait jamais été timbrée, et voici les motifs sur lesquels mon avis se fonde :

« L'examen le plus attentif ne fait découvrir aucune altération mécanique ou chimique de nature à expliquer la disparition du timbre.

« L'écriture, en une encre ordinaire, a partout conservé sa superficie égale et nette.

« Aucune trace, soit de coloration rougeâtre, soit d'impression ou d'imbibition d'huile, n'existe sur une partie quelconque de cette pièce.

« On peut remarquer vers l'angle supérieur, à gauche, un petit trou arrondi et un amincissement notable; mais ce défaut, moins étendu que les timbres en usage, appartient à la peau, ainsi que le prouve la portion de ce défaut restée dans l'épaisseur du parchemin.

« Vous pourrez facilement remarquer, d'ailleurs, une partie d'un défaut semblable tout au bas de la quittance, au-dessous de la signature *Gigault*.

« Afin de vous donner une idée des traces laissées par les timbres rouges en encre grasse, après les moyens d'effaçage qu'on pourrait employer pour les faire disparaître, je vous envoie les échantillons de parchemins sur lesquels j'ai essayé quatre procédés différents, propres à enlever ces timbres.

« Vous remarquerez que tous ont laissé des traces évidentes, bien que sur quelques-uns on ait favorisé l'action chimique par un frottement capable d'attaquer sensiblement l'écriture en encre ordinaire.

« Il ne faut pas oublier, d'ailleurs, que les timbres appliqués sous une pression plus forte que celle de la main ou plus an-

ciennement posés opposeraient plus de résistance aux réactifs
que les échantillons timbrés exprès pour ces expériences.

« Veuillez agréer, etc.

« *Signé :* **PAYEN.** »

En résumé, tous les gens droits et honnêtes, amis du bien
public, veulent sans contredit que sauvegarde soit acquise aux
archives de l'Etat. Ces dépôts précieux sont notre bien à tous, ils
sont une partie de la richesse et de la gloire nationale ; tout le
monde est d'accord sur ce point, tout le monde fait des vœux
pour que l'intégrité en soit maintenue entière et sacrée ; et nous,
simple marchand, nous trouvons autant que personne que ce
principe doit être proclamé haut et partout. Mais n'est-ce pas
un spectacle au moins surprenant qu'une grande administration
publique venant, sans offre d'indemnité, arracher violemment,
par la main vénérée de la justice, ce qu'elle, administration, a
publiquement vendu ?...

Voici le texte du jugement rendu en première instance.

« Le tribunal, conformément aux conclusions de M. l'avocat
du roi Anspach, a rendu le jugement suivant :

« Attendu que les documents de la cause établissent qu'anté-
rieurement à 1823, l'autographe appartenait à la Bibliothèque
royale, et qu'elle en était encore en possession en 1825, comme
on le voit dans l'ouvrage publié à cette époque par Taschereau
sur la vie et les ouvrages de Molière ;

« Attendu qu'il est constant et non méconnu qu'en avril 1838,
l'autographe dont s'agit est passé, par suite d'échange, des mains
de Campenon dans celles de Lalande, qui, depuis, l'a cédé à
Charon, qui s'en trouve détenteur ;

« Attendu que Lalande et Charon sont évidemment des possesseurs de bonne foi ;

« Que la même bonne foi protège Campenon ;

« Attendu que la possession de Campenon, de Lalande et de
Charon remonte à plus de trois années ;

« D'où il suit qu'à supposer que ledit autographe soit sorti de
la Bibliothèque royale, même par un fait illicite et coupable, la
propriété de Charon n'en serait pas moins légitime et incontestable, protégée qu'elle est par une détention de bonne foi et de
plus de trois années ;

« Attendu que si, dans un intérêt public, on doit ranger parmi

les choses imprescriptibles les ouvrages, les manuscrits, les autographes et toutes les richesses littéraires, historiques, géogra-
phiques et scientifiques composant la Bibliothèque royale, il
est juste de convenir que, pour les pièces ainsi hors du commerce et de la prescriptibilité, il faudrait nécessairement qu'elles
se trouvassent revêtues d'un signe particulier et ostensible, qui
signalerait aux yeux de tous leur caractère exceptionnel d'ina-
liénabilité, afin que la confiance et la bonne foi ne devinssent
jamais victimes de la fraude ;

« Attendu que l'autographe dont s'agit ne porte ni estampille,
ni marque, ni caractère propre à le faire reconnaître, même à le
faire supposer dépendant du domaine de la Bibliothèque royale ;

« Que, dès lors, Lalande et Charon ont pu loyalement l'acquérir, sans même se douter que l'autographe appartenait à la
Bibliothèque royale ;

« Par ces motifs,

« Le tribunal déboute Naudet, ès-nom, de sa demande, et le
condamne aux dépens. »

Voici maintenant le texte de l'arrêt rendu par la Cour royale
d'appel sur les conclusions conformes de M. l'avocat général
Nouguier :

« La Cour,

« Considérant, en principe, que les ouvrages manuscrits, plans,
autographes et autres objets appartenant à la Bibliothèque royale,
sont inaliénables et imprescriptibles, comme faisant partie du
domaine public ;

« Considérant, en fait, qu'il est établi qu'en 1823 l'autographe
de Molière dont il s'agit au procès appartenait à la Bibliothèque;
que l'ouvrage de M. Taschereau, publié en 1825, constate qu'à
cette époque ledit autographe appartenait encore à la Bibliothèque ;

« Considérant, d'ailleurs, que la nature de la pièce en question
et l'ouvrage de M. Taschereau démontraient suffisamment, pour
Charon lui-même, que l'autographe de Molière dont il s'agit,
dépendait du domaine public ;

« Infirme ; ordonne que la pièce dont s'agit sera immédiatement remise au greffier de la Cour, pour être rétablie dans les
archives de la Bibliothèque royale. »

Voici le récit donné par le *Bulletin de l'Alliance des arts* du 25 janvier 1844, de l'affaire des livres provenant de la Bibliothèque Mazarine et d'autres Bibliothèques publiques [1] ; livres qui s'étaient trouvés dans la collection de M. de Soleinne :

« *Un incident de la vente des livres de M. de Soleinne.*

« La *Démocratie pacifique* a inséré dans son numéro du 11 courant cet article communiqué, qui n'a été reproduit que par la *Bibliographie de la France ;* ces deux journaux se sont empressés, il est vrai, de se rétracter eux-mêmes :

« Il s'est passé, mardi soir, à la vente de la bibliothèque de M. de Soleinne, un fait sur lequel nous croyons devoir appeler l'attention du public et de l'autorité.

« Le n° 726 du catalogue, les *OEuvres de maistre Roger de Collerye*, ayant été mis sur table, on fit observer que ce volume portait le timbre de la bibliothèque Mazarine, et que cet ouvrage ne pouvait, par conséquent, être mis en vente.

« Le libraire chargé de la vente (M. Techener), le commissaire-priseur (M. Commendeur), et une personne décorée, qui paraissait présider à la vente, et que l'on nous a dit être M. Paul Lacroix, dit le *bibliophile Jacob*, ont tenu tête au public, composé de libraires et habitués aux ventes.

« M. P. Lacroix a, de plus, déclaré qu'il y avait dans la bibliothèque de Soleinne une vingtaine de volumes appartenant à des bibliothèques publiques, et que tous seraient vendus par lui.

« Un des assistants a fait observer à M. Lacroix que, dans la note minutieusement rédigée à la suite de l'article dont nous parlons, note qui indique même le nom du relieur du précieux volume, il s'était bien gardé d'indiquer que ce volume portait le timbre d'une bibliothèque publique. M. Lacroix a déclaré qu'il en était de même pour les vingt autres articles dont il a été parlé plus haut, et que c'était à messieurs les bibliothécaires à venir vérifier par eux-mêmes si, parmi les livres mis en vente par

[1] Voyez ci-dessus, pag. 55 et 56

M. P. Lacroix, il s'en trouvait qui eussent été soustraits aux bibliothèques dont la garde leur est confiée.

« Nous ajouterons, pour terminer, que le volume des *OEuvres de Roger de Collerye*, petit in-8° de 104 feuillets, mis sur la table par M. Techener au prix de 220 fr., a été adjugé sans enchère au même M. Techener.

« Il est curieux de voir comme, en cette circonstance, M. Techener a su prendre les intérêts de son mandataire, après avoir nié et mis à néant les droits et les intérêts d'un établissement public. »

Voici les deux réponses qui ont été faites à cet article :

« Monsieur le rédacteur, je dois répondre à une note qui s'est glissée, sans doute à votre insu, dans votre numéro du jeudi 11 janvier.

« On a vendu, dit cette note, le n° 726 du catalogue, *OEuvres de maistre Roger de Collerye*, quoique ce volume portât l'ancien timbre de la bibliothèque Mazarine. En effet, ledit volume, sorti de cette bibliothèque, on ne sait par quelles causes, avant qu'elle devînt propriété nationale, a circulé dans les ventes depuis quarante ans, et M. de Soleinne l'a acquis de bonne foi, sans que cette acquisition lui fût alors contestée. La bibliothèque Mazarine actuelle n'a aucune prétention à faire valoir sur les livres qu'elle a pu posséder à une époque où elle ne faisait point partie du domaine de l'Etat.

« A propos de cet incident, qui amena une espèce de débat contradictoire, j'ai cru devoir fournir quelques explications qui ont été mal comprises par l'auteur de la note contre laquelle je m'inscris en faux.

« *Je n'ai pas dit* qu'il y avait dans la bibliothèque Soleinne une vingtaine de volumes *appartenant* à des bibliothèques publiques, et que tous seraient vendus par moi. » Si j'avais pu dire une telle monstruosité, je ne serais pas seulement justiciable de l'opinion.

« J'ai dit et déclaré formellement que tous les livres qui se trouvaient dans la bibliothèque de M. de Soleinne *appartenaient* incontestablement à l'illustre amateur, par suite d'une acquisition faite de bonne foi, au grand jour, et presque sous les yeux des premiers bibliographes du monde : MM. Van Praet, Beuchot, Parison, Brunet, etc.; j'ai dit que ces livres étaient sans cesse, durant la vie de leur propriétaire, à la disposition des gens de lettres et des bibliothécaires, et que leur possession avait été, pour ainsi dire, sanctionnée ; j'ai dit que nombre de ces volumes avaient *autrefois* appartenu à des bibliothèques publiques, notamment à la Bibliothèque du roi, à la Bibliothèque Sainte-Geneviève, etc. ; mais que depuis un siècle ou un demi-siècle ils étaient tombés, on ignore par quelles vicissitudes, dans les mains des particuliers, et que ceux-ci les possédaient de plein droit.

« Là-dessus, j'ai cité quelques exemples que ma mémoire me présentait ; les nᵒˢ 550 et 561 du catalogue, le mystère des *Actes des Apôtres* (Paris, les Angeliers, 1540, in-fol.), et celui de la *Destruction de Troye* (Paris, Jean Driart, 1498, in-fol.), portent encore le timbre de la Bibliothèque du roi ; mais un autre timbre atteste que la Bibliothèque du roi les a vendus comme doubles ou inutiles vers le milieu du dernier siècle ; le nᵒ 105 du catalogue, l'*An des sept Dames* (Anvers, Gérard Lecu, 1503, in-4°), porte le timbre de l'abbaye de Sainte-Geneviève ; mais on sait que ce précieux volume avait disparu de la bibliothèque au moment où les couvents furent confisqués, et le savant M. Brunet, dès l'année 1820, a signalé, dans son *Manuel du Libraire*, la provenance de ce livre *unique*, que M. de Soleinne racheta en 1819, à la vente de Mˡˡᵉ d'Yves, à Bruxelles.

« Je soutiens donc que la bibliothèque de M. de Soleinne ne contient pas un seul volume dont l'acquisition n'ait été régulière et ne puisse être justifiée par les pièces comptables. Ce généreux bibliophile n'empruntait même pas de livres aux bibliothèques publiques, pour qu'on ne le soupçonnât pas de vouloir s'enrichir à leurs dépens, bien que ses antécédents et sa position le missent à l'abri d'un pareil soupçon.

« Quant à moi, qu'on n'accusera jamais de montrer peu de zèle pour les livres et pour les bibliothèques publiques, je regrette d'avoir à repousser comme injurieux les sentiments et les paroles qu'on me prête.

« Agréez, etc.

« **PAUL LACROIX,**
(Bibliophile Jacob.)

« Paris, 12 janvier 1844. »

« Monsieur le Rédacteur, votre journal de ce jour contient, au sujet de la vente Soleinne, un article *anonyme* dans lequel se trouvent plusieurs assertions hasardées et malveillantes à mon égard.

« Vous m'accusez d'avoir *mis à néant* les droits d'un établissement public, et le zèle de l'anonyme s'étend même jusqu'aux intérêts de mon mandant, que j'aurais trahis en mettant sur table au prix de 220 francs un volume de 104 feuillets (*Roger de Collerye*).

« Vous ignoriez sans doute, monsieur le rédacteur, quand vous avez livré au public l'article dont je me plains, que les livres du cardinal Mazarin avaient été vendus en 1649 par arrêt du parlement, et qu'on a encore aujourd'hui dans le commerce des livres portant le timbre de la *Bibliothèque Mazarine*, qui n'ont jamais figuré sur le catalogue de cette bibliothèque depuis qu'elle est devenue propriété de l'État, et par conséquent ne lui ont jamais appartenu. Je citerai, par exemple, les *Poésies de Vauquelin de la Fresnaye*, imprimées à Caen en 1612, qui, annoncées sur le catalogue de M. de Pixérécourt comme portant le timbre du cardinal Mazarin (précisément le même que celui de *Roger de Collerye*), ont été vendues publiquement sans réclamation, et ne figurent pas, je l'ai vérifié aujourd'hui même, sur le catalogue de la bibliothèque Mazarine.

« Vous ignoriez sans doute, monsieur, que le catalogue de la bibliothèque Mazarine, rédigé vers 1760 à 1780, porte en effet les *OEuvres de Roger de Collerye*, 1536, in-8, mais reliées en VEAU, tandis que l'exemplaire de M. de Soleinne porte une reliure en *maroquin* qui ne peut être postérieure à 1760, ainsi que pourront le juger toutes les personnes connaissant bien la reliure et *le faire* des relieurs de cette époque.

« Il est donc certain pour moi que l'exemplaire de M. de Soleinne n'est pas celui qui figure sur le catalogue de la bibliothèque Mazarine ; en tous cas, les tribunaux prononceront [1], et le livre appartiendra à qui de droit.

« Quant à la *mise sur table*, au sujet de laquelle l'anonyme s'est permis une insinuation malveillante, j'avais deux commis-

[1] Tous les amateurs de Paris savent qu'après quelques démarches, la Bibliothèque Mazarine a dû renoncer à se faire restituer ce livre qui se trouve encore entre les mains de M. P. qui l'avait acheté à la vente Soleinne.

sions pour ce volume, l'une à 220 fr., pour M. C...; l'autre à
300 fr., pour M. P...: j'ai dû, pour ne trahir aucun des intérêts
qui m'étaient confiés, mettre le livre sur table au prix de la plus
basse commission : c'est ce que j'ai fait, et c'est ce qu'aurait fait
à ma place toute autre personne.

« J'ai l'honneur d'être, etc.

« J. TECHENER,
Toujours place du Louvre, 12.

« *N. B.* Etant à l'instant même instruit de votre article, veuillez excuser la précipitation de cette réponse, dans laquelle j'aurais pu apporter encore d'autres exemples du fait que je vous
ai cité plus haut. »

« Cet incident, qui a mis en trouble et en inquiétude tous les
conservateurs des bibliothèques publiques de Paris, montre que
l'on ignore généralement l'origine et les droits réels de ces bibliothèques.

« La Bibliothèque du roi a été fondée sous le règne de Charles V, mais quoiqu'elle fit partie du domaine royal, elle fut plus
d'une fois spoliée et dilapidée. Sous Charles VI, le duc de Bedford
acheta les plus beaux manuscrits qu'elle contenait et les em-
porta en Angleterre ; sous Henri III, après les barricades de
Paris, on enleva tous les volumes qui se trouvaient dans les
appartements du roi et des princes pour les vendre à l'encan
sur la place de l'Hôtel-de-Ville ; sous la Ligue, on mit encore
en vente beaucoup de livres appartenant à cette bibliothèque ;
sous Louis XIV, les bibliothécaires échangèrent des livres doubles
avec les Patin, les Conrart et d'autres savants qui se formaient
des collections particulières ; sous Louis XV, à deux reprises,
on vendit à l'amiable et aux enchères publiques les livres
doubles qui étaient restés ou entrés depuis dans la Bibliothèque
du roi. Enfin, à toutes les époques, des livres, prêtés ou volés,
ont passé de main en main, par des ventes successives, faites de
bonne foi : ces livres sont aujourd'hui la propriété incontestable
des personnes qui les possèdent, et qui les ont rachetés bien légitimement, soit en France, soit à l'étranger.

« La Bibliothèque du roi doit réclamer, par tous les moyens
de rigueur, les livres qu'elle a confiés ou qu'on lui a dérobés.
A la mort de M. Auger, de l'Académie française, on trouva
dans sa bibliothèque plus de trois cents volumes qu'il avait em-

pruntés à la Bibliothèque du roi, notamment toutes les anciennes éditions de Molière. A la mort de M. Daru, on fit réintégrer à la Bibliothèque du roi une quantité d'ouvrages qui lui avaient servi pour la rédaction de son *Histoire de Bretagne*. Tous les jours, dans les ventes après décès, ou par autorité de justice, on rencontre des volumes portant le timbre de la Bibliothèque du roi, et le commissaire-priseur a le soin de les rendre à qui de droit. Parmi les amas de livres thésaurisés par M. Boulard, nous avons découvert nombre de livres de la Bibliothèque royale, que le hasard avait fait tomber chez les bouquinistes, et ces volumes ont été restitués, sans que les héritiers de M. Boulard demandassent même à être indemnisés par l'Etat.

« Mais, est-ce à dire que la Bibliothèque du roi est autorisée à reprendre partout où elle les reconnaîtra les livres qu'elle a autrefois vendus, ou même ceux qui, dans un temps déjà éloigné, lui auraient été enlevés on ne sait comment ? Le bien de l'Etat est inaliénable, d'accord ; mais il y a toujours la prescription du temps : quand on a acheté de bonne foi et qu'on peut le prouver, on est à l'abri de tout reproche et de toute revendication.

« Nous reviendrons sur cette question, qui est très-grave, et qui n'a pas encore été traitée. Il s'agit de rassurer, dans leur juste et légitime possession, les amateurs qui ont des livres provenant d'une bibliothèque de l'Etat, mais aliénés ou distraits depuis longtemps. N'est-il pas étrange qu'on vienne, en 1844, revendiquer, au nom de l'Etat, des livres qui ont figuré dans les ventes de Gaignat et de La Vallière ? »

Parmi les cas les plus curieux de disparition de manuscrits, il faut compter celui d'un manuscrit précieux appartenant à la Bibliothèque de Berne, remis à Paris, sous l'Empire, au ministère de l'intérieur, égaré presque immédiatement et retrouvé, vingt-huit ans après, dans la succession du célèbre orateur Manuel [1], sans qu'on ait jamais essayé de savoir comment ce manuscrit était arrivé là. Comme ce fait est peu connu, je crois devoir donner ici une lettre publiée à ce sujet par M. Jubinal, ancien élève de l'École des Chartes, et insérée dans le journal *l'Artiste* du 10 décembre 1857. Voici cette lettre, que je reproduis d'après l'impression séparée que M. Jubinal en a fait paraître lui-même en 1858 (Paris, chez Ed. Pannier, in-8°).

Monsieur,

Quelques feuilles périodiques, notamment le *Journal de l'Instruction publique* du 1ᵉʳ octobre et le *Courrier français* du 4 et du 8 octobre dernier, ayant annoncé qu'un manuscrit de la Bibliothèque de Berne, jadis prêté à la France, avait été retrouvé après vingt-huit ans de disparition, voulez-vous me permettre, bien que ce soit ici plutôt de la bibliographie pure et simple que de l'art, de vous raconter en peu de mots l'histoire de ce manuscrit, depuis 1809 jusqu'à ce jour, d'autant plus que je la crois de nature à intéresser vos lecteurs ?

Voici les faits :

Le 11 juillet 1809, le ministre de l'intérieur invita son collègue des relations extérieures à charger l'ambassadeur de France à Berne de demander à la Bibliothèque de cette ville un manuscrit français du treizième siècle, coté n° 354, in-4°, sur vélin, de 275 feuillets, contenant : 1° des contes et des fabliaux ; 2° *le Roman des sept Sages*, en prose ; 3° *le Roman du saint Graal* ; en tout 77 pièces, dont la plus grande partie est encore inédite aujourd'hui. Un des employés au département des manuscrits de la Bibliothèque impériale, M. Méon, désirait en prendre communication pour rendre aussi complète que possible son édition de nos vieux fabliaux, et le ministre assurait dans sa lettre que le recueil demandé serait rendu très-promptement.

---

[1] Qu'aurait-on dit si ce manuscrit avait été découvert chez moi ? Et pourtant on n'a fait aucune recherche pour savoir comment il se trouvait dans la succession de Manuel !

Dans l'intérêt des lettres, et malgré sa répugnance à se séparer d'un manuscrit aussi précieux, M. Tscharner, bibliothécaire de Berne, s'empressa de satisfaire à cette demande. Le volume fut confié à M. le comte Auguste de Talleyrand, alors ambassadeur de France en Suisse, qui, le 1er août 1809, en accusa réception, et chargea un de ses amis, M. de l'Epinière, partant pour Paris, de le remettre entre les mains de M. le ministre de l'intérieur.

M. de l'Epinière s'acquitta de cette commission avec fidélité ; non-seulement il fut se présenter en personne à M. le duc d'O-trante, alors chargé momentanément du ministère de l'intérieur, mais il exigea une quittance régulière, qu'il envoya à M. le comte Auguste de Talleyrand. Ce récépissé portait la date du 26 août 1809. Toutefois, le manuscrit ne parvint jamais à la Bibliothèque impériale, et tout ce qu'on put obtenir plus tard de M. le duc d'Otrante fut une réponse datée d'Aix, du 30 septembre 1810, dans laquelle il écrivait à l'un de ses successeurs : « Je « me rappelle très-bien le manuscrit dont Votre Excellence me « parle ; je l'ai reçu pendant que j'avais le portefeuille du mi- « nistère de l'intérieur. Je ne puis vous indiquer d'une manière « précise où il se trouve maintenant ; il a été longtemps dans « mon cabinet ; je l'ai fait examiner à plusieurs personnes », etc., etc.

Sur les réclamations de la Bibliothèque de Berne, vivement appuyées par M. le comte de Talleyrand, le ministre de l'intérieur d'alors voulut bien ordonner les recherches les plus exactes pour retrouver le manuscrit égaré ; mais elles restèrent sans succès.

La Bibliothèque de Berne renouvela ses sollicitations en 1814, 1818, 1820 et 1824 ; elles furent toujours accueillies par des promesses de restitution, mais elles n'obtinrent pas d'autre résultat.

Enfin, sous le ministère de M. le duc de Richelieu, on pensa qu'il était juste de donner à la Bibliothèque de Berne une sorte de dédommagement. Le 23 octobre 1824, M. le marquis de Moustier, ambassadeur de France en Suisse, offrit à cet établissement, au nom de la France, un exemplaire de la belle édition, grand *in-folio*, de l'*Iconographie grecque et romaine*, dont, en 1833, grâce à la bienveillante intervention de M. le comte de Rumigny, les deux derniers volumes furent également envoyés en Suisse.

Depuis, les choses en restèrent là. Mais la Bibliothèque de Berne, tout en ayant accepté l'*Iconographie grecque et romaine,* ne put se consoler de la perte de son manuscrit, précieux héritage de Henri Estienne, de Bongars et de Goldast, dont il porte les signatures sur le feuillet de garde.

On le croyait à jamais perdu, lorsque, dans les premiers jours de novembre 1836, M. Crozet, libraire, fit avertir un de nos meilleurs hellénistes, M. Louis de Sinner, patricien bernois, qui habite Paris, qu'un manuscrit estampillé aux armes de la ville de Berne se trouvait en vente chez lui. M. de Sinner avait été pendant cinq ans attaché à la Bibliothèque de Berne en qualité de sous-bibliothécaire : en outre, il avait déjà été chargé, en 1820, de renouveler les réclamations de ses compatriotes auprès du gouvernement français. Il se transporta donc immédiatement chez M. Crozet, qui lui dit posséder légalement ce manuscrit, l'ayant acheté d'une dame, domiciliée alors rue des Prêtres-Saint-Germain-l'Auxerrois, et à laquelle il était venu, avec d'autres livres, dans la succession de notre grand orateur Manuel.

Après une vérification détaillée du recueil, qui constata positivement son identité, M. de Sinner écrivit à M. le professeur Trechsel, premier bibliothécaire de la ville de Berne, pour lui annoncer la découverte inespérée du manuscrit perdu, dont la rançon était fixée par le libraire à la somme de 1,000 fr.

La Bibliothèque de Berne, pensant que, puisque le duc d'Otrante, alors ministre, s'était lui-même avoué coupable de négligence, le gouvernement français actuel croirait devoir racheter le volume qu'elle réclamait, essaya à ce sujet la voie des négociations diplomatiques ; mais elle n'obtint aucune réponse, et il ne lui fut pas possible d'amener M. Molé à rompre le silence. Cependant, les choses ne pouvant toujours rester en cet état, la Bibliothèque de Berne, par l'entremise de M. de Sinner, vient de faire remettre à M. Crozet les mille francs demandés, et, depuis le 6 décembre, ce long imbroglio bibliographique se trouve terminé par la réinstallation du manuscrit dans son ancien dépôt.

Après cet exposé historique, il ne me reste que peu de mots à ajouter. Ne pensez-vous pas comme moi, monsieur, qu'il serait de la dignité du gouvernement français de dédommager la Bibliothèque de Berne, dont les ressources sont modiques, non en lui offrant *en argent* la différence qui existe entre l'*Iconographie* qu'on lui a donnée et les mille francs dont il est question (la ville de Berne, dans sa fierté républicaine, croirait probablement devoir refuser), mais du moins en offrant à cet établissement étranger, comme complément des dépenses qu'on l'a obligé de faire, quelqu'une des belles collections publiées aux frais de l'Etat, telle, par exemple, que la collection des *Documents inédits sur l'Histoire de France,* ou toute autre qui semblerait convenable?

Ce serait très-certainement un exemplaire mieux placé, dans l'intérêt des lettres et de l'histoire, que ceux qui ont été donnés jusqu'ici, en France, à des personnes auxquelles, à peu d'exceptions près, ils ne serviront aucunement. Et puis, qui sait? ce serait peut-être là aussi un moyen d'opérer à Berne, en faveur des idées françaises, une réaction, devenue singulièrement difficile depuis le désaccord diplomatique qui, en 1836, se manifesta entre notre ambassadeur et le gouvernement cantonal.

Je vous livre cette dernière considération pour ce qu'elle vaut et comme elle m'arrive, c'est-à-dire au bout de la plume.

Agréez, monsieur, l'assurance, etc.

Votre bien dévoué,
ACHILLE JUBINAL.

Au risque de me répéter et d'après le conseil de mes amis, je publie ici la *protestation* que j'ai adressée il y a plusieurs mois à M. Pinard, procureur de la République. (Voyez ci-dessus page 28 et 115) Elle lui fut présentée par deux personnes très-connues et très-dignes de confiance. Les faits que j'avance dans cette protestation sont tous confirmés par les documents que je publie aujourd'hui et par beaucoup d'autres que je garde entre mes mains. J'ai déjà dit que cette protestation, qu'on avait déclaré ne pas pouvoir recevoir régulièrement, n'a rien produit, rien arrêté. Les irrégularités que j'y signalais et qu'il était si facile de vérifier n'ont fait que se renouveler depuis, et les *élèves de l'École des Chartes*, chargés de l'examen de ma collection, ont continué à être, apparemment du moins, chargés seuls de cette affaire ; faisant de nouvelles descentes, provoquant des saisies, se permettant de dresser, sans mission et sans qualité pour le faire, des espèces d'interrogatoires ; commettant, en un mot, une foule d'irrégularités dont j'ai les preuves entre les mains, sans qu'aucune des personnes dont j'invoquais le témoignage dans ma *Réponse* à M. Boucly, et qui pouvaient éclairer la justice, fût appelée par les magistrats. Je possède par voie de comparaison tous les éléments nécessaires pour faire juger du caractère de l'enquête dirigée contre moi. En 1840, pendant que j'étais à Florence, auprès de ma mère gravement malade, un domestique, que j'avais laissé dans mon appartement à Paris, s'enfuit, emportant mon argenterie, mon linge, des médailles précieuses et de l'argent que j'avais laissés dans certains meubles qu'il fractura. Il emportait aussi un nombre considérable de livres précieux imprimés ou manuscrits, ainsi que des autographes d'une grande valeur. Après avoir vendu une partie de ces objets à Paris, il se sauva en Angleterre, et offrit en vente au *British Museum* les manuscrits, les livres et les autographes qu'il avait encore. Là M. Panizzi, qui ne m'avait jamais vu et avec lequel je n'avais jamais eu aucune relation personnelle, reconnut des volumes qu'il savait (comme on sait ces choses-là entre bibliographes) que j'avais achetés quelques années auparavant en Angleterre, à la vente Heber ou chez des libraires. Avant que je pusse porter aucune plainte, avant même que la fuite de mon domestique me fût connue à Florence, M. Panizzi, qui n'achète pas de livres volés, fit saisir les objets qu'on lui offrait en vente, et ces objets me furent rendus depuis. Les meubles étaient fracturés, une partie des livres avait été retrouvée en la possession du voleur, et comme, par l'entremise bienveillante de M. Guizot, j'avais adressé de Florence une plainte au chef du parquet de Paris, une instruction fut commencée. A mon retour en France, je pus recueillir quelques renseignements assez précis sur les ventes que mon domestique avait faites à Paris avant son départ. Ces renseignements furent adressés au juge chargé de l'instruction de cette affaire, qui était, si je ne me trompe, M. Legonidec, avec la description la plus détaillée des objets qui m'avaient été dérobés. Malgré ces renseignements, confirmés par la déposition de plusieurs témoins, aucune descente judiciaire n'eut lieu, on ne fit aucune recherche pour retrouver ce qui m'avait été dérobé, et sans M. Panizzi je n'aurais pu rien recouvrer. D'après l'inventaire détaillé que je fis dresser à cette époque, la perte finale que j'éprouvai se montait à dix mille francs environ. Je ne blâme personne de ce qu'on n'a pas cru devoir faire alors. Mais comment admettre que si l'on restait dans cette inaction pour un fait avéré et constant, on puisse aujourd'hui, en ce qui me concerne, continuer depuis près d'un an à faire des enquêtes, des descentes, des saisies judiciaires sans qu'on ait encore administré un seul fait à l'appui des mesures exceptionnelles dirigées contre moi? Cherche-t-on la vérité, ou mes ennemis voudraient-ils, avec tout cet apparat, tourner l'opinion contre moi, faire de l'intimidation, et me faire croire à toute force coupable? Le lecteur jugera. Pour le moment, revenons à la protestation. La voici :

A monsieur le procureur de la République près le tribunal civil du département de la Seine, en son parquet, à Paris.

Londres, le 25 novembre 1848.

Monsieur le procureur de la République,

Le 17 mars dernier, *le Moniteur universel,* journal officiel de la République française, publiait un rapport adressé, le 4 février précédent, à M. Hébert, garde des sceaux, par M. Boucly, procureur du roi. Ce rapport avait pour objet de faire connaître à M. le garde des sceaux, ministre de la justice, l'origine, le but et la nature de quelques recherches faites par M. le procureur du roi pour établir la provenance de certains volumes précieux qui avaient été décrits dans le catalogue de ma bibliothèque, imprimé à un grand nombre d'exemplaires, et qui furent vendus aux enchères publiques à Paris, pendant le mois de juillet 1847, en présence de tous les amateurs de livres que cette vente intéressait. Ce rapport, je l'avais provoqué et réclamé moi-même à la première nouvelle que j'avais eue des démarches de M. le procureur du roi : Il fut trouvé, après les événements du 24 février, dans les cartons du ministre des affaires étrangères, qui l'avait reçu peu de jours auparavant ; je n'en avais pas eu connaissance, et j'étais loin d'en soupçonner l'existence, lorsque je me vis contraint de quitter Paris à la suite d'événements politiques qui pouvaient compromettre ma sûreté personnelle; je n'ai eu connaissance de cet étrange document que par la publication que le journal officiel en a faite. Aussitôt que j'ai pu réunir les pièces et les documents dont j'avais besoin, non-seulement pour détruire les moindres assertions contenues dans le rapport de M. Boucly, mais pour venger mon honneur offensé, j'ai publié ma réponse, et j'ose croire qu'elle a été telle qu'elle n'a laissé aucun doute défavorable dans l'esprit le plus prévenu. Ma justification a été complète, et il n'est resté de toutes les calomnies ramassées contre moi que la preuve de leur impuissance. Je ne sais, monsieur le procureur de la République, si vous avez eu sous les yeux ma *Réponse au rapport de M. Boucly*. Quoi qu'il en soit, j'ai l'honneur de vous en adresser un exemplaire avec cette lettre; je vous prie, dans l'intérêt de la justice, de vouloir bien faire joindre l'une et l'autre aux pièces de la procédure qui s'instruit encore contre moi.

D'après le *Moniteur*, M. le procureur du roi terminait ainsi son rapport : « Assurément, monsieur le garde des sceaux, « dans les circonstances ordinaires et vis-à-vis d'une per- « sonne qui n'occuperait ni dans l'Université ni à l'Institut « la position de M. Libri, les indices déjà signalés pour- « raient suffire pour motiver dès à présent des poursuites « criminelles. En effet, la jurisprudence de la Cour de « cassation a toujours considéré comme un crime les « soustractions de livres commises dans les bibliothèques « publiques. Ce crime s'aggraverait en raison du carac- « tère dont était revêtu M. Libri, par suite d'une mission « spéciale du gouvernement. »

Cette conclusion est peu en harmonie, ce me semble, avec un autre passage du rapport, dans lequel M. le procureur du roi, comprenant mieux la véritable situation des choses et des personnes, disait : « Peut-être... une hésitation « moindre à vérifier certains faits, et surtout des explica- « tions demandées à M. Libri lui-même (que je n'ai pas

« voulu interpeller) eussent-elles fait disparaître les soup-
« çons dirigés contre lui. » Mais après la publication du
rapport, le retentissement qu'il donna aux dénonciations
anonymes des calomniateurs fit cesser les scrupules, et l'on
n'hésita pas à diriger contre moi, absent, une poursuite
criminelle dont je me plaindrais moins si l'instruction avait
été accompagnée des formes protectrices que la loi doit
assurer aux accusés dans l'intérêt de leur honneur et de
leur fortune. Les formes régulières ont été omises à mon
égard, certainement à l'insu des magistrats ; plusieurs
actes de l'instruction commencée contre moi témoignent
d'une légèreté bien fatale, sinon d'un système préconçu
d'arbitraire et d'illégalité; ces actes, je suis forcé de le
dire, sont encore tous les jours exécutés sans aucune garantie d'impartialité, et en l'absence de toute mesure conservatrice et légale.

Je dois donc à l'intérêt de mon honneur, qui me préoc-
cupe par-dessus tout dans cette douloureuse affaire, de réclamer hautement contre des façons de procéder qui sont
autant de flagrants attentats au droit sacré de la défense.
Je dois réclamer aussi dans l'intérêt de mes créanciers, qui
craignent, non sans raison, de voir compromis le gage de
leur créance. et qui me demandent ce que je me propose
de faire pour conserver ce gage, qu'ils m'avaient en quelque sorte confié. Ces créanciers comptaient sur mes ressources toutes mobilières, qui se composaient de livres, de
manuscrits, de valeurs de portefeuille; mais j'ai dû leur
déclarer que je ne pouvais plus répondre que de ma bonne
volonté, parce que j'ignore ce que ces objets ont pu devenir depuis qu'ils ont été placés sous le séquestre, sans inventaire et sans gardien ; depuis surtout que mon domicile
a été ouvert à toutes sortes de personnes, et que (j'en ai la
preuve écrite) on a enlevé et on enlève encore journellement de chez moi des paquets de livres et de papiers. Jusqu'à
présent, j'ai pu compter sur la résignation de mes créanciers : ils ont consenti à suspendre leurs poursuites ; ils ont
renoncé à jeter leur intervention au milieu des actes de
l'instruction ; mais leur patience pourrait se lasser s'ils
n'en entrevoyaient pas le terme.

Permettez-moi donc, monsieur le procureur de la République, de vous signaler, dans ce double intérêt, les actes irréguliers, les fâcheuses mesures et les formes insolites qui affectent, depuis son origine, l'instruction entamée contre moi, et poursuivie comme au hasard sur le terrain vague des insinuations et des conjectures.

1° Le rapport confidentiel de M. le procureur du roi, Boucly, à M. le garde des sceaux, ministre de la justice, n'était nullement destiné à la publicité; il a paru néanmoins dans le journal officiel du gouvernement. Cette publication a été d'autant plus préjudiciable à mes intérêts, que j'étais dans ce moment même obligé de m'éloigner de France pour échapper aux actes de *vindicte populaire* dont mes ennemis me menaçaient publiquement en plein Institut, comme je l'ai constaté dans ma réponse à M. Boucly ; cette publication a provoqué en outre contre moi une foule d'articles diffamatoires dans tous les journaux trompés sans doute par le caractère officiel du rapport et du journal qui l'avait fait connaître.

2° Le *Moniteur universel*, journal officiel de la République, a refusé d'insérer dans ses colonnes une lettre que je lui avais adressée à l'occasion de cette inqualifiable publication, et son refus a servi de prétexte aux autres journaux pour me refuser aussi la même réparation légale.

3° Depuis que j'ai quitté Paris, de nombreuses descentes ou visites ont été faites, soit dans mon domicile, soit dans celui de plusieurs personnes que l'on supposait dépositaires de livres ou de manuscrits appartenant à mes collections. Des saisies de livres et de manuscrits ont été opérées en effet, mais elles n'ont jamais été accompagnées d'inventaires descriptifs ; les objets saisis ont été transportés successivement dans divers lieux, sans que personne eût été autorisé à me représenter, sans qu'il ait été pris aucune précaution contre le dol ou la fraude, contre les soustractions ou les additions, en sorte que nul ne saurait dire si tous les livres et manuscrits saisis ont été transportés exactement dans les lieux désignés par la justice, et si ceux qui y auraient été transportés appartiennent réellement tous à mes collections.

4° Il est vrai cependant que des scellés ont été, dans les premiers temps, apposés par le commissaire de police auteur desdites saisies, et que les portes des lieux de dépôt ont été ainsi closes; mais depuis, ces scellés ont été fréquemment levés sur les demandes de différentes personnes se disant commissaires chargés de vérifications et d'expertises ; d'autres personnes, qui n'arguaient d'aucun mandat spécial, se sont introduites de la même manière dans les lieux de dépôt; toutes ces personnes, tantôt les unes, tantôt les autres, ont pu s'établir librement au milieu de mes collections, y faire de longues séances, sans la présence d'aucun gardien légal ou judiciaire ayant mission de me représenter et de me défendre contre les erreurs ou les fraudes, le commissaire de police se retirant dès qu'il avait levé les scellés et ne reparaissant, après plusieurs heures d'absence, que sur l'appel de ces mêmes personnes, pour réapposer les scellés. Plus tard, et depuis longtemps, ces formalités déjà si insuffisantes ont été négligées aussi, et outre les commissaires, un nombre considérable d'autres personnes ont continué à s'introduire librement, avec des vues hostiles, dans mon appartement, où il était défendu à mes amis et jusqu'à mes domestiques de pénétrer, même pour les soins de propreté.

5° Aucun avertissement ne m'a été donné au nom de la justice; je n'ai reçu aucune citation, aucune assignation, aucun mandat; je n'ai point été mis en demeure de me présenter, ni de me faire représenter par quelque fondé de pouvoir dûment autorisé ; en sorte que tous ces faits, dont les conséquences pourraient être si funestes pour moi, ont eu lieu à mon insu, dans mon domicile et ailleurs, malgré mon absence légitime de fait et de droit.

6° Un portefeuille, contenant des valeurs industrielles ou commerciales et d'autres valeurs s'élevant ensemble à une somme de 45,000 francs environ, était dans mon domicile au moment où j'ai quitté Paris; plusieurs de ces valeurs sont échues depuis, qui n'ont pu être présentées à échéance. J'ai réclamé sans résultat toutes ces valeurs, qui sont par leur nature étrangères à la poursuite et à l'instruction; j'ignore absolument ce qu'elles sont devenues, et je n'ai pu obtenir aucun renseignement à ce sujet.

7° On a saisi également mes meubles et mon linge, le linge et les meubles d'un de mes parents, dont la plainte n'a pas été écoutée, et qui est retourné en Italie sans obtenir satisfaction. On a saisi chez moi et chez d'autres personnes des livres, des manuscrits, des objets précieux appartenant à mes amis et à divers libraires, qui me les avaient confiés ou offerts en vente, et au sujet desquels je n'avais pris aucune résolution au moment où j'ai quitté Paris.

8° Une commission d'experts a été nommée, dès le mois de mars, pour procéder à la vérification et à l'examen de mes livres et de mes manuscrits, et pour adresser son rapport aux magistrats chargés de l'instruction. Cette commission était composée de six membres, dont *cinq ont été choisis parmi les anciens élèves de l'Ecole des Chartes.* Or, il résulte du rapport de M. le procureur du roi, Boucly, que le recueil périodique intitulé : *la Bibliothèque de l'Ecole des Chartes*, avait pris, dès 1847, l'initiative des dénonciations et des démarches contre moi. « Deux articles, insérés dans « cette *Bibliothèque*, V° et VI° livraisons de 1847, p. 462 « et 555 (dit M. Boucly), ont parlé dans des termes qui cher- « chent à faire naître le soupçon, non-seulement de la vente « de livres faite l'an dernier par M. Libri, mais encore de « manuscrits qu'il a livrés en Angleterre, sans en avoir ja- « mais publié le catalogue en France. L'un de ces articles « a été reproduit par le *National*. » Et ailleurs il dit en- core : « Enfin, dans une de leurs dernières livraisons, les « rédacteurs de la *Bibliothèque de l'Ecole des Chartes* ont « annoncé qu'ils avaient l'espoir de se procurer en Angle- « terre la notice complète des manuscrits vendus par M. Li- « bri. Dans ce cas, leur but serait apparemment de rendre « ce catalogue public en France, et d'appeler ainsi, contre « M. Libri, les réclamations des villes qui trouveraient là « des manuscrits ayant appartenu à leurs bibliothèques. »

Certes, il suffirait de ces publications, ainsi caractérisées par M. Boucly, pour me donner le droit de récuser l'inter- vention de l'Ecole des Chartes dans cette affaire ; mais ce droit s'étend et se fortifie par la conduite que les élèves de l'Ecole des Chartes, chargés de l'examen de mes papiers et de mes collections, ont tenue après avoir reçu de la justice cette mission délicate. Sans entrer ici dans le détail des di- vers propos, discours, menaces, actes par lesquels les ex- perts ont montré leur animosité contre moi, je me bornerai à signaler, d'après les documents authentiques que j'ai entre les mains, la conversation qu'un de ces experts a eue avec un homme très-honorable et très-connu dans Paris, auquel cet expert, élève de l'Ecole des Chartes, chargé d'examiner mes collections, disait en pleine rue, récemment, ces propres paroles : *l'Ecole des Chartes ne sera contente que lorsqu'elle aura fait pendre M. Libri.* Un autre fait encore plus grave, si c'est possible, c'est l'article suivant, publié dans la *Bibliothèque de l'Ecole des Chartes* de cette année (livraison de mars et avril 1848, p. 358), après la nomination de la Commission, et rédigé, suivant des témoins dignes de foi, sous l'influence de quelques-uns des experts eux-mêmes ; voici cet article :

« Depuis l'apparition du dernier cahier de la *Bibliothè-*
« *que*, les charges que le bruit public faisait peser sur
« M. Libri, et dont la divulgation subite engagea ce savant
« trop avide de raretés bibliographiques à s'enfuir en An-
« gleterre, ont pris corps ; le rapport de M. Boucly, con-
« cluant contre lui à des poursuites, a été publié dans les
« journaux, et l'instruction de l'affaire se poursuit active-
« ment aujourd'hui.

« M. Libri, en quittant la France, devenue à la fin inhos-
« pitalière pour lui, a cherché à mettre en lieu sûr sa riche
« collection. Dix-huit caisses, si nous sommes bien infor-
« més, l'ont accompagné dans son voyage à Londres, et
« contenaient vraisemblablement les pièces les plus rares et
« les plus compromettantes pour lui. Le reste, dont il pré-
« parait la vente, s'est fondu comme par enchantement ;
« si bien que, lorsque la justice arriva chez lui, il ne s'y
« trouvait plus un volume. Des tiers officieux, des relieurs,
« des libraires, des amis s'étaient partagé le soin de cacher
« cette bibliothèque, et il a fallu toute l'intelligente activité
« des magistrats pour en obtenir la réintégration. Elle forme
« environ quarante mille volumes, qui sont de nouveau
« rassemblés dans l'ancien domicile de M. Libri, à la Sor-
« bonne. Sur la désignation du ministre de l'instruction
« publique, le juge chargé de l'instruction a délégué pour
« procéder à l'examen de ces livres cinq archivistes-paléo-
« graphes : MM. Ludovic Lalanne, Bourquelot, de Mas-
« Latrie, J. Quicherat et Bordier, auxquels il a joint une

« des personnes qui assistaient M. Libri dans le classement
« de sa bibliothèque et la rédaction de ses catalogues. »

Ces derniers faits si graves, et qu'il vous sera facile,
Monsieur le procureur de la République, de vérifier, suffi-
sent, et au delà, pour que j'aie le droit, non-seulement de
récuser l'intervention des élèves de l'*Ecole des Chartes*, rédacteurs de la *Bibliothèque de l'Ecole des Chartes*, mais encore de leur contester la réserve, l'impartialité, le désintéressement nécessaires à des experts pour remplir un mandat
de justice.

9° Cette Commission extra-judiciaire semble avoir terminé son travail d'expertise, puisqu'elle n'existe plus ; cependant elle n'a point fait le rapport qu'on attendait d'elle ;
seulement, avant de se séparer, elle a mis de côté, toujours
sans inventaire, et sans aucune garantie ni pour la justice,
ni pour moi, une certaine masse de livres et de papiers
qu'elle a déclarés *susceptibles d'un examen plus approfondi.*

10° Une seconde Commission d'experts a été constituée
après la dissolution de la première, avec un mandat don
je ne connais pas l'étendue et la nature ; mais, à en juger
par ses actes, avec des pouvoirs tout à fait exceptionnels.
Cette Commission, composée d'abord de trois membres, a
été récemment portée à quatre, tous choisis parmi les élèves
de l'Ecole des Chartes, et ayant fait partie de la précédente
Commission.

11° Cette nouvelle Commission a commencé ses opérations en procédant ou faisant procéder à la levée des scellés
que la première Commission avait fait apposer, et cela sans
convoquer les membres de celle-ci ; la levée des scellés était
cependant une opération commune qui, ne pouvant être
accomplie qu'en la présence des anciens et des nouveaux
experts, aurait dû être constatée par un procès-verbal commun.

12° Les membres de cette seconde Commission ont fréquemment pris chez moi des paquets de livres et de papiers
appartenant (autant qu'on peut en juger en l'absence de
tout inventaire) à mes collections ; ils les ont transportés
chez eux, sous prétexte de les vérifier et examiner ; ils ont
rapporté ensuite, quand et comme ils l'ont voulu, d'autres
paquets, sans que rien constatât l'identité des objets em-

portés et de ceux qu'on rapportait ; ces déplacements, qui n'étaient soumis à aucune surveillance, à aucun contrôle, ont été souvent opérés par un seul des trois experts. Il résulte de ces faits que l'intérêt de la justice, aussi bien que mon propre intérêt, sont sans garantie vis-à-vis de cette Commission.

13° Une Commission d'experts, comme celle qui a été nommée dans cette circonstance, n'a pas pour mission de dresser un acte d'accusation : son devoir est de chercher la vérité, de recueillir avec impartialité tous les faits favorables ou défavorables qui peuvent éclairer la justice. Cette Commission doit garder soigneusement tous les papiers qui lui sont confiés et donner une attention spéciale à tous les documents qui peuvent servir à établir les droits de la défense. Or, ce n'est pas là ce qu'ont fait les élèves de l'Ecole des Chartes chargés de cette expertise : s'emparant de tous mes papiers, de toutes mes correspondances, de tous les documents (contrats, bordereaux, factures, reçus, etc.) qui devaient servir à établir la provenance de mes collections, ils n'ont cherché qu'à ramasser des calomnies et à grouper des inductions contre moi ; et tel a été leur acharnement à cet égard, que, négligeant tout à fait des documents et des factures descriptives de libraires, factures qu'ils avaient trouvées chez moi, et qui établissaient l'origine de certains volumes, ils ont voulu chercher des arguments contre moi dans la présence de ces mêmes volumes parmi mes livres. *Je n'avance rien dont je n'aie la preuve écrite entre les mains*, et je puis démontrer que toutes les opérations des experts à mon égard ont eu pour objet, non pas de chercher la vérité à propos du rapport de M. Boucly, qui est complétement abandonné, mais de trouver un coupable à tout prix, afin d'appuyer sur de nouvelles calomnies les calomnies déjà publiées dans la *Bibliothèque de l'Ecole des Chartes* contre moi.

14° Ces experts ont reçu leur mandat de la justice depuis plus de sept mois, et rien n'annonce qu'ils soient près de déposer leur rapport ; ils reçoivent des indemnités qui forment une somme déjà considérable et qui s'accroît incessamment. L'intérêt de la justice et le mien diffèrent de celui des experts ; mais l'intérêt de la justice, qui est aussi

le mien, demande que cette expertise soit enfin terminée,
et qu'elle le soit par un rapport complet et détaillé, appuyé
de documents et de pièces justificatives ; je demande communication de ce rapport, et d'avance je prends l'engagement de renverser toutes les accusations, toutes les insinuations qui seraient contraires à mon honneur.

15° Lorsque j'ai quitté Paris, j'ai laissé dans mon domicile deux personnes qui étaient alors à mon service et
que j'avais chargées de la garde et de la conservation de
mon mobilier ; ces personnes avaient cru devoir, dans mon
intérêt, faire quelques observations, assurément bien natu-
relles, sur divers actes et procédés des commissaires experts ; ils ont été *punis* l'un et l'autre par un emprissonne-
ment de 48 heures qui a fini, comme il avait commencé,
sans aucune formalité légale. Les élèves de l'École des
Chartes ont fait défendre à mon domestique d'entrer chez
moi, *même pour nettoyer l'appartement;* il m'a écrit
récemment que mes meubles étaient fort détériorés.

Je pourrais, monsieur le procureur de la République, ajouter encore à cette nomenclature de griefs déjà bien longue ;
mais l'exposé qui précède suffit pour établir que l'instruction destinée à soutenir la poursuite dirigée contre moi est
irrégulière sous plusieurs rapports, et que ces irrégularités
sont de l'ordre le plus élevé, car elles affectent essentiellement l'intérêt de la justice, celui de mon honneur et celui
de ma fortune. Il est de mon devoir de protester avec énergie, comme je proteste contre tout ce qui a été ainsi fait
irrégulièrement et illégalement.

Je proteste dans l'intérêt de la justice et des magistrats
qui sont ses organes, parce que leur religion a été surprise,
parce que leurs intentions sont méconnues et peut-être leurs
ordres foulés aux pieds ; parce qu'ils ignorent le caractère,
la conduite et les précédents de ceux-là même dont ils ont
cru devoir invoquer le concours à titre d'experts.

Je proteste dans l'intérêt de mon honneur. Déjà, je puis
le dire, le jour de la justice a commencé pour moi; j'ai vu
s'évanouir les inculpations consignées dans le rapport de
M. Boucly, et les témoignages publics d'estime et de sym-
pathie que je reçois tous les jours des hommes les plus
haut placés et des Compagnies savantes auxquelles j'ai

l'honneur d'appartenir, m'ont vengé de mes lâches calomniateurs.

Je ne saurais faire ici l'énumération de toutes les manifestations qui ont eu lieu à mon égard ; qu'il me suffise de rappeler que les journaux italiens les plus accrédités (l'*Epoca* de Rome du 24 avril 1848, et le *Corriere Livornese* des 15 et 17 juin 1848) contiennent des déclarations signées par le comte Mamiani, depuis ministre de l'intérieur à Rome, et par M. Guerrazzi, aujourd'hui ministre de l'intérieur à Florence, qui repoussent tous les deux, avec l'autorité de leur nom et de leur position, les bruits calomnieux qu'on s'était plu à répandre en France contre moi, à propos de l'opinion qu'on aurait eue de moi en Italie. En même temps il a paru en Allemagne, sous le patronage de l'Académie royale des sciences de Berlin et de l'Académie de Gœttingue les déclarations les plus fortes en ma faveur et contre mes calomniateurs. (Voyez la *Gazette privilégiée de Berlin* du 11 juin 1848, et le *Gœttingische Gelehrte Anzeignen* du 7 et du 10 avril 1848. Dans ce dernier travail , signé par M. Sterne, célèbre géomètre , comme l'autre déclaration était signée par M. Encke, secrétaire perpétuel de l'Académie de Berlin, il est dit que j'ai imprimé une *marque d'infamie* sur le front de mes calomniateurs.) Je dois d'autant plus à ces hommes éminents, à ces illustres Compagnies, de ne pas laisser porter atteinte à la dignité d'un collègue qu'elles n'ont pas hésité à protéger et à défendre avec éclat.

Je proteste dans l'intérêt de ma fortune. Je ne possédais que mes collections et quelques valeurs mobilières, c'était le gage de mes créanciers. Ces collections, ces valeurs , que sont-elles devenues? que deviendront-elles? Je ne puis le prévoir ; mais je déclare dès à présent que, sous le prétexte des droits de la justice, on a pénétré dans mon domicile, dans celui de mes amis, de mes correspondants, de mes dépositaires, qu'on a saisi tout ce qui m'appartenait, et même des objets qui ne m'appartenaient pas ; qu'on a omis toutes les mesures de conservation, de garde, de séquestre ; que des étrangers ont pu pénétrer chez moi, enlever ce qu'il leur a plu d'enlever, introduire ce qu'il leur a plu d'introduire au profit de leur haine ou de leur malignité, et que je

puis, en mon absence, avoir été dépouillé d'une part plus
ou moins considérable de ma fortune [1].

Et je dépose cette protestation dans vos mains, Monsieur le
procureur de la République, afin qu'elle me protége et qu'elle
protége la justice, afin qu'elle conserve tous les droits que
je crois avoir à des réparations, que je me réserve de poursuivre contre qui de droit, par toutes les voies civiles et
criminelles.

J'ose vous demander de ne voir dans cet acte que la
preuve de mon respect pour vos fonctions et votre caractère,
et de la confiance que m'inspirent les lumières et l'équité de
la magistrature française.   GUILLAUME LIBRI.

[1] Tous les faits avancés dans cette *protestation* sont confirmés par les documents que je publie aujourd'hui. Qu'il me soit permis d'ajouter ici de courts
éclaircissements. D'abord, la bibliothèque qu'on a saisie sans inventaire et remise
sans aucune formalité aux experts, valait bien la peine qu'on prît quelques précautions pour en assurer la conservation. C'était le fruit de mes épargnes, c'é-
tait toute ma fortune, à laquelle s'était jointe une partie notable de la fortune de
ma mère, qui n'avait jamais hésité à me faire des avances considérables pour
que je passe satisfaire mes goûts. Au prix où étaient les livres avant la révolution, on peut évaluer à cent cinquante mille francs au moins la partie de ma bibliothèque qui a été formée par les ressources que j'ai tirées d'Italie, en y comprenant les livres que je possédais avant de m'établir en France et que j'ai fait
venir d'Italie (voyez page 76). Quant au prix de ma bibliothèque, les élèves de
l'Ecole des Chartes l'ont évaluée eux-mêmes en totalité à *sept cent cinquante
mille francs* (voyez *Bibliothèque de l'Ecole des Chartes*, tome III, p. 535). Il y
avait dans cette estimation une exagération considérable. Dans ma *Réponse au
rapport de M. Boucly*, j'ai déjà dit qu'une partie notable du prix de la vente
de mes manuscrits et de mes livres de littérature avait servi à solder des comptes que j'avais avec des maisons de librairie (je devais, par exemple, 37,975 fr.
à MM. Payne et Foss, somme qui a été prise sur la vente qu'a faite pour mon
compte M. Silvestre en 1847). Mais comme, après la vente de mes manuscrits,
j'avais employé aussi des sommes très-considérables à acheter d'autres livres
(j'ai, par exemple, entre les mains deux factures de M. Techener, libraire, chez
lequel j'ai acheté et payé, le 11 et le 29 mai 1847, pour quarante-deux mille
cinq cents francs de livres), il en résulte que, sans avoir eu une seule fois la
valeur totale qu'on lui attribuait, ma bibliothèque, par ces accroissements successifs, présentait, au moment de la révolution de Février, une valeur de trois
cent mille francs. C'est cette collection remplie de volumes précieux qu'on a livrée, comme on l'a déjà vu (pag. 24-27), sans aucune formalité, à tous ceux
qui ont voulu entrer chez moi. C'est cette bibliothèque, qui était aussi le
gage de quelques créanciers qui, frappés d'intimidation comme tous les autres,
n'ont pas même tenté jusqu'à présent de faire la moindre démarche pour empêcher ce gage de s'évanouir, et qui s'adressent à moi qu'on a dépouillé de tout,
pour obtenir un payement qu'il devrait être facile de trouver à Paris. J'ai parlé
à différentes reprises aussi (pag. 25, 282) de ces 45,000 fr. de valeurs qui étaient
chez moi et qui ont disparu. Il me serait facile de donner à cet égard tous les
éclaircissements désirables. Si je ne le fais pas aujourd'hui, c'est que, bien que
je sois dépouillé des titres, une partie de ces valeurs du moins ne saurait être
réalisée par les gens qui s'en seraient emparés, et que, si je faisais savoir de quoi
il s'agit, nul doute que toutes ces valeurs ne fussent saisies, comme on a déjà
saisi tout ce qui m'appartenait (et même ce qui ne m'appartenait pas, comme on
a pu le voir aux pag. 19, 113), sans en excepter mes meubles et mon linge, où
il ne semble pas pourtant que les experts doivent constater la provenance de
quelque établissement public.

Voici ce que je lis dans le *Bulletin de l'Alliance des Arts* du 25 avril 1843 (page 330), au sujet des livres enlevés par un bibliothécaire à la bibliothèque de Tours :

« INDRE-ET-LOIRE. — Le nommé Scytre, qui avait exercé les emplois de secrétaire intime du préfet, de bibliothécaire et d'archiviste à Troyes et à Tours, a comparu devant la Cour d'assises sous diverses préventions graves, celle, entre autres, de détournement de livres et manuscrits appartenant à la bibliothèque publique de Tours. Son système de défense a consisté en partie à rejeter sur la malveillance la plupart des bruits qui ont circulé sur son compte. C'est ainsi qu'on l'avait accusé, a-t-il dit, d'avoir volé un manuscrit d'*Ogier le Danois*, de la valeur de 8,000 fr., manuscrit qui a été retrouvé. Du reste , il reconnaît avoir emporté les différents livres et manuscrits , non dans l'intention de se les approprier, mais uniquement pour en prêter officieusement quelques-uns à des personnes occupées de travaux historiques, et les autres pour les consulter lui-même, ayant entrepris d'écrire l'histoire de l'abbaye de Saint-Julien et une histoire municipale des communes de Loches et de Chinon. Enfin , parmi les ouvrages saisis en sa possession , plusieurs auraient été par lui achetés chez des bouquinistes. L'accusé a ajouté qu'ayant été, à la suite d'une *querelle élec-torale*, obligé de quitter Tours, il fit son déménagement à la hâte, et que les chargeurs entassèrent pêle-mêle tous les livres, même ceux qu'il se proposait de restituer à la Bibliothèque de Tours. Ces derniers auraient été ainsi transportés à son insu dans sa nouvelle résidence à Troyes, où ils ont été saisis. Malgré ces assertions, l'accusé n'a pas réussi à se faire absoudre. Nous sommes heureux d'apprendre, par les débats de ce procès, que le beau manuscrit d'*Ogier le Danois*, un des plus anciens qui existent de ce roman de chevalerie, n'est pas perdu pour la France et n'a point passé en Angleterre. »

Voici les passages originaux dans lesquels Hænel rend compte des pertes éprouvées par certaines bibliothèques des provinces de France qu'il a visitées avant 1830, pertes dont il a été question précédemment (page 60). On peut consulter aussi à ce sujet le *Voyage bibliographique en France* de Dibdin ; *Catalogus codicum manuscriptorum in bibliotheca S. Vedasti, apud Atrebatium*, par sir Thomas Phillips (Paris, 1829, in-8°), etc., etc.

Bibliothèque de la ville d'Amiens (1827).

« Magna pars librorum hujus bibliothecæ ex præfectura, ubi asserbavantur, tempore belli civilis, amota est et codices manuscripti quasi publice ad exagium vendebantur summa 13,000 librarum monetæ gallicæ. Sumamus harum membranarum pondo unum X libris monetæ gallicæ venditum fuisse, quod pretium illo tempore maximum erat, cum ipse pretio V librarum emerim, jactura ingens quam litteræ fecerunt facile computari potest. Hac expilatione bibliothecæ factum est, ut fragmenta codicum manusc riptorum apud bibliopegos ad hunc diem extiterint, nam fragmenta duorum codicum, quorum alter seculi X est, ipse emi. » (Hænel, col. 21.)

Autun (1826).

« Dolendum est Horatium (VI seculi) et Virgilium (VII seculi) quorum mentio fit in catalogo, non inveniri. De his codicibus cel. Prunelle, medic. doct. lugdunensis, bibliothecæ quondam Pessulanensis præfectus..... quærenti respondit se ipsum vidisse eorumque admiratum esse antiquitatem. » (Hænel *Catalogi* col. 61.)

Auxerre (1826).

« Libri hujus bibliothecæ, olim in bibliothecis abbat. Pontiniacensis, Clarevallensis et capituli Senonensis collocati, deinde a tempore belli civilis sub ipso tecto seminarii in cumulo sine ullo ordine conjecti, anno demum 1825, jussu præfecti civitatis in novum, quo nunc sunt, ædificium translati sunt, hac vero occasione maxima pars librorum manuscriptorum Comynat cuidam bibliopolæ Avellonensi vendita est. » (Hænel *Catalogi* col. 64.)

Carpentras.

Hænel, qui a visité cette bibliothèque en 1826, dit, dans l'ouvrage cité (col. 115), qu'il n'y a trouvé à cette époque que 669
manuscrits, et il cite lui-même le *Mémoire statistique sur le département de Vaucluse,* imprimé à Carpentras en 1808, in-4°,
dans lequel l'auteur, M. Pazzis, dit qu'à l'époque de la publication de son ouvrage la bibliothèque de Carpentras possédait
*près de deux mille manuscrits, dont quelques-uns très-précieux.
Les manuscrits de Peresc sont ceux qui font le plus d'honneur
à cette collection..... Malheureusement il en manque un certain
nombre, les uns passés en différentes mains, les autres égarés,
quelques-uns absolument perdus.*

Châlons-sur-Marne (1826).

« Archium hujus civitatis...... in manus bibliopegi cujus-
dam Remensis incidit, qui cum membranas pannicibus ad confi-
ciendai nstrumenta quæ *papillotes* Franco-Galli vocant venderet,
immensum earum numerum miserrimo modo perdidit. Nonnullas
earum Remis emi. » (Hænel, *Catalogi* col. 118.)

Saint-Dié (1828).

« Archii, quod S. Diodati est, maxima pars e temporum injuria
evasit et in scriniis publicis reconditum jacuit ad hunc usque
annum 1828, quo urbis præfecto, bono silicet viro, subito in
mentem venit has membranas, quippe quum nullius momenti
atque inutiles essent, publice ad exagium vendere. Neque ipsum
hujus egregii facti puduit, cum alta voce clamitaret, ipsius opera
atque consilio civitatem 800 francos, quos vocant, lucratam esse.
Multas atque antiquissimas membranas istius viri stultitia inte-
riisse a viro in re diplomatica peritissimo, qui eas illo vidit tempore, quo ex antiquis archiis congestæ sunt, compertum habeo...
Membrana inter omnes antiquissima suscripta erat a rege Childe-
rico, a. p. C. n. 663, quæ ipsa interiit. » (Hænel, *Catalogi*
col. 142.)

Voyez aussi ce que dit Hænel dans le même ouvrage (col. 30,
190, 247, 249, 414, 482, 499, etc. , etc.), au sujet des pertes
immenses qu'ont éprouvées les bibliothèques d'Arras, de la cathédrale de Lyon, de Moulins, de Rouen, de Tours, etc. Veut-on

un exemple encore plus extraordinaire ; l'exemple d'une ville vendant *au poids* sa bibliothèque entière? Le voici [1]:

« La ville de La Ferté-Bernard, département de la Sarthe, pa-
« trie du poëte Garnier, possédait une bibliothèque publique com-
« posée de bons livres et de manuscrits précieux ; vous la trouverez
« encore mentionnée dans les dictionnaires et statistiques ; elle
« était encore là il y a trois ans, telle que l'avait formée la Ré-
« volution, avec les débris des bibliothèques de couvents et de
« châteaux ; eh bien ! il y a trois ans, le Conseil municipal,
« ayant besoin de fonds pour quelques travaux d'utilité publi-
« que, a fait VENDRE AU POIDS LIVRES ET MANUSCRITS, et
« ce, sans attendre le bon plaisir du préfet, qui n'a pu que s'in-
« digner et gémir quand tout était vendu et emporté. C'est une
« belle institution qu'un Conseil municipal, pour faire paver les
« rues et vider les bibliothèques ! O mon vieux Garnier, qu'en
« dis-tu ? » (*Bulletin de l'Alliance des Arts*, tom. VI, p. 51, année 1847.)

---

[1] Pour d'autres faits curieux, voyez page 314 et suiv.

Comme en temps de révolution on oublie vite, quelques personnes pourraient aujourd'hui trouver étrange ce que je dis, à la page 20, du choix des experts *désignés et presque imposés à la justice* par le ministre de l'instruction publique. D'abord, il n'y a pas de doute qu'ils n'aient été *désignés* par M. Carnot. C'est la *Bibliothèque de l'Ecole des Chartes elle-même* qui le déclare (voyez ci-dessus, page 18). Quant à l'action que le gouvernement dictatorial sorti de la révolution de Février a exercée dans cette affaire, et celle qu'il s'efforçait d'exercer sur la justice en général, un simple rapprochement de dates suffira pour l'établir. C'est le 19 mars 1848 que le gouvernement fit insérer dans le *Moniteur* le fameux rapport de M. Boucly; le lendemain commençaient les persécutions, les saisies, sans aucune formalité, sans inventaire, sans aucune garantie, je ne dis pas pour moi, mais, ce qui est bien plus grave, pour la justice. Immédiatement après, M. Carnot, ministre de l'instruction publique, faisait, chose inouïe, insérer dans le *Journal général de l'instruction publique* (du 22 mars) le rapport de M. Boucly, et désignait les membres de la Commission chargée d'examiner mes collections, en les choisissant parmi les personnes qui m'avaient déjà accusé et calomnié, et dont l'acharnement contre moi était constaté par le rapport même de M. Boucly. A la fin d'avril, cette Commission était en pleine activité, et elle faisait annoncer dans la *Bibliothèque de l'Ecole des Chartes* (voyez ci-dessus, page 18) les belles découvertes qu'elle avait faites : 40,000 volumes environ *cachés* chez des amis, chez des relieurs, chez des libraires; 18 caisses contenant les pièces les plus rares et les plus *compromettantes* m'ayant suivi à Londres, etc., etc. C'est seulement pour établir des dates, que je cite ces absurdes calomnies déjà réduites au néant, et abandonnées par ceux-là même qui les avaient les premiers mises en avant. Voyons maintenant quelle était l'attitude que prenait le gouvernement provisoire vis-à-vis de la magistrature pendant les mois de mars et d'avril.

Le 12 mars 1848, le ministre de l'intérieur adressait aux commissaires du gouvernement une circulaire dans laquelle, après leur avoir dit : *vos pouvoirs sont illimités*, il consacrait un paragraphe spécial à ce qu'il appelait les *rapports des commissaires avec la magistrature*, et où se trouvaient ces passages significatifs.... *Vous exigerez des parquets un concours dévoué.... Quant à la magistrature inamovible, vous la surveillerez, et..... vous pourrez user du droit de suspension, que nous conférons à votre autorité souveraine.*

Je pourrais produire une foule de preuves qui montreraient combien la magistrature se sentit atteinte dans son indépendance par cette circulaire. Je n'en donnerai qu'une seule, c'est la lettre de démission que, le lendemain, un juge d'instruction, M. Barbuat Duplessis, adressa au ministre de la justice, en la faisant précéder d'une autre lettre tout aussi significative. Voici ces deux pièces :

« Meaux, 13 mars 1848.

« Monsieur le rédacteur,

« Magistrat inamovible, je n'ai pas reculé devant les difficul-
« tés du moment, et j'ai conservé mes fonctions tant que j'ai
« pensé pouvoir les exercer avec indépendance.

« Aujourd'hui, la circulaire de M. le ministre de l'intérieur
« tendant à me priver de cette indépendance, je me fais un de-
« voir de donner ma démission.

« Voulant faire connaître à mes concitoyens le motif de ma
« détermination, je vous adresse copie de ma lettre à M. le mi-
« nistre de la justice, vous laissant libre de la publier.

« Je désire qu'on y voie mon amour pour la liberté et l'indé-
« pendance de tout citoyen.

« Recevez, etc.

« **Barbuat Duplessis**,
« Juge d'instruction. »

« Meaux, 13 mars 1848.

« Monsieur le ministre,

« J'ai l'honneur de vous envoyer ma démission de juge au
« tribunal de première instance, séant à Meaux.

« Je dois le dire, ma dignité d'homme et de magistrat se sou-
« lève à la pensée que, d'après la circulaire de votre collègue
« de l'intérieur, je dois être *surveillé*.

« Je n'ai jamais craint l'examen de mes actes. Longtemps
« j'ai appartenu à la magistrature debout, et si j'ai consenti à
« m'asseoir, cela n'a pas été pour chercher un refuge dans l'ina-
« movibilité. — Né libre, je l'ai toujours été ; j'ai toujours voulu
« et voudrai toujours l'être.

« Je ne veux pas, un seul instant, cesser d'être l'égal de tout
« citoyen, dont je suis et veux être le frère.

« Je ne serai jamais hostile à mon pays, dont nul plus que
« moi ne désire la liberté, l'honneur et la prospérité.

« Magistrat, je fais mon devoir de citoyen, et en brisant, à
« regret, je l'avoue, et après treize années d'exercice, une car-
« rière qui, à mes yeux du moins, sauvegarde de la liberté, m'a
« toujours semblé la plus belle des carrières, j'attendrai à mon

« poste que l'arrivée de mon successeur me rende ce que je veux
« pour moi, non moins que pour tous, Liberté, Egalité, Fra-
« ternité.

    « Je suis, Monsieur le ministre, votre concitoyen,

               « A. BARRUAT-DUPLESSIS.

                  « Juge d'instruction. »

Ces deux lettres ont été publiées par tous les journaux. Dans *la Presse*
du 16 mars 1848, elles sont suivies d'une lettre de M. d'Assailly, petit-
fils du général La Fayette, qui, parlant de ce même acte du gouvernement
provisoire, s'exprime ainsi :

    « On croit rêver en lisant la circulaire de M. Ledru-Rollin. On s'était
« endormi hier, en France, sous une république ; ce matin, l'on s'é-
« veille transporté dans une satrapie de l'Orient, et l'on a sous les yeux
« le feffta d'un vizir. »

Par un concours remarquable, il se trouve dans le même numéro de
la Presse une lettre par laquelle M. de Kératry, vieux champion de la
liberté, donnant sa démission motivée de membre du Conseil d'Etat,
caractérise à la fois la circulaire de M. Ledru-Rollin, et une autre circulaire publiée le 6 mars par M. Carnot, ministre de l'instruction publique [1]. Voici quelques passages de cette lettre :

    « Deux circulaires, émanées des bureaux de l'intérieur et de
« *l'instruction publique*, ont un caractère de réaction manifeste :
« elles établissent des catégories entre les citoyens, qu'au mé-
« pris des lois elles soumettent à des pouvoirs sans limites.

    « L'une, mise comme une arme à la discrétion de très-jeunes
« gens, encore chauds du feu des barricades, les autorise à bri-
« ser l'épée dans la main d'un vieil officier, à dépouiller mo-
« mentanément au moins de sa toge le juge inamovible, et ré-
« duire au néant les choix du peuple dans les administrations
« communales et départementales ! L'autre, après avoir frappé
« de sa réprobation la propriété, le talent et les services rendus
« à l'Etat jusqu'au présent jour, n'appelle à la représentation
« du pays que des hommes d'une instruction nulle ou douteuse,
« et dénués de patrimoine ou sans position assurée par un tra-
« vail honnête. »

---

[1] On sait que dans cette circulaire M. Carnot s'exprime ainsi : « La plus grande
« erreur contre laquelle il faille prémunir les populations de nos campagnes,
« c'est que, pour être représentant, il soit nécessaire d'avoir de l'éducation et de
« la fortune. »

C'est dans l'intervalle qui s'est écoulé entre la publication de ces circulaires et le décret du gouvernement provisoire qui, le jour même où il brisait l'épée de soixante-huit des plus illustres généraux de l'armée française (17 avril 1848), déclarait que « le principe de l'inamovibilité de la « magistrature est incompatible avec le gouvernement républicain », c'est dans l'intervalle qui sépare les circulaires de MM. Carnot et Ledru-Rollin des décrets par lesquels le gouvernement suspendait coup sur coup de leurs fonctions huit conseillers à la Cour de cassation , ainsi que le président et quatre magistrats de la Cour des comptes ; c'est dans cet intervalle , dis-je , qu'ont eu lieu toutes les énormes irrégularités dont j'ai été victime, et qu'on a pris les mesures exceptionnelles par lesquelles on a voulu me frapper. A ce moment, les dictateurs qui avaient annoncé dans le *Moniteur* la volonté de me perdre faisaient tout ployer au gré de leurs passions. Je parle de choses si patentes, je rappelle des faits si-connus , qu'on pourrait m' adresser le reproche de me servir à *lieux communs*; mais tant qu'on ne saura pas s'affranchir des entraves mises dès le commencement à l'exercice de la justice à mon égard, tant qu'on ne me fera pas rentrer dans le droit commun, je serai autorisé à rappeler dans quelles déplorables circonstances et sous quelles influences ont pris naissance les persécutions dont je suis l'objet.

Je prie les personnes qui liront ceci de ne pas s'en prendre à moi si je m'applique parfois à démontrer des choses généralement connues, et qui, pour tous ceux qui ont quel que connaissance des livres, sont des vérités banales. J'ai à repousser les attaques de gens qui, à beaucoup de mauvaise foi, joignent (quel que soit leur savoir en d'autres matières) beaucoup d'ignorance en fait de livres. Je m'arrêterai donc sur deux points qui ont donné lieu à des accusations, ou, pour mieux dire, à des insinuations perfides contre moi. Je veux parler des ventes d'autographes doubles que j'aurais faites et d'achats en bloc de collections considérables.

D'abord, comme il n'est pas défendu d'échanger ou de faire vendre des livres ou des autographes, et qu'il n'est pas défendu non plus d'en acheter en bloc plutôt qu'en détail, il semblerait qu'il faudrait chercher d'autres armes pour m'attaquer ; mais enfin, puisqu'on se place sur ce terrain, je dirai qu'il est constant et connu de tout le monde que tous les amateurs de Paris[1] et de l'Europe entière ont, de tout temps, mis en vente des parties plus ou moins considérables de leurs collections, et que, particulièrement en fait d'autographes, ils ont fait mettre en vente publique les pièces doubles qu'ils avaient entre les mains. Ce n'est pas commettre une indiscrétion que de rappeler qu'avant de faire vendre sa collection complète, M. Lalande, alors secrétaire de la présidence de la Chambre des pairs, avait acheté des collections entières qu'il a fait remettre en vente après avoir choisi ce qu'il lui convenait de garder. Les catalogues des différentes ventes de M. Lalande ont été publiés. Il y en a qui sont tout à fait anonymes ; d'autres portent seulement l'initiale L., initiale qui, cela soit dit en passant, a pu faire croire à quelques personnes mal informées que ces autographes m'appartenaient. Les ventes que cet amateur passionné a fait faire ont produit beaucoup plus que celles dans lesquelles se trouvaient des autographes qui m'appartenaient. J'ai déjà parlé de la vente de la collection d'autographes de Mme la marquise de Dolomieu et de celle de M. Collier de Beaubois. On pourrait citer M. de Pixérécourt, M. le marquis de Châteaugiron et dix autres amateurs qui, dans ces dernières années, ont fait mettre en vente leurs collections en totalité ou en partie au su et au vu de tout le monde, quoique le plus souvent leur nom ne paraisse pas sur leur catalogue. Dans la préface

---

[1] Tout le monde sait à Paris que M. Ternaux, ancien député, n'a pas cessé, depuis grand nombre d'années, d'acheter des collections de livres pour les remettre en vente. C'est son plaisir, et il est le premier à l'avouer. Combien de fois M. de Coislin, M. de Lurde et vingt autres amateurs n'ont-ils pas mis en vente des livres ? Qui ne sait que la partie la plus précieuse de la bibliothèque du prince d'Essling a été achetée par un bibliophile très-connu qui l'a remise en vente ?

d'un catalogue, publié en 1847, des *autographes provenant du cabinet d'un amateur* (ce n'est pas de ma collection que ces autographes étaient tirés) et mis aux enchères les 10 et 11 mai 1847, par le ministère de M. Rolin, commissaire-priseur à Paris, je trouve l'indication *des admirables pièces de Boileau, de Racine, de La Fontaine, de Louis XVI, de Marie-Antoinette, découvertes par M. Feuillet et répandues* [1] *aujourd'hui dans toutes les collections*. Tous les ans il se faisait publiquement à peu près trois ou quatre ventes d'autographes, et les personnes chargées de la vente avaient soin de prévenir tous les amateurs qu'une vente se préparait pour telle époque, et qu'on donnerait place dans le catalogue aux pièces dont ils voudraient se défaire. Tout cela se passait loyalement, publiquement, et c'était tout simplement une manière d'écouler les pièces doubles et d'en acheter d'autres. C'était pour ainsi dire un grand échange aux enchères qui se renouvelait à des époques déterminées. C'est au moyen de ces ventes seulement que chacun se trouvait dans le cas de pouvoir augmenter sa collection. Le goût des autographes s'était tellement répandu dans ces derniers temps, les belles pièces étaient devenues tellement chères, qu'il était difficile à la plupart des amateurs de se procurer, dans ces ventes, les pièces qu'ils désiraient. Par des achats individuels, on se serait ruiné en peu de temps. C'était seulement par l'achat de collections considérables, d'archives entières, de correspondances d'hommes célèbres qui se présentaient de temps à autre à vendre à l'amiable, et dont le prix dépassait les ressources des petits amateurs, qu'on pouvait se mettre à même de satisfaire un goût si cher et si ruineux. En autographes, comme en toute autre chose, l'abondance de la marchandise produit une baisse de prix, et si le propriétaire d'une correspondance dans laquelle se seraient trouvés, par exemple, vingt lettres autographes de Racine, ou cinquante lettres de Louis XVI, avait mis toutes ces lettres en vente à la fois, il en aurait trouvé à peine le prix que se vendent en temps ordinaire trois ou quatre de ces lettres prises isolément. Il arrivait donc naturellement que les personnes qui voulaient vendre de semblables collections, et il s'en découvrait tous les ans quelqu'une dans les archives des anciennes familles, et parfois dans des archives publiques vendues par ignorance ou autrement (voyez pag. 60, etc.), s'adressaient à des amateurs qui étaient à la piste de ces trouvailles. Une fois qu'on avait ainsi acheté en bloc pour quelques milliers de francs une grande collection, on commençait par en tirer les pièces les plus belles, ou celles auxquelles on attachait le plus de prix, et l'on mettait successivement en vente, à des intervalles qui ne pouvaient pas être trop rapprochés, les pièces doubles, triples, centuples même qu'on avait entre les mains. Ordinairement, ces achats en bloc avaient lieu sans catalogue descriptif, ou du moins avec des indi-

---

[1] C'est-à-dire répandues par la mise en vente dans vingt catalogues successifs, comme le savent tous les libraires, tous les amateurs.

cations si vagues, que cela ne pouvait servir nullement à constater l'identité des pièces. On achetait les archives d'une famille, des correspondances entières, ou du moins des lots considérables sans aucune description détaillée. Ce n'était pas seulement dans ces ventes particulières et à huis clos que les choses se passaient ainsi; très-souvent on mettait en vente publique des masses considérables de chartes ou d'autographes sans aucune description, ou avec les indications les plus génériques. Pour donner les preuves de ce que j'avance, je n'ai véritablement que l'embarras du choix. Ainsi, par exemple, dans le *catalogue* publié par M. Silvestre, libraire, *de la bibliothèque du cardinal Zondadari*, mise aux enchères le 9 décembre 1844 et jours suivants, je trouve (p. 160) les n°s 132, 133, 134, 135 et 136 des autographes, qui ne portaient tous les cinq que cette indication : *différents personnages illustres, 20 pièces*; ce qui forme un total de 100 pièces autographes de *personnages illustres*. Comment celui qui aura acheté ces pièces pourra-t-il en constater l'identité? Autre exemple : dans le *Catalogue d'autographes, manuscrits*, etc., etc., de M. G*** (première partie), publié par M. Techener, et dont la vente a eu lieu le 2 février 1846, à Paris, se trouve à la fin cette indication :

325. *Sous ce numéro, il sera vendu un grand nombre de pièces que le temps n'a pas permis de cataloguer.*

Dans la deuxième partie de cette même vente, qui devait avoir lieu les 6 et 7 février de la même année, je lis cette seule indication au numéro 165 : *Lot de chartes et documents divers sur vélin, bulles,* etc., *qui sera détaillé en quelques lots.* Il serait superflu de donner d'autres preuves d'un fait si universellement connu et qui s'applique aussi bien aux livres qu'aux chartes et aux autographes. Pour en revenir à ce qui me touche, je dirai qu'à plusieurs reprises j'ai fait de ces marchés en bloc, et que je m'en suis toujours très-bien trouvé. J'ai entre les mains la facture d'un libraire célèbre qui m'a vendu, en une seule fois, 119 volumes contenant plus de vingt mille lettres autographes. Dans ce nombre, la facture n'en indiquait que *deux*, et qui même n'étaient pas les plus précieuses parmi celles que cet immense recueil contenait. Dans la collection des manuscrits du marquis Pucci, que j'ai achetée en Italie, et qui contenait 533 articles manuscrits (voyez ci-dessus, page 76), dont un assez grand nombre en plusieurs volumes, il y avait une multitude de lettres et écrits autographes qui n'étaient nullement annoncés (quoique la vente eût lieu d'après un inventaire), et qui dans l'inventaire n'étaient indiqués que comme des *paquets* (fasci). J'ai déjà parlé, dans ma réponse à M. Boucly, d'un achat considérable que je fis à l'Hôtel du domaine de tous les papiers d'un vieux savant, vendus après décès et sans inventaire, sous la direction de M. Techener. Cette collection, je devrais dire ce fouillis, se composait d'une multitude de cartons, qui furent vendus ficelés, et dans lesquels je trouvai une masse d'autographes. En répondant au rapport de M. Boucly, j'ai parlé également de l'achat que, le 8 février 1842, j'ai fait, par l'entremise de M. Merlin, de tous les papiers du célèbre *Huet*, qui se trouvaient entre les mains de MM. de Piedone et de Rancogne. Il y avait là plus de 5,000 lettres autographes des personnages les plus célèbres du dix-septième siècle, que j'achetai d'après un catalogue, et pourtant ce catalogue ne pourrait pas servir à constater l'identité d'une seule de ces pièces. Il ne s'y trouvait, en effet, que des indications de cette nature : 100 lettres de Bossuet ; 330 lettres de Ménage ; et puis tant de lettres d'Huyghens, tant de lettres de Leibnilz, tant de lettres d'Hévélius, etc. J'ajouterai, afin qu'on se rende compte du bénéfice qu'on pouvait faire en achetant ainsi en bloc, que, sans compter la commission, j'ai eu toute cette masse de papiers (outre les correspondances, il y avait plusieurs volumes manuscrits) pour 4,000 fr., et que, par des échanges et des ventes successives d'une partie des pièces doubles, j'ai tiré de cette collection plus de 10,000 francs, sans que le nombre des pièces qui la composaient fût diminué de plus d'un sixième. Je suis certain que, même en gardant les pièces les plus importantes, on aurait pu retirer de cette collection, mise en vente peu à peu, vingt mille francs au moins. Il en était de même de toutes les acquisitions que j'ai faites en bloc. Dans la grande collection des manuscrits Pucci, il y avait, sur 555 articles, 18 manuscrits du Dante. Je puis prouver qu'on m'offrait, en 1847, de ces 18 manuscrits, plus que ne m'avait coûté la collection entière. Il n'y avait à cela ni sorcellerie, ni miracle. Une certaine connaissance des livres, l'augmentation progressive du prix de toutes choses dans les années tranquilles qui ont précédé la révolution de Février, et l'effet de la vente en détail de toute acquisition faite en bloc d'une manière intelligente, avaient dû produire naturellement ce résultat. Je demande de nouveau pardon à mes lecteurs de les avoir entretenus longuement de choses si banales ; mais c'est que j'ai affaire à de telles gens !

Comme dans ma lettre à M. le ministre de l'instruction publique je cite, à différentes reprises, ma *Réponse au rapport de M. Boucly*, j'ai pensé devoir, pour les personnes qui n'auront pas lu cette réponse dont on a tiré 6,000 exemplaires à Paris et 5,000 à Londres, reproduire ici quelques passages relatifs à des faits importants. Et d'abord, voici le passage dans lequel je rends compte de la manière dont le *Rapport de M. Boucly* a pris naissance.

« Vers la fin du mois de janvier dernier, M. Commendeur, commissaire-priseur à Paris, dont la probité est bien connue et auquel j'avais confié, il y a un an, le soin de présider à la vente d'une partie de mes livres, vint m'annoncer qu'il avait reçu l'invitation de se rendre au parquet avec le procès-verbal de cette vente. Là, M. Delalain, substitut de M. Boucly, procureur du roi, lui avait demandé les noms des acquéreurs de deux volumes, un *Théocrite* d'Alde de 1495, et un *Castiglione* de 1528, qui avaient figuré dans le catalogue de mes livres sous les numéros 294 et 2701. Après avoir fait connaître ces noms, M. Commendeur fut interpellé de la manière suivante : « Avez-vous « entendu, pendant la vente, quelques personnes faire la remar- « que que des cachets auraient été enlevés sur certains livres ?» A quoi M. Commendeur répondit vivement, qu'il n'avait rien entendu de pareil, et qu'aucun fait de cette nature n'était parvenu à sa connaissance. Comme nous le verrons plus loin, cette dernière partie de la déposition de M. Commendeur n'a pas été mentionnée dans l'article du *Moniteur*.

« En sortant du cabinet de M. Delalain, M. Commendeur vint chez moi. Quelques minutes de recherches dans mes papiers me suffirent pour pouvoir lui fournir la preuve écrite [1], que ces deux volumes étaient entrés dans ma bibliothèque par des moyens parfaitement licites et réguliers.

« Fort de ma conscience, et armé des preuves qui constataient l'origine des deux volumes en question, je pouvais attendre tranquillement les suites de cette affaire. Il n'en fut pas ainsi. J'annonçai immédiatement à M. Commendeur et à une autre personne qui se trouvait alors chez moi, que j'irais au-devant de

[1] « Voyez plus loin aux §§ 19 et 25. »

l'attaque, et que je traduirais en justice quiconque aurait, par une dénonciation calomnieuse, motivé ces investigations du procureur du roi. M. Commendeur s'efforça vainement de m'apaiser, en me rappelant que dans d'autres circonstances récentes, notamment lors de la vente des livres de M. de Soleinne, la justice avait fait de semblables recherches qui n'avaient abouti à aucun résultat. Je persistai dans ma détermination. Sans perte de temps, le même jour, je me rendis auprès de M. Guizot [1], président du Conseil des ministres, pour l'instruire de cette affaire, et pour lui demander son avis sur la manière d'obtenir une réparation. Pendant la conversation que j'eus l'honneur d'avoir avec lui à ce sujet, j'exhibai les pièces qui établissaient l'origine des deux volumes dont il s'agissait.

« Cet entretien eut lieu en présence d'un des employés supérieurs du ministère. M. Guizot me promit qu'il parlerait de cette affaire à M. Hébert, ministre de la justice. Craignant que le mouvement politique, déjà si vif à cette époque, ne fît perdre de vue pour un moment ce qui me concernait, j'insistai pour que M. Hébert fût consulté sans retard. M. Guizot eut la bonté d'accueillir ma demande, et il chargea la personne qui assistait à cet entretien d'aller, le lendemain matin de bonne heure, parler à M. Hébert. A midi, on me rapportait au ministère des affaires étrangères, où je l'attendais, la réponse du ministre de la justice. Il avait dit qu'il ne connaissait pas cette affaire, et qu'il demanderait des renseignements au procureur du roi.

« En recevant cette réponse, je m'empressai de rédiger une note dans laquelle, me plaignant de ce qui s'était passé, j'annonçais que j'étais prêt à fournir les moyens de constater l'origine, parfaitement régulière, des deux volumes sur lesquels s'était portée l'attention du parquet. Je demandais en même temps l'autorisation de poursuivre devant les tribunaux ceux qui avaient pu, par des dénonciations calomnieuses, faire naître des soupçons dans l'esprit du procureur du roi. Cette note, dont je ne puis rapporter la substance, fut, en ma présence, adressée au ministre de la justice, afin que M. Hébert voulût bien la

---

[1] « Ce n'est pas sans regret que j'ai dû me résoudre à faire intervenir le témoignage de M. Guizot dans une affaire de cette nature ; mais le besoin de ma défense l'exigeait si impérieusement, que je n'ai pas pu hésiter. Je dois déclarer ici que, chaque fois que j'ai eu l'honneur de citer M. Guizot, j'ai eu soin de m'assurer que ses souvenirs étaient parfaitement d'accord avec les miens. »

transmettre à M. Boucly. C'est à ma note que, sans en faire mention, ce fonctionnaire répond, dans le *Rapport* confidentiel qui a été inséré au *Moniteur*[1], et c'est pour cela, sans doute, que ce rapport fut renvoyé au président du Conseil, qui avait transmis mes observations à M. Boucly.

« Ma note était très-nette, très-précise; elle doit exister encore au parquet. J'offrais les preuves de la légitime possession, du *Théocrite* et du *Castiglione*, et je demandais en même temps le nom du calomniateur pour le traduire devant les tribunaux. J'ignorais, et je ne devais pas imaginer, que des actes d'une telle portée, que des investigations judiciaires eussent pu avoir lieu uniquement sur des dénonciations anonymes : on verra plus loin qu'il n'y en avait pas d'autres[2]. En lisant ma note, le procureur du roi, ou son substitut, a dû commencer à s'apercevoir qu'il s'était avancé un peu légèrement. Il avait procédé sans m'entendre, et j'annonçais des documents qui renversaient toute l'accusation ; il s'était appuyé sur des dénonciations anonymes, et je demandais à me trouver en face d'un calomniateur qu'on ne pouvait pas me représenter. Aussi ce rapport est-il plutôt une apologie de la conduite du parquet, qu'une appréciation impartiale des faits.

« Le rapport de M. Boucly ne parvint au ministère des affaires étrangères que très-peu de temps (deux ou trois jours, à ce que m'a fait l'honneur de me dire M. Guizot depuis) avant le 22 février. M. Guizot lut cette pièce, et d'après ce qu'il m'en a dit, la trouvant remplie de bruits vagues, d'assertions sans preuves, appuyées sur des dénonciations anonymes, et sachant d'ailleurs que je possédais des pièces qui établissaient la fausseté des seuls faits avancés dans ce document, il n'y attacha aucune importance sérieuse, et il continua à me témoigner la même amitié, la même confiance dont il m'a toujours honoré. Personne ne me dit rien de ce rapport, et M. Guizot se proposa de me demander, plus tard, après l'affaire du Banquet, de fournir à M. Boucly les explications qu'il m'était si facile de lui présen-

---

[1] « Je prends ce rapport tel qu'il a paru, quoique les falsifications qu'on y rencontre, et dont il sera question dans la suite, semblent annoncer que ainsi qu'on me l'a écrit de Paris, ce document a dû être altéré à l'impression. N'ayant aucun moyen de distinguer la rédaction originale de ce qu'on a pu y ajouter, je suis obligé de répondre à ce que le *Moniteur* a publié, comme si tout était l'œuvre de M. Boucly. (Voyez plus loin les §§ 22, 28 et 31.)»

[2] « Voyez les §§ 5 et 11. »

ter, et de m'entendre avec lui pour les suites que je croirais devoir donner à cette affaire. Le Rapport resta au *cabinet* pour
m'être communiqué dans des moments plus tranquilles : voilà
pourquoi on l'y a trouvé après la Révolution. »

L'animosité du *National* contre moi est ancienne, et c'est, à ma connaissance, le premier journal qui ait mis en circulation des calomnies
contre moi. Je ferai peut-être connaître dans une autre occasion par
quelle voie ces calomnies arrivaient au *National*. Pour le moment, je
crois devoir reproduire ici quelques documents que j'avais déjà publiés dans ma *Réponse*, et qui prouvent qu'avant la révolution de Février, et lorsque la presse n'était pas libre de répandre la calomnie sur
un individu quelconque, le *National* savait reconnaître qu'il m'avait calomnié sans *aucune raison*; ce qui ne l'a pas empêché de recommencer.
Je reproduis d'abord un article du Rapport de M. Boucly, et je le fais
suivre de la réponse qui a déjà paru :

« § 25. *Plusieurs fois déjà les journaux ont fait des allusions aux
soupçons qui pèsent sur M. Libri, et qu'on représente comme étant
d'une notoriété presque publique. Dans un article de critique littéraire,
le* National *du 6 septembre 1844, voulant parler de M. Libri, le désignait « comme un homme bien connu pour le zèle qu'il met à conserver
les bibliothèques. » On assure que M. Libri se trouva fort offensé de
ces mots : des amis intervinrent de part et d'autre, sans que du reste il
en soit résulté aucune rétractation de la part du journal.*

« Depuis longtemps les journaux de l'opposition s'acharnaient
à Paris contre les hommes franchement attachés au gouvernement de Juillet. Quoique très-malveillantes, les calomnies que
ces journaux répandaient étaient cependant voilées avec beaucoup d'art, et bien qu'elles fussent parfois assez intelligibles,
elles pouvaient être, au besoin, désavouées par leurs auteurs, et
donnaient rarement lieu à exiger une réparation judiciaire. Il
n'est pas nécessaire de rappeler toutes les calomnies qui ont été
répandues en France contre les hommes les plus respectables,
qui cependant reculaient presque toujours devant les difficultés
et les périls d'un procès. On avait pris généralement le parti de
mépriser ces infamies, et je crois que l'on avait eu tort. Pour moi,
je n'ai rien à me reprocher à cet égard, et M. Boucly a été mal
informé, lorsqu'il a cru que je faisais si bon marché de ma réputation. L'article du *National* dont il est parlé ici fut publié pendant que j'étais en route pour l'Italie. J'en eus connaissance, par
hasard, dans une auberge. Mon nom n'était pas prononcé dans cet

article ; on y parlait vaguement de deux membres de l'Institut qui avaient eu une discussion à propos de Pascal, et qui étaient bien connus l'un et l'autre pour le zèle qu'ils mettaient à *conserver* les bibliothèques. Pour le public, la chose était fort obscure ; pour quelques adeptes, il était clair qu'il s'agissait ici de M. Cousin et de moi. M. Cousin aura probablement méprisé une telle attaque. Quant à moi, loin de la négliger, j'écrivis immédiatement à plusieurs de mes amis de Paris, pour qu'ils eussent à demander une réparation. Je parlai de procès en diffamation. Un d'entre eux, que je nommerais, si je pouvais le faire sans inconvénient pour lui, me répondit qu'il avait consulté un de ses oncles, homme très-versé dans cette matière, et qu'aucun procès n'était possible contre une attaque si enveloppée ; que, d'ailleurs, j'étais bien en position de mépriser de telles calomnies, et qu'il ne fallait plus y songer. J'avais adressé, à cette occasion, une lettre très-pressante à mon ami, le comte Mamiani, en le priant de voir de ma part M. Paulin, ancien gérant du *National*, qui, ayant été l'éditeur de deux de mes ouvrages, avait conservé quelques relations avec moi. Je disais à M. Mamiani que je voulais à tout prix une réparation, et que, si on me la refusait, je l'obtiendrais, à mon retour, n'importe par quel moyen. Les explications ne se firent pas attendre. Le 26 septembre, je recevais à Florence la réponse de M. Mamiani, accompagnée de deux lettres, l'une de M. Thomas, directeur du *National*, à M. Paulin, l'autre de M. Paulin à M. Mamiani. Je donne ici ces trois lettres. Après les avoir lues, on verra si je pouvais désirer des explications plus satisfaisantes.

« *Le National de* 1834, rue Lepelletier, n° 3.

« Paris, ce 18 septembre 1844.

« Mon cher Paulin,

« Je vous félicite bien de l'heureuse issue de l'affaire dont vous me parlez dans votre lettre, et je vous remercie d'avoir songé à me l'annoncer.

« Vous ajoutez dans votre lettre, que M. Libri se plaint d'une insinuation injurieuse qui aurait été faite contre son caractère par l'un des rédacteurs du *National* dans le numéro du 6 septembre. M. Libri est un adversaire dont nous avons eu à nous occuper quelquefois, et l'occasion pourra se présenter de nous en occuper encore. Mais il ne peut être dans nos intentions de dépasser à son égard, pas plus qu'à l'égard de qui que ce soit, les limites d'une discussion juste et loyale.

« Nous n'avions *aucune raison* de dire que M. Libri eût *conservé* les livres des bibliothèques publiques. Si donc la phrase dont il se plaint avait le sens qu'il indique, je n'hésiterais pas à reconnaître qu'on aurait eu tort de la publier. Vous comprendrez d'ailleurs que le nom de M. Libri ne se trouvant pas dans l'article, la portée de l'accusation ait pu nous échapper.

« Agréez, mon cher ami, l'expression de nos sentiments les plus affectueux.

« THOMAS [1].

« *P. S.* — Vous n'avez pas, j'espère, oublié votre promesse. Nous nous verrons donc ce soir. »

« Voici la lettre de M. Paulin au comte Mamiani :

« Paris, le 18 septembre 1844.

« Monsieur,

« Je reçois la lettre ci-jointe du directeur du *National*, M. Ch. Thomas. Je pense qu'elle devrait satisfaire M. Libri mieux qu'un désaveu public, qui aurait pour effet de faire remarquer l'insinuation qui a sans doute été peu remarquée.

« J'ajoute à cette lettre de M. Thomas que le résultat de ma conversation avec lui a été, que ce malheureux mot avait passé sans qu'on s'en aperçût, et qu'il le regrette sincèrement.

« Veuillez, monsieur, me rappeler au bon souvenir de M. Libri, et recevoir l'assurance des sentiments avec lesquels je suis

« Votre très-humble serviteur,
« PAULIN. »

« En même temps, M. Mamiani m'adressait la lettre suivante :

« Caro e onorando amico,

« Le due incluse mostrerannovi a qual termine sia la faccenda del *National*. Monsieur Paulin fu amareggiato assai di quell' epiteto calunnioso ed a voce m'à detto che se la lettera del Tho-

---

[1] Cette lettre porte pour adresse : A M. Paulin, libraire, rue de Richelieu.

mas non vi acquieta, egli insisterà per una ritrattazione esplicita ; ei m'à per altro aggiunto (e ciò inducesi anco dal tenore della sua lettera) che non gli pare il caso, perché la frase, affatto incidente, da pochissimi debb' essere stata rilevata ; che il vostro nome non ci sta; che non ci siete solo ; che l' accusa è affatto indeterminata e indiretta. Quanto a me, mi sembra che tornerebbevi meglio serbare la indignazione per cosa forse di più rilievo ; pur troppo altre occasioni non tarderanno, perché siete in lizza ed avete a fronte avversari numerosi e insolenti. Ma questo io dico timidamente, essendo voi solo giusto giudice e stimatore di quel che s'attiene all' onore e alla fama vostra. Spiacemi che non s' è potuto procedere più lesti e v'accerto che non è mancato da me nè dal Paulin, il quale mostra di amarvi e stimarvi altamente. Scrivetemi un rigo per norma e istruzione di quello che io debba fare, e sarete obbedito subito e per appunto. Spero che il viaggio sia tutto passato prosperamente e la salute in via di risorgere anzi di rifiorire affatto. Ricordatemi agli amici comuni ; segnatamente, al Niccolini, al Capponi, e al Vieusseux.

« Tutto vostro,
« Terenzio Mamiani [1].

« Di Parigi, li 18 Settembre del 44, rue de Clichy, 66. »

J'ai parlé plus haut (page 33-34) de livres que j'ai achetés ou fait acheter sans les examiner, et que j'ai rendus à différentes bibliothèques, dès que je me suis aperçu qu'ils portaient l'estampille de quelque établissement public. Parmi les pièces que, dans ma Réponse, j'ai citées à l'appui de cette assertion, figurait une lettre que m'adressa, en 1843, M. Varin, conservateur-adjoint à la bibliothèque de l'Arsenal. Je reproduis ici cette pièce, non-seulement comme preuve du fait que j'avance, mais aussi parce qu'elle montre que la bibliothèque de l'Arsenal a fait, comme d'autres bibliothèques (voyez ci-dessus, page 261) des ventes de livres dont elle ne conserve pas un souvenir bien précis, et que, sous prétexte de vendre des doubles, elle s'est défait de livres rares dont elle ne conserve pas un autre exemplaire :

« *Bibliothèque de l'Arsenal.*

« Paris, 11 mars 1845.

« J'ai eu l'honneur de passer plusieurs fois chez M. Libri, sans avoir l'avantage de le rencontrer pour le remercier de l'offre obligeante qu'il voulait bien faire à l'Arsenal d'une Bible de Diodati in-4°, avec timbre de l'Arsenal même. Je voulais lui dire, en même temps, que nos catalogues ne portaient nulle trace de cette Bible, et n'en indiquaient qu'une seule in-4°, de Diodati, au millésime de 1607. Notre édition n'étant pas celle de M. Libri, nous recevrions celle-ci avec reconnaissance, mais *comme pur don*, car rien ne nous autorise à la retenir autrement! Elle a dû faire partie d'une vente de doubles qui a eu lieu sous la Restauration dans notre Bibliothèque.

« Je saisis vivement cette occasion de me rappeler au meilleur souvenir de M. Libri, et de le prier de croire à l'affection respectueuse de

« Son tout dévoué ,
« P. VARIN. »

« Bien entendu que ce renseignement est *officieux*, car M. Cayx seul pourrait en donner d'officiels. »

« Il est bon de faire remarquer ici (ajoutais-je dans ma *Réponse*), que, puisque le catalogue de la Bibliothèque de l'Arsenal ne mentionnait pas l'édition de la Bible de Diodati, que j'ai rendue, avec l'estampille de la Bibliothèque, il en résulte que, si ce volume a été compris dans une vente de doubles, il n'était pourtant pas *double*. Dans toutes les bibliothèques de la France, sous prétexte de se défaire des doubles, on a vendu ou échangé des livres précieux dont on ne possédait qu'un seul exemplaire. »

Pour d'autres parties de ma *Réponse*, telles, par exemple, que la manière péremptoire dont j'ai repoussé toutes les assertions calomnieuses du Rapport de M. Boucly qui ne restent pas dans le vague, et notamment ce qui est relatif au *Psautier* de la Chartreuse de Grenoble, au *Cortigiano* à la reliure de Grolier, et au *Théocrite* d'Alde qu'on m'accusait d'avoir enlevés aux bibliothèques de Grenoble et de Carpentras, il suffira de lire (page 121 et suiv.) les extraits que MM. Encke, De Morgan, Ch. Witte, Stern et d'autres savants ont donnés de ma Réponse.

Comme j'ai affaire à des gens qui ont fait leurs preuves en fait de mauvaise foi, je veux que toutes mes assertions soient appuyées sur des faits, même quand il s'agit de vérités banales. On a prétendu que mes travaux personnels, que les traitements que j'avais en France ne pouvaient me permettre de former une bibliothèque aussi considérable que celle que j'avais rassemblée. A cela j'ai répondu que j'achetais des livres depuis plus de trente ans; qu'avant de venir en France, j'avais formé en Italie une collection considérable qui contenait des livres achetés par moi depuis presque mon enfance ; qu'une partie notable de cette collection m'a été expédiée à Paris à différentes reprises ; que ma mère avait payé pour moi la grande collection des manuscrits Pucci, et fait beaucoup d'autres acquisitions de livres et de manuscrits qui m'ont été envoyés en France, et enfin que j'avais reçu d'Italie des sommes fort considérables. Ce sont là des faits généralement connus en Italie. Voici quelques preuves à l'appui de ces assertions.

J'ai déjà parlé, dans le § 27 de ma *Réponse au Rapport de M. Boucly*, de ce choix de livres anciens et rares que M. Arago voulut bien accepter, lorsqu'en 1825 j'eus l'honneur de le recevoir chez moi à Florence ; j'ai donné, au même endroit, une lettre que MM. Cuvier et Fourier, secrétaires perpétuels de l'Académie des Sciences de Paris, m'adressaient à Florence le 25 janvier 1830, et dans laquelle se lisait le passage suivant :

« L'Académie ne peut être qu'extrêmement sensible à l'offre que vous voulez bien lui faire d'enrichir sa Bibliothèque d'un choix d'anciens ouvrages de physique et de mathématiques, servant principalement à faire connaître les progrès des sciences en Italie depuis la moitié du seizième siècle. L'obligation qu'elle vous aura de cet envoi sera partagée par tous ceux qui cultivent les sciences dans notre capitale, et surtout par ceux qui en étudient l'histoire ; car il est très-vrai que la plupart des ouvrages dont vous avez envoyé la liste ne se trouvent dans aucune de nos bibliothèques publiques. Nous joignons une note de ceux que nous avons déjà dans la nôtre, afin que vous ne les compreniez pas dans l'envoi que vous vous proposez de faire à l'Académie. La voie du commerce nous paraît la plus prompte et la plus sûre pour le transport de ces livres. Nous vous invitons en conséquence à faire adresser la caisse qui les contiendra à *MM. Bustelli*, banquiers à Livourne, avec invitation, etc. »

Dans la *Réponse*, j'ai joint cette note explicative à la lettre de
MM. Cuvier et Fourier :

« Le motif qui m'avait porté à offrir à M. Arago et à l'Institut
les ouvrages les plus remarquables des anciens savants italiens,
est que j'avais vu avec peine combien peu on était alors disposé
en France à tenir compte des travaux scientifiques des Italiens.
Je crois devoir ajouter ici que j'avais annoncé dernièrement à
M. Landresse, bibliothécaire de l'Institut, que, lorsque le catalogue de mes livres scientifiques serait achevé et classé, je le
prierais de venir chez moi choisir tous les ouvrages rares de
science que je pourrais posséder et qui manqueraient à la Bibliothèque de l'Institut, à laquelle je voulais faire présent de ces ouvrages. M. Landresse ne saurait avoir oublié la conversation que
nous eûmes à ce sujet et dans laquelle il fut convenu que,
entre autres livres, il prendrait un ouvrage fort rare de Papin
que j'avais. Ce n'est pas ma faute si cette offre n'a pas pu être
réalisée. »

On peut voir, par des documents publiés dans ma *Réponse*, que j'avais
fait de nombreux présents d'ouvrages rares et précieux à plusieurs bibliothèques de la France ; entre autres, à la bibliothèque de Reims, un
volume imprimé sur peau vélin, que le bibliothécaire, dans sa lettre de
remerciement (publiée dans ma *Réponse*, § 34), appelait un *présent royal*.
Je ne citerais pas ici d'une manière spéciale la *Galeomyomachia*, dont j'ai
fait présent à la bibliothèque Mazarine de Paris (voyez le *Journal des Débats* du 19 mai 1847), si je n'avais entre les mains des documents authentiques qui prouvent que je possédais en Italie, avant 1830, ce volume si
rare. C'est là un nouveau fait à l'appui de ce que j'ai avancé, savoir : que
j'avais en Italie une collection d'ouvrages rares et choisis.

Je possède une foule de documents, de reçus, de factures qui prouvent
que depuis plus de trente ans j'achète des livres, des autographes, des
manuscrits. Je n'en citerai que deux. Voici le premier.

« A di 1° Agosto 1819.

« Io sottoscritto ho ricevuto del signor Guglielmo Libri ,
« paoli cento diciassette e mezzo fiorentini, tanti mi paga per
« valor di libri ch' io gli ho venduti di proprietà della signora
« Teresa Babbini.

    « Ed in fede dico paoli 117 1|2.

      « Io ANTONIO FILIPPI, mano propria. »

L'autre est une quittance de MM. Mondolfi et Ce, banquiers de Florence, pour 760 livres de Toscane qu'ils ont reçues pour valeur et commission de 600 fr. payés à MM. Adriani et Ce, banquiers de Turin, pour prix des deux ouvrages suivants achetés par moi, au su et au vu de tous les bibliophiles du Piémont, le 24 mai 1830, chez M. Pic, libraire de Turin.

Valerii Flacci Argonauticæ, *Bononiæ*, 1474, in-folio.

Manilii Astronomica, *Bononiæ*, 1474, in-folio.

Les deux ouvrages imprimés sur *peau vélin* et avec miniatures.

Ces exemples suffiront, j'espère, pour prouver que depuis longtemps je possédais une bibliothèque en Italie et que j'achetais des livres rares et chers [1]. Je ne parle pas des livres nombreux qui existaient déjà dans ma famille. Je parle seulement de ceux que je n'ai cessé d'acheter depuis presque mon enfance.

J'ajouterai que j'ai entre les mains le contrat de la vente que m'ont faite les héritiers du marquis Pucci, de la célèbre collection des manuscrits Pucci, qui, comme je l'ai dit à plusieurs reprises, formait un total de 533 articles, la plupart véritablement précieux. Après que j'ai eu fait relier séparément ce qui était en paquets (*fasci*), cette collection a formé un total de plus de 700 volumes. Cette collection a été payée par ma mère 3,000 *scudi*, et avec les frais de port, etc., elle est revenue à plus de 18,000 fr. à Paris. Le traité original, qui se trouve entre mes mains, est du 17 décembre 1840 ; il est signé par les deux sœurs et héritières du marquis Pucci défunt (Madame la comtesse Guicciardini et Madame la marquise Bourbon del Monte), et par le marquis Gino Capponi qui voulut bien se faire le dépositaire de cette collection jusqu'au moment où elle me fut expédiée en France. Dans ma *Réponse* (§ 28 bis), j'ai déjà dit qu'avec mon autorisation, le marquis Capponi avait mis ces manuscrits à la disposition de l'Académie de la Crusca, qui a bien voulu m'en remercier dans la nouvelle édition de son grand *Vocabulaire*.

J'ai parlé, à plusieurs reprises, des sommes que ma mère m'a fait payer à Paris et qui augmentaient les moyens que j'avais d'acheter des livres. Voici une lettre d'un banquier très-connu de Florence, M. Fermi, qui prouve que, seulement par son entremise, ma mère m'a fait payer une somme de 53,916 fr., et qui montre en même temps ce qu'on pense à Florence des calomnies dont on me poursuit à Paris.

---

[1] S'il fallait entrer dans les détails, cela ne finirait pas. J'ajouterai seulement que j'ai entre les mains les preuves de l'acquisition que j'ai faite en Italie, il y a plus de vingt-cinq ans, d'une collection nombreuse d'autographes rassemblés en France par un savant très-connu qui a appartenu à l'Institut.

Al signor professore Guglielmo Libri, a Londra.

Pregiatissimo signor professore,

Ho avuto il vantaggio di rimettere alla signora R. Libri, di lei madre, il prospetto estratto dai libri della mia ragione delle somme da essa rimessemi in varie epoche perchè venissero pagate a lei, signor professore, col mezzo dei corrispondenti della mia casa.

Da questo prospetto risulta che dall' anno 1831, le furono fatte pagare in più volte a Parigi lib. 64,184, pari a franchi 53,916; avvertendo che in tal somma sono comprese le lire 16,216 rimesse di sotto il 9 e 13 luglio 1847, pel mezzo dei banchieri Todros e fratelli e Marcuard e Cⁿ, e franchi 2,000 pagatile nel 26 febbrajo 1848, daisi gnori Marcuard e Cⁿ.

Le calunnie che la nequizia e l'invidia della superiorità dei di lei meriti scientifici hanno potuto inventare contro di lei dopo essere caduti al di lei piedi, com' è avvenuto, dovevano rimbalzare sopra la fronte dei loro autori.

Tutta Firenze ha potuto dolersi delle perverse intenzione dei suoi nemici stranieri; ma la di lei fama morale e scientifica è rimasta splendida e pura, ed ella farà sempre l'onore ed il vanto dei suoi concittadini italiani.

Voglia credermi col senso della maggiore stima e considerazione,

Suo devotissimo servitore.

Fermi.

Firenze, 3 ottobre 1848.

A monsieur Guillaume Libri, à Londres.

Monsieur le professeur,

J'ai eu l'avantage de remettre à madame R. Libri, votre mère, le relevé, d'après les livres de ma maison, des sommes qui me furent remises par elle à des époques différentes pour être payées à vous, monsieur le professeur, par le moyen des correspondants de ma maison.

De ce relevé, il résulte que 64.184 livres, égales à 53,916 francs, vous furent payées en plusieurs fois depuis l'année 1831; en faisant observer que dans cette somme sont comprises les 16,216 liv. payées le 9 et le 13 juillet 1847 par l'entremise des banquiers Todros et frères, et Marcuard et Cⁿ, et 2,000 fr. payés le 26 février 1848, par MM. Marcuard et compagnie.

Les calomnies que la méchanceté et l'envie pour la supériorité de vos mérites scientifiques ont pu inventer contre vous, après être tombées à vos pieds, ainsi qu'il est arrivé, devaient retomber sur le front de leurs auteurs.

Toute la ville de Florence a eu occasion de s'affliger de l'intention perverse de vos ennemis étrangers: mais votre réputation morale et scientifique est restée brillante et pure, et vous serez toujours l'honneur et l'orgueil de vos concitoyens d'Italie.

Veuillez me croire, avec les sentiments de la plus grande estime et considération,

Votre très-dévoué serviteur,

Fermi.

Florence, 3 octobre 1848.

Après avoir lu ces explications qui seront complétées, s'il le faut, par M. Lacroix dans le Catalogue qu'il prépare des manuscrits que j'ai vendus à lord Ashburnham, après avoir pris connaissance de tout ce que j'ai dit dans ma *Réponse* sur les efforts que j'ai toujours faits pour augmenter ma collection à l'aide d'achats considérables en Italie, en Angleterre, en Allemagne, en Espagne, je ne crois pas que l'on soit encore tenté de reproduire cette insinuation calomnieuse, *qu'on ne sait pas par quels moyens j'ai pu former ma bibliothèque.*

Les gens qui, en 1831, au commencement de mon émigration, m'ont vu vivre modestement en travaillant, pouvaient se rappeler m'avoir connu auparavant plusieurs fois à Paris, cultivant les sciences et achetant des livres. Quelques savants français m'avaient même vu à Florence, au milieu de mes livres, et ils avaient pu se convaincre qu'avant de quitter l'Italie, je possédais une collection nombreuse. Au lieu de servir d'argument contre moi, ma vie laborieuse et sévère de 1831 devait me mériter l'estime des honnêtes gens, et prouver à tout le monde qu'un homme qui savait supporter ainsi l'adversité n'avait pas une âme cupide et ne commettrait jamais le plus ignoble des crimes.

Un seul mot encore. Pendant que sur la foi de certains journaux qui osaient annoncer que j'avais été condamné pour vol en Italie, M. Carnot faisait rayer illégalement mon nom des programmes des Cours de la Sorbonne et du collége de France, le gouvernement toscan (malgré les hostilités politiques les plus vives, malgré les démissions réitérées que je lui ai adressées à différentes époques) a toujours voulu que je figurasse parmi les professeurs honoraires de l'Université de Pise, et, depuis 1824, mon nom a été reproduit invariablement sur le programme annuel des Cours de cette Université. C'est là une leçon de modération et de bon goût, donnée par le grand-duc de Toscane aux dictateurs de Février.

Je vais grouper ici des renseignements, des indications qui n'ont pas pu trouver place ailleurs, et qui sont néanmoins, pour la plupart, annoncés dans les renvois au bas des pages.

On sait que la vente publique de la bibliothèque de M. Richard Heber produisit en Angleterre seulement, et sans tenir compte de plusieurs ventes effectuées avec les livres qu'il avait laissés sur le continent, la somme de 56,774 livres sterling, ce qui fait environ 1,420,000 fr. Dans la onzième partie du Catalogue imprimé, qui contenait 1691 articles manuscrits (vendus 8,764 livres sterling), et dont la vente aux enchères eut lieu à Londres, le 10 février 1836 et jours suivants, on trouve, au n° 962, la description en trois pages du *Cancionero* manuscrit de Juan Alfonso de Baena, acheté par la Bibliothèque royale de Paris (voyez plus haut, page 55), au prix de 63 livres sterling (1575 fr.). La provenance de ce manuscrit, qui a été enlevé de la bibliothèque de l'Escurial, se trouve établie dans le catalogue Heber, dès le commencement de la description ainsi qu'il suit :

« This extraordinary manuscript was written about the middle of the
« XVth century for the amusement of king don Juan II[ud] and was con-
« sidered as one of the treasures of the Escurial..... In the royal library
« of san Lorenzo in the Escurial, being j. h. 5 in a large folio volume
« of 202 leaves on paper in beautiful writing of the XV century. »

Au numéro 496 du Catalogue imprimé des manuscrits du duc de Sussex, dont la vente commença le 31 juillet 1844 à Londres, se voit la description d'un beau manuscrit, qui fut vendu 275 fr., intitulé *Tractatus varii de musica*, avec cette indication : *From the library of the Escurial* (voyez plus haut, page 58).

Dans le *Catalogue of some exceedingly choice books together with a few splendid manuscripts the property of an eminent collector consigned from Paris*, dont la vente eut lieu chez MM. Sotheby et Ce, de Londres, le 24 mai 1848 (voyez précédemment, page 50), je trouve cette indication :

« N° 74. CERVANTES (Miguel de). El ingenioso hidalgo don Quixote de
« la Manche.

« First edition very rare : fine copy in morocco g. l. Madrid, 1605,
« in-4°.

« This volume containing the first four booksis from the bibliotheca
« Remensis. »

Nous avons appris que la Bibliothèque publique de Reims avait vendu en 1829, au libraire Videcoq, de Paris, une quantité considérable de livres doubles ou *prétendus tels*, la plupart très-précieux, portant son estampille.

On a déjà vu (page 292) par une citation tirée d'un ouvrage de M. Pazzis, publié en 1808, que déjà, à cette époque, les manuscrits de Peiresc déposés à la bibliothèque de Carpentras (qui a perdu plus de 1500 manuscrits de 1808 à 1826), voyez ci-dessus, pag. 6 et 292) avaient été en partie égarés ou perdus.

Je trouve dans le tome II (page CLX), publié en 1817, du *Choix des poésies des Troubadours*, par M. Raynouard (6 vol. in-8°), l'indication *d'un manuscrit qui se trouve à Londres dans la bibliothèque de sir Francis Douce. Il est de format in-8°. Ce manuscrit avait appartenu à Peiresc*. Dans le Catalogue des manuscrits de M. Douce, imprimé à Oxford en 1840, au lieu de cacher cette origine, on renvoie à l'indication de Raynouard.

J'ajouterai qu'un manuscrit *copte*, très-important, qui provient également de la collection de Peiresc, se trouve à la Bibliothèque de l'Ecole de Médecine de Montpellier.

Me sera-t-il permis de dire, en terminant, que j'ai trouvé, sur le quai à Paris, avec d'autres papiers intéressants, un volume manuscrit provenant de la collection de Peiresc, et que j'en ai fait présent à la Bibliothèque royale? Le fait se trouve mentionné au *Livre d'entrée* de la Bibliothèque royale, à la date du 25 juillet 1834.

Cette trouvaille que j'ai faite, ainsi que beaucoup d'autres, sur le quai, me rappelle que M. Monteil dit avoir trouvé sur le quai à Paris le *Registre original* des délibérations de la commune de Saint-Germain-Cambron, ville d'Auvergne.

Le nom de cet infatigable collecteur me rappelle d'autres faits qu'il a signalés dans ses savants ouvrages et qui méritent d'être rappelés.

Je trouve dans le tome VIII, page 424, de son *Histoire des Français des divers Etats* (Paris, 1828 et suiv., 10 vol. in-8°), ce passage significatif :

« Quand je publiai le *Traité des matériaux manuscrits des divers
« genres d'histoire*, j'en offris un exemplaire à chaque ministre; je l'in-
« vitai dans une lettre à vouloir bien faire acheter les manuscrits afférents
« à son département. « Plusieurs de ces manuscrits, disais-je, sont autre-
« fois sortis de vos archives. Il serait important et peut-être nécessaire
« de les y replacer. » Un seul ministre accueillit mon invitation. » .

Les ouvrages de M. Monteil offriraient une foule d'anecdotes du même genre ; mais il faut s'arrêter. On se flatterait en vain de pouvoir rassembler tout ce qui a été imprimé sur la disparition des livres. Je dirai seulement que dans le *Traité des matériaux manuscrits* se trouvent décrits de nombreux manuscrits provenant de la plupart des établissements publics de la France. Je reviendrai, peut-être, sur ce point une autre fois.

J'ai donné, à la page 46, une lettre adressée à M. le directeur de la Bibliothèque nationale, par M. P. Lacroix, annonçant que 50,000 volumes avaient été détournés de la Bibliothèque. Le chiffre ayant semblé exagéré à l'administration de la Bibliothèque nationale, j'ai demandé de nouveaux renseignements à M. P. Lacroix qui m'a répondu ceci : « Il ne « manque peut-être pas plus de 25,000 volumes parmi ceux qui ont été « catalogués, mais depuis soixante ans que le dépôt légal existe, on peut « estimer à 25,000 volumes au moins ceux qui ont disparu sans être « catalogués, ni même estampillés. »

Je ne saurais profiter ici des renseignements qui m'arrivent de tous les côtés, mais un peu tard, au sujet des mutilations et des soustractions commises dans les Bibliothèques publiques de Paris et des départements. Dès que l'on a su que je m'occupais de ce sujet, on s'est empressé de m'envoyer une masse de documents, les uns plus intéressants que les autres, que je suis forcé de garder pour une autre occasion. Je ne saurais pourtant m'empêcher de donner l'extrait de deux lettres de M. Paul Lacroix, dans lesquelles se trouvent des faits extrêmement curieux. Voici ces deux extraits :

« N'avez-vous jamais ouï parler des singulières aventures du manuscrit autographe des *Mémoires du cardinal de Retz?* C'est toute une Odyssée, que ma pauvre mémoire serait en peine de vous redire aujourd'hui, sans en omettre les plus curieux épisodes. Ce manuscrit célèbre, laissé par le cardinal aux religieuses de Saint-Mihiel, en Lorraine, n'est sorti de leurs mains qu'à l'époque de la Révolution, quand l'État s'empara des couvents et de tout ce qu'ils contenaient. Ne croyez pas cependant que ledit manuscrit alla tout droit alors à la Bibliothèque nationale, où il était attendu avec d'autant plus d'impatience qu'on devait y trouver de quoi remplir les lacunes des Mémoires imprimés ! Le manuscrit s'égara de dépôt en dépôt, et il finit par arriver un jour en la possession du comte Réal qui ne voulut plus s'en dessaisir. La Bibliothèque nationale avait seulement reçu avis de l'envoi du précieux manuscrit qu'on ne lui remit pas et qui resta au premier occupant. Ceci se passait en plein Empire, et le Conservatoire de la Bibliothèque, devenue impériale, n'osa jamais revendiquer son droit de propriété contre un sénateur. Depuis, la Restauration vint, et le manuscrit ne vint pas encore à la Bibliothèque. Le comte Réal s'en alla aux États-Unis, et le *Cardinal de Retz* avec lui. Par bonheur, l'un et l'autre rentrèrent en France. M. Champollion-Figeac, alors conservateur des manuscrits à la Bibliothèque redevenue royale, s'assura avec beaucoup d'empressement que le manuscrit n'avait pas changé de détenteur, et il fit quelques démarches à ce sujet auprès du comte Réal qui répondit toujours évasivement, sans consentir à la restitution qu'on sollicitait de son *patriotisme.* L'habitude de la possession l'avait persuadé qu'il était légitime propriétaire. Enfin il mourut, et,

le jour même, M. Champollion-Figeac décida un commissaire de police
à faire une démarche officielle auprès de la famille du défunt, en faveur
de la Bibliothèque du roi, et à menacer d'une apposition de scellés, dans
le cas où le manuscrit réclamé ne serait pas restitué. Un ami du comte
Réal, M. Baude, se trouva là qui promit, au nom de la veuve, de faire
remettre sous trois jours le *Cardinal de Retz* à la Bibliothèque. Ce qui
fut promis fut tenu. Voilà comment la Bibliothèque peut montrer aujour-
d'hui un manuscrit qui ne lui appartenait auparavant, que sous bénéfice
d'inventaire. »

. . . .

« Voici quelques faits sur lesquels j'attire votre attention spécialement.
Je voulais vous fournir des détails précis sur l'étrange dispersion des archives de la Marine à Versailles ; la personne qui devait me les procurer
ne se trouve pas à Paris. Je remplace donc sa déclaration par mes souvenirs. En 1835 ou 37 (je ne sais pas au juste l'année), quand le roi voulut créer son musée de Versailles, on chercha un local pour y transférer
les archives célèbres de la Marine que M. Eugène Sue venait de faire com-
pulser *in extremis* et qu'il cite souvent dans son *Histoire de la marine
sous Louis XIV*. Ces archives étaient considérables. Au lieu de les envoyer aux Archives du Royaume (les ministères répugnaient encore à se
dessaisir de leurs papiers en faveur des archives centrales), on eut l'idée
de les trier, de réunir les pièces importantes au dépôt du ministère, et de
vendre le reste à l'épicier. En effet, d'après un arrêté du ministre, le triage
fut confié à MM. . . . . Ce triage se fit à la hâte et à la légère,
bien souvent à l'aveugle. Après trois ou quatre mois de dépouillement,
le gros des archives eut le sort du papier vendu au poids. Par bonheur,
quelques marchands, quelques amateurs eurent l'éveil et purent sauver
une immense quantité de lettres autographes, de pièces importantes, de
rapports précieux, qui enrichissent aujourd'hui toutes les collections d'autographes et de documents historiques. Il me semble que le libraire Le-
blanc acheta de première main une partie de ces papiers et les sauva d'une
destruction presque certaine. J'ai ouï dire que le ministère avait dû racheter, pour ses archives particulières, différentes pièces qui provenaient
de celles de Versailles.

« Je ne suis donc nullement étonné que l'on trouve dans vos amas de
papiers et d'autographes quelques excerpta des collections publiques. Je
serais plus surpris qu'on n'en trouvât pas un grand nombre, car quiconque sait l'histoire de nos collections à l'époque révolutionnaire doit
savoir combien de dilapidations vandales ont eu lieu à Paris et dans les
départements. Vous vous rappelez qu'un sauvage de la Convention proposa sérieusement d'extraire des Bibliothèques ce qui pouvait être utile à
l'humanité, et de faire imprimer en livre national cet extrait philosophi-

que, pour avoir ensuite le droit de brûler tous les livres écrits sous le règne des rois. On fit en petit un essai de ce système d'épuration. J'ai vu quelque part les étranges et monstrueuses correspondances d'Ameilhon, conservateur de la Bibliothèque nationale, avec le Comité de l'Instruction publique. Cette note, que je copie textuellement dans un mémoire inédit, ne remplacera pas les actes officiels de l'odieux auto-da-fé que dirigeait un conservateur de la Bibliothèque : « Ameilhon a agi sur le Cabinet des Ordres, en vertu d'un décret du 12 mars 1792, qui chargea la municipalité de Paris du triage et de l'intérination des titres. La ville nomma trois commissaires, Lohier, Legrand de Laleu et Levacher Duplessis, auxquels on joignit deux savants, Ameilhon et Camus. Cette Commission opéra sur le Cabinet qui, des Petits-Augustins, venait d'être transporté dans les salles basses de la Bibliothèque. Ils travaillèrent trois mois et envoyèrent tous les mercredis des charretées de papiers brûler sur la place Vendôme. Il existe des procès-verbaux des séances de cette Commission, mais pas une seule note des pièces condamnées au feu. » Tout était possible et croyable en ce temps : on proposa non-seulement de détruire tous les écussons d'armes sur les reliures, mais encore d'effacer dans les livres le mot *roi* et d'enlever dans les manuscrits toutes les pages entachées de royalisme!

« Ce qui s'est passé dans les provinces donne idée de ce qui se passait alors à Paris. Le 7 germinal an II, Billaud-Varennes et Collot-d'Herbois, représentants du peuple en mission dans la Côte-d'Or, « ordonnent au directoire de la Côte-d'Or de réunir sous un scellé tous les parchemins, livres et papiers, qui pourraient blesser les principes de la liberté et de la raison. » En conséquence, une énorme quantité de papiers et de parchemins fut livrée aux usages militaires et au commerce. Dans le cours de l'an IV, la Côte-d'Or vendit aux épiciers 66,653 livres de papiers divers, titres, lettres, documents, etc. Il faut lire, dans les Rapports du savant archiviste du Nord, M. Leglay, les vicissitudes des Archives de ce département, en vertu de la loi du 24 juin 1792. On ne se contenta pas de détruire des pièces isolées, on mutila des registres, on décima des collections. « Deux commissaires, nommés Top et Salmon, se mirent à l'œuvre avec un zèle fanatique, dit M. Leglay, et arrachèrent dans les soixante-dix-neuf volumes des Chartes tous les actes qui conféraient quelque titre de noblesse. » C'est à cette occasion que le ministre Garat écrivit à l'archiviste Ropra cette fameuse lettre où il est dit, à propos des papiers de l'ancienne Chambre des Comptes de Lille : « Cette vérification ne me paraît pas devoir exiger des recherches longues et pénibles. Tous les papiers anciens et d'écriture gothique ne doivent là, comme ailleurs, être que des titres de féodalité, d'assujettissement du faible au fort, et des règlements politiques heurtant presque toujours la raison, l'humanité et la justice : je pense qu'il vaut mieux substituer à ces ridicules paperasses la *Déclaration des droits de l'homme.* » C'est une lamentable histoire que celle des crimes de la Révolution contre les livres, les papiers et les parchemins.

« J'aurais bien voulu vous donner des renseignements utiles sur la collection des correspondances Séguier, dans laquelle on a reconnu des lacunes considérables, sans pouvoir le moins du monde établir l'origine et l'époque de ces lacunes. Vous savez que les manuscrits de la bibliothèque de Séguier, catalogués en 1686, sont allés partie en Angleterre, partie à Saint-Germain-des-Prés. Lors de l'incendie de la bibliothèque de cette abbaye, les manuscrits furent jetés par les fenêtres, recueillis tant bien que mal, et transférés à la Bibliothèque nationale, où ils sont restés peu ou point explorés. Parmi ces manuscrits se trouvait le recueil des correspondances adressées au grand chancelier Séguier, en quinze ou vingt volumes in-folio. Ce recueil, perdu dans la poussière pendant cinquante ans, en fut tiré par M. Champollion, qui se proposa de le faire relier, comme il avait fait relier la collection du président Bouhier et quantité d'autres. Le recueil de Séguier n'était pas paginé. Ce travail fut fait ou du moins commencé par un des employés du département des manuscrits. Il est évident que les lacunes que l'on remarque dans les volumes de Séguier, et qui portent la plupart sur des lettres insignifiantes, comme on l'a vérifié, remontent à une époque déjà ancienne. On ne peut apprécier le motif qui a mis à l'index certaines parties de ces correspondances, aujourd'hui supprimées. N'est-ce pas la famille elle-même qui aurait enlevé à dessein tout ce qui la touchait de trop près dans ces correspondances privées ?

« Je vous ai déjà dit que dans plusieurs manuscrits on avait arraché des feuillets pour tenir lieu de *copie*. Cette tactique de paresse et de mauvaise foi combinées se retrouverait à toutes les époques. Il est tout simple que l'arracheur de feuillets ait tiré partie de son vol, après l'avoir employé chez l'imprimeur. Je vous rappellerai encore l'enlèvement des premiers cahiers du manuscrit autographe de l'*Histoire de saint Louis*, par Tillemont : on a toujours pensé que cet enlèvement avait eu pour objet de suppléer à un travail de copiste, puisque les cahiers, maintenant disparus, existaient encore vers 1825. Je me souviens qu'en feuilletant la célèbre collection des chansons, dite de Maurepas (40 volumes in-4°, reliés en maroquin rouge), j'ai constaté l'absence de quelques feuillets arrachés, et j'ai fait écrire par M. Champollion-Figeac sur le manuscrit même la constatation de leur absence.

« Je ne finirais jamais si je disais tout ce qu'il y a à dire sur l'objet en discussion ; car je vois avec chagrin et avec stupeur que les experts qui ont fait leur éducation de bibliophile et d'autographophile à vos dépens ne connaissent pas la moitié de la question, qui est aussi délicate que complexe. Il existe dans le *Bulletin des Arts* une foule de documents utiles à consulter. Vous verrez dans je ne sais quel numéro que le manuscrit original du procès de Galilée, qui devait être rendu aux archives d'Italie,

et qui sortit, en effet, de la bibliothèque du Louvre pour cette destina-
tion, doit être resté dans la collection de la famille de Blacas. Voici ce que
je disais, le 10 juin 1847, lorsque vous avez fait don à la Mazarine de
votre exemplaire de la *Galeomyomachia* : « On ne saurait trop applaudir
« à la générosité du savant bibliophile qui a fait ce que l'illustre Naudé
« était seul capable de faire : l'exemple est un bon maître, et nous nous
« attendons à voir quelques donations de ce genre combler les lacunes
« de nos grandes bibliothèques publiques, notamment de la Bibliothèque
« royale, que M. Libri n'a pas jugée digne de recevoir la *Galeomyomachia*
« que les picoreurs de l'endroit n'eussent pas manqué de ramener en
« Angleterre. »

A l'appui des utiles renseignements que me fournit la communication précédente, je citerai une note publiée dans la *Presse*, du 7 mars 1849. On comprendra que cette note doit être émanée du ministère de la Marine, puisqu'elle attribue mal à propos à des soustractions coupables la perte d'une foule de précieux documents historiques qui se sont trouvés dans les papiers vendus au poids par ordonnance du ministre :

« Les archives de la Marine ont longtemps été fort mal tenues : aucun ordre n'y régnait, et il est arrivé plus d'une fois que l'on proposait à l'administration de lui vendre des documents qui lui avaient été évidemment soustraits ; mais, en l'absence de tout inventaire et d'un classement méthodique, on ne s'était pas aperçu de la disparition de ces manuscrits, et l'on ne pouvait pas constater le larcin. On se rappelait seulement que, sous prétexte d'études historiques, beaucoup de personnes avaient été introduites, elles et leurs secrétaires, dans les dépôts de Versailles et de l'Hôtel du ministère.

« Pour obvier à cet inconvénient (c'est s'y prendre un peu tard), on vient de nommer une Commission qui dressera l'inventaire des archives maritimes et les classera d'une manière convenable. Cette Commission est composée de MM. Garnier, capitaine de vaisseau ; d'Avezac, chef de bureau ; Jal, historiographe ; Ballot-Beaupré, sous-contrôleur ; Gérette, sous-chef de bureau, secrétaire. »

« Enfin, m'écrit-on, l'attention de l'autorité s'est éveillée, un peu tardivement, sur les ventes publiques d'autographes, qui se font à Paris et même à l'étranger. Tandis qu'on envoyait à Londres un expert chargé d'examiner certaines pièces décrites dans un catalogue d'autographes et présentées à l'*auction* (il a été reconnu que ces pièces provenaient des collections de la Bibliothèque nationale, et plusieurs ont été acquises pour être réintégrées dans ces collections), on saisissait à Paris, dans une vente publique, deux lettres autographes, l'une de Rubens et l'autre de Malherbe, comme *ayant appartenu à la Bibliothèque*. Ce renseignement avait été fourni par un des premiers autographophiles de Paris. Ce renseignement se trouva juste, et le lendemain de la saisie, le propriétaire des deux autographes, qu'il avait acquis de bonne foi, allait lui-même en faire la restitution au directeur de la Bibliothèque nationale.

« C'était une excellente occasion de continuer des poursuites qui auraient pu mettre la Justice sur la voie de la vérité dans cette grande question des spoliations qui ont eu lieu au détriment de nos établissements publics. Mais les poursuites ont été suspendues, et une note incroyable a paru dans les journaux pour annoncer ce fait, *qui semblait*, y disait-on, *se rattacher à l'affaire Libri!* Les deux lettres avaient appartenu à la Bibliothèque; mais comment en étaient-elles sorties? Voilà ce qu'on ne se souciait pas de savoir.

« Cependant, pour faire mine de n'avoir pas tout à fait abandonné les poursuites ou du moins l'enquête à l'égard des deux lettres de Rubens et de Malherbe, on inquiéta le rédacteur du catalogue dans lequel ces lettres avaient été présentées. Quant au propriétaire desdites lettres, il ne fut pas mis en cause. On raconta bientôt ce qui s'était passé dans l'exécution d'une commission rogatoire chez M. Charron, ancien marchand d'autographes, retiré aujourd'hui du commerce et vivant à la campagne. Ce fut à ce propos que M. Paul Lacroix, qui s'est déjà tant occupé des autographes de Rabelais, crut devoir adresser la lettre suivante à M. le juge d'instruction » :

Monsieur le juge d'instruction,

Je crois devoir, dans l'intérêt de la justice et de la vérité, vous signaler un fait qui témoigne hautement de l'ignorance ou de la mauvaise foi des experts chargés d'étudier l'accusation portée contre M. Libri.

Ces experts, en vertu d'une commission rogatoire, ont fait descente chez M. Charron, ancien marchand d'autographes, et ont provoqué la saisie de plusieurs lettres de sa collection PARTICULIÈRE, *comme pouvant avoir appartenu à la Bibliothèque nationale*.

Parmi les lettres saisies, se trouve une prétendue lettre de Rabelais, lettre évidemment fausse et de fabrique récente, comme il est aisé de le reconnaître et de le prouver jusqu'à l'évidence [1].

---

[1] M. P. Lacroix possède une copie de cette lettre, qu'il a toujours déclarée fausse.

Or, si cette lettre a été reconnue fausse par les experts qui la faisaient saisir, ils ont commis un acte de mauvaise foi en déclarant que cette lettre pouvait *avoir appartenu* à la Bibliothèque nationale.

Si au contraire, les experts, comme je le pense, n'ont pas soupçonné la fausseté de cette lettre, ils sont donc bien peu capables de donner un avis utile et sérieux dans la question si délicate des autographes.

Je vous rappellerai, à cet égard, que les mêmes experts qui ont admis si légèrement l'authenticité d'une fausse lettre de Rabelais, avaient précédemment regardé comme fausse une lettre de Rabelais, bien authentique, bien incontestable, que possède M. Feuillet de Conches, et qui provient de la collection des Sainte-Marthe.

Agréez, Monsieur le juge d'instruction, l'assurance de mes sentiments les plus distingués.

PAUL LACROIX.

22 mars 1849.

P. S. En attendant, Monsieur le juge d'instruction, que je vous remette mon témoignage écrit et signé en faveur de M. Libri, j'ai l'honneur de vous adresser ma Dissertation sur les faux autographes de Rabelais, et je recommande à votre attention une note relative à certains élèves de l'École des Chartes.

J'ajouterai, à titre de renseignement, un fait bien connu, dont les experts auraient pu demander à M. Charron les détails et les preuves. M. Libri, ayant appris que des masses d'autographes précieux avaient été soustraits aux Archives des Médicis de Florence, et apportés à Paris, racheta, moyennant 2,400 *francs*, tous ceux qu'il put réunir et les renvoya en Toscane, les offrant gratuitement au grand-duc qui les reçut, mais qui voulut en rembourser le prix. L'acte de la vente faite par M. Charron à M. Libri a eu lieu par le ministère de M. Bonnaire, notaire, le 25 mars 1845, devant sept témoins des plus honorables et des plus haut placés, parmi lesquels se trouvait M. Letronne, directeur des Archives du Royaume. Les spoliateurs des Archives de Florence n'ont jamais pardonné à M. Libri de les avoir démasqués, et ce sont eux qui le poursuivent encore de leurs calomnies en Italie, aussi bien qu'en France. M. Libri a eu pourtant la générosité de ne pas se faire leur délateur.

ADDITIONS DE L'ÉDITEUR.

Au moment de mettre sous presse, l'éditeur de ce Mémoire a reçu la lettre suivante qu'il croit utile de publier, pour rendre hommage à la vérité et dans l'intérêt de la justice même. Aux faits signalés dans cette lettre, l'éditeur pourrait en ajouter d'autres qui sont à sa connaissance personnelle ; mais, au surplus, son témoignage n'ajouterait rien à la notoriété touchant la générosité et la bienfaisance de M. Libri. Qu'on fasse appel aux souvenirs de tous ceux qui ont eu l'honneur de le connaître ; s'il est une seule de ces personnes qui puisse mettre d'accord ce qu'il a vu et ce qu'il sait avec le caractère que l'accusation doit supposer, il peut renoncer à croire à toute probité et à tout dévouement. M. Libri n'est pas seulement généreux et bienfaisant, il a le goût ingénieux et la passion de ces vertus.

PAULIN, libraire-éditeur.

20 avril 1849.

Monsieur l'éditeur,

Ayant appris que vous devez faire paraître une nouvelle publication de M. Libri, permettez que je vous signale quelques faits à ma connaissance personnelle ; ils sont honorables pour M. Libri, et de nature à faire mieux comprendre l'absurdité des bruits et des insinuations malignes répandues contre lui.

Après la tentative révolutionnaire de Rimini en 1845, des centaines de Romagnols furent obligés de se réfugier en France. Je fis en sorte, avec M. le comte Mamiani, de recueillir des fonds pour venir au secours de ces exilés. Je m'adressai d'abord à M. Libri, dont la bienfaisance m'était connue. Ce savant compatriote, bien que n'approuvant pas les tentatives de révolutions violentes, s'empressa cependant de secourir fraternellement les Italiens que le mouvement de la Romagne jetait sur le sol français. Il ouvrit le premier, dans le *Journal des Débats*, une liste de souscription en s'inscrivant lui-même pour la somme de 600 fr., ainsi qu'on peut le voir par sa lettre insérée dans cette feuille le 23 novembre 1845 [1].

[1] Voici cette lettre :

« Monsieur,

« En reproduisant dans votre numéro d'anjourd'hui l'article dans lequel le *Journal de l'Indre* fait un appel en faveur des cinquante réfugiés italiens arrivés récemment à Châteauroux, vous avez eu une excellente pensée dont, pour ma part, je viens vous remercier vivement. Veuillez, je vous prie, compléter votre œuvre en ouvrant les colonnes de votre journal aux personnes qui s'intéressent

M. Libri ne se montrait pas généreux seulement envers des Italiens. J'ai entendu raconter plusieurs actes de bienfaisance exercés aussi envers des Français ; entre autres, M. Libri a donné plusieurs centaines de francs pour un établissement de bienfaisance dans le quartier Notre-Dame-de-Lorette, que j'habite. La Réponse de M. Libri au Rapport de M. Boucly nous apprend d'ailleurs les dons considérables qu'il a faits en livres à plusieurs bibliothèques de France. Un sentiment de justice m'a porté à rappeler les faits que je viens de citer en faveur de M. Libri, et vous rendrez hommage à la vérité en les répétant.

Je vous prie, monsieur, de vouloir bien agréer l'assurance, etc.

P. CANUTI.

aux souffrances de ces infortunés. Dépourvus de ressources, arrivant, à l'entrée de l'hiver, dans un pays dont le climat doit leur paraître fort rigoureux, ignorant pour la plupart la langue et les habitudes des populations au milieu desquelles ils se trouvent subitement transplantés, leur sort serait bien à plaindre s'ils ne pouvaient compter sur cette noble hospitalité française qui n'a jamais fait défaut aux malheureux. Satisfaire aux premières nécessités du moment, procurer des moyens de travail et d'instruction à ceux qui en auraient besoin, voilà ce qu'il est urgent de faire, voilà ce qu'on obtiendra facilement, si, dans les villes qui servent de dépôt aux réfugiés italiens, les citoyens les plus honorables veulent s'entendre, non pas dans une pensée de parti, mais dans une œuvre de bienfaisance, et si, comme le commande la véritable charité, ils consentent à donner aux émigrés une partie de leur temps et de leurs soins, choses souvent plus utiles que l'argent.

« Il serait nécessaire que le *Journal de l'Indre* voulût indiquer un banquier à Paris qui pût réunir les dons des souscripteurs, et les transmettre aux Comités locaux chargés de l'emploi des fonds ; mais, tout en répondant à l'appel fait par ce journal, il est impossible d'oublier que les mêmes causes politiques viennent d'amener dans d'autres villes de France d'autres réfugiés italiens dont la position n'est pas moins digne d'intérêt. Il semble donc que la souscription à laquelle je vous prie, monsieur, d'accorder votre utile et bienveillant concours, devrait avoir pour but de soulager l'infortune de tous les émigrés italiens que les derniers événements de la Romagne ont amenés ou peuvent amener encore en France. Pour prévenir toute discussion à ce sujet, je proposerais d'appliquer aux réfugiés de Châteauroux la moitié des sommes qui seraient souscrites, et de réserver le restant pour les autres Italiens que les mêmes circonstances ont forcés de quitter leur patrie.

« C'est par suite de cette proposition, monsieur, que je viens souscrire pour 300 francs destinés aux réfugiés italiens à Châteauroux, gardant en réserve pareille somme que je ferai parvenir à leurs compagnons d'infortune, lorsque, dans les localités où ils pourraient se trouver, il se sera formé des Comités chargés de distribuer les secours, et dirigés par des personnes notables du pays.

« Recevez, etc.,

« G. LIBRI.

« Paris, 22 novembre 1845. »

A M. GUILLAUME LIBRI.

Paris, 25 avril 1849.

Je viens de lire avec le plus vif intérêt, mon cher ami, ce nouveau Mémoire justificatif, qui va détruire de fond en comble le nouveau système d'accusation que vos ennemis essayent encore dans l'ombre de bâtir contre vous. Il ne restait plus rien du trop fameux Rapport Boucly, après votre première Réponse. Vous avez bien fait de foudroyer par avance le Rapport moins naïf et plus perfide encore que la Haine, la Prévention et l'Ignorance (ces trois experts jurés qu'on retrouve dans les meilleures causes) préparent en silence pour vous perdre.

Vous avez bien fait d'en appeler à l'opinion publique.

Et maintenant ayez foi dans le bon sens des juges, ayez confiance dans la loyauté de la magistrature.

Votre tâche est finie; la mienne, celle de votre frère d'armes en bibliographie, va commencer.

C'est à moi dorénavant de descendre pour vous sur le terrain de la discussion, et de combattre face à face, en plein soleil, les odieux et ridicules adversaires qui voudraient vous attaquer avec l'arme de la calomnie savante. Je suis fort de votre innocence, mais je suis fort aussi de ma conscience qui se révoltera toujours contre les choses basses et honteuses.

J'espère que le jour de la justice est proche; celui de la réparation ne se fera pas attendre.

Courage donc, mon ami : ne succombez pas à la maladie et au chagrin qui vous minent depuis quatorze mois : vous verrez bientôt la fin des persécutions que vous avez dénoncées à tous les honnêtes gens. Mais si la fatalité, qui vous a déjà tant frappé, voulait que vous ne fussiez pas témoin du triomphe de la cause la plus juste et la moins douteuse; je poursuivrai, moi, pendant ma vie entière, l'œuvre sacrée de votre réhabilitation, et mon dernier cri de joie serait celui de Voltaire à son lit de mort : LALLY EST RÉHABILITÉ.

PAUL LACROIX
(Bibliophile Jacob).

FIN.